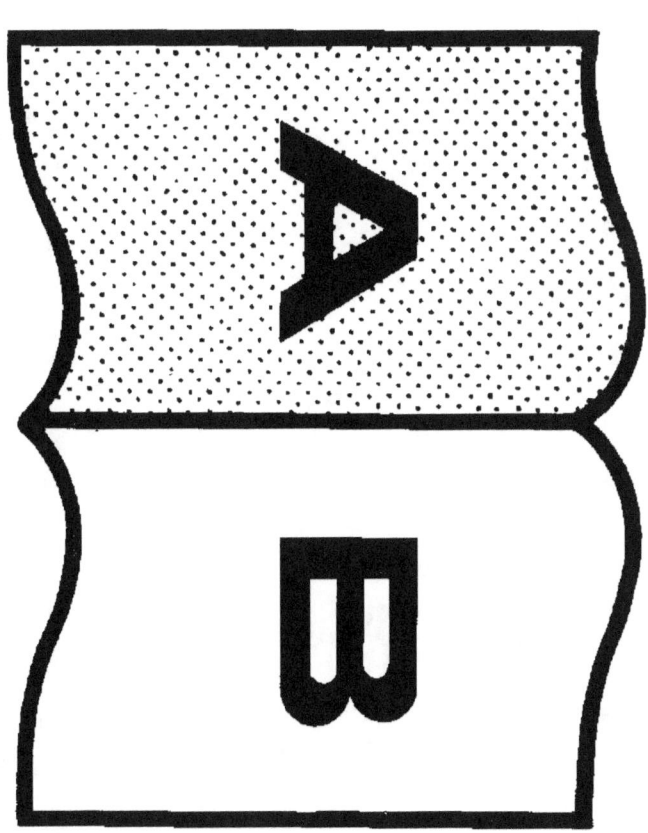

Contraste insuffisant

3
Bart.-Berg
par 1824

R218929

51527

RÉPERTOIRE

DE LA

LITTÉRATURE

ANCIENNE ET MODERNE.

IMPRIMERIE DE E. POCHARD,
RUE DU POT-DE-FER, n° 14.

RÉPERTOIRE

DE LA

LITTÉRATURE

ANCIENNE ET MODERNE,

CONTENANT :

1º LE LYCÉE DE LA HARPE, LES ÉLÉMENTS DE LITTÉRATURE DE MARMONTEL, UN CHOIX D'ARTICLES LITTÉRAIRES DE ROLLIN, VOLTAIRE, BATTEUX, etc.;

2º DES NOTICES BIOGRAPHIQUES SUR LES PRINCIPAUX AUTEURS ANCIENS ET MODERNES, AVEC DES JUGEMENTS PAR NOS MEILLEURS CRITIQUES, TELS QUE :

D'*Alembert*, *Batteux*, *Bernardin de Saint-Pierre*, *Blair*, *Boileau*, *Chénier*, *Delille*, *Diderot*, *Fénelon*, *Fontanes*, *Ginguené*, *La Bruyère*, *La Fontaine*, *Marmontel*, *Maury*, *Montaigne*, *Montesquieu*, *Palissot*, *Rollin*, *J.-B. Rousseau*, *J.-J. Rousseau*, *Thomas*, *Vauvenargues*, *Voltaire*, etc. ;

Et MM. *Amar*, *Andrieux*, *Auger*, *Burnouf*, *Buttura*, *Chateaubriand*, *Dussault*, *Duviquet*, *Feletz*, *Gaillard*, *Le Clerc*, *Lemercier*, *Patin*, *Villemain*, etc. ;

3º DES MORCEAUX CHOISIS AVEC DES NOTES.

TOME TROISIÈME.

A PARIS,

CHEZ CASTEL DE COURVAL, LIBRAIRE-ÉDITEUR,

RUE DE RICHELIEU, Nº 87.

M DCCC XXIV.

RÉPERTOIRE
DE LA
LITTÉRATURE
ANCIENNE ET MODERNE.

BARTHE (NICOLAS-THOMAS) était né à Marseille, en 1734. On manque de détails sur ses premières années : on sait seulement qu'au sortir du collège, il remporta un prix de poésie à l'académie de sa ville natale ; circonstance qui détermina sans doute sa vocation pour les lettres. Il vint à Paris, où la tournure originale de son esprit et quelques mots heureux ne tardèrent pas à lui faire obtenir des succès de société. Regardant le théâtre comme la carrière la plus flatteuse et la plus rapide, il y fit son coup d'essai en donnant une petite comédie de *l'Amateur*, d'un fond assez léger, mais où l'on distingua une versification agréable. Encouragé par l'indulgence du public, il composa, et fit jouer, en 1768, *les fausses Infidélités*, son meilleur ouvrage, que La Harpe n'hésite pas à qualifier de *petit chef-d'œuvre*. Les autres comédies que Barthe donna ensuite, *la Mère jalouse* et *l'Homme personnel*, ne furent pas accueillies, à beaucoup près, avec la même faveur. Ces deux sujets avaient déjà été traités par d'autres auteurs. Quinault, en composant une *Mère jalouse*, avait soigneusement évité de faire trouver ensemble la mère et la fille : Barthe, en négligeant cette convenance théâtrale, fit une faute qui ne put être rachetée par de bons traits de caractère. *L'Égoïste* avait été mal conçu par ceux qui avaient tenté ce sujet difficile ; il fallait que Barthe les surpassât ; à peine se mit-il à leur niveau. Une anecdote, qui se rattache à cette pièce de Barthe, nous paraît assez piquante pour que nous la rapportions ici : ayant lu son *Homme personnel* à Colardeau, peu de jours avant la mort de ce poète : « Vous avez oublié un « trait d'égoïsme, lui dit le moribond. — Quel est- « il ? — C'est celui d'un auteur qui contraint son « ami mourant d'entendre une comédie de sa façon. » Barthe a fait, à l'instar d'Ovide, un poème sur *l'Art d'aimer*; il n'a point été imprimé, on n'en connaît que des fragments qui ont fait dire que ce poème serait mieux intitulé : *l'Art de séduire*. Les *Épîtres* de Barthe ont beaucoup contribué à sa réputation littéraire. On a été jusqu'à prétendre que Voltaire avait trouvé en lui un rival dans ce genre. Certes, il y a là de la prévention : on ne saurait disconvenir que les *Épîtres* de Barthe ne soient pleines d'agréments ; mais il y a loin de là à cette philosophie parée de tous les charmes du style, qui caractérise si particulièrement les *Épîtres* et les *Discours en vers* de Voltaire.

Barthe est mort à Paris, en 1785. Ses *OEuvres choisies*, publiées en 1811, forment un volume in-12 et in-18.

JUGEMENTS.

I.

Dans cette multitude de petites pièces de ce siècle, les plus jolies sont : *le Magnifique*, de La Motte, *le Somnambule*, attribué mal à propos à Pont-de-Veyle, et qui fut fait en société par Sallé et le comte de Caylus, et sur-tout *les Fausses Infidélités*, de Barthe. Les deux premières pièces sont d'un comique ingénieux et délicat, et sortent du cadre usé de ces sortes d'ouvrages : la dernière, fort supérieure aux deux autres, est un petit chef-d'œuvre. Il y a de l'art et de l'intérêt dans l'intrigue ; la scène de la double confidence est neuve et d'un effet charmant ; les caractères de Valsain et de Dormilly sont parfaitement contrastés. Dormilly est plein de cette sensibilité vive et impétueuse qui rend l'amour si intéressant dans un jeune homme bien né ; Valsain est plus mûr et plus tranquille, mais non pas moins attaché, et tous deux font voir que l'amour prend la forme du caractère, et peut être également vrai avec une expression différente. Mondor est un de ces petits-maîtres surannés qui conservent encore les airs de la fatuité quand ils n'en ont plus les succès. La malice de Dorimène, qui veut piquer un amant qu'elle trouve un peu trop froid à son gré, forme un autre contraste avec la tendresse naïve d'Angélique, qui, tourmentée par la jalousie de Dormilly, ne saurait pourtant se résoudre, sans la plus grande peine, à se prêter à la supercherie la plus innocente. La pièce est dénouée aussi bien qu'elle est conduite. Les tendres regrets d'Angélique, quand elle croit avoir offensé son amant, et dont il est témoin, sans qu'elle le sache, sont en même temps la preuve la plus touchante des sentiments de cette jeune personne, et la meilleure leçon qui puisse corriger Dormilly de ses emportements jaloux. Enfin, le style plein de goût et d'élégance, de jolis vers, des vers de comédie, des vers de situation, un dialogue à la fois vif et naturel, où l'esprit n'ôte rien à la vérité, achèvent de donner à cet ouvrage toute la perfection dont il était susceptible. Nous en avons deux autres du même auteur; l'un en trois actes, *la Mère jalouse;* l'autre en cinq, *l'Homme personnel*, qui n'eurent pas, à beaucoup près, les mêmes succès que *les fausses Infidélités*, et qui prouvent quelle distance il y a du talent qui peut faire un acte, même excellent, à celui qui conçoit et qui soutient le plan et les détails d'un grand ouvrage. Les deux pièces que je viens de nommer ne sont pas sans quelque mérite; mais le fondement en est vicieux : dans la première, il eût fallu un art infini pour adoucir ce que doit avoir d'odieux une mère dont la jalousie rend sa fille malheureuse. Ce qui blesse les sentiments de la nature est bien difficile à sauver dans une comédie, où l'enjouement doit dominer; et surtout la seule idée de la maternité a pour nous quelque chose de si doux et de si cher, que nous souffrons trop à voir cette idée contredite pendant trois actes. Un pareil sujet ne pouvait donc se traiter que dans le drame sérieux, où il est permis de s'attrister; mais l'auteur voulut faire une comédie, et il échoua. Il fut encore plus malheureux dans *l'Homme personnel* ou *l'Égoïste*, sujet traité par d'autres auteurs et plus mal encore, et qui n'a été bien rempli, quant au plan, que sous un autre titre (*le Philinte de Molière*, par Fabre-d'Églantine). *L'Homme personnel* est mal conçu; la conduite du personnage principal est inconséquente; l'intrigue est froide et embrouillée, et, ce qui est plus étonnant, le style même n'est plus celui de l'auteur des *fausses Infidélités*. Il ne manque ni d'esprit, ni d'élégance; mais cet esprit est pénible, cette élégance n'est plus celle du genre; ce n'est pas cette gaieté, cette aisance, qui laisse dans la mémoire les bons vers de comédie. Le dialogue est haché; tout est fait avec effort dans cet ouvrage, qui vaut d'autant moins qu'il paraît avoir plus coûté.

La Harpe, *Cours de Littérature.*

II.

Sa petite comédie des *fausses Infidélités* prouve qu'il avait de l'agrément et de la légèreté dans le style; mais on n'est pas né pour la comédie sans le génie de l'observation : aussi Barthe n'a-t-il montré qu'un faible talent toutes les fois qu'il a voulu traiter un caractère. Il a donné sans succès *la Mère jalouse*, et *l'Homme personnel*. Exceptons pourtant quelques détails de cette dernière pièce, et principalement ceux où l'homme personnel établit son caractère. Exceptons encore une scène très courte mais très heureuse, entre le même personnage et un médecin.

PALISSOT, *Mémoires sur la Littérature.*

MORCEAUX CHOISIS.
I A madame Du Boccage.
De l'influence des femmes sur les mœurs.

Loin de ces villes musulmanes,
Où le beau sexe infortuné,
A la sagesse condamné,
Gémit sous des tyrans profanes,
Il est, sur des bords plus heureux,
Une ville immense et polie,
Séjour des beaux-arts et des jeux,
Ouvrage bizarre et pompeux
De Minerve et de la Folie.
C'est là qu'arbitre souverain,
Dans une activité frivole,
On voit le peuple féminin
Décider le sort incertain
D'un monde dont il est l'idole,
Et gouverner le genre humain.

O toi, qu'on redoute et qu'on aime,
Beauté, l'éclat du diadème
Cède à l'éclat de tes attraits.
Les rois ont un pouvoir suprême :
O Beauté, tu n'as que toi-même ;
Les rois sont tes premiers sujets.
Des rubans forment sa couronne ;
Des sofas lui servent de trône ;
Elle a pour sceptre un éventail,
Pour trésor son cœur et ses charmes,
Pour faste des magots d'émail,
Et des regards pour seules armes.

BARTHE.

Ces fiers vengeurs de nos états,
Ces guerriers qui, dans les combats,
Portent un visage intrépide;
Eux qui bravent des bataillons
Hérissés d'un fer homicide;
Eux que le bruit de cent canons
Jamais n'étonne ou n'intimide;
Ces Renauds aux pieds d'une Armide
Daignent abaisser leur fierté,
Aux femmes tremblent de déplaire,
Et viennent, pleins d'aménité,
Plier leur mâle caractère
Aux caprices de la beauté.
Vieillis dans les champs de Bellone,
Vénus a leurs derniers moments;
Ils feignent des empressements
Même au-delà de leur automne.
Ils adoucissent leur regard
A travers leurs doubles lunettes,
Applaudissent des ariettes;
Et, pour Chaulieu quittant Follard,
Changés en héros de toilettes,
Ils expirent sous l'étendard
Et des prudes et des coquettes.

Nos magistrats impérieux,
De qui les âmes peu communes,
Partageant le pouvoir des dieux,
Règlent d'un ton sentencieux
Et nos destins et nos fortunes;
Ces sénateurs facétieux
Mêlent, pour plaire à deux beaux yeux,
A l'antique jargon du code
Les propos fins, les jolis traits,

Et le ton léger de la mode
Au ton empesé des arrêts.
Aux dames, par eux encensées,
Ils offrent les tributs flatteurs
De leur ambre, de leurs odeurs,
Et les boucles entrelacées
De leurs cheveux longs et flottants,
Et de leurs phrases compassées
Les insipides agréments,
Et des ardeurs toujours glacées.
D'un air léger, mais occupé,
Ils vont, ils parlent en cadence;
Ils plaisantent à l'audience,
Ils opinent dans un soupé.

Que dis-je? un Crésus imbécile
Qui ne sait compter que par mille;
Qui, fier d'un hôtel somptueux,
De ses grands laquais dédaigneux,
Des sots hommages du vulgaire,
Traîné dans un char fastueux,
Ne daigne point toucher la terre;
Ce dieu des avides mortels
Descend de ses riches autels :
Il s'empresse à soumettre aux belles
Qui le flattent d'un œil malin,
Ses chars qu'a vernissés Martin,
Ses gros galons et ses dentelles,
Les bijoux qu'étale sa main,
Ses précieuses bagatelles,
Ses architectes, ses brodeurs,
Son faste, ses fausses grandeurs,
Toutes ses risibles hauteurs,
Ses amis que son or éveille.

Les dédicaces des auteurs,
Et ses ancêtres de la veille.

Ainsi, maître absolu des cœurs,
Le beau sexe, avec un sourire,
Commande tout ce qu'il désire;
Par des danses, des chants vainqueurs,
Par des caprices séducteurs,
Il sait régler, il sait prescrire
Les modes, les goûts et les mœurs;
Pour lois il donne des erreurs,
N'aime, ne répand que des fleurs,
Communique un brillant délire,
Orne le frivole et le faux,
Reçoit l'encens des madrigaux,
Et soumet tout à son empire,
Les grands, les sages et les sots.

Mais je vois des maisons riantes,
Temples de ces divinités :
Que leurs douces voix sont puissantes!
On vole aux ordres respectés
Que donnent ces têtes charmantes.
Le nombre, la pompe des chars,
L'or, qui le cède à la peinture,
Une élégante architecture
Arrêtent mes premiers regards.
Plus loin, sur la toile docile,
Dans un salon voluptueux,
De Boucher le pinceau facile
A des Amours tracé les jeux.
De la moire l'onde incertaine,
Les riches tapis des Persans,
Les marbres et la porcelaine
Décorent ces appartements;

Et le cristal poli des glaces
Des belles répètent les graces,
Et l'éclat de mille ornements.
Tout respire ici l'abondance,
La parure, le doux loisir.
Ah! sans doute on ne voit qu'en France
Les dieux du goût et du plaisir,
Amis du dieu de l'opulence.
L'espoir de la félicité,
A l'aspect de tant de merveilles,
A saisi mon cœur enchanté :
J'ouvre les yeux et les oreilles.

Observer l'effet d'un pompon,
Et méconnaître un caractère;
Applaudir un joli sermon,
Et réformer le ministère;
Rire d'un projet salutaire,
Et s'occuper d'une chanson;
Immoler les mœurs aux manières,
Et le bon sens à de bons mots;
Dire gravement des misères,
Et plaisanter sur des fléaux;
Siffler l'air simple d'un héros,
Et chérir les têtes légères;
Se flétrir dans la volupté,
N'avoir de l'esprit qu'en saillie;
Paraître poli par fierté,
Perfide par galanterie;
Généreux sans humanité;
Sans être aimé se voir goûté;
Louer par fade idolâtrie,
Ou par désir d'être flatté;
Médire par oisiveté,

Quelquefois par méchanceté,
Plus souvent par coquetterie;
Quitter Cléon par fantaisie;
Aimer un duc par vanité,
Un jeune fat par jalousie :
Tel est ce monde tant fêté;
Telle est la bonne compagnie.

Quoi! faut-il chercher le bonheur,
Sans cesse éloignés de nous-même,
Ignorer le plaisir extrême
De s'éclairer, d'avoir un cœur?
Quoi! sur le théâtre bizarre
Du bruit, du luxe, de l'erreur,
Un sage aimable est-il si rare?
Et l'art, le don de l'agrément,
Ce don futile mais charmant,
Du Français premier apanage,
Serait-il l'unique avantage
D'un sexe enchanteur et puissant?
Non : Paris voit une mortelle,
Simple par goût, belle sans fard,
Fine sans air, vive sans art,
Et toujours égale et nouvelle.
Comme Vénus elle sourit,
Comme l'Amour elle nous blesse;
De Minerve elle a tout l'esprit,
Hélas! et toute la sagesse.
Mais elle unit à des appas
Une âme sensible et sublime,
L'art difficile de la rime
Aux traits saillants ou délicats.
C'est elle dont la voix touchante
A fait retentir sur nos bords

Les sons nombreux, les fiers accords
De ce Milton que l'Anglais vante;
Elle qui, dans de nouveaux airs,
A chanté, rivale d'Homère,
Ce Génois, ce vainqueur des mers,
Qui, d'un vaste et riche hémisphère,
Agrandit pour nous l'univers.

Ainsi, dans les champs d'Italie,
Pour le chantre de son héros,
Gênes, des lauriers de Délos,
Mêlés aux myrtes d'Idalie,
A formé des festons nouveaux.
A son aspect, des cardinaux
L'âme altière s'est adoucie;
Enfin le pape l'a bénie.
Mais, vingt siècles auparavant,
Le doux Tibulle, en la voyant,
Eût, je pense, alarmé Délie;
Virgile eût mieux peint Lavinie;
Et son Auguste, assurément,
N'eût jamais couronné Livie.

Chère aux savants, chère à Cypris,
Illustre et belle Du Boccage,
L'honneur et l'amour de Paris,
Jouissez du plus beau partage,
Goûtez la gloire au sein des ris.

Les grands poètes et les belles
De l'envie excitent les cris.
Vous étonnez les beaux esprits,
Vous faites mille amants fidèles;
Mais vous n'avez point d'ennemis.
Votre sexe, qui vous envie,
En faveur de votre génie,

Pardonne vos charmes brillants;
Tandis qu'en faveur de ces charmes
Le nôtre, qui vous rend les armes,
Vous pardonne tous vos talents.

II. A un amant trahi.
Épître à mon frère, habitant de Vaucluse.

Le temps affaisse les montagnes;
Le temps change le lit des mers;
Les saisons changent les campagnes;
Les siècles changent l'univers;
Les temples et les palais tombent;
Les empires même succombent,
Et monsieur mon frère prétend
Qu'un cœur de femme soit constant !
On le trahit : il s'en étonne !
Où mon frère a-t-il donc vécu !
Pauvre Crispin, ignores-tu
Que toute Lisette est friponne ?
Jeune, Français, guerrier, charmant,
Peux-tu m'écrire une élégie ?
Toi jaloux ! mais, quelle folie !
L'amour est-il un sacrement ?
Voudrais-tu donc que l'infidèle
N'eût jamais de robe nouvelle,
Ne respirât qu'au même lieu,
Lût sans cesse le même livre,
Jouât sans cesse au même jeu ?...
Mon très cher frère, apprends à vivre.
Tu l'adorais : je le conçoi,
Et je l'adorerais de même :
Mais faut-il n'aimer que pour soi?
Il faut aimer pour ce qu'on aime.
Or, de l'amour faire une loi,

Dire aux femmes d'être fidèles,
Est-ce les adorer, dis moi,
Ou régner en tyran sur elles ?
L'amour inspirerait l'effroi,
Il ferait fuir toutes nos belles.
Te le peins-tu, ce dieu fripon,
Dans ses yeux portant la menace,
Et, sous un casque de dragon,
Ayant ta fierté, ton audace ?
Ce dieu folâtre est un enfant :
Toujours paré de fleurs nouvelles,
Son air est doux, son œil riant ;
Il court le monde en se jouant ;
Il a sur-tout, il a des ailes.
Heureux qui vole comme lui !
On a besoin d'ailes en France.
La triste chose que l'ennui !
Et que d'ennui dans la constance !
Elle ressemble à l'eau qui dort
Dans un bassin qui la resserre ;
Rien ne fleurit, tout semble mort
Autour de cette eau solitaire.
Mais ce ruisseau qui, dans son cours,
Joue autour des fleurs qu'il arrose,
Qui s'égare en mille détours,
Vers la jonquille ou vers la rose,
Jamais deux fois ne se repose,
Bondit, gazouille, fuit toujours ;
Ce ruisseau, brillant et volage,
D'une femme dans ses beaux jours
Te peint la séduisante image.

 Toutes suivent les mêmes lois ;
Fille ou femme, reine ou bergère,
Toutes s'accordent à la fois

Pour nous trahir et pour nous plaire :
Trahissons-les à notre tour ;
Oui, je n'y sais que la vengeance :
La vengeance vaut bien l'amour.
Ton sort est heureux, quand j'y pense :
Tu peux enfin à d'autres cœurs
Porter ce cœur rempli de flammes ;
Voltige aussi de fleurs en fleurs ;
Aime, trompe toutes les femmes.

Ah ! tu te gâtes dans ces lieux
Où Pétrarque touchait la lyre,
Où Laure avait de si beaux yeux.
Dans ce séjour délicieux
L'ombre de ces amants respire ;
Sous notre ciel chéri des dieux,
Le cœur s'attendrit et soupire.
Va, fuis ces bords contagieux ;
Vole au séjour des parodies.
Mœurs de Paris, aimables mœurs !
On y guérit de mille erreurs ;
Tu verrais de bonnes noirceurs
Par les amants même applaudies ;
Des époux trompés et trompeurs ;
Point de larmes, point de fureurs,
Mais de charmantes perfidies.
On joue à l'infidélité ;
On plaît, on quitte, on est quitté.
Certains amours n'ont qu'une aurore ;
Les plus âgés n'ont pas un mois ;
Et, parmi des fous qu'on adore,
Parmi les plus fripons minois,
On se retrouve quelquefois,
On se prend, on se quitte encore.

Ou bien, au lieu de t'affliger,
De te plaindre et de voyager
Pour le caprice d'une belle,
Des défauts de ta criminelle
Occupe-toi; c'est te venger.
Le calcul n'est pas difficile,
Quoiqu'assez long; n'en passe aucun;
Long-temps elle n'en eut pas un :
Aujourd'hui l'ingrate en a mille,
Et ne crains pas d'exagérer :
Tourne en défaut ses graces même.
Elle sait se faire adorer;
Dis qu'elle ignore comme on aime.
La gaîté brille dans ses yeux;
Ils ne peignent point la tendresse.
Son esprit amuse, intéresse;
Ah! le sentiment vaut bien mieux.
Mais ne dis point : « Mon cœur l'abhorre,
« Je lui permets de me trahir. »
Garde-toi bien de la haïr!
Haïr c'est adorer encore.
Ose en parler sans t'émouvoir;
Souvent même ose la revoir;
Montre à ses yeux une âme forte;
Sur-tout sans t'en apercevoir,
Passe deux fois devant sa porte.

Réfléchis : la fidélité,
Vertu pour ton cœur fanatique,
Serait un vice politique,
Mortel pour la société.
Qu'à ton gré ce sexe volage
Se corrige, aime constamment;
Que l'amour devienne un ménage;

Qu'une femme n'ait qu'un amant ;
Qu'arrive-il ? plus de folie ;
Adieu cette coquetterie,
Charme de tant de cœurs trompés ;
Adieu nos cercles, nos soupés,
Dont elle était l'âme et la vie.
Bientôt, hélas! moins de bijoux,
Moins de parure et d'élégance ;
Avec nos modes et nos goûts,
Nos arts tombent en décadence ;
L'Europe ne vient plus à nous ;
L'or ne circule plus en France ;
L'état n'est plus. Juge combien
Ton beau système est salutaire!
Abjure, mauvais citoyen,
Abjure vite, ou cache bien
Que j'ai l'honneur d'être ton frère.

BARTHELEMY (JEAN-JACQUES), garde des médailles de la Bibliothèque-Royale, l'un des quarante de l'Académie française, de celle des inscriptions et belles-lettres, etc., naquit le 20 janvier 1716 à Cassis, petit port des Bouches-du-Rhône. Sa famille était établie depuis long-temps à Aubagne, petite ville située entre Marseille et Toulon. Sa mère accoucha de lui dans un voyage qu'elle fit à Cassis, et le ramena à Aubagne, où il passa le temps de son enfance et de sa première jeunesse.

Il fit ses études au collège de l'Oratoire à Marseille. Le P. Raynaud, qui depuis se rendit célèbre à Paris par ses sermons, prit un soin particulier de lui, et seconda l'ardeur extraordinaire qu'il avait pour l'étude, et qui se portait déjà sur tous les genres de littérature. Du collège, il passa au séminaire ; mais l'évêque était entouré de jésuites, il fallut, pour lui plaire, étudier chez les jésuites. Les jansénistes et les molinistes voulaient en faire un prosélyte ; il ne prit point parti, il négligea la théologie. Il continua au séminaire de se livrer à son goût pour la littérature, et particulièrement à celle des langues orientales, pour laquelle Marseille fournit d'abondants secours.

Il prit des leçons d'un Juif pour l'hébreu, d'un Maronite pour le syriaque, et d'un marchand d'Alexandrie pour l'arabe.

En 1744, à l'âge de vingt-neuf ans, il vint à Paris ; il avait des lettres pour le savant de Boze, de l'Académie française, secrétaire de celle des inscriptions, et garde du cabinet des médailles. Ce savant l'accueillit, l'examina, et, quelques mois après, vers la fin de 1744, il le fit attacher au cabinet des médailles.

Un de ses amis de Provence, qui venait d'être nommé à l'évêché de Béziers, lui offrit une place de grand vicaire et d'official. Barthelemy hésita quelque temps : la carrière ecclésiastique lui eût ouvert de bonne heure la route de la fortune, elle l'eût fixé auprès d'un ami ; mais son goût pour les lettres l'emporta ; et ce qui contribua à le décider, ce fut une place qui venait de vaquer à l'Académie des inscriptions, et pour laquelle de Boze lui conseillait de se présenter ; il y fut en effet nommé en 1745. Il se lia avec Mariette, Malesherbes, Caylus ; il a fourni à ce dernier un très grand nombre d'articles pour son recueil d'antiquités, de même qu'à Choiseul-Gouffier pour son ouvrage sur la Grèce.

En 1755, il fit un voyage en Italie; c'est là qu'il connut la duchesse de Choiseul, ambassadrice de France à Rome. C'est de cette époque que datent et sa fortune et le bonheur de sa vie. Il n'a plus quitté cette vertueuse et respectable amie, qui pleurera long-temps la mort de Barthelemy. Il fit connaissance avec les gens de lettres et les artistes les plus distingués, le cardinal Passionnei, le P. Pacciaudi, Winckelman, Olivieri, Bayer, Piranezi, et beaucoup d'autres. Il entretint avec eux une correspondance toujours active, toujours instructive. A son retour, en 1757, il rendit compte à l'Académie de son voyage et des acquisitions qu'il avait faites pour le cabinet des médailles; ses réflexions sur les anciens monuments de Rome sont dans le XXVIIIe volume des *Mémoires de l'Académie*. Ce recueil, à partir du XXIe volume jusqu'au XLIe, contient un grand nombre de *dissertations* de Barthelemy sur différents points d'antiquités; ses *Mémoires* sont tous écrits avec la grace et la clarté qui distinguent ses ouvrages, et la plupart sont remarquables par des découvertes importantes, telles que l'*Alphabet de Palmyre*, qu'il donna en 1754, et celui des *Inscriptions phéniciennes*, où, par des explications ingénieuses et savantes, comme celle de la *Mosaïque de Palestine*, sur laquelle on avait tant disputé, comme je l'ai raconté dans mon *Voyage d'Italie*, tome VI, page 319; sa *Paléographie numismatique*, qu'il donna en 1750 dans le XXIVe volume des *Mémoires de l'Académie*, supposait une seconde partie à laquelle il travaillait lorsque la mort l'a enlevé à ses utiles travaux.

Outre ses *Mémoires académiques*, il a publié, soit séparément, soit dans le *Journal des Savants*, plusieurs *dissertations* sur des monuments intéressants, entre autres sur une inscription en marbre que notre ambassadeur à Constantinople, Choiseul-Gouffier, lui avait envoyée, et qui contient un compte des dépenses publiques d'Athènes. On a publié, dans le *Magasin encyclopédique*, un catalogue de ses livres et de ses *Mémoires*; ainsi je ne parlerai ici que du dernier et du plus important de ses ouvrages.

Ce fut pendant son séjour à Florence qu'il conçut l'idée d'un voyage en Italie dans le quinzième siècle, époque célèbre par la régénération des lettres et des arts. Mais, craignant que ce projet ne le détournât de ses devoirs et de ses études, il en transporta l'idée au siècle de Philippe de Macédoine, et de là le *Voyage du Jeune Anacharsis*, qu'il entreprit dès 1757, et auquel il travailla avec une persévérance surprenante[*]. J'ai toujours été étonné qu'au milieu des distractions de la brillante société dans laquelle il vivait, il n'ait jamais perdu de vue un travail qui exigeait tant de recherches, et où il y a plus de vingt mille citations.

Cet ouvrage fit une sensation générale lorsqu'il parut; toute la France était occupée des idées politiques et des assemblées qui ont amené la révo-

---

[*] Cet ouvrage, commencé en 1757, ne parut qu'en 1788

lution; cependant toute la France s'occupa d'une lecture qui attachait dans tous les genres ; et l'on se disait : « Sans l'abbé Barthelemy, la politique eût « fait oublier les belles-lettres ; il était le seul qui pût « faire diversion à de si grands intérêts. »

La science des médailles est une des parties de la littérature dans lesquelles il était le plus versé ; et personne en Europe ne l'a possédée au même degré. A la mort de de Boze, en 1753, il avait été nommé garde des médailles. Ce dépôt venait d'être transféré de Versailles dans une salle qui tient à la bibliothèque. Il fut chargé de le déballer, de le mettre en ordre, d'en faire le catalogue. Ce long et pénible travail l'occupa pendant plusieurs années; il eut encore le mérite de l'augmenter de plus de vingt mille médailles, qu'il obtint par son crédit et ses correspondances, et qui ont porté la collection française au plus haut degré de perfection. Son neveu, Barthelemy de Courçay, qui lui succéda dans la place de conservateur des médailles, a encore augmenté le prix de cette précieuse collection.

Il ne pouvait pas se flatter d'échapper à la proscription de Robespierre. Le 2 septembre 1793, il fut envoyé aux Madelonettes. On pouvait craindre un anniversaire des massacres de l'année précédente; Barthelemy ne fut point ému : il supporta son malheur avec la sérénité d'un sage. Sa détention ne dura que seize heures; mais il s'est souvent rappelé avec attendrissement les attentions dont ses compagnons d'infortune l'avaient comblé dans sa prison; et il n'avait point oublié les preuves d'humanité que les concierges* eux-mêmes lui avaient données.

Barthelemy avait 25,000 liv. de rente en bénéfices ou en pensions; il les partageait avec des parents, avec les indigents, avec des jeunes gens dont il encourageait le goût pour l'étude. Parmi les parents dont il a développé les talents, on connaît assez l'ambassadeur en Suisse, à qui la France doit les commencements d'une paix que l'Europe désire avec tant d'impatience. Dans ses vieux jours, la fortune l'abandonna; il n'en fut ni abattu ni humilié; il refusa même la place de bibliothécaire en 1793, après la mort de Carra et la démission de Chamfort; mais ce qui lui fit une impression profonde, ce fut la mort de tant de gens de bien, de tant d'hommes de mérite qui furent égorgés sous le règne du cannibale Robespierre, de Malesherbes sur-tout, dont le souvenir lui arrachait toujours des larmes.

Depuis deux ans, sa santé s'altérait sensiblement; les forces lui manquaient, ses jambes se refusaient à son activité; il allait cependant encore assez souvent, l'hiver dernier (1794), chez la célèbre madame Du Boccage, dont la société l'intéressait depuis cinquante ans, et où jusqu'alors il trouvait une réunion précieuse de gens de lettres. Lorsqu'il lui fut impossible de sortir, ses amis l'ont visité constamment tous les jours jusqu'à ses derniers moments, et avaient auprès de lui et pour lui une conversation à laquelle il se livrait avec le plus grand intérêt,

---

* Le concierge Vaubertrand eut sur-tout pour Barthelemy des attentions touchantes.

lorsqu'elle roulait sur des objets de littérature. Desperrières sur-tout a eu pour lui, comme médecin et comme ami, des soins qui excitaient toute sa sensibilité.

Le 11 floréal (30 avril), à trois heures après-midi, Barthelemy s'est éteint dans les bras de son neveu, sans se plaindre, sans souffrir, avec toute sa connaissance, et venant de faire une lecture d'Horace. Il était âgé de soixante-dix-neuf ans, trois mois et dix jours.

Barthelemy était d'une grande et belle stature; il avait, par ses avantages extérieurs autant que par sa réputation, ce qui inspire de la fierté, et il y avait peu d'hommes aussi modestes : il poussait jusqu'à l'exagération la simplicité, la politesse et le respect même pour les gens qui en méritaient le moins; enfin, depuis quarante ans que je le connaissais, j'ai vu beaucoup de personnes se louer de lui, je n'en ai vu aucune qui s'en plaignît; je ne puis mieux terminer son éloge. *

J. LALANDE.

JUGEMENTS.

I.

Si vous ne deviez pas, Monsieur, être dégoûté d'éloges, je vous dirais que votre ouvrage m'a paru effrayant d'érudition et de connaissances, comme il m'a paru enchanteur de style et d'exécution.

* Le *Voyage d'Anacharsis*, qui a eu les honneurs de la traduction en diverses langues, a été réimprimé un grand nombre de fois. On distingue surtout l'edition de M. Ledoux, Paris, 1822, 7 vol. in-8°, orné de vignettes, avec atlas in-4°, et celle que vient de terminer M. Lequien.

Avant vous, on n'avait jamais imaginé qu'aucun ouvrage pût dispenser de lire Platon, Xénophon, tous les historiens et tous les philosophes de la Grèce. Votre ouvrage, le plus beau résultat des plus profondes lectures, tient lieu de tout cela; et un littérateur peu fortuné avait raison de dire que votre livre est une véritable économie. Il était impossible de faire, de toutes ces idées et pensées, une masse plus brillante et plus solide, et votre ouvrage m'a rappelé ce métal de Corinthe, composé de tous les métaux, et plus précieux qu'eux tous. C'est le génie qui a fondu tout cela.

Delille, *Lettre à Barthelemy.*

II.

Vous parlez, aussitôt la nuit de vingt siècles fait place à une lumière soudaine, et laisse éclore à nos yeux le magnifique spectacle de la Grèce entière au plus haut degré de son antique splendeur. Argos, Corinthe, Sparte, Athènes, et mille autres villes disparues, sont repeuplées. Vous nous montrez, vous nous ouvrez les temples, les théâtres, les gymnases, les académies, les édifices publics, les maisons particulières, les réduits les plus intérieurs. Admis, sous vos auspices, dans leurs assemblées, dans leurs camps, à leurs écoles, à leurs cercles, à leurs repas, nous voilà mêlés dans tous leurs jeux, spectateurs de toutes les cérémonies, témoins de toutes les délibérations, associés à tous les intérêts, initiés à tous les mystères, confidents de toutes les pensées; et jamais les Grecs n'ont aussi bien connu la Grèce, jamais ils ne se sont aussi bien connus entre eux, que votre Anacharsis nous les a fait connaître.

Dans ces tableaux nouveaux, parlants et vivants, tous les objets s'offrent à nous sous tous les aspects. Les hommes et les peuples, toujours en rapport, toujours aux prises les uns avec les autres, nous découvrent à l'envi leurs vices et leurs vertus. L'enthousiasme, la haine et l'impartialité tracent alternativement le portrait de Philippe. Les tristes hymnes des Messéniens accusent l'orgueil de Lacédémone. Les Athéniens laissent entrevoir leur corruption au travers de leurs agréments. Le suffrage ou le blâme, distribué tour à tour par des partisans ou par des rivaux, tous les témoignages favorables ou contraires soigneusement recueillis, fidèlement cités, sagement appréciés, suspendent et sollicitent des jugements que vous laissez modestement prononcer à votre lecteur; il tient la balance, mais vous y mettez les poids.

Le chevalier de BOUFFLERS, *Réponse au Discours de réception de l'abbé Barthelemy à l'Académie française.*

III.

C'est ici un de ces grands monuments littéraires faits pour honorer le siècle qui les produit, et pour illustrer à jamais leur auteur.

Le Voyage de la Grèce est précédé d'une Introduction où Anacharsis présente le tableau de tous les temps qui précèdent celui de son voyage. Au moyen de cette Introduction et du Voyage, on sait tout ce qu'il est possible et utile de savoir sur la Grèce, sur ses guerres, sur sa politique tant intérieure qu'extérieure, sur ses lois, sur ses mœurs, sur ses arts, depuis les premiers temps jusqu'à l'époque où elle est asservie à Philippe, roi de Macédoine, père d'Alexandre-le-Grand. C'est l'ouvrage le plus complet qu'il y ait sur cette matière; c'est partout la substance la plus pure de ce que les meilleurs auteurs de tout genre, tant anciens que modernes, ont écrit sur les divers objets relatifs à la Grèce; et le tout est animé par cette heureuse fiction du voyage d'Anacharsis, qui met tout en action et en mouvement.

GAILLARD, *Journal des Savants*, février 1789.

IV.

Dans cette composition, à laquelle nulle autre ne ressemble, on ne sait ce qu'on doit admirer le plus, ou de l'immense étendue des connaissances qu'elle exigeait et qu'elle renferme, ou de l'art singulier des rapprochements et des transitions, qui a su lier imperceptiblement tant d'objets disparates entre eux, ou de l'élégance continue et de l'agrément infini de toutes les narrations, de toutes les discussions, qu'au premier coup d'œil on serait tenté de prendre pour les jeux d'une belle imagination. Telle a été en effet la méprise de quelques personnes qui ont donné le nom de roman à un ouvrage où on trouve toute vérité, et où on ne trouve que des vérités. Cette critique, plus applicable à la *Cyropédie* de Xénophon qu'à l'*Anacharsis* de Barthelemy, ne mérite pas d'être refutée; et je ne m'étendrai pas davantage sur un livre qui est entre les mains de tout le monde, que tout le monde lit, que tout le monde relit, et dont la lecture est toujours également attachante et instructive.

MANCINI-NIVERNOIS, *Essai sur la vie de J. J. Barthelemy.*

V.

Au don de penser, Barthelemy joignait le talent de peindre : son style clair, naturel et correct a toujours du coloris et des graces ; riche, abondant et harmonieux, il est plein d'images, de chaleur et de vie. Tous nos sentiments ayant des expressions qui leur répondent, celles de Barthelemy, nobles et élevées, offrent le tableau de sa belle âme. Il a les défauts de Platon, trop de poésie et d'élégance ; et, comme lui, il manque quelquefois de force et de précision : souvent il est semblable à Protogène, en mettant dans ses tableaux trop de soin et de fini ; mais pour avoir le droit de l'en reprendre, il faudrait être un Apelle. Malgré cela, l'ouvrage de Barthelemy est un monument de notre langue, qui ne périra qu'avec elle. Qu'on me permette de le comparer à un édifice d'ordre corinthien, où l'on n'a point épargné les ornements, qui y sont d'ailleurs distribués avec autant de goût que d'intelligence.

DE SAINTE-CROIX, *Éloge historique de Barthelemy.*

VI

Anacharsis parut........ L'érudition n'avait pas encore été consacrée à un pareil emploi. Au lieu de présenter l'aride résultat de ses travaux, et tout l'échafaudage des recherches, l'abbé Barthelemy sut mettre l'érudition en action, et en usa pour tracer un vivant tableau de l'ancienne

Grèce. Cette peinture est aussi animée que si elle était le fruit de la seule imagination. Le long travail nécessaire pour en préparer les matériaux n'a pas refroidi l'auteur; on voit qu'il avait devant les yeux tout ce qu'il avait placé dans sa mémoire; c'est peut-être à ce goût vif pour l'antiquité, où il avait su si bien se transporter, que le style de l'abbé Barthelemy a dû quelques rapports éloignés avec le style de Fénelon. Du moins est-il vrai que Platon l'a parfois rendu éloquent, comme Homère avait rendu Fénelon poétique.

DE BARANTE, De la Littérature française pendant le XVIIIe siècle.

VII. A l'auteur du *Voyage du Jeune Anacharsis en Grèce.*

D'Athène et de Paris la bonne compagnie
A formé dès long-temps votre goût et vos mœurs ;
Toute l'antiquité, par vos soins rajeunie,
Reparaît à nos yeux sous ses propres couleurs,
  Et vous nous rendez son génie.
Au milieu de la Grèce Anacharsis errant
Sait plaire à tous les goûts dans ses doctes voyages ;
Étonne l'érudit et charme l'ignorant.
Aux soupers d'Aspasie, au banquet des sept sages,
  Vous auriez eu le premier rang.
Le style a du sujet égalé la richesse,
  Et sa parure et sa clarté :
Il joint tous les trésors de l'antique sagesse
  A la moderne urbanité.
Quels tableaux différents ! Dans l'Élide emporté,
Quelquefois à travers la poussière olympique,
  Je suis le vainqueur indompté
Qui voit déjà Pindare entonnant son cantique.

Près des sages fameux, plus souvent arrêté,
Je viens trouver l'erreur sous le grave Portique,
  En y cherchant la vérité.
C'est en vain que Zénon défend la volupté,
  Des beaux-arts la foule immortelle
L'inspire à chaque pas sous un ciel enchanté ;
Phryné sort de la mer, et soudain sa beauté
  Montre Vénus à Praxitèle.
Jupiter m'apparaît ; oui, du maître des dieux
L'artiste a reproduit l'auguste caractère.
  Phidias l'a vu dans Homère
  Comme il existe dans les cieux.
Mais des plus beaux des arts que sont les vains prodiges
  Auprès de ceux de la vertu ?
D'Aristide exilé je cherche les vestiges.
Le plus grand des Thébains ici meurt abattu ;
Là, des lois de Lycurgue embrassant la défense,
Vous opposez son peuple à celui de Solon,
Et l'œil observateur, aux graces de l'enfance
Croit voir de l'âge mûr succéder la raison.
De Socrate, plus loin, l'éloquent interprète,
Xénophon, vient m'ouvrir sa modeste retraite ;
Écrivain doux et pur, philosophe et soldat,
Il semble à Fénelon réunir Catinat.
Pythagore en secret m'explique son système :
De Cérès d'Éleusis les temples sont ouverts ;
La vérité pour moi s'y montre sans emblême.
  Platon, assis aux bords des mers,
Dans un style divin m'annonce un Dieu suprême.
Aristote m'appelle aux jardins d'Académe ;
Des Sciences, des Arts, qui s'y donnent la main,
  Toutes les voix se font entendre ;
Révélant leurs secrets, le maître d'Alexandre
  Devient celui du genre humain.

Hélas! l'homme est trop tôt fatigué de s'instruire,
Et qui veut l'éclairer doit sur-tout le séduire.
A Délos, à Tempé guidez-moi tour à tour;
Des fêtes de l'Hymen montrez-moi le retour;
Et que, parant de fleurs la couche nuptiale,
Les filles de Corinthe, au déclin d'un beau jour,
Chantent ces doux combats, cette lutte inégale
  De la pudeur et de l'amour!
Soit que vous rappeliez les jugements coupables
Où la haine envieuse immola des héros,
Soit que vous m'attiriez dans ces cercles aimables
Où les Grecs au bon sens préféraient les bons mots,
Je retrouve Paris, et vos crayons sincères
Dans les Athéniens me peignent les Français.
Chez nous les Anitus, comme au temps de nos pères,
Calomnîront encore avec quelque succès;
Et la jeune Phryné, chez nos juges austères,
  Gagnerait toujours son procès.
Les Grecs nous ont transmis leurs divers caractères.
Peignez-vous leur audace et leurs graces légères,
Je crois lire Hamilton, je crois voir Richelieu;
De leurs savants écrits percez-vous les mystères,
  J'entends Buffon ou Montesquieu.
Tandis que le troupeau des écrivains vulgaires
Se fatigue à chercher des succès éphémères,
  Et, dans sa folle ambition,
Prête une oreille avide à tous les vents contraires
  De l'inconstante opinion;
Le grand homme, puisant aux sources étrangères,
Trente ans médite en paix ses travaux solitaires;
Au pied du monument qu'il fut lent à finir
Il se repose enfin sans voir ses adversaires,
  Et l'œil fixé sur l'avenir.

DE FONTANES.

BARTHELEMY.

MORCEAUX CHOISIS.

I. Mort de Léonidas.

Pendant la nuit, Léonidas avait été instruit du projet des Perses par des transfuges échappés du camp de Xercès, et, le lendemain matin, il le fut de leurs succès par des sentinelles accourues du haut de la montagne. A cette terrible nouvelle, les chefs des Grecs s'assemblèrent. Comme les uns étaient d'avis de s'éloigner des Thermopyles, les autres d'y rester, Léonidas les conjura de se réserver pour des temps plus heureux, et déclara que, quant à lui et à ses compagnons, il ne leur était pas permis de quitter un poste que Sparte leur avait confié. Les Thespiens protestèrent qu'ils n'abandonneraient point les Spartiates; les quatre cents Thébains, soit de gré, soit de force, prirent le même parti; le reste de l'armée eut le temps de sortir du défilé.

Cependant Léonidas se disposait à la plus hardie des entreprises : « Ce n'est point ici, dit-il à ses « compagnons, que nous devons combattre : il faut « marcher à la tente de Xercès, l'immoler, ou périr « au milieu de son camp. » Ses soldats ne répondirent que par un cri de joie. Il leur fait prendre un repas frugal, en ajoutant : « Nous en prendrons « bientôt un autre chez Pluton. » Toutes ces paroles laissaient une impression profonde dans les esprits. Près d'attaquer l'ennemi, il est ému sur le sort de deux Spartiates qui lui étaient unis par le sang et par l'amitié : il donne au premier une lettre, au second une commission secrète pour les magis-

trats de Lacédémone. « Nous ne sommes pas ici, lui
« disent-ils, pour porter des ordres, mais pour com-
« battre; » et, sans attendre sa réponse, ils vont se
placer dans les rangs qu'on leur avait assignés.

Au milieu de la nuit, les Grecs, Léonidas à leur
tête, sortent du défilé, avancent à pas redoublés
dans la plaine, renversent les postes avancés, et
pénètrent dans la tente de Xercès qui avait déjà
pris la fuite : ils entrent dans les tentes voisines, se
répandent dans le camp, et se rassasient de carnage.
La terreur qu'ils inspirent se reproduit à chaque
pas, à chaque instant, avec des circonstances plus
effrayantes. Des bruits sourds, des cris affreux annoncent que les troupes d'Hydarnès sont détruites;
que toute l'armée le sera bientôt par les forces
réunies de la Grèce. Les plus courageux des Perses
ne pouvant entendre la voix de leurs généraux, ne
sachant où porter leurs pas, où diriger leurs coups,
se jetaient au hasard dans la mêlée, et périssaient
par les mains les uns des autres, lorsque les premiers rayons du soleil offrirent à leurs yeux le petit
nombre des vainqueurs. Ils se forment aussitôt, et
attaquent les Grecs de toutes parts. Léonidas tombe
sous une grêle de traits. L'honneur d'enlever son
corps engage un combat terrible entre ses compagnons et les troupes les plus aguerries de l'armée
persane. Deux frères de Xercès, quantité de Perses,
plusieurs Spartiates, y perdirent la vie. A la fin, les
Grecs, quoique épuisés et affaiblis par leurs pertes,
enlèvent leur général, repoussent quatre fois l'ennemi dans leur retraite; et, après avoir gagné le

défilé, franchissent le retranchement, et vont se placer sur la petite colline qui est auprès d'Anthéla : ils s'y défendirent encore quelques moments, et contre les troupes qui les suivaient, et contre celles qu'Hydarnès amenait de l'autre côté du détroit.

Pardonnez, ombres généreuses, à la faiblesse de mes expressions. Je vous offrais un plus digne hommage lorsque je visitais cette colline où vous rendîtes les derniers soupirs ; lorsque, appuyé sur un de vos tombeaux, j'arrosais de mes larmes les lieux teints de votre sang. Après tout, que pourrait ajouter l'éloquence à ce sacrifice si grand et si extraordinaire ? Votre mémoire subsistera plus long-temps que l'empire des Perses, auquel vous avez résisté; et, jusqu'à la fin des siècles, votre exemple produira dans les cœurs qui chérissent leur patrie le recueillement ou l'enthousiasme de l'admiration.

Avant que l'action fût terminée, quelques Thébains, à ce qu'on prétend, se rendirent aux Perses. Les Thespiens partagèrent les exploits et la destinée des Spartiates, et cependant la gloire des Spartiates a presque éclipsé celle des Thespiens. Parmi les causes qui ont influé sur l'opinion publique, on doit observer que la résolution de périr aux Thermopyles fut dans les premiers un projet conçu, arrêté et suivi avec autant de sang-froid que de constance ; au lieu que dans les seconds ce ne fut qu'une saillie de bravoure et de vertu excitée par l'exemple. Les Thespiens ne s'élevèrent au-dessus des autres hommes que parce que les Spartiates s'étaient élevés au-dessus d'eux-mêmes.

Lacédémone s'enorgueillit de la perte de ses guerriers. Tout ce qui les concerne inspire de l'intérêt. Pendant qu'ils étaient aux Thermopyles, un Trachinien, voulant leur donner une haute idée de l'armée de Xercès, leur disait que le nombre de leurs traits suffirait pour obscurcir le soleil. « Tant mieux, « répondit le Spartiate Diénécès, nous combattrons « à l'ombre. » Un autre, envoyé par Léonidas à Lacédémone, était retenu au bourg d'Alpénus par une fluxion sur les yeux. On vient lui dire que le détachement d'Hydarnès était descendu de la montagne, et pénétrait dans le défilé : il prend aussitôt ses armes, ordonne à son esclave de le conduire à l'ennemi, l'attaque au hasard, et reçoit la mort qu'il en attendait.

Deux autres, également absents par ordre du général, furent soupçonnés, à leur retour, de n'avoir pas fait tous leurs efforts pour se trouver au combat. Ce doute les couvrit d'infamie : l'un s'arracha la vie, l'autre n'eut d'autre ressource que de la perdre quelque temps après à la bataille de Platée.

Le dévouement de Léonidas et de ses compagnons produisit plus d'effet que la victoire la plus brillante[*] ; il apprit aux Grecs le secret de leurs forces, aux Perses celui de leur faiblesse. Xercès, effrayé d'avoir une si grande quantité d'hommes et si peu de soldats, ne le fut pas moins d'apprendre que la

---

[*] « Il y a des pertes triomphantes à l'envi des victoires. Ni ces quatre victoires sœurs, les plus belles que le soleil aie oncques vues de ses yeux, de Salamine, de Platée, de Mycale, de Sicile, n'osèrent oncques opposer toute leur gloire ensemble à la gloire de la déconfiture du roi Léonidas et des siens au pas des Thermopyles. MONTAIGNE, *Essais*, liv. I, ch. 30.

Grèce renfermait dans son sein une multitude de défenseurs aussi intrépides que les Thespiens, et huit mille Spartiates semblables à ceux qui venaient de périr. D'un autre côté, l'étonnement dont ces derniers remplirent les Grecs se changea bientôt en un désir violent de les imiter. L'ambition de la gloire, l'amour de la patrie, toutes les vertus furent portées au plus haut degré, et les âmes à une élévation jusqu'alors inconnue. C'est là le temps des grandes choses; et ce n'est pas celui qu'il faut choisir pour donner des fers à des peuples animés de si nobles sentiments.

Voyage d'Anacharsis, Introduction.

II. L'Amitié ou Damon et Phintias.

Dans une des îles de la mer Égée, au milieu de quelques peupliers antiques, on avait autrefois consacré un autel à l'Amitié. Il fumait jour et nuit d'un encens pur et agréable à la déesse; mais bientôt, entourée d'adorateurs mercenaires, elle ne vit dans leurs cœurs que des liaisons intéressées et mal assorties. Un jour elle dit à un favori de Crésus : « Porte « ailleurs tes offrandes; ce n'est pas à moi qu'elles « s'adressent, c'est à la Fortune. » Elle répondit à un Athénien qui faisait des vœux pour Solon, dont il se disait l'ami : « En te liant avec un homme « sage, tu veux partager sa gloire, et faire oublier « tes vices. » Elle dit à deux femmes de Samos, qui s'embrassaient étroitement auprès de son autel : « Le « goût des plaisirs vous unit en apparence; mais vos « cœurs sont déchirés par la jalousie, et le seront « bientôt par la haine. »

Enfin, deux Syracusains, Damon et Phintias, tous deux élevés dans les principes de Pythagore, vinrent se prosterner devant la déesse : « Je reçois « votre hommage, leur dit-elle ; je fais plus, j'aban-« donne un asyle trop long-temps souillé par des sa-« crifices qui m'outragent, et je n'en veux plus « d'autre que vos cœurs. Allez montrer au tyran de « Syracuse, à l'univers, à la postérité, ce que peut « l'amitié dans des âmes que j'ai revêtues de ma puis-« sance. »

A leur retour, Denys, sur une simple dénonciation, condamna Phintias à la mort. Celui-ci demanda qu'il lui fût permis d'aller régler des affaires importantes qui l'appelaient dans une ville voisine. Il promit de se présenter au jour marqué, et partit, après que Damon eut garanti cette promesse au péril de sa propre vie.

Cependant les affaires de Phintias traînent en longueur. Le jour destiné à son trépas arrive, le peuple s'assemble ; on blâme, on plaint Damon, qui marche tranquillement à la mort, trop certain que son ami allait revenir, trop heureux s'il ne revenait pas ! Déjà le moment fatal approchait, lorsque mille cris tumultueux annoncèrent l'arrivée de Phintias. Il court, il vole au lieu du supplice ; il voit le glaive suspendu sur la tête de son ami ; et, au milieu des embrassements et des pleurs, ils se disputent le bonheur de mourir l'un pour l'autre. Les spectateurs fondent en larmes ; le roi lui-même se précipite du trône, et leur demande instamment de partager une si belle amitié.

Ibid., chap. LXXVIII.

III. La peste d'Athènes.

Jamais ce fléau terrible ne ravagea tant de climats. Sorti de l'Éthiopie, il avait parcouru l'Égypte, la Libye, une partie de la Perse, l'île de Lemnos, et d'autres lieux encore. Un vaisseau marchand l'introduisit sans doute au Pirée, où il se manifesta d'abord; de là il se répandit avec fureur dans la ville, et surtout dans ces demeures obscures et malsaines, où les habitants de la campagne se trouvaient entassés.

Le mal attaquait successivement toutes les parties du corps : les symptômes en étaient effrayants, les progrès rapides, les suites presque toujours mortelles. Dès les premières atteintes, l'âme perdait ses forces, le corps semblait en acquérir de nouvelles; et c'était un cruel supplice de résister à la maladie, sans pouvoir résister à la douleur. Les insomnies, les terreurs, des sanglots redoublés, des convulsions violentes, n'étaient pas les seuls tourments réservés aux malades; une chaleur insupportable les dévorait intérieurement. Couverts d'ulcères et de taches livides, les yeux enflammés, la poitrine oppressée, les entrailles déchirées, exhalant une odeur fétide de leur bouche souillée d'un sang impur, on les voyait se traîner dans les rues pour respirer plus librement; et, ne pouvant éteindre la soif brûlante dont ils étaient consumés, se précipiter dans des rivières couvertes de glaçons.

La plupart périssaient au septième ou au neuvième jour. S'ils prolongeaient leur vie au-delà de ces termes, ce n'était que pour éprouver une mort plus douloureuse et plus lente.

Ceux qui ne succombaient pas à la maladie n'en étaient presque jamais atteints une seconde fois. Faible consolation! car ils n'offraient plus aux yeux que les restes infortunés d'eux-mêmes. Les uns avaient perdu l'usage de plusieurs de leurs membres; les autres ne conservaient aucune idée du passé : heureux sans doute d'ignorer leur état! mais ils ne pouvaient reconnaître leurs amis.

Le même traitement produisait des effets tour à tour salutaires et nuisibles : la maladie semblait braver les règles de l'expérience. Comme elle infectait aussi plusieurs provinces de la Perse, le roi Artaxercès résolut d'appeler à leur secours le célèbre Hippocrate, qui était alors dans l'île de Cos : il fit vainement briller à ses yeux l'éclat de l'or et des dignités; le grand homme répondit au grand roi qu'il n'avait ni besoins ni désirs, et qu'il se devait aux Grecs plutôt qu'à leurs ennemis. Il vint en effet offrir ses services aux Athéniens, qui le reçurent avec d'autant plus de reconnaissance, que la plupart de leurs médecins étaient morts victimes de leur zèle; il épuisa les ressources de son art, et exposa plusieurs fois sa vie. S'il n'obtint pas tout le succès que méritaient de si beaux sacrifices et de si grands talents, il donna du moins des consolations et des espérances. On dit que, pour purifier l'air, il fit allumer des feux dans les rues d'Athènes; d'autres prétendent que ce moyen fut employé, avec quelque succès, par un médecin d'Agrigente, nommé Acron.

On vit, dans les commencements, de grands exemples de piété filiale, d'amitié généreuse; mais, comme ils furent presque toujours funestes à leurs auteurs, ils ne se renouvelèrent que rarement dans la suite. Alors les liens les plus respectables furent brisés; les yeux, près de se fermer, ne virent de toutes parts qu'une solitude profonde, et la mort ne fit plus couler de larmes.

Cet endurcissement produisit une licence effrénée. La perte de tant de gens de bien, confondus dans un même tombeau avec les scélérats; le renversement de tant de fortunes, devenues tout-à-coup le partage ou la proie des citoyens les plus obscurs, frappèrent vivement ceux qui n'ont d'autre principe que la crainte. Persuadés que les dieux ne prenaient plus d'intérêt à la vertu, et que la vengeance des lois ne serait pas aussi prompte que la mort dont ils étaient menacés, ils crurent que la fragilité des choses humaines leur indiquait l'usage qu'ils en devaient faire, et que, n'ayant plus que peu de moments à vivre, ils devaient du moins les passer dans le sein des plaisirs.

Au bout de deux ans, la peste parut se calmer. Pendant ce repos, on s'aperçut plus d'une fois que le germe de la contagion n'était pas détruit : il se développa dix-huit mois après; et, dans le cours d'une année entière, il reproduisit les mêmes scènes de deuil et d'horreur. Sous l'une et l'autre époque, il périt un très grand nombre de citoyens, parmi lesquels il faut compter près de cinq mille hommes en état de porter les armes. La perte la plus irréparable fut celle de Périclès, qui, dans la troisième année de la guerre, mourut des suites de la maladie.

Ibid., Introduction.

IV. Le Printemps du climat de la Grèce.

Dans l'heureux climat que j'habite, le printemps est comme l'aurore d'un beau jour : on y jouit des biens qu'il amène, et de ceux qu'il promet. Les feux du soleil ne sont plus obscurcis par des vapeurs grossières ; ils ne sont pas encore irrités par l'aspect ardent de la canicule : c'est une lumière pure, inaltérable, qui se repose doucement sur tous les objets, c'est la lumière dont les Dieux sont couronnés dans l'Olympe.

Quand elle se montre à l'horizon, les arbres agitent leurs feuilles naissantes, les bords de l'Ilissus retentissent du chant des oiseaux, et les échos du mont Hymette, du son des chalumeaux rustiques. Quand elle est près de s'éteindre, le ciel se couvre de voiles étincelants, et les nymphes de l'Attique vont d'un pas timide essayer sur le gazon des danses légères : mais bientôt elle se hâte d'éclore, et alors on ne regrette ni la fraîcheur de la nuit qu'on vient de perdre, ni la splendeur du jour qui l'avait précédée ; il semble qu'un nouveau soleil se lève sur un nouvel univers, et qu'il apporte de l'orient des couleurs inconnues aux mortels. Chaque instant ajoute un nouveau trait aux beautés de la nature ; à chaque instant, le grand ouvrage du développement des êtres avance vers sa perfection.

O jours brillants! ô nuits délicieuses! quelle

émotion excitait dans mon âme cette suite de tableaux que vous offriez à tous mes sens ! O dieu des plaisirs ! ô Printemps ! je vous ai vu cette année dans toute votre gloire; vous parcouriez en vainqueur les campagnes de la Grèce, et vous détachiez de votre tête les fleurs qui devaient les embellir : vous paraissiez dans les vallées, elles se changeaient en prairies riantes; vous paraissiez sur les montagnes, le serpolet et le thym exhalaient mille parfums; vous vous éleviez dans les airs, et vous y répandiez la sérénité de vos regards. Les amours empressés accouraient à votre voix, ils lançaient de toutes parts des traits enflammés; la terre en était embrasée. Tout renaissait pour s'embellir; tout s'embellissait pour plaire. Tel parut le monde au sortir du chaos, dans ces moments fortunés où l'homme, ébloui du séjour qu'il habitait, surpris et satisfait de son existence, semblait n'avoir un esprit que pour connaître le bonheur, un cœur que pour le désirer, une âme que pour le sentir.

Ibid., chap. LXXVI.

V. Jeux solennels de la Grèce

La Course à pied.

Quand les présidents eurent pris leurs places, un héraut s'écria : « Que les coureurs du stade se « présentent. » Il en parut aussitôt un grand nombre, qui se placèrent sur une ligne, suivant le rang que le sort leur avait assigné. Le héraut récita leurs noms et ceux de leur patrie. Si ces noms avaient été illustrés par des victoires précédentes, ils étaient accueillis avec des applaudissements redoublés. Après

que le héraut eut ajouté : « Quelqu'un peut-il re-
« procher à ces athlètes d'avoir été dans les fers,
« ou d'avoir mené une vie irrégulière? » il se fit un
silence profond...... l'espérance et la crainte se
peignaient dans les regards inquiets des spectateurs ;
elles devenaient plus vives à mesure qu'on approchait de l'instant qui devait les dissiper. Cet instant
arriva. La trompette donna le signal ; les coureurs
partirent, et dans un clin d'œil parvinrent à la borne
où se tenaient les présidents des jeux. Le héraut
proclama le nom de Porus de Cyrène, et mille bouches le répétèrent.

Les jours suivants, d'autres champions furent
appelés pour parcourir le double stade, c'est-à-dire
qu'après avoir atteint le but et doublé la borne, ils
devaient retourner au point du départ. Ces derniers
furent remplacés par des athlètes qui fournirent
douze fois la longueur du stade. Quelques-uns concoururent dans plusieurs de ces exercices, et rem-
portèrent plus d'un prix. Parmi les incidents qui
réveillèrent, à diverses reprises, l'attention de l'assemblée, nous vîmes des coureurs s'éclipser et se
dérober aux insultes des spectateurs ; d'autres, sur
le point de parvenir au terme de leurs désirs, tomber tout-à-coup sur un terrain glissant. On nous en
fit remarquer dont les pas s'imprimaient à peine sur
la poussière. Deux Crotoniates tinrent long-temps
les esprits en suspens : ils devançaient leurs adversaires de bien loin ; mais l'un d'eux ayant fait tomber
l'autre en le poussant, un cri général s'éleva contre
lui, et il fut privé de l'honneur de la victoire ; car il

est expressément défendu d'user de pareilles voies pour se la procurer : On permet seulement aux assistants d'animer, par leurs cris, les coureurs auxquels ils s'intéressent.

Les vainqueurs ne doivent être couronnés que dans le dernier jour des fêtes; mais, à la fin de leurs courses, ils reçurent, ou plutôt enlevèrent une palme qui leur était destinée. Ce moment fut pour eux le commencement d'une suite de triomphes. Tout le monde s'empressait de les voir, de les féliciter; leurs parents, leurs amis, leurs compatriotes, versant des larmes de tendresse et de joie, les soulevaient sur leurs épaules pour les montrer aux assistants, et les livraient aux applaudissements de toute l'assemblée, qui répandait sur eux des fleurs à pleines mains.

Course des chars.

Pour en voir les préparatifs, nous entrâmes dans la barrière ; nous y trouvâmes plusieurs chars magnifiques, retenus par des cables qui s'étendaient le long de chaque file, et qui devaient tomber l'un après l'autre. Ceux qui les conduisaient n'étaient vêtus que d'une étoffe légère. Leurs coursiers, dont ils pouvaient à peine modérer l'ardeur, attiraient tous les regards par leur beauté, quelques-uns par les victoires qu'ils avaient déjà remportées. Dès que le signal fut donné, ils s'avancèrent jusqu'à la seconde ligne ; et, s'étant ainsi réunis avec les autres lignes ; ils se présentèrent tous de front au commencement de la carrière. Dans l'instant on les vit, couverts de poussière, se croiser, se heurter, entraîner les chars avec une rapidité que l'œil avait peine à suivre. Leur impétuosité redoublait lorsqu'ils se trouvaient en présence de la statue d'un génie qui, dit-on, les pénètre d'une terreur secrète; elle redoublait lorsqu'ils entendaient le son bruyant des trompettes placées auprès d'une borne fameuse par les naufrages qu'elle occasionne : posée dans la largeur de la carrière, elle ne laisse pour le passage des chars qu'un défilé assez étroit, où l'habileté des guides vient très souvent échouer. Le péril est d'autant plus redoutable, qu'il faut doubler la borne jusqu'à douze fois ; car on est obligé de parcourir douze fois la longueur de l'hippodrome, soit en allant, soit en revenant.

A chaque évolution il survenait quelque accident qui excitait des sentiments de pitié, ou des rires insultants de la part de l'assemblée. Des chars avaient été emportés hors de la lice; d'autres s'étaient brisés en se choquant avec violence : la carrière était parsemée de débris qui rendaient la course plus périlleuse encore. Il ne restait plus que cinq concurrents, un Thessalien, un Libyen, un Syracusain, un Corinthien et un Thébain. Les trois premiers étaient sur le point de doubler la borne pour la dernière fois. Le Thessalien se brise contre cet écueil; il tombe, embarrassé dans les rênes; et, tandis que ses chevaux se renversent sur ceux du Libyen, qui le serrait de près, que ceux du Syracusain se précipitent dans une ravine qui borde en cet endroit la carrière, que tout retentit de cris perçants et multipliés, le Corinthien et le Thébain arrivent, saisissent le moment favorable, dépassent la borne, pressent de l'aiguillon leurs coursiers fougueux, et se présentent aux juges, qui décernent le premier prix au Corinthien, et le second au Thébain.

La Lutte.

Les athlètes qui devaient concourir se tenaient dans un portique voisin : ils furent appelés à midi : ils étaient au nombre de sept. On jeta autant de bulletins dans une boîte placée devant les présidents des jeux. Deux de ces bulletins étaient marqués de la lettre A, deux autres de la lettre B, deux autres d'un C, et le septième d'un D. On les agita dans la boîte, chaque athlète prit le sien, et l'un des présidents appareilla ceux qui avaient tiré la même lettre. Ainsi, il y eut trois couples de lutteurs, et le septième fut réservé pour combattre contre les vainqueurs des autres. Ils se dépouillèrent de tout vêtement, et, après s'être frottés d'huile, ils se roulèrent dans le sable, afin que leurs adversaires eussent moins de prise en voulant les saisir.

Aussitôt un Thébain et un Argien s'avancent dans le stade : ils s'approchent, se mesurent des yeux, et s'empoignent par les bras. Tantôt, appuyant leur front l'un contre l'autre, ils se poussent avec une action égale, paraissent immobiles, et s'épuisent en efforts superflus; tantôt ils s'ébranlent par des secousses violentes, s'entrelacent comme des serpents, s'allongent, se raccourcissent, se plient en avant, en arrière, sur les côtés; une sueur abondante coule de leurs membres affaiblis, ils respirent un moment, se prennent par le milieu du corps, et, après avoir employé de nouveau la ruse et la force, le Thébain enlève son adversaire ; mais il plie sous le poids : ils tombent, se roulent dans la poussière, et reprennent tour à tour le dessus. A la fin le Thébain, par l'entrelacement de ses jambes et de ses bras, suspend tous les mouvements de son adversaire qu'il tient sous lui, le serre à la gorge, et le force à lever la main pour marque de sa défaite. Ce n'est pas assez. néanmoins pour obtenir la couronne ; il faut que le vainqueur terrasse au moins deux fois son rival ; et, communément, ils en viennent trois fois aux mains. L'Argien eut l'avantage dans la seconde action, et le Thébain reprit le sien dans la troisième.

Après que les deux autres couples de lutteurs eurent achevé leurs combats, les vaincus se retirèrent accablés de honte et de douleur. Il restait trois vainqueurs, un Agrigentin, un Éphésien, et le Thébain dont j'ai parlé. Il restait aussi un Rhodien, que le sort avait réservé. Il avait l'avantage d'entrer tout frais dans la lice ; mais il ne pouvait remporter le prix sans livrer plus d'un combat. Il triompha de l'Agrigentin, fut terrassé par l'Éphésien, qui succomba sous le Thébain : ce dernier obtint la palme. Ainsi une première victoire doit en amener d'autres ; et, dans un concours de sept athlètes, il peut arriver que le vainqueur soit obligé de lutter contre quatre antagonistes, et d'engager avec chacun d'eux jusqu'à trois actions différentes.

Le dernier jour des fêtes fut destiné à couronner

les vainqueurs. Cette cérémonie, glorieuse pour eux, se fit dans le bois sacré, et fut précédée par des sacrifices pompeux. Quand ils furent achevés, les vainqueurs, à la suite des présidents des jeux, se rendirent au théâtre, parés de riches habits, et tenant une palme à la main. Ils marchaient dans l'ivresse de la joie, au son des flûtes, entourés d'un peuple immense, dont les applaudissements faisaient retentir les airs. On voyait ensuite paraître d'autres athlètes montés sur des chevaux et sur des chars : leurs coursiers superbes se montraient avec toute la fierté de la victoire; ils étaient ornés de fleurs, et semblaient participer au triomphe.

Le jour même du couronnement, les vainqueurs offrirent des sacrifices en actions de graces. Ils furent inscrits dans les registres publics des Éléens, et magnifiquement traités dans une des salles du Prytanée. Les jours suivants, ils donnèrent eux-mêmes des repas dont la musique et la danse augmentèrent les agréments.

Suivant l'ancien usage, ces hommes, déjà comblés d'honneurs sur le champ de bataille, rentrent dans leur patrie avec tout l'appareil du triomphe, précédés et suivis d'un cortége nombreux, vêtus d'une robe teinte en pourpre, quelquefois sur un char à deux ou à quatre chevaux, et par une brèche pratiquée dans le mur de la ville.

Ibid., chap. XXXVIII.

VI. Le Peuple Athénien.

L'histoire nous le représente tantôt comme un

vieillard qu'on peut tromper sans crainte, tantôt comme un enfant qu'il faut amuser sans cesse, quelquefois déployant les lumières et les sentiments des grandes âmes; aimant à l'excès les plaisirs et la liberté, le repos et la gloire; s'enivrant des éloges qu'il reçoit, applaudissant aux reproches qu'il mérite; assez pénétrant pour saisir aux premiers mots les projets qu'on lui communique, trop impatient pour en écouter les détails et en prévoir les suites; faisant trembler ses magistrats, dans l'instant même qu'il pardonne à ses plus cruels ennemis; passant avec la rapidité de l'éclair, de la fureur à la pitié, du découragement à l'insolence, de l'injustice au repentir; mobile sur-tout, et frivole, au point que, dans les affaires les plus graves, et quelquefois les plus désespérées, une parole dite au hasard, une saillie heureuse, le moindre objet, le moindre accident, pourvu qu'il soit inopiné, suffit pour le distraire de ses craintes, ou le détourner de son intérêt.

Ibid., chap. XIV.

VII Hippocrate ou le vrai Médecin.

Hippocrate naquit dans l'île de Cos, la première année de la LXXXe olympiade. Il était de la famille des Asclépiades, qui, depuis plusieurs siècles, conserve la doctrine d'Esculape, auquel elle rapporte son origine. Elle a formé trois écoles, établies, l'une à Rhodes, la seconde à Gnide, et la troisième à Cos. Il reçut de son père Héraclide les éléments des sciences; et, convaincu bientôt que, pour connaître l'essence de chaque corps en particulier, il faudrait remonter aux principes constitutifs de l'univers, il s'appliqua tellement à la physique générale, qu'il tient un rang honorable parmi ceux qui s'y sont le plus distingués.

Les intérêts de la médecine se trouvaient alors entre les mains de deux classes d'hommes qui travaillaient, à l'insu l'une de l'autre, à lui ménager un triomphe éclatant : d'un côté, les philosophes ne pouvaient s'occuper du système général de la nature sans laisser tomber quelques regards sur le corps humain, sans assigner à certaines causes les vicissitudes qu'il éprouve souvent; d'un autre côté, les descendants d'Esculape traitaient les maladies suivant des règles confirmées par de nombreuses guérisons, et leurs trois écoles se félicitaient à l'envi de plusieurs excellentes découvertes. Les philosophes discouraient, les asclépiades agissaient. Hippocrate, enrichi des connaissances des uns et des autres, conçut une de ces grandes et importantes idées qui servent d'époques à l'histoire du génie : ce fut d'éclairer l'expérience par le raisonnement, et de rectifier la théorie par la pratique. Dans cette théorie, néanmoins, il n'admit que les principes relatifs aux divers phénomènes que présente le corps humain, considéré dans les rapports de maladie et de santé.

A la faveur de cette méthode, l'art, élevé à la dignité de la science, marcha d'un pas plus ferme dans la route qui venait de s'ouvrir; et Hippocrate acheva paisiblement une révolution qui a changé la face de la médecine.

Ni l'amour du gain, ni le désir de la célébrité,

n'animèrent ses travaux. On ne vit jamais dans son âme qu'un sentiment, l'amour du bien, et dans le cours de sa longue vie, qu'un seul fait, le soulagement des malades.

Il a laissé plusieurs ouvrages. Les uns ne sont que les journaux des maladies qu'il avait suivies; les autres contiennent les résultats de son expérience et celle des siècles antérieurs; d'autres enfin traitent des devoirs du médecin, et de plusieurs parties de la médecine ou de la physique : tous doivent être médités avec attention, parce que l'auteur se contente souvent d'y jeter les semences de sa doctrine, et que son style est toujours concis; mais il dit beaucoup de choses en peu de mots, ne s'écarte jamais de son but; et, pendant qu'il y court, il laisse sur sa route des traces de lumière plus ou moins aperçues, suivant que le lecteur est plus ou moins éclairé. C'était la méthode des anciens philosophes, plus jaloux d'indiquer des idées neuves, que de s'appesantir sur des idées communes.

Ce grand homme s'est peint dans ses écrits. Rien de si touchant que cette candeur avec laquelle il rend compte de ses malheurs et de ses fautes. Ici, vous lirez les listes des malades qu'il avait traités pendant une épidémie, et dont la plupart étaient morts entre ses bras. Là, vous le verrez auprès d'un Thessalien blessé d'un coup de pierre à la tête. Il ne s'aperçut pas d'abord qu'il fallait recourir à la voie du trépan. Des signes funestes l'avertirent enfin de sa méprise; l'opération fut faite le quinzième jour, et le malade mourut le lendemain.

C'est de lui-même que l'on tient ces aveux; c'est lui qui, supérieur à toute espèce d'amour-propre, voulut que ses erreurs mêmes fussent des leçons.

Peu content d'avoir consacré ses jours au soulagement des malheureux, et déposé dans ses écrits les principes d'une science dont il fut le créateur, il laissa, pour l'institution du médecin, des règles dont je vais donner une légère idée.

« Voulez-vous, dit-il, former un élève, assurez-
« vous lentement de sa vocation. A-t-il reçu de la
« nature un discernement exquis, un jugement sain,
« un caractère mêlé de douceur et de fermeté, le
« goût du travail et du penchant pour les choses
« honnêtes, concevez des espérances. Souffre-t-il
« des souffrances des autres; son âme compatissante
« aime-t-elle à s'attendrir sur les maux de l'humanité,
« concluez-en qu'il se passionnera pour un art qui
« apprend à secourir l'humanité.

« Quand vous l'adoptâtes pour disciple, ajoute-
« t-il, il jura de conserver dans ses mœurs et dans
« ses fonctions une pureté inaltérable. Qu'il ne se
« contente pas d'en avoir fait le serment. Sans les ver-
« tus de son état, il n'en remplira jamais les devoirs.
« Quelles sont ces vertus? Je n'en excepte presque
« aucune, puisque son ministère a cela d'honorable,
« qu'il exige presque toutes les qualités de l'esprit
« et du cœur. En effet si l'on n'était assuré de
« sa discrétion et de sa sagesse, quel chef de famille
« ne craindrait pas, en l'appelant, d'introduire un
« espion ou un intrigant dans sa maison, un corrup-
« teur auprès de sa femme et de ses filles? Comment

« compter sur son humanité, s'il n'aborde ses malades
« qu'avec une gaieté révoltante, ou qu'avec une hu-
« meur brusque et chagrine; sur sa fermeté, si, par
« une servile adulation, il ménage leur dégoût et
« cède à leurs caprices; sur sa prudence, si, toujours
« occupé de sa parure, toujours couvert d'essences
« et d'habits magnifiques, on le voit errer de ville
« en ville, pour y prononcer en faveur de son art
« des discours étayés du témoignage des poètes; sur
« ses lumières, si, outre cette justice générale que
« l'honnête homme observe à l'égard de tout le
« monde, il ne possède pas celle que le sage exerce
« sur lui-même, et qui lui apprend qu'au milieu
« du plus grand savoir, se trouve encore plus de
« disette que d'abondance; sur ses intentions, s'il
« est dominé par un fol orgueil et par cette basse
« envie qui ne fut jamais le partage de l'homme su-
« périeur; si, sacrifiant toutes les considérations à
« sa fortune, il ne se dévoue qu'au service des gens
« riches; si, autorisé par l'usage à régler ses hono-
« raires dès le commencement de la maladie, il s'obs-
« tine à terminer le marché, quoique le malade em-
« pire d'un moment à l'autre ?

« Ces vices et ces défauts caractérisent sur-tout
« ces hommes ignorants et présomptueux qui dé-
« gradent le plus noble des arts, en trafiquant de
« la vie et de la mort des hommes; imposteurs
« d'autant plus dangereux que les lois ne sauraient
« les atteindre, et que l'ignominie ne peut les hu-
« milier.

« Quel est donc le médecin qui honore sa pro-

« fession? celui qui a mérité l'estime publique par
« un savoir profond, une longue expérience, une
« exacte probité et une vie sans reproche; celui aux
« yeux duquel tous les malheureux sont égaux,
« comme tous les hommes le sont aux yeux de
« la divinité; qui accourt avec empressement à
« leur voix, sans acception des personnes, leur
« parle avec douceur, les écoute avec attention,
« supporte leurs impatiences et leur inspire cette con-
« fiance qui suffit quelquefois pour les rendre à la
« vie; qui, pénétré de leurs maux, en étudie avec opi-
« niâtreté la cause et les progrès, n'est jamais trou-
« blé par des accidents imprévus, se fait un devoir
« d'appeler au besoin quelques-uns de ses confrères
« pour s'éclairer de leurs conseils; celui enfin, qui,
« après avoir lutté de toutes ses forces contre la ma-
« ladie, est heureux et modeste dans le succès, et
« peut du moins se féliciter dans les revers, d'avoir
« suspendu des douleurs et donné des consolations. »

Tel est le médecin-philosophe qu'Hippocrate comparait à un dieu, sans s'apercevoir qu'il le retraçait
en lui-même. Les médecins le regarderont toujours
comme le premier et le plus habile de leurs législateurs; et sa doctrine, adoptée de toutes les nations,
opérera encore des milliers de guérisons après des
milliers d'années. Les plus vastes empires ne pourront pas disputer à la petite île de Cos la gloire
d'avoir produit l'homme le plus utile à l'humanité;
et, aux yeux des sages, les noms des plus grands
conquérants s'abaisseront devant celui d'Hippocrate.

Ibid., chap. LXXIII.

VIII. Périclès.

Périclès s'aperçut de bonne heure que sa naissance et ses richesses lui donnaient des droits et le rendaient suspect. Un autre motif augmentait ses alarmes. Des vieillards qui avaient connu Pisistrate, croyaient le retrouver dans le jeune Périclès; c'était, avec les mêmes traits, le même son de voix et le même talent de la parole : il fallait se faire pardonner cette ressemblance et les avantages dont elle était accompagnée. Périclès consacra ses premières années à l'étude de la philosophie, sans se mêler des affaires publiques, et ne paraissant ambitionner d'autre distinction que celle de la valeur.

Après la mort d'Aristide et l'exil de Thémistocle, Cimon prit les rênes du gouvernement ; mais, souvent occupé d'expéditions lointaines, il laissait la confiance des Athéniens flotter entre plusieurs concurrents incapables de la fixer. On vit alors Périclès se retirer de la société, renoncer aux plaisirs, attirer l'attention de la multitude par une démarche lente, un maintien décent, un extérieur modeste et des mœurs irréprochables. Il parut enfin à la tribune, et ses premiers essais étonnèrent les Athéniens; il devait à la nature d'être le plus éloquent des hommes, et au travail d'être le premier des orateurs de la Grèce.

Les maîtres célèbres qui avaient élevé son enfance, continuant à l'éclairer de leurs conseils, remontaient avec lui aux principes de la morale et de la politique; son génie s'appropriait leurs connaissances; et de là cette profondeur, cette plénitude de lumières, cette force de style, qu'il savait adoucir au besoin; ces graces qu'il ne négligeait point, qu'il n'affecta jamais ; tant d'autres qualités qui le mirent en état de persuader ceux qu'il ne pouvait convaincre, et d'entraîner ceux mêmes qu'il ne pouvait ni convaincre ni persuader.

On trouvait dans ses discours une majesté imposante sous laquelle les esprits restaient accablés. C'était le fruit de ses conversations avec le philosophe Anaxagore, qui, en lui développant le principe des êtres et les phénomènes de la nature, semblait avoir agrandi son âme naturellement élevée.

On n'était pas moins frappé de la dextérité avec laquelle il pressait ses adversaires et se dérobait à leurs poursuites. Il la devait au philosophe Zénon d'Élée, qui l'avait plus d'une fois conduit dans les détours d'une dialectique captieuse, pour lui en découvrir les issues secrètes. Aussi, l'un des plus grands antagonistes de Périclès disait souvent : « Quand je l'ai terrassé, et que je le tiens sous « moi, il s'écrie qu'il n'est point vaincu, et le per- « suade à tout le monde. »

Périclès connaissait trop bien sa nation, pour ne pas fonder ses espérances sur le talent de la parole, et l'excellence de ce talent, pour n'être pas le premier à le respecter. Avant que de paraître en public, il s'avertissait en secret qu'il allait parler à des hommes libres, à des Grecs, à des Athéniens.

Cependant il s'éloignait le plus qu'il pouvait de la tribune, parce que, toujours ardent à suivre avec lenteur son projet d'élévation, il craignait d'effacer par de nouveaux succès l'impression des premiers, et de porter trop tôt l'admiration du peuple à ce point d'où elle ne peut que descendre. On jugea qu'un orateur qui dédaignait des applaudissements dont il était assuré, méritait la confiance qu'il ne cherchait pas, et que les affaires dont il faisait le rapport devaient être bien importantes, puisqu'elles le forçaient à rompre le silence.

On conçut une haute idée du pouvoir qu'il avait sur son âme, lorsqu'un jour que l'assemblée se prolongea jusqu'à la nuit, on vit un simple particulier ne cesser de l'interrompre et de l'outrager, le suivre avec des injures jusque dans sa maison, et Périclès ordonner froidement à un de ses esclaves de prendre un flambeau et de conduire cet homme chez lui.

Quand on vit enfin que partout il montrait non-seulement le talent, mais encore la vertu propre à la circonstance; dans son intérieur, la modestie et la frugalité des temps anciens; dans les emplois de l'administration, un désintéressement et une probité inaltérables; dans le commandement des armées, l'attention à ne rien donner au hasard, et à risquer plutôt sa réputation que le salut de l'état, on pensa qu'une âme qui savait mépriser les louanges et l'insulte, les richesses, les superfluités, et la gloire elle-même, devait avoir pour le bien public cette chaleur dévorante qui étouffe les autres passions, ou qui du moins les réunit dans un sentiment unique.

Ce fut sur-tout cette illusion qui éleva Périclès;

et il sut l'entretenir pendant près de quarante ans, dans une nation éclairée, jalouse de son autorité, et qui se lassait aussi facilement de son admiration que de son obéissance.

Il avait subjugué le parti des riches en flattant la multitude; il subjugua la multitude en réprimant ses caprices, tantôt par une opposition invincible, tantôt par la sagesse de ses conseils, ou par les charmes de son éloquence. Tout s'opérait par ses volontés, tout se faisait, en apparence, suivant les règles établies, et la liberté, rassurée par le maintien des formes républicaines, expirait, sans qu'on s'en aperçût, sous le poids du génie.

Plus la puissance de Périclès augmentait, moins il prodiguait son crédit et sa présence. Renfermé dans un petit cercle de parents et d'amis, il veillait, du fond de sa retraite, sur toutes les parties du gouvernement, tandis qu'on ne le croyait occupé qu'à pacifier ou bouleverser la Grèce. Les Athéniens, dociles au mouvement qui les entraînait, en respectaient l'auteur, parce qu'ils le voyaient rarement implorer leurs suffrages : et, aussi excessifs dans leurs expressions que dans leurs sentiments, ils ne représentaient Périclès que sous les traits du plus puissant des dieux. Faisait-il entendre sa voix dans les occasions essentielles, on disait que Jupiter lui avait confié les éclairs et la foudre; N'agissait-il dans les autres que par le ministère de ses créatures, on se rappelait que le souverain des cieux laissait à des génies subalternes les détails du gouvernement de l'univers.

Périclès, dans la troisième année de la guerre du Péloponèse, mourut des suites de la peste; et cette perte fut pour les Athéniens la plus irréparable. Quelque temps auparavant, aigris par l'excès de leurs maux, ils l'avaient dépouillé de son autorité, et condamné à une amende : ils venaient de reconnaître leur injustice, et Périclès la leur avait pardonnée, quoique dégoûté du commandement, par la légèreté du peuple, et par la perte de sa famille et de la plupart de ses amis, que la peste avait enlevés.

Près de rendre le dernier soupir, et ne donnant plus aucun signe de vie, les principaux d'Athènes, assemblés autour de son lit, soulageaient leur douleur en racontant ses victoires et le nombre de ses trophées : « Ces exploits, leur dit-il, en se sou-
« levant avec effort, sont l'ouvrage de la fortune,
« et me sont communs avec d'autres généraux : le
« seul éloge que je mérite est de n'avoir fait pren-
« dre le deuil à aucun citoyen. »

Ibid. Introduction.

IX. Alcibiade.

Des historiens ont flétri la mémoire de cet Athénien; d'autres l'ont relevée par des éloges, sans qu'on puisse les accuser d'injustice ou de partialité. Il semble que la nature avait essayé de réunir en lui tout ce qu'elle peut produire de plus fort en vices et en vertus *.

---

* Le caractere d'Alcibiade n'est pas rare en France.
Duclos, *Considerations sur les Mœurs*
Voyez l'article Alcibiade, dans le *Cornelius Nepos* commenté par M. Des
ouret (Édit. des *Classiques latins* de M. Lemaire.)   . H. P.

Une origine illustre, des richesses considérables, la figure la plus distinguée, les graces les plus séduisantes, un esprit facile et étendu, l'honneur enfin d'appartenir à Périclès : tels furent les avantages qui éblouirent d'abord les Athéniens, et dont il fut ébloui le premier.

Dans un âge où l'on n'a besoin que d'indulgence et de conseils, il eut une cour et des flatteurs; il étonna ses maîtres par sa docilité, et les Athéniens par la licence de sa conduite. Socrate, qui prévit de bonne heure que ce jeune homme serait le plus dangereux des citoyens d'Athènes s'il n'en devenait le plus utile, rechercha son amitié, l'obtint à force de soins, et ne la perdit jamais : il entreprit de modérer cette vanité qui ne pouvait souffrir dans le monde ni de supérieur ni d'égal; et tel était, dans ces occasions, le pouvoir de la raison ou de la vertu, que le disciple pleurait sur ses erreurs, et se laissait humilier sans se plaindre.

Quand il entra dans la carrière des honneurs, il voulut devoir ses succès moins à l'éclat de sa magnificence et de ses libéralités, qu'aux attraits de son éloquence. Il parut à la tribune : un léger défaut de prononciation prêtait a ses paroles les graces naives de l'enfance; et, quoiqu'il hésitât quelquefois pour trouver le mot propre, il fut regardé comme un des plus grands orateurs d'Athènes. Il avait déjà donné des preuves de sa valeur; et, d'après ses premières campagnes, on augura qu'il serait un jour le plus habile général de la Grèce. Je ne parlerai point de sa douceur, de son affabilité, ni de tant d'autres qualités qui concoururent à le rendre le plus aimable des hommes.

Il ne fallait pas chercher dans son cœur l'élévation que produit la vertu; mais on y trouvait la hardiesse que donne l'instinct de la supériorité. Aucun obstacle, aucun malheur ne pouvait ni le surprendre, ni le décourager : il semblait persuadé que, lorsque les âmes d'un certain ordre ne font pas tout ce qu'elles veulent, c'est qu'elles n'osent pas tout ce qu'elles peuvent. Forcé par les circonstances de servir les ennemis de sa patrie, il lui fut aussi facile de gagner leur confiance par son ascendant, que de les gouverner par la sagesse de ses conseils. Il eut cela de particulier, qu'il fit toujours triompher le parti qu'il favorisait, et que ses nombreux exploits ne furent jamais ternis par aucun revers.

Dans les négociations, il employait tantôt les lumières de son esprit, qui étaient aussi vives que profondes; tantôt des ruses et des perfidies, que des raisons d'état ne peuvent jamais autoriser; d'autres fois, la facilité d'un caractère que le besoin de dominer ou le désir de plaire pliait sans effort aux conjonctures. Chez tous les peuples, il s'attira les regards, et maîtrisa l'opinion publique. Les Spartiates furent étonnés de sa frugalité; les Thraces, de son intempérance; les Béotiens, de son amour pour les exercices les plus violents; les Ioniens, de son goût pour la paresse et la volupté; les Satrapes de l'Asie, d'un luxe qu'ils ne pouvaient égaler. Il se fût montré le plus vertueux des hommes, s'il n'avait jamais eu l'exemple du vice; mais le vice l'entraînait sans l'asservir. Il semble que la profanation des lois et la corruption des mœurs n'étaient à ses yeux qu'une suite de victoires remportées sur les mœurs et sur les lois. On pourrait dire encore que ses défauts n'étaient aussi que des écarts de sa vanité. Les traits de légèreté, de frivolité, d'imprudence, échappés à sa jeunesse ou à son oisiveté, disparaissaient dans les occasions qui demandaient de la réflexion et de la constance. Alors il joignait la prudence à l'activité, et les plaisirs ne lui dérobaient aucun des instants qu'il devait à sa gloire ou à ses intérêts.

Sa vanité aurait tôt ou tard dégénéré en ambition; car il était impossible qu'un homme si supérieur aux autres, et si dévoré de l'envie de dominer, n'eût pas fini par exiger l'obéissance après avoir épuisé l'admiration. Aussi fut-il toute sa vie suspect aux principaux citoyens, dont les uns redoutaient ses talents, les autres ses excès, et tour à tour adoré, craint et haï du peuple qui ne pouvait se passer de lui; et comme les sentiments dont il était l'objet devenaient des passions violentes, ce fut avec des convulsions de joie ou de fureur que les Athéniens l'élevèrent aux honneurs, le condamnèrent à la mort, le rappelèrent, et le proscrivirent une seconde fois.

Dans un moment d'ivresse, le petit peuple proposait de rétablir la royauté en sa faveur; mais, comme il ne se serait pas contenté de n'être qu'un roi, ce n'était pas la petite souveraineté d'Athènes qui lui convenait, c'était un vaste empire qui le mît en état d'en conquérir d'autres.

Né dans une république, il devait l'élever au-dessus

d'elle-même, avant que de la mettre à ses pieds. C'est là, sans doute, le secret des brillantes entreprises dans lesquelles il entraîna les Athéniens. Avec leurs soldats il aurait soumis des peuples, et les Athéniens se seraient trouvés asservis sans s'en apercevoir.

Sa première disgrace, en l'arrêtant presque au commencement de sa carrière, n'a laissé voir qu'une vérité : c'est que son génie et ses projets furent trop vastes pour le bonheur de sa patrie. On a dit que la Grèce ne pouvait porter deux Alcibiades; on doit ajouter qu'Athènes en eut un de trop.

Ibid., Introduction.

X Alexandre.

Je vis alors cet Alexandre, qui depuis a rempli la terre d'admiration et de deuil. Il avait dix-huit ans, et s'était déjà signalé dans plusieurs combats. A la bataille de Chéronée, il avait enfoncé et mis en fuite l'aile droite de l'armée ennemie. Cette victoire ajoutait un nouvel éclat aux charmes de sa figure. Il a les traits réguliers, le teint beau et vermeil, le nez aquilin, les yeux grands, pleins de feu, les cheveux blonds et bouclés, la tête haute, mais un peu penchée vers l'épaule gauche, la taille moyenne, fine et dégagée, le corps bien proportionné et, fortifié par un exercice continuel. On dit qu'il est très léger à la course, et recherché dans sa parure. Il entra dans Athènes sur un cheval superbe qu'on nommait Bucéphale, que personne n'avait pu dompter jusqu'à lui, et qui avait coûté 13 talents.

Bientôt on ne s'entretint que d'Alexandre. La dou-

leur où j'étais plongé ne me permit pas de le suivre de près. J'interrogeai dans la suite un Athénien qui avait long-temps séjourné en Macédoine ; il me dit : « Ce prince joint à beaucoup d'esprit et de ta-
« lents un désir insatiable de s'instruire, et du goût
« pour les arts qu'il protège sans s'y connaître. Il a
« de l'agrément dans la conversation, de la douceur
« et de la fidélité dans le commerce de l'amitié, une
« grande élévation dans les sentiments et dans les
« idées. La nature lui donna le germe de toutes les
« vertus, et Aristote lui en développa les principes.
« Mais au milieu de tant d'avantages, règne une pas-
« sion funeste pour lui, et peut-être pour le genre
« humain ; c'est une envie excessive de dominer, qui
« le tourmente jour et nuit. Elle s'annonce tellement
« dans ses regards, dans son maintien, dans ses pa-
« roles et ses moindres actions, qu'en l'approchant on
« est comme saisi de respect et de crainte. Il voudrait
« être l'unique souverain de l'univers, et le seul dé-
« positaire des connaissances humaines. L'ambition
« et toutes ces qualités brillantes qu'on admire
« dans Philippe, se trouvent dans son fils, avec cette
« différence que chez l'un elles sont mêlées avec des
« qualités qui les tempèrent, et que chez l'autre la
« fermeté dégénère en obstination, l'amour de la
« gloire en frénésie, le courage en fureur : car toutes
« ses volontés ont l'inflexibilité du destin, et se sou-
« lèvent contre les obstacles, de même qu'un torrent
« s'élance en mugissant au-dessus du rocher qui
« s'oppose à son cours.

« Philippe emploie différents moyens pour aller

« à ses fins ; Alexandre ne connaît que son épée.
« Philippe ne rougit pas de disputer, aux jeux
« olympiques, la victoire à de simples particuliers ;
« Alexandre ne voudrait y trouver pour adversaires
« que des rois. Il semble qu'un sentiment secret
« avertit sans cesse le premier qu'il n'est parvenu à
« cette haute élévation qu'à force de travaux ; et le
« second, qu'il est né dans le sein de la grandeur.
« Jaloux de son père, il voudra le surpasser ;
« émule d'Achille, il tâchera de l'égaler. Achille est
« à ses yeux le plus grand des héros, et Homère le
« plus grand des poètes, parce qu'il a immortalisé
« Achille. Plusieurs traits de ressemblance rappro-
« chent Alexandre du modèle qu'il a choisi : c'est la
« même violence dans le caractère, la même impé-
« tuosité dans les combats, la même sensibilité dans
« l'âme. Il disait un jour qu'Achille fut le plus heu-
« reux des mortels, puisqu'il eut un ami tel que Pa-
« trocle, et un panégyriste tel qu'Homère. »

Ibid., chap. LXXXII.

XI. Un des ambassadeurs de Corinthe s'efforce de déterminer les Lacédémoniens, chefs de la ligue du Péloponèse, à déclarer la guerre
aux Athéniens.

Combien de fois vous avons-nous avertis des projets des Athéniens ! et qu'est-il nécessaire de vous
les rappeler encore ? Corcyre, dont la marine pouvait, dans l'occasion, si bien seconder nos efforts,
est entrée dans leur alliance ; Potidée, cette place
qui assurait nos possessions dans la Thrace, va
tomber entre leurs mains. Nous n'accusons que vous
de nos pertes, vous qui, après la guerre des Mèdes,

avez permis à nos ennemis de fortifier leur ville, et d'étendre leurs conquêtes; vous qui êtes les protecteurs de la liberté, et qui, par votre silence, favorisez l'esclavage; vous qui délibérez quand il faut agir, et qui ne songez à votre défense que quand l'ennemi tombe sur vous avec toutes ses forces. Nous nous en souvenons encore : les Mèdes sortis du fond de l'Asie avaient traversé la Grèce et pénétré dans le Péloponèse, que vous étiez tranquilles dans vos foyers. Ce n'est pas contre une nation éloignée que vous aurez à combattre, mais contre un peuple qui est à votre porte, contre ces Athéniens dont vous n'avez jamais connu, dont vous ne connaissez pas encore les ressources et le caractère. Esprits ardents à former des projets, habiles à les varier dans les occasions, si prompts à les exécuter, que posséder et désirer est pour eux la même chose; si présomptueux, qu'ils se croient dépouillés des conquêtes qu'ils n'ont pu faire; si avides, qu'ils ne se bornent jamais à celles qu'ils ont faites : nation courageuse et turbulente, dont l'audace s'accroît par le danger, et l'espérance par le malheur; qui regarde l'oisiveté comme un tourment, et que les Dieux irrités ont jetée sur la terre pour n'être jamais en repos, et n'y jamais laisser les autres.

Qu'opposez-vous à tant d'avantages ? des projets au-dessous de vos forces, la méfiance dans les résolutions les plus sages, la lenteur dans les opérations, le découragement aux moindres revers, la crainte d'étendre vos domaines, la négligence à les conserver : tout, jusqu'à vos principes, est aussi nuisible au repos de la Grèce qu'à votre sûreté. N'attaquer personne, se mettre en état de n'être jamais attaqué, ces moyens ne vous paraissent pas toujours suffisants pour assurer le bonheur d'un peuple ; vous voulez qu'on ne repousse l'insulte que lorsqu'il n'en résulte absolument aucun préjudice pour la patrie : maxime funeste, et qui, adoptée des nations voisines, vous garantirait à peine de leurs invasions.

O Lacédémoniens ! votre conduite se ressent trop de la simplicité des premiers siècles : autres temps, autres mœurs, autre système. L'immobilité des principes ne conviendrait qu'à une ville qui jouirait d'une paix éternelle ; mais dès que, par ses rapports avec les autres nations, ses intérêts deviennent plus compliqués, il lui faut une politique plus raffinée. Abjurez donc, à l'exemple des Athéniens, cette droiture qui ne sait pas se prêter aux évènements ; sortez de cette indolence qui vous tient renfermés dans l'enceinte de vos murs ; faites une irruption dans l'Attique ; ne forcez pas des alliés, des amis fidèles, à se précipiter entre les bras de vos ennemis ; et, placés à la tête des nations du Péloponese, montrez-vous dignes de l'empire que nos pères déférèrent à vos vertus.

Ibid., Introduction.

XII. Archidamus, roi de Lacédémone, s'apercevant, à l'agitation des esprits, que la guerre est inevitable, veut du moins en retarder le moment.

Peuple de Lacédémone, j'ai été témoin de beaucoup de guerres, ainsi que plusieurs d'entre vous, et je n'en suis que plus porté à craindre celle que vous allez entreprendre. Sans préparatifs et sans ressources, vous voulez attaquer une nation exercée dans la marine, redoutable par le nombre de ses soldats et de ses vaisseaux, riche des productions de son pays et des tributs de ses alliés.

Qui peut vous inspirer cette confiance? est-ce votre flotte? mais quel temps ne faudrait-il pas pour la rétablir? Est-ce l'état de vos finances? mais nous n'avons point de trésor public, et les particuliers sont pauvres. Est-ce l'espérance de détacher les alliés d'Athènes? mais, comme la plupart sont des insulaires, il faudrait être maître de la mer pour exciter et entretenir leur défection. Est-ce le projet de ravager les plaines de l'Attique, et de terminer cette grande querelle dans une campagne? Eh! pensez-vous que la perte d'une moisson, si facile à réparer dans un pays où le commerce est florissant, engagera les Athéniens à vous demander la paix? Ah! que je crains plutôt que nous ne laissions cette guerre à nos enfants, comme un malheureux héritage! Les hostilités des villes et des particuliers sont passagères; mais quand la guerre s'allume entre deux puissants états, il est aussi difficile d'en prévoir les suites que d'en sortir avec honneur.

Je ne suis pas d'avis de laisser nos alliés dans l'oppression; je dis seulement qu'avant de prendre les armes nous devons envoyer des ambassadeurs aux Athéniens, et entamer des négociations. Ils viennent de nous proposer cette voie, et ce serait une injustice de la refuser. Dans l'intervalle, nous nous adresserons aux nations de la Grèce, et, puisque la nécessité l'exige, aux barbares eux-mêmes, pour avoir des secours en argent et en vaisseaux. Si les Athéniens rejettent nos plaintes, nous les réitérerons après deux ou trois ans de préparatifs, et peut-être les trouverons-nous alors plus dociles.

La lenteur qu'on nous attribue a toujours fait notre sûreté; jamais les éloges ni les reproches ne nous ont portés à des entreprises téméraires. Nous ne sommes pas assez habiles pour rabaisser par des discours éloquents la puissance de nos ennemis; mais nous savons que, pour nous mettre à portée de les vaincre, il faut les estimer, juger de leur conduite par la nôtre, nous prémunir contre leur prudence ainsi que contre leur valeur, et moins compter sur leurs fautes que sur la sagesse de nos précautions. Nous croyons qu'un homme ne diffère pas d'un autre homme, mais que le plus redoutable est celui qui, dans les occasions critiques, se conduit avec le plus de prudence et de lumières.

Ne nous départons jamais des maximes que nous avons reçues de nos pères, et qui ont conservé cet état : délibérez à loisir; qu'un instant ne décide pas de vos biens, de votre gloire, du sang de tant de citoyens, de la destinée de tant de peuples : laissez entrevoir la guerre, et ne la déclarez pas; faites vos préparatifs, comme si vous n'attendiez rien de vos négociations; et pensez que ces mesures sont les plus utiles à votre patrie, et les plus propres à intimider les Athéniens.

Ibid., Introduction.

BAS. Ce mot, appliqué au caractère des idées,

des sentiments, des expressions, ne signifie pas la même chose.

La bassesse des idées et des expressions tient absolument à l'opinion et à l'habitude; bas, dans cette acception, est synonyme de trivial. La bassesse des sentiments est plus réelle : elle suppose dans l'âme l'un de ces caractères, fausseté, lâcheté, noirceur, abjection, etc.

Ce qui étonnera peut-être, c'est que le genre noble, soit d'éloquence, soit de poésie, n'exclut que la bassesse de convention, et admet, comme susceptible d'ennoblissement, ce qui n'est bas que de sa nature.

Félix, dans *Polyeucte*, dit, en parlant des sentiments qui s'élèvent dans son âme :

> J'en ai même de bas, et qui me font rougir;
> (*Act. III, sc.* 5.)

et ces sentiments de crainte, d'intérêt, de basse politique, développés en beaux vers, ne sont pas indignes de la tragédie. Rien de plus bas moralement que le caractère de Narcisse; et poétiquement il a autant de noblesse que celui d'Agrippine, et que celui de Néron.

Que l'on nous présente au contraire ou une image ou une idée, à laquelle la mode et l'opinion aient attaché le caractère de bassesse, elle nous choquera. Qui pourrait entendre aujourd'hui sur nos théâtres la fille d'Alcinoüs dire qu'Ulysse l'a trouvée *lavant la lessive?* qui pourrait entendre Achille dire qu'il va « mettre à la broche les viandes de son souper; » ou Agamemnon dire que, » lorsque Briséis sera vieille, « il l'emploiera à lui faire son lit ? »

Boileau, dans ses *Remarques sur Longin* (réfl. VI), s'évertue à prouver qu'il n'est pas vrai qu'Homère ait comparé Ulysse, dans son inquiétude, à du boudin qu'on fait griller et qu'on roule sur des charbons *. Il faut avouer cependant que *des intestins farcis de sang et de graisse*, comme le dit Homère, ne sont autre chose que du boudin. Mais chez les Grecs, les entrailles de la victime étant un reste du sacrifice, l'idée en était consacrée. Voilà pourquoi le même poète qui vient de dire d'Ulysse, que son cœur rugissait comme un lion qui rôde autour d'une bergerie où il ne peut pénétrer, ne craint pas de le dégrader en disant de lui que, dans l'irrésolution qui le tourmente, il ressemble à ce qu'aujourd'hui nous appelons du boudin. L'habitude, l'opinion, l'alliance des idées avilissent ou ennoblissent tout, selon le temps et les mœurs.

A force d'art, on peut déguiser, en termes figurés ou vagues, la bassesse de l'idée sous la noblesse de l'expression ; mais ce qui est bas dans les termes aurait beau être sublime et grand, soit dans le sentiment, soit dans la pensée, la délicatesse est inexorable sur ce point.

* Il y a dans la réponse de Boileau à Perrault une subtilité que ne relève point Marmontel Sans doute Boileau a raison de dire qu'il s'agit dans ces vers d'Homère (*Od.* XX., 24) *du ventre sanglant et plein de graisse d'un animal* mets dont les anciens parlent sans cesse dans leurs descriptions de repas et de sacrifices, sans trouver à ce détail rien d'ignoble et de bas. Mais lorsqu'il ajoute que ce n'est pas à cette portion de victime, mais à l'homme qui la tourne et retourne sur un brasier que le poète compare Ulysse, il se trompe évidemment, ou feint de se tromper sur une tournure habituelle à Homère dans ses comparaisons, comme le fait observer Bitaubé dans une excellente remarque à laquelle nous croyons devoir renvoyer nos lecteurs. H. Patin.

La difficulté n'est pourtant pas d'éviter la bassesse dans le genre héroïque, mais dans le familier, qui touche au populaire, et qui doit être naturel sans être jamais trivial. (*Voyez* ANALOGIE.)

MARMONTEL, *Élémens de Littérature*.

BASILE (SAINT, surnommé LE GRAND), fils de sainte Emmélie, appelée la *Nourrice des pauvres*, et de Basile, l'un des hommes les plus vertueux et les plus éloquents de son siècle, naquit en 329 à Césarée en Cappadoce. Après avoir reçu de son père les premiers élémens de la grammaire, il alla à Constantinople suivre les leçons du célèbre rhéteur Libanius, et se rendit ensuite à Athènes, pour se perfectionner dans l'art oratoire, et se former à l'élégance attique. Au milieu des écoles des philosophes, il se lia avec Grégoire de Nazianze, son rival de piété et de talens, d'une étroite amitié, nourrie depuis dans la retraite, où ils vécurent ensemble. Ses rapides progrès dans l'étude des lettres engagèrent les Athéniens à le fixer au rang de leurs maîtres; ils lui firent des propositions fort avantageuses; il les rejeta, revint dans sa patrie, dont il devait être la gloire et l'ornement, y professa quelque temps la rhétorique, et s'acquit la plus brillante réputation dans le barreau. Mais, dégoûté du monde, craignant d'ailleurs que ce double emploi, dans lequel il éclipsait tous ses concurrents, n'influât sur son caractère en l'enorgueillissant, il y renonça et se consacra entièrement à Dieu. Baptisé en 373, il vendit son bien, le distribua aux pauvres, et alla parcourir les monastères de la Syrie, de l'Égypte et de la Libye, où la vie édifiante des solitaires le consola des ravages de l'arianisme dans tout l'Orient, et lui inspira la résolution d'imiter leur exemple. De retour dans sa patrie, il se sépara de la communion de son évêque Dianius, qui avait approuvé les formules de foi d'Antioche, de Sardique et de Rimini, et se retira dans les déserts du Pont, sur les bords de l'Iris, non loin du monastère de sainte Macrine, pour en fonder un lui-même. Ses frères, Grégoire de Nysse et saint Pierre de Sébaste, depuis évêques, et plusieurs de ses amis, vinrent l'y joindre. C'est là qu'il écrivit, soit à Grégoire de Nazianze, lorsqu'il était absent, soit à d'autres, des lettres et des conseils sur la vie solitaire, d'où la plupart des religieux ont tiré leurs règles, et où les fondateurs des monastères de l'Occident même ont puisé plusieurs points de leurs constitutions. Dianius, attaqué de maladie, le rappela à Césarée, et lui assura, au lit de la mort, qu'il avait cru en son âme et conscience la formule de foi de Nicée; qu'il avait signé celle de Rimini seulement par surprise. Dès lors Basile rentra sous sa juridiction, et lui prodigua les soins que réclamait l'état de sa santé : il était alors lecteur. En 364, l'ordre de la prêtrise lui fut conféré par Eusèbe, successeur de Dianius. Son talent dans la prédication excita la jalousie de cet évêque; l'exercice du saint ministère lui fut interdit, et il reprit la vie monastique. Trois ans après, il se réunit à Eusèbe, incapable de résister à Valens, et déjoua les projets de ce partisan fanatique de l'arianisme. Il ne borna pas là ses bienfaits ; son éloquence, en faisant ouvrir les greniers des riches, arrêta les horreurs d'une affreuse famine, qui avait déjà réduit les pauvres à la plus profonde misère.

Après la mort de l'évêque de Césarée, il fut porté, contre sa propre volonté, au siége épiscopal. Son zèle et sa tolérance affaiblirent considérablement le parti des Ariens. Leur haine s'en accrut. Aveuglé par leurs conseils, l'empereur songea de nouveau à réunir les sectateurs de la formule de foi de Nicée, et ceux de la formule d'Antioche. Il envoya le préfet du prétoire, Modeste, avec ordre de soumettre, par les promesses ou par les menaces, l'évêque de Césarée. En vain on le menaça de la confiscation de ses biens, de l'exil, des tourments, de la mort. « Cela ne me regarde pas, répondit Basile ; celui qui « n'a rien est à couvert de la confiscation. Pour ce « qui est de l'exil, je n'en connais point pour moi ; « toute la terre est un exil, et le ciel est ma patrie. « Quant aux tourments, quel empire pourront-ils « avoir sur moi, puisque je n'ai pas de corps, pour « ainsi dire, pour les souffrir ? Il n'y aura que le « premier coup qui trouvera prise. Pour ce qui est « de la mort, je la regarde comme une grace, puis- « qu'elle me mènera plus tôt à Dieu, pour qui seul « je vis. » Irrité de cette réponse énergique, Modeste s'écria qu'il n'avait rencontré personne qui eût osé lui parler avec une telle audace. « C'est, « reprit Basile, que vous n'avez jamais rencontré « d'évêque. Dans le cours ordinaire de la vie, nous

« sommes les plus doux et les plus soumis des
« hommes ; quand il s'agit de la religion, nous
« méprisons tout pour Dieu, sans que rien soit
« capable de nous ébranler. » Mais une sage con-
descendance tempérait la rigueur de son ministère :
en 371, le jour de l'Épiphanie, Valens, assistant
aux prières publiques dans l'église de Césarée, pré-
senta des offrandes que Basile reçut pour ne pas
humilier la majesté impériale. Sa piété détruisait
peu à peu l'arianisme : on voulut s'en venger en le
faisant exiler. L'empereur y consentit, deux fois il
se laissa surprendre l'ordre, et deux fois il le révo-
qua. Le repos du saint évêque fut enfin respecté. Il
voulut apaiser les différends des Églises d'Orient et
d'Occident, divisées au sujet de Melèce et de Paulin,
tous deux évêques d'Antioche; ses efforts furent
inutiles : c'était neuf mois après sa mort que ce
schisme devait être terminé. Les fréquents voyages
qu'il fit pour ramener les pasteurs et leurs troupeaux à la foi de Nicée, pour placer des évêques
orthodoxes dans les diocèses qui en manquaient,
ruinèrent sa santé, déjà si altérée par les rigueurs
de la pénitence, et amenèrent sa mort en 379.
Les paiens le regrettèrent comme les chrétiens; et
Grégoire de Nazianze, dans un panégyrique, estimé
comme un des discours les plus éloquents de cet
orateur, s'efforça d'exprimer les regrets des uns et
des autres.

Basile était sec et pâle, souvent rêveur et pensif,
réservé dans ses paroles, et singulier dans sa manière de se vêtir. Le caractère distinctif de son ta-

lent est une vaste érudition, une dialectique excellente, des connaissances variées et étendues, une riche imagination. Son style est précis, clair, élégant, majestueux et persuasif; peut-être est-il trop prodigue d'ornements, de tableaux et de descriptions. Photius l'a comparé aux plus habiles orateurs de l'antiquité; Érasme, en lui donnant tous leurs avantages sans aucun de leurs défauts, le préfère non-seulement à tous les orateurs grecs, mais à Démosthène lui-même. Ses ouvrages consistent en des *Homélies*, des *Discours*, des *Morales*, cinq livres contre Eunomius, un *Livre du Saint-Esprit*, un *Commentaire sur Isaïe*, plus de trois cents *Lettres* sur divers sujets. L'*Hexaméron*, ou *Recueil de discours sur l'ouvrage des six jours de la Création*, estimé comme son chef-d'œuvre, est plein d'érudition. Ses *Lettres*, écrites avec pureté et noblesse, sont ce qu'il y a de plus curieux et de plus savant. On y voit l'histoire du temps, les différents caractères des esprits, les intérêts contraires de chaque parti, leurs intrigues, et les motifs qui les faisaient agir les uns et les autres. Dom Garnier et dom Prudent ont donné une édition de ses œuvres, en 3 vol. in-folio, avec une traduction latine, en 1721 et années suivantes. La vie de saint Basile a été écrite en français par M. Hermant, qui a aussi traduit la *Morale* et les *Ascétiques*. Ses *Lettres* et ses *Sermons* ont été traduits par l'abbé de Bellegarde. L'abbé Auger a publié en 1788, une traduction de l'*Hexaméron*, des *Homélies* et des *Lettres choisies*. L'ordre de saint Basile, le plus ancien des ordres religieux, tire, selon l'opinion la plus commune, son nom de ce saint évêque.

Ad. Laugier.

JUGEMENTS.

I.

Saint Basile est grave, sentencieux, austère même dans la diction. Il avait profondément médité tout le détail de l'Évangile ; il connaissait à fond les maladies de l'homme, et c'est un grand maître pour le régime des âmes. On ne peut rien voir de plus éloquent que son épître à une vierge qui était tombée : à mon sens, c'est un chef-d'œuvre.

Fénelon, *IIIe Dialogue sur l'Éloquence.*

II.

Le style de saint Augustin nous rappelle Sénèque, comme celui de Grégoire, de Basile, de Chrysostome, rappelle Cicéron et Démosthène ; c'est assez dire que les Pères grecs ont la palme de l'éloquence.

La Harpe, *Cours de Littérature.*

III.

Parmi les Pères de l'Église grecque, deux seuls sont très éloquents : saint Chrysostome et saint Basile.

Avec plus de simplicité, saint Basile a moins d'élévation que saint Chrysostome. Il se tient presque toujours dans le ton mystique et dans la paraphrase de l'Écriture.

Chateaubriand, *Génie du Christianisme.*

IV.

Saint Basile, grand orateur, écrivain mâle et sévère, est digne, par la pureté de son goût, des plus beaux temps de l'ancienne Grèce.

Villemain, *Essai sur l'Oraison funèbre.*

BASNAGE DE BEAUVAL (Jacques), fils aîné de Henri Basnage, l'un des plus habiles jurisconsultes de son temps, et des plus éloquents avocats du parlement de Rouen, naquit à Rouen le 8 août 1653. Issu d'une famille fertile en hommes savants et recommandables, Jacques Basnage se montra digne de lui appartenir. On l'envoya fort jeune à Saumur, pour étudier sous le célèbre Tanneguy Le Fèvre, qui en fit son disciple favori, et ne négligea rien pour le dégoûter de la profession de ministre. Le jeune Basnage ne suivit pas les conseils de son maître, dans lesquels il pouvait entrer quelque animosité personnelle contre les ministres de Saumur; et son inclination lui fit embrasser la carrière du ministère, dont on voulait l'éloigner. Versé, dès l'âge de dix-sept ans, dans la connaissance des langues anciennes et modernes, il alla étudier la théologie à Genève, et ensuite à Sedan, où commencèrent ses liaisons avec Bayle. Ses études finies, il retourna à Rouen, où il fut reçu ministre en septembre 1676, et attaché à l'église de cette ville. Quelques années après, en 1684, il épousa Susanne Du Moulin, fille du ministre de Châteaudun, et petite-fille du fameux Pierre Du Moulin. Le 6 juin 1685, le temple de Rouen ayant été interdit, Jacques Basnage obtint du roi la permission de se retirer en Hollande. Ministre à Rotterdam, il sut unir aux fonctions de sa place les travaux auxquels nous devons ses nombreux ouvrages. Ses démêlés littéraires ou politiques avec Jurieu purent bien altérer sa tranquillité, mais ne l'empêchèrent pas de se livrer à ses occupations. Le grand pensionnaire de Hollande, Heinsius, qui avait pour Basnage un véritable attachement, le fit appeler en 1709, par l'Église wallone de la Haye, et l'employa aux affaires d'état, aussi bien qu'à celles qui regardaient la religion. Ces faveurs, qu'il obtenait en pays étranger, ne furent pas capables de détruire son attachement pour sa patrie. Le maréchal d'Uxelles, le cardinal de Bouillon lui eurent des obligations nombreuses dans les missions politiques dont ils furent chargés; ce dernier même lui confia toutes les affaires qu'il avait avec les États. Le gouvernement français était si assuré de cette vérité, qu'il donna à Basnage une marque éclatante de sa confiance. En 1716, l'abbé Dubois, depuis cardinal, ayant été envoyé à la Haye pour y négocier une alliance défensive, entre la France, l'Angleterre et les États-Généraux, le duc d'Orléans, régent, lui donna l'ordre de s'adresser à Basnage, et de se gouverner par ses avis. Ce concert fut avantageux à la négociation qu'ils poursuivaient, et l'alliance fut conclue le 14 janvier 1717. Ce service valut à Basnage la restitution de ses biens situés en France.

L'usage du grand monde, en lui donnant ces manières nobles que lui seul fait acquérir, n'avait pas altéré la franchise de son caractère et la bonté de son cœur. Estimé des catholiques et des protestants, son savoir lui avait fait des amis dans tous les pays de l'Europe. Cet homme célèbre mourut le 22 septembre 1723, laissant une fille mariée à M. de La Sarraz, conseiller privé de guerre du roi de Pologne.

Parmi les nombreux ouvrages de Basnage, nous citerons les suivants :

Histoire de la religion des Églises réformées, dans laquelle, etc., pour servir de réponse à l'*Histoire des variations des Églises protestantes*, par M. de Meaux; l'édition la plus complète est celle de 1725, 2 vol. in-4°; *Histoire de l'ancien et du nouveau Testament, représentée en taille douce par Romain de Hoogue, avec une Explication;* on a ajouté des vers à chaque figure, par M. de La Brune, Amsterdam, in-fol. 1705 : Cette *Histoire* a reparu in-4°, 1706, avec d'autres figures; et in-12, sans figures; *Histoire des Juifs pour servir de supplément à l'Histoire de Josèphe*, Rotterdam, 1706, 5 vol. in-12, et 1716, la Haye, 15 vol. in-12; *Sermons sur divers sujets de Morale, de Théologie et de l'Histoire Sainte*, 1709, 2 vol. in-8°.

On peut consulter le catalogue complet donné par le père Niceron, tome IV; et Chauffepié, *Supplément de Bayle*.

JUGEMENT.

C'est Basnage dont Voltaire a dit qu'il eût été plus propre à être ministre d'état que d'une paroisse, et le même de qui l'auteur des *Trois Siècles* parle avec le plus profond mépris dans sa compilation.

On a de cet écrivain célèbre plusieurs ouvrages historiques très estimés, une *Histoire de l'Église* entre autres, dont le principal objet étoit de répondre à l'*Histoire des variations des Églises protestantes* par Bossuet. Il ne faut la lire, sans doute, qu'avec précaution, puisque l'auteur était protestant; mais si l'on n'y trouve pas l'éloquence de M. de Meaux, on voit qu'il savait discuter les faits en critique très profond et très instruit. (*Voyez* HISTOIRE par La Harpe).

PALISSOT, *Mémoires sur la Littérature.*

BASNAGE DE BEAUVAL (HENRI), frère puîné du précédent, naquit à Rouen le 7 août 1656. Il fut comme son frère l'ami de Bayle, et eut à leur exemple des démêlés avec le ministre Jurieu. En 1679 il fut reçu avocat au parlement de Rouen. Mais au lieu de suivre le barreau, il alla à Valence continuer ses études sous M. de Marville, qui enseignait avec beaucoup de réputation. A son retour, il plaida avec succès, et l'on voit dans le *Commentaire sur la Coutume de Normandie*, divers arrêts rendus sur ses plaidoyers.

La révocation de l'édit de Nantes le fit passer en Hollande en 1687. Ce fut là qu'il publia les ouvrages qui firent depuis la principale occupation de sa vie.

Lorsqu'il arriva en Hollande, Bayle, alors malade, avait abandonné le dessein de continuer ses *Nouvelles de la République des Lettres*. Cette circonstance fit naître à Basnage de Beauval le désir d'entreprendre un ouvrage semblable, mais sous un titre différent. Ce fut là l'origine de l'*Histoire des Ouvrages des Savants*, commencée en septembre 1687, et finie en juin 1709, 24 vol. in-12.

Basnage a encore donné une nouvelle édition du *Dictionnaire de Furetière*, 1701. L'auteur du *Dic-*

tionnaire de Trévoux l'a entièrement copié, et Basnage s'en plaignit dans l'*Histoire des Ouvrages des Savants.*

Cet écrivain mourut le 29 mars 1710. Les Mémoires de Trévoux ont donné son éloge (nov. 1710).

BATTEUX (Charles), chanoine honoraire de l'église métropolitaine de Reims, professeur au collège Royal, de l'Académie des inscriptions, et membre de l'Académie française, naquit le 7 mai 1713, à Allend'huy, village de Champagne, voisin de Reims. Ce fut dans cette ville qu'il passa ses premières années et fit ses études.

Son aptitude au travail, et l'ardeur infatigable qu'il y apportait, lui firent faire des progrès si remarquables, qu'à peine âgé de vingt ans, il fut choisi pour remplir la chaire de rhétorique, et professer dans un âge où ordinairement on a encore besoin d'apprendre. Sa réputation ne tarda point à parvenir jusqu'à la capitale; et, en 1740, il y fut appelé pour professer les humanités et la rhétorique dans les collèges de Lisieux et de Navarre. Mais avant de quitter le théâtre de ses premiers succès, il voulut lui laisser un gage de reconnaissance, et publia, en 1739, une ode latine (*in civitatem Remensem*). Cette pièce, qui fait honneur à ses sentiments, fut généralement accueillie, et traduite aussitôt en vers français par l'abbé de Saulx, chanoine de la cathédrale, chancelier de l'université de Reims, et connu lui-même par des *Oraisons fu-*

nèbres, des *Éloges* et différents morceaux de poésie.

La carrière plus vaste ouverte devant les pas de l'abbé Batteux, fut pour lui un nouveau motif d'émulation et de travail; sa réputation naissante avait besoin d'une base solide, il publia l'ouvrage intitulé : *Les Beaux-Arts réduits à un principe* (l'imitation de la nature), 1746; c'est là que l'auteur montra d'abord la méthode qu'il soutint toujours dans la suite, et qu'il développa dans son *Cours de Belles-Lettres*, et dans son *Traité de la Construction oratoire*. Cette méthode n'était pas nouvelle, il est vrai; mais l'oubli où on paraissait la laisser, les écarts d'une imitation irréfléchie, qui puise également dans la nature choisie, et dans cette nature vraie, mais qu'on ne doit point retracer aux yeux, donnèrent à son ouvrage, sinon le mérite absolu de la nouveauté, au moins le mérite réel d'avoir reproduit des doctrines saines, et qu'on n'aurait pas dû négliger.

Dans le *Cours de Belles-Lettres*, ou *Principes de Littérature*, qui suivit, Batteux nie le but moral que l'on prête toujours assez généralement à la tragédie, et lui donne pour unique fin, d'exciter en nous des sentiments de terreur ou de pitié, sentiments qui deviennent agréables parce qu'ils sont adoucis par l'imitation. C'est ainsi qu'il explique la définition de la tragédie donnée par Aristote, et qui avait été jadis, comme elle l'a été depuis, la pomme de discorde entre les commentateurs et les critiques. L'abbé Batteux appuie son sentiment sur des raisons plausibles, et La Harpe, dans le *Cours de Littérature*, se range à son avis. On peut voir ces raisons amplement détaillées dans les Remarques sur le VIᵉ chapitre de la *Poétique* d'Aristote par Batteux *. Au reste, ce *Cours de Belles-Lettres*, dans lequel on a réuni *les Beaux-Arts réduits à un même principe* et le *Traité de la Construction oratoire*, fait aujourd'hui le principal titre de l'abbé Batteux. On y désirerait ce charme de simplicité et de bonhomie qu'on rencontre dans les ouvrages de Rollin ; mais on ne peut contester la sagacité avec laquelle les principes des beaux-arts y sont décomposés, et présentés sous un jour clair et facile à saisir. On regrette que l'auteur d'un tel ouvrage ait pu avoir l'inconcevable idée de refuser la poésie de style à la *Henriade* ; qu'il prétende que les règles du poème épique sont mieux observées dans le *Lutrin* que dans la *Henriade*. Cela peut être le résultat d'idées systématiques qu'il serait trop long d'examiner ici ; mais refuser la poésie de style à un ouvrage dont le style est précisément la partie la plus remarquable, c'est une erreur bien singulière dans un littérateur instruit, et dont on ne peut suspecter la bonne foi.

En 1750, l'abbé Batteux fut choisi pour succéder à l'abbé Terrasson dans la chaire de philosophie grecque et latine au collège Royal. Ce fut une nouvelle occasion pour lui de montrer jusqu'où il avait porté l'étude des bons écrivains de l'antiquité, qu'il avait pris pour modèles avant de les proposer à

* Nous avons cherché à résumer toute cette controverse littéraire dans une note sur le passage de La Harpe qui vient d'être cité. (*Voyez* tome II, p. 175.) Aux opinions diverses que nous y avons rapportées, on peut joindre une explication nouvelle, récemment donnée par M. Andrieux, et qui se trouve exposée dans le XXIᵉ vol. de la *Revue encyclopédique*. H. P.

l'imitation de la jeunesse. Il fit voir, dans un discours latin intitulé, *De Gustu veterum in studiis litterarum retinendo*, la nécessité de conserver le goût des anciens dans l'étude des lettres.

Deux carrières étaient ouvertes désormais à l'abbé Batteux, les belles-lettres et la philosophie. Il les cultiva également ; et les fruits que nous avons recueillis de ses travaux nous mettent à même de rendre justice et à son opiniâtre persévérance et à ses talents incontestables. Le succès cependant ne couronna pas toujours ses efforts, et ses arrêts n'ont pas toujours été confirmés. Nous parlerons d'abord de sa traduction d'Horace, qui date de 1750. L'abbé Batteux n'affichait pas la prétention d'avoir voulu rendre dans notre langue l'harmonie et la grace de son modèle, sur-tout cette exquise urbanité qui a fait jusqu'ici et fera toujours le désespoir des traducteurs ; mais il voulait faciliter l'intelligence de son auteur, et guider les élèves dans une route souvent épineuse pour les professeurs eux-mêmes. Ce qui justifie cette opinion, qui d'ailleurs était la sienne propre, ce sont les retranchements qu'il s'est permis, et qui prouvent que son ouvrage était destiné à la jeunesse avide de tout voir, et à laquelle il pensait que tout n'était pas bon à montrer.

En 1754, l'abbé Batteux entra à l'Académie des inscriptions et belles-lettres. Il enrichit les recueils de cette société d'un grand nombre de Mémoires auxquels l'étude de la philosophie ancienne donna naissance en grande partie.

Il divisait cette philosophie en trois époques :

la première comprenait les philosophes antérieurs à Thalès ; la seconde, ceux qui parurent depuis Thalès jusqu'à Socrate ; et la dernière, ceux qui vécurent depuis Socrate jusqu'à Chrysippe et Possidonius. Au milieu des immenses recherches qu'il lui fallut faire pour bien connaître ce dédale d'opinions diverses, l'abbé Batteux sentit que les difficultés ne devaient qu'animer son zèle. Il examina tout avec la plus scrupuleuse attention, et finit par publier en substance le résultat de ses recherches dans un ouvrage intitulé : *Histoire des Causes premières*, qui parut en 1768. Il y montre que la connaissance des anciens systèmes philosophiques a une utilité réelle pour faciliter l'intelligence des auteurs grecs et latins, qui leur ont emprunté des expressions et des pensées ; mais en même temps il veut démontrer qu'on doit savoir s'affranchir du préjugé des traditions anciennes ; qu'en morale les erreurs de nos devanciers sont aussi nombreuses que les nôtres ; et, pour me servir d'une de ses expressions, que « la philosophie ancienne est le plus « riche arsenal de l'incrédulité moderne. » Cet écrit contribua, dit-on, à faire supprimer la chaire de philosophie au collège Royal.

La philosophie d'Épicure, si attaquée, si mal connue, avait été pour l'abbé Batteux l'occasion d'un nouveau travail. Il donna, en 1758, *la Morale d'Épicure*; cet ouvrage apprit à apprécier ce philosophe, et s'il n'a pas fixé précisément l'opinion sur son compte, il a du moins beaucoup éclairé la question.

Reçu à l'Académie française, en 1761, à la place

de l'abbé de Saint-Cyr, ses travaux philosophiques ne l'empêchèrent pas de prouver son zèle pour les belles-lettres; *les Quatre Poétiques* attestèrent que les deux corps littéraires auxquels il appartenait avaient un droit égal sur ses talents.

Tandis qu'il se livrait à ces travaux, M. Bertin, alors ministre, entretenait, aux extrémités de l'Orient, une correspondance avec des Chinois qui avaient été élevés à Paris, et les engageait à composer des Mémoires sur différents objets intéressants. L'abbé Batteux se chargea de revoir ces Mémoires et de les rédiger. Cette collection, qu'il ne put achever, fut continuée par Brequigny et de Guignes, 1776—89; 15 vol. in-4°. Bientôt après, il fut encore chargé, par ordre du gouvernement, et sur l'invitation du comte de Saint-Germain, de présider à la rédaction d'un *Cours d'études, destiné à l'éducation des élèves de l'École-Militaire*. Ce *Cours*, en 45 vol. in-12, pour lequel Batteux s'adjoignit plusieurs collaborateurs, fut conçu et exécuté en moins d'un an. Ce travail forcé nuisit à la fois et à l'ouvrage, et à l'auteur, dont la santé s'altéra sans retour. Une hydropisie de poitrine, qui vint se joindre aux maux de nerfs dont il se plaignait depuis plusieurs années, l'enleva le 14 juillet 1780. Ses sentiments étaient aussi estimables que ses talents; il soutenait une famille nombreuse et peu riche.

Les autres ouvrages de l'abbé Batteux sont : le *Parallèle de la Henriade et du Lutrin*; *Discours sur la naissance du Duc de Bourgogne*; *Discours prononcés à l'Académie française aux réceptions de*

MM. du Coëtlosquet et Batteux ; *Examen du Préjugé sur l'inversion, pour servir de réponse à M. Beauzée; Ocellus Lucanus et Timée de Locres, cum adnotationibu*s ; et la *Traduction du Traité de l'Arrangement des mots*, de Denys d'Halycarnasse. Ce dernier ouvrage ne parut qu'après la mort de Batteux.

DE BROTONNE.

JUGEMENTS.

I.

On met entre les mains des jeunes gens *les Beaux-Arts réduits à un seul principe* et le *Cours de Belles-Lettres* de Batteux. L'un et l'autre contiennent des principes sains, puisés dans les études de l'Université ; mais d'ailleurs une critique extrêmement commune, des idées étroites, des préjugés pédantesques ; et le style est dénué de tout agrément et de tout intérêt. Sa *Traduction d'Horace* prouve seulement combien cet auteur est peu fait pour être traduit en prose.

LA HARPE, *Correspondance littéraire.*

II

Le *Cours de Belles-Lettres* de Batteux, avec plus de développements que le *Traité des Études* de Rollin, offre moins d'instruction réelle et beaucoup moins d'intérêt.

M. J. CHÉNIER, *Tableau de la Littérature française.*

III.

On regarde le *Traité des Beaux-Arts reduits à un seul principe* comme la plus estimable de toutes les productions de Batteux, par la sagesse du dessein, la finesse des vues, et par la sagacité avec laquelle il décompose la métaphysique des arts, et la ramène à des principes simples, lumineux et féconds. On a publié et réimprimé plusieurs fois, sous le titre d'*Éléments de Littérature*, deux volumes in-12 attribués maladroitement à Batteux lui-même, qui ne sont qu'un abrégé du *Cours de Belles-Lettres*.

Après le décès de l'abbé Batteux, il parut, dans l'*Année littéraire*, 1780, n° XXVII, une critique assez peu ménagée des ouvrages de cet académicien, quelquefois juste, et quelquefois outrée. Nous y renvoyons le lecteur, et nous nous contenterons de faire observer, avec M. Delille, qu'on ne peut méconnaître dans M. Batteux le littérateur estimable, l'écrivain élégant, le dissertateur ingénieux, le grammairien habile et l'admirateur éclairé de l'antiquité. *

Noel, *Biographie universelle*.

BAUSSET. Le service militaire et la guerre avaient conduit le père de M. le cardinal de Bausset dans l'Inde; de hautes fonctions civiles le fixèrent quelque temps à Pondichéry, où il attira sa famille. C'est là que naquit M. le cardinal de Bausset, le 14 décembre 1748. Ramené jeune en France, il se destina à l'état ecclésiastique, et fit son séminaire à Saint-Sulpice, communauté pour laquelle il conserva un vif attachement, et à laquelle il rendit un brillant hommage dans son *Histoire de Fénelon*.

* *Voyez* les Discours prononcés à l'Académie française pour la réception de Lemierre, le *Nécrologe des Hommes célèbres de France*, t. XVI, p 47—84 (1781), et le jugement de La Harpe sur la *Henriade*, article VOLTAIRE.

La confiance qu'il inspira, et les fonctions qu'il remplit très jeune encore, prouvent que son mérite éclata de bonne heure. Bon juge de ce mérite, M. de Boisgelin, archevêque d'Aix, le choisit pour son grand vicaire lorsqu'il avait à peine vingt-quatre ans. A vingt-cinq ans, il fut député de la Provence à l'assemblée générale du clergé. En 1778, il fut nommé administrateur de l'évêché de Digne; en 1784, évêque d'Alais. Cette même année, 1784, il fut l'un des députés chargés de porter au pied du trône les cahiers des états du Languedoc; il eut, en cette qualité, l'honneur de haranguer le roi, la reine, et les princes de la famille royale. Ces harangues passaient ordinairement avec la *Gazette de France* qui les contenait, et étaient aussitôt oubliées qu'elle; on conserva le souvenir de celle que prononça M. l'évêque d'Alais. Le compliment sur-tout qu'il adressa à madame Élisabeth eut une véritable célébrité, dont le souvenir n'est point encore éteint. Il est impossible, en effet, de peindre avec de plus douces et de plus aimables couleurs les charmes de la vertu et les graces de la modestie.

Déjà s'annonçaient les orages qui devaient bouleverser la France. Précurseurs de ces orages, qu'elles étaient appelées à dissiper, deux assemblées de notables avaient été convoquées auprès de Louis XVI, qui, dans sa constante recherche du bien public et du bonheur de ses sujets, voulait s'entourer et de patriotisme et de lumières. M. l'évêque d'Alais fut membre de ces deux assemblées. Enfin, en 1789, il fut député aux États-Généraux. On s'étonnerait, sans doute, qu'un homme doué de la facilité qu'avait déjà montrée M. de Bausset, et des talents qu'il a fait briller depuis, eût fait si peu de sensation dans cette assemblée; mais l'explication en est bien simple: sa sagesse et sa prévoyance égalaient son esprit et ses talents; il prévit ce qu'on devait attendre d'une assemblée qui commençait par mépriser ses mandats et ses mandataires, et prétendait arriver à la régénération de la France, en permettant tous les excès, et à l'ordre, en encourageant tous les désordres. Il la quitta avec M. le maréchal de Castries, député de la noblesse par le même bailliage que lui, et n'y reparut plus dès le moment où les États-Généraux se transformèrent en assemblée nationale.

Cette conduite, et la résistance qu'opposa M. l'évêque d'Alais à la constitution civile du clergé, le dévouaient nécessairement à une persécution à laquelle lui donnaient d'ailleurs des droits et l'antique noblesse de son origine, et la dignité sacrée dont il était revêtu. Chassé de son diocèse, il chercha un asyle à Paris, et n'y trouva bientôt qu'une prison; il fut enfermé plusieurs mois dans la maison de réclusion qu'on appelait *la Bourbe*.

Sorti de cette prison, il se retira dans une campagne près de Paris. Ses loisirs furent dignes d'un évêque: il les employa à célébrer les deux plus illustres prélats dont s'honore l'Église de France. L'*Histoire de Fénelon* parut la première, en 1808; elle obtint un très grand succès; et, malgré la gravité du sujet, elle a eu quatre éditions dans un petit nombre d'années. Cette histoire a été l'objet de justes éloges ; nous ne nous étendrons pas sur un mérite si connu, si présent à l'esprit de tous les lecteurs ; nous remarquerons seulement que les trois époques qui lient l'*Histoire de Fénelon* aux grands intérêts des peuples, de l'humanité et de la religion, et lui impriment un caractère d'élévation et d'importance qu'on trouve rarement dans une histoire particulière, ont été supérieurement tracées par l'historien : l'éducation du duc de Bourgogne ; la longue et déplorable querelle qui divisa deux hommes tels que Bossuet et Fénelon ; enfin, la disgrace dont cette querelle fut la première origine, et ce long exil honoré par tant de vertus et de grandeur d'âme.

Ce qui attache sur-tout le lecteur et soutient son attention dans toute l'étendue de cet ouvrage, dont la longueur paraît d'abord un peu hors de proportion avec l'histoire d'un simple particulier, ou, si l'on veut, d'un grand évêque et d'un beau génie, c'est que l'auteur sait y rattacher, avec beaucoup d'art et d'agrément, des détails importants, des vues générales, des tableaux étendus et d'un intérêt public. Il présente ce beau siècle de Louis XIV, non, à la vérité, dans ses rapports politiques, militaires, extérieurs, mais peut-être dans ses points de vue les plus intéressants, et sous ses aspects les plus curieux ; il peint ses mœurs élégantes, cette société spirituelle, cette cour tout à la fois brillante, grave et polie. Il aime sur-tout à faire ressortir certains nobles caractères, la plupart liés avec Fénelon, dont la religion et l'honneur réglaient toujours sévèrement la conduite; qui, dans le séjour de la distinction et de la flatterie, où tout est trop sacrifié à la faveur, donnèrent constamment l'exemple du plus noble désintéressement, restèrent toujours fidèles à l'amitié malheureuse, ne flattèrent jamais le vice triomphant, ne trahirent jamais ni leurs sentiments ni la vérité; et, toujours respectueux envers leur souverain, furent néanmoins toujours francs et sincères.

On avait accusé l'historien de Fénelon d'avoir été injuste envers Bossuet, et d'avoir affaibli le respect et la vénération des peuples pour la mémoire de ce grand homme : M. de Bausset répondit à cette accusation par une *Histoire de Bossuet.* Ce fut une belle et péremptoire réponse. Les lecteurs attentifs de l'*Histoire de Fénelon* avaient pu démêler la justice que l'auteur rendait dans cet ouvrage même au beau génie et au beau caractère de Bossuet. Toutefois, si cette justice n'était pas complète dans un monument élevé à la gloire de son rival, les mêmes mains lui ont dressé à lui-même un autre monument qui ne laisse plus rien à désirer à ses plus vrais, à ses plus justes admirateurs.

L'Université venait d'être créée au moment même où l'*Histoire de Fénelon*, récemment publiée, donnait de l'éclat et de la célébrité à son auteur. M. de Bausset fut nommé conseiller titulaire de cette Université. Lorsque des jours plus heureux brillèrent pour la France, M. de Bausset avait mis le sceau à sa réputation par la publication de l'*Histoire de Bossuet.* L'auteur de ces deux beaux ouvrages ne pouvait manquer d'attirer les regards d'un monarque ami des lettres et protecteur de talents si utilement et si honorablement employés. Une nouvelle organisation de l'Université ayant été projetée, M. de Bausset fut nommé directeur-général de l'instruction publique. La catastrophe des cent jours renversa ces sages projets : la santé de M. de Bausset ne lui eût plus permis d'y coopérer, lors même qu'ils n'eussent pas été abandonnés; mais les graces du roi et la faveur publique ne cessèrent de l'accompagner jusqu'à la fin de sa carrière; il fut successivement, et en peu d'années, fait pair de France et cardinal; nommé membre de l'Académie française, créé duc, enfin ministre d'état, et commandeur de l'ordre du Saint-Esprit.

Une maladie cruelle, la goutte, avait, long-temps même avant sa vieillesse, altéré la santé de M. le cardinal de Bausset; les douleurs s'en accrurent avec l'âge, et les funestes ravages de cette maladie le privèrent entièrement de l'usage de ses jambes, quelquefois même, ce qui lui était bien plus pénible, de l'usage de ses mains. Il opposa constamment à tant de douleurs et à cette triste situation la plus inépuisable patience, la plus inaltérable douceur. La société, qui ne pouvait plus espérer de le rencontrer ailleurs, alla le trouver chez lui. Là, de nombreux amis jouissaient et de sa conversation ornée, élégante et facile, et de son intérêt doux et affectueux. Ils voyaient en lui un des derniers et des plus parfaits modèles de cette politesse aimable, de cette urbanité charmante dont les traditions remontent au siècle de Louis XIV, se sont conservées encore dans l'âge suivant, s'effacent et se perdent trop sensiblement dans le nôtre : triste vérité dont l'orgueil de nos jours ne peut s'empêcher de convenir !

Dans cette honorable retraite et cette douce société, M. le cardinal de Bausset, dont l'esprit, l'âme et le cœur étaient encore pleins de vie, s'intéressait vivement à tout ce qui était digne d'intérêt ; il servait la religion en louant ceux qui avaient bien mérité d'elle ; l'état, par la sagesse de ses conseils et la modération de ses sentiments ; les lettres, par l'intérêt qu'il ne cessa de leur porter ; ses amis, par son honorable suffrage et l'estime qu'il aimait à leur montrer. Ses vertus, pleines d'indulgence, de charité, de tolérance, étaient éminemment sociales ; elles étaient aussi éminemment religieuses, quoiqu'elles aient trouvé quelques détracteurs dans des hommes qui croient être plus religieux encore en privant la religion de ce qu'elle a de doux, d'aimable, de conciliant, d'attirant et de persuasif.

Son esprit actif, malgré l'âge et les maladies, ne cessait de s'occuper. Il souscrivait à toutes les grandes et utiles entreprises littéraires ; il lisait tout ce qui était digne d'être lu, et en portait des jugements pleins de goût. Il écrivait même encore ; mais ses écrits n'étaient plus que des hommages à la vertu, à l'amitié, à la reconnaissance ; ce dernier sentiment lui avait inspiré, il y a près de vingt ans, une intéressante notice sur M. le cardinal de Boisgelin. Dans les dernières années de sa vie, il en consacra une à la mémoire vénérée de M. le cardinal de Talleyrand

Périgord, dont il peignit la piété sincère, l'âme noble et les vertus simples et naturelles, dans un style plein de simplicité, de naturel et d'élégance. Un peu auparavant, un simple prêtre, M. l'abbé Legris-Duval, dont le zèle et la charité avaient fait de grandes choses et opéré de grands biens, avait aussi été le sujet d'une notice assez étendue, dans laquelle M. le cardinal de Bausset, agrandissant son sujet, avait développé plusieurs vues générales, et semé une foule de réflexions pleines de justesse et d'intérêt.

Le dernier écrit de ce genre, sorti de la plume de M. le cardinal de Bausset, fut consacré à la mémoire de M. le duc de Richelieu; c'était un tribut payé aux regrets, à la douleur, à l'amitié. Les nobles qualités de M. le duc de Richelieu y furent justement appréciées. Les grands et importants services qu'il avait rendus à la France furent retracés à ses contemporains, qui semblaient trop les avoir oubliés, ou même les avoir méconnus. N'en doutons pas, la postérité sera plus juste envers M. le duc de Richelieu, et M. le cardinal de Bausset a commencé la postérité pour lui.

Dans les premiers jours du mois de juin 1824, la goutte, remontée à l'estomac, et d'autres accidents encore, lui donnèrent de cruelles souffrances qui se sont prolongées environ trois semaines. Il les a supportées avec beaucoup de patience et de résignation; et, après avoir rempli tous ses devoirs de chrétien et d'évêque, il est mort, le 21 du même mois, dans les plus hauts sentiments de religion et de piété.

Il n'est pas mort tout entier: ceux qu'il honora

de ses bontés et de son amitié en conserveront précieusement le souvenir ; et ses principaux ouvrages, immortels comme les héros qu'ils célèbrent, s'associeront à son immortalité.

F.....z.

MORCEAUX CHOISIS.

I. Le clergé de France.

L'Église gallicane, plus ancienne que la monarchie française elle-même, avait adouci les malheurs de l'antique Gaule, dans un temps où, abandonnée à la plus déplorable anarchie, devenue le théâtre des combats que se livraient les compétiteurs à l'empire, exposée aux ravages de vingt nations barbares sorties des forêts de la Germanie, ne pouvant plus être ni protégée ni défendue par les empereurs de Constantinople, elle n'avait pas même le choix des dominateurs dont elle devait subir le joug.

Ce fut dans cette terrible crise que les évêques de la Gaule disposèrent leurs concitoyens à se soumettre à l'autorité de Clovis et de sa famille.

Ils prirent assez d'ascendant sur l'esprit de ce chef de guerriers pour en obtenir des conditions plus supportables qu'on ne devait peut-être en attendre.

La conversion de Clovis et des plus illustres compagnons de sa victoire fut un nouveau bienfait du clergé pour les Gaulois devenus Français. Elle donna aux évêques le droit et le pouvoir de faire entendre les premiers accents de la religion à des barbares qui ne connaissaient pas même encore la voix de la nature et de l'humanité.

Mais que de soins, de zèle et de patience ne leur

fallut-il pas, pour établir un commencement d'ordre au milieu du plus épouvantable désordre! Les conquérants n'apportaient que des lois atroces, le mépris des arts, la haine de toute police, et l'habitude de ne prendre que le glaive pour juge de leurs prétentions et de leurs caprices.

De pareils dominateurs n'étaient pas même en état de comprendre et de goûter les simples maximes de la morale chrétienne; et les sentiments de cette charité fraternelle que Jésus-Christ était venu inspirer aux hommes; pour empêcher ces sauvages armés de se livrer à tous les emportements de leur nature féroce, et de verser à chaque instant des flots de sang, il fallait les faire trembler eux-mêmes au récit des vengeances du ciel contre les hommes injustes et sanguinaires.

Lorsque, dans des siècles plus éclairés, on a reproché à ces rois de n'être que superstitieux, on a oublié que, loin de pouvoir être de véritables chrétiens, ils n'étaient pas même encore accessibles aux lumières de la raison et aux sentiments de l'humanité.

On leur a reproché les donations dont ils ont comblé les églises; et on n'a pas voulu voir que ces donations furent des bienfaits pour la nation tout entière.

Elles firent renaître les idées de propriété, qui étaient entièrement effacées depuis la conquête des Francs. Elles servirent de modèle et de titre aux propriétés particulières, qui s'établirent successivement; les propriétaires laïques invoquèrent en leur faveur les mêmes lois qui garantissaient les propriétés du clergé. Cette législation nouvelle, qui sortait tout-à-coup des ruines de l'ancienne constitution des Gaulois foulée aux pieds de leurs féroces vainqueurs, fut la première base sur laquelle s'éleva le nouvel ordre social.

Les biens donnés aux églises et aux monastères n'étaient pour la plupart, dans l'origine, que des forêts sans valeur et des terres incultes et marécageuses. Elles redevinrent, sous la main de leurs patients et économes propriétaires, des sources fécondes de richesses nationales. L'agriculture abandonnée recouvra sa première faveur par une utile émulation; et on vit la nature reprendre un aspect plus riant sur cette terre heureuse, que la température la plus douce et le ciel le plus propice n'avaient pu défendre de la désolation des barbares.

Les monuments élevés en l'honneur de la religion offrirent les modèles d'une nouvelle architecture; et, comme on l'a vu à toutes les grandes époques de l'histoire, et même à celles de la fable, interprète mensongère des traditions historiques, c'étaient les ministres de la religion qui ramenaient la civilisation et les arts dans cette nouvelle France, comme ils les avaient créés dans les premières sociétés du monde naissant.

Les conciles des évêques servirent de modèles aux assemblées nationales, où l'on commença à faire entendre le langage de la raison et de l'autorité, au lieu du bruit des armes. Les règlements, qui en émanèrent, donnèrent une police plus régulière à l'ordre politique, comme à l'ordre religieux. Charlemagne, entouré des évêques et des grands de son vaste empire, emprunta des conciles la plupart de ces célèbres *Capitulaires* qui régirent si long-temps une grande partie de l'Europe.

Ce fut le clergé qui conserva dans tout le midi de la France les principes, les formes et les vestiges du *Droit romain*; et ce fut sur ce modèle qu'on érigea ensuite en lois les coutumes qui gouvernaient les provinces où le *Droit romain* n'avait pu se maintenir.

Les formes de la jurisprudence *canonique* commencèrent à s'introduire dans les tribunaux civils, et en bannirent peu à peu les maximes bizarres et la jurisprudence féroce que les vainqueurs avaient apportées des peuplades de la Germanie.

La religion s'interposa au milieu de la fureur des combats, et obtint, *au nom de Dieu*, des trèves qu'on aurait refusées au nom de l'humanité.

Déjà la capitale de ce nouvel empire devait à la charité de son premier pasteur un des plus grands bienfaits de la religion chrétienne : un évêque de Paris bâtissait le premier hôpital que la France ait vu construire, et lui donnait le nom le plus doux[*] à tous les cœurs sensibles et religieux ; cette belle institution, dont l'antiquité n'avait pas même eu l'idée, imitée successivement dans toutes les principales villes du royaume, fut principalement l'ouvrage du zèle et de la charité des évêques.

On ne peut au moins contester que la plus

[*] Hôtel-Dieu.

grande partie des revenus des hôpitaux des villes épiscopales, ne fût le produit des legs et des successions des évêques et des membres du clergé.

Les maisons des évêques, les cloîtres des églises et les monastères religieux devinrent l'asyle des sciences et des lettres, bannies du reste de la terre. On y recueillit tous les monuments de l'esprit humain échappés au naufrage général qui avait englouti toute la gloire des siècles passés. Ces utiles dépositaires de tant de dépouilles honorables apprirent à obtenir quelques notions confuses, quelques idées grossières de l'histoire et de la littérature anciennes.

Ils ne furent pas sans doute des modèles de goût, d'élégance et d'instruction; mais ils étaient encore plus savants que tout ce qui les environnait; ils étaient même les seuls savants, et le nom de leur profession était l'attribut de la science. Ce furent eux qui transmirent à des siècles plus heureux les trésors et les richesses dont l'ingratitude s'est quelquefois servie pour dénaturer leurs intentions et calomnier leurs bienfaits.

Cependant, à la voix des évêques, s'élevaient de toutes parts des établissements pour l'instruction publique. Les cloîtres des chapitres furent son berceau et sa première école. Bientôt elle sortit de ces enceintes, trop étroites pour suffire aux nombreux auditeurs attirés par la célébrité des instituteurs. La partie de la ville de Paris alors la plus habitée fut couverte de collèges; et tous ces collèges, ou presque tous, furent fondés et dotés par des évêques. Leurs noms mêmes, déjà oubliés, rappelaient encore, il y a peu d'années, les noms et les titres de leurs respectables fondateurs. Une longue suite de générations leur a été redevable de l'éducation gratuite qu'elle y a reçue.

L'instruction publique prit alors une forme plus régulière et plus solennelle; et l'Université de Paris, long-temps la plus célèbre de toute l'Europe, fut érigée. Ce furent des évêques qui lui donnèrent successivement sa forme, sa constitution et ses règlements.

A l'exemple de Paris, les principales villes du royaume eurent des collèges, dont une partie fut dotée des biens ecclésiastiques; et elles devinrent le siège de nouvelles universités plus ou moins célèbres.

Tant de bienfaits, tant de monuments utiles ne coûtaient au peuple aucun sacrifice, et n'aggravaient point ses charges. Le clergé seul jetait les fondements de la prospérité publique dans un temps où les gouvernements n'en avaient ni le pouvoir, ni les moyens, ni peut-être même la pensée.

Tandis que des évêques consacraient le fruit de leur économie à des établissements utiles à la nation, la masse des biens du clergé restait intacte pour servir de gage à de nouveaux bienfaits; il était peu d'évêques qui n'eussent l'estimable ambition de recommander leur mémoire par quelque institution utile à la religion ou à l'humanité. Chaque génération se trouvait ainsi enrichie des bienfaits des générations précédentes, et voyait accroître les espérances des générations suivantes.

Les établissements ecclésiastiques, répandus sur toute la surface du royaume, servaient à entretenir la vie, le mouvement et la prospérité dans les parties les plus éloignées du centre de l'empire. Combien de villes, sans cet utile secours, seraient restées ou tombées dans une obscurité et une langueur dont elles ne seraient peut-être jamais sorties!

Les biens du clergé étaient le patrimoine de toutes les familles particulières, puisque toutes, à quelque classe qu'elles appartinssent, étaient successivement appelées à les partager.

Le célibat ecclésiastique ne permettait point de les rendre héréditaires dans un petit nombre de familles; le clergé n'avait d'autres familles que celles qui faisaient partie de l'état. Les unes lui devaient leur éducation; quelques autres leur avancement et leur établissement; plusieurs leur grandeur et leur illustration.

Opposera-t-on à ce récit simple et fidèle de tant de services et de générosité, les injustices, les erreurs et les scandales de quelques particuliers? Qu'importent des fautes ou des torts personnels, dont nulle société composée d'hommes ne peut être entièrement exempte? Ils étaient sans doute bien coupables ceux qui ont méconnu la sainteté et la dignité de leur profession, et ont mérité de tels reproches! Mais les hommes passent, et les corps sont immortels. Les monuments de tant de bienfaits, pendant une longue suite de siècles, étaient présents à tous les regards, et demandaient au moins la reconnaissance de l'histoire.

L'Église gallicane a donné à la France ses plus grands ministres, et à l'Europe ses plus grands orateurs ; mais sa plus grande gloire est d'être la seule qui ait eu constamment un esprit national. Dans toutes les grandes calamités publiques, c'était elle qui donnait l'exemple des plus généreux sacrifices. Les privilèges qu'elle avait conservés n'étaient que ceux qui avaient appartenu à la nation entière dans des temps plus reculés. C'étaient ceux que conservaient encore les provinces régies par des états particuliers.

Placée au pied du trône par le rang qu'elle occupait dans la nation, elle en a été souvent l'appui. Elle a su concilier dans tous les temps la fidélité de ses principes religieux avec une soumission sincère à l'autorité souveraine. Nulle Église n'a rendu au chef de l'Église une obéissance plus vraie, et ne lui a montré une déférence plus filiale et plus respectueuse ; mais, toujours éclairée par les exemples et les maximes de ses Pères, elle réglait sa soumission et son obéissance « sur les canons faits par l'esprit
« de Dieu, consacrés par le respect de tout l'univers,
« confirmés par les mœurs et les constitutions reçues
« dans le royaume. »

Cette doctrine a été celle de l'Église de France dans tous les siècles et dans les temps les plus difficiles.

Vie de Bossuet.

II. Bossuet.

Bossuet se présente à l'imagination comme un de ces hommes prodigieux qu'il est facile d'admirer, et qu'il est difficile de montrer aussi grands qu'ils l'ont été.

Son génie le place au premier rang des hommes qui ont le plus honoré l'esprit humain dans le siècle le plus éclairé. Ses ouvrages relèvent l'étendue et la profondeur de ses connaissances dans les genres les plus divers. C'est un Père de l'Église, par la parole et l'instruction; c'est le modèle et le vengeur de la morale chrétienne par la sainte austérité de ses mœurs. Né dans une condition ordinaire, il se place sans efforts et sans orgueil à côté de tous les grands de la terre; appelé à la cour des rois, il obtient l'estime et le respect de celui qui était le plus roi entre les rois. Il n'a ni la faveur, ni le crédit, et il est tout puissant par le génie et la vertu. Instituteur de l'héritier du trône, il apprend à tous les rois la science de régner; il soumet les peuples au frein des lois, et il fait trembler les puissances au nom d'un Dieu vengeur des lois. Il place leur trône dans le lieu le plus inaccessible aux révolutions, dans le sanctuaire de la religion et dans la conscience de leurs sujets. Pontife éclairé, citoyen zélé, sujet fidèle, il pèse d'une main ferme les droits des deux puissances; il les unit sans les confondre. Plus habile défenseur de Rome que ses défenseurs mêmes, il asseyait la grandeur du siège apostolique sur des fondements inébranlables, en donnant à son autorité la plénitude et les bornes que les canons de l'Église elle-même lui ont données. Il a des adversaires, et il n'a point d'ennemis; il combat les ennemis de l'Église romaine, et il conquiert l'estime des protestants eux-mêmes ; simple évêque de l'une des églises les plus obscures de la catholicité, il est le conseil de l'Église tout entière. Sa vie publique offre le plus grand et le plus noble caractère ; et sa vie privée, la facilité des mœurs les plus simples et les plus modestes. Après avoir été le grand homme de son siècle, il prévoit et il dénonce les malheurs du siècle qui doit le suivre. Tant qu'il lui reste un souffle de vie, il est l'appui et le vengeur de la religion pour laquelle il a combattu cinquante ans. Mais il voit les orages et les tempêtes se former ; ses derniers jours sont troublés par la prévoyance d'un avenir menaçant ; et il fixe, en mourant, ses tristes regards sur cette Église gallicane dont il fut la gloire et l'oracle.

Ibid.

BAYLE (Pierre), philosophe, naquit au Carlat, bourg de l'ancien comté de Foix, le 18 novembre 1647. Son père, ministre calviniste, l'éleva dans la religion réformée, et fut son premier instituteur. Dès l'âge de dix-neuf ans, Bayle avait déjà puisé, dans la lecture de Montaigne, ce germe de pyrrhonisme qui plus tard se développa en lui d'une manière si surprenante ; il avait d'ailleurs donné des preuves d'un esprit subtil et d'une grande mémoire. A cette époque il fut envoyé à Puylaurens, où les réformés avaient une académie : il y acheva ses humanités, étudia l'éloquence, l'histoire, les antiquités, et commença un cours de philosophie. Curieux de connaître les raisons des catholiques romains, il les examina dans leurs livres de controverses, en fut ébranlé, et se sentait à demi gagné, quand il se rendit à Toulouse, pour y refaire sa philosophie au collège des jésuites. Son abjuration, qu'il y donna en 1669, fit du bruit, et affligea son père; mais elle fut peu durable, car Bayle rentra en 1670 dans la communion protestante, après dix-sept mois seulement de catholicité. La peine du bannissement, portée contre les relaps, par les déclarations de 1663 et 1665, le mit dans la nécessité de quitter sa patrie : il se retira à Copet, près de Genève, et fut quelque temps le précepteur des enfants du comte de Dhona. En 1674, dégoûté de cette résidence et de cet emploi, il rentra en France, et voulut s'établir à Rouen, ville dont il se dégoûta plus encore, puisqu'il appelle ce séjour « sa solitude de Normandie, pendant laquelle l'en« nui lui faisait rédiger par écrit des pensées indi« gestes. » (Lettre XIV t. I.) En 1675 il vint à Paris, où il demeura peu; car la chaire de philosophie de Sedan étant devenue vacante cette même année, il courut la disputer; malgré sa qualité d'étranger, il l'emporta sur trois compétiteurs, enfants de la ville, et dignes de lui être opposés. Il occupait cette chaire avec un succès marqué, lorsque, en 1681, l'académie de Sedan fut supprimée par décision du conseil-d'état. Il passa en Hollande, où sa réputation l'avait devancé; on érigea pour lui, à Rotterdam, une chaire de philosophie et d'histoire, avec une pension de 500 florins.

Jusque-là, les occupations du professorat n'avaient permis à Bayle de publier aucun livre. L'immense comète, dont l'apparition, pendant les mois de novembre et décembre de l'année 1680, avait causé en Europe une stupéfaction générale, lui fournit l'occasion de faire paraître, en 1682, un premier ouvrage, sous le titre de *Pensées diverses sur la Comète de 1680.* Le vulgaire croyait encore que le phénomène des comètes présageait des évènements sinistres : en attaquant cette superstition, qui ne fut pour lui qu'un prétexte d'écrire, Bayle, à l'instar de Montaigne, donna une preuve de cette allure libre qui le fait passer sans méthode d'un sujet à l'autre. Abandonnant la comète, il aborde de plus hautes questions sur la nature de Dieu, sur les miracles, etc. C'est là qu'il oppose un peuple de philosophes à un peuple de chrétiens, en mettant tout l'avantage du côté des premiers. A ce sujet, J.-J. Rousseau demande « si un peuple de bons philosophes est plus facile à « faire qu'un peuple de vrais chrétiens ; » et il montre « que la philosophie ne peut faire aucun bien que « la religion ne le fasse encore mieux. » (*Émile*, liv. IV, en note.)

A cette première production succéda la *Critique générale de l'Histoire du Calvinisme, du Père Maimbourg.* Cette publication fut le signal d'une haine qui a rempli d'amertume le reste de la vie de Bayle. Jurieu, ministre et professeur de théologie, avait entrepris de son côté une *Réfutation de l'Histoire de Maimbourg :* le livre de Bayle, qui eut un grand succès, et les honneurs de la brûlure à Paris, rendit absolument nul celui de Jurieu : *indè iræ* ; le ministre, homme irascible et vindicatif, ne pardonna pas ce triomphe, et sa vie entière fut employée à susciter des persécutions à son adversaire. On a insinué que la jalouse fureur de Jurieu avait pris sa source dans une liaison secrète de sa femme avec le philosophe de Carlat; ce fait odieux a été suffisamment démenti; il est avéré que si Jurieu fut jaloux de Bayle, ce fut uniquement à cause du mérite transcendant de ce dernier.

En 1684, Bayle entreprit les *Nouvelles de la République des Lettres*; cet ouvrage périodique eut un cours prodigieux; mais la mort de son père et de deux de ses frères, survenue en 1685, et les tracasseries multipliées qu'on lui faisait essuyer, ayant altéré la santé de Bayle, l'obligèrent à aller prendre les eaux d'Aix-la-Chapelle, et à interrompre, en 1687, son journal, dont son ami Basnage de Beauval (Henri) entreprit la continuation, sous le titre d'*Histoire des ouvrages des Savants*.(*Voyez* BASNAGE, HENRI.) Rendu à la santé après un an de fièvre lente, Bayle ne recouvra pas de même la tranquillité. Ses ennemis lui attribuèrent l'*Avis important aux Réfugiés sur leur prochain retour en France*. Ce livre, qui parut à Amsterdam, en 1690, et que les huguenots passionnés trouvèrent trop modéré, fut attribué en même temps à Pellisson, et au ministre de Rouen, La Roque. Il fut réfuté par Abbadie, mais seulement en ce qui concernait la révolution d'Angleterre. (*Voy*. ce que nous avons dit à l'art. ABBADIE.) Jurieu, en attaquant ouvertement Bayle, le montra comme l'âme d'une cabale dévouée aux intérêts de la France, contre ceux du protestantisme et des puissances liguées.

Vainement Bayle protesta qu'il n'était pas l'auteur de l'*Avis aux Réfugiés*, vainement il repoussa les imputations de son fougueux antagoniste, celui-ci intrigua tant, que, par une délibération du 30 octobre 1693, les bourgmestres de Rotterdam ôtèrent à Bayle sa chaire, sa pension, et jusqu'à la faculté d'enseigner en particulier.

N'ayant plus de fonction publique, Bayle se livra à la composition de son *Dictionnaire historique et critique*, le premier ouvrage auquel il ait mis son nom. La première édition fut publiée en 1696—97, en 2 vol. in-fol.; la seconde, augmentée de plus d'un tiers, en 1702. Les meilleures qu'on ait données depuis sont celles de 1720, et sur-tout celle de 1740, regardée par les savants comme la plus complète.

Lors de l'apparition du *Dictionnaire*, il fut dénoncé par Jurieu, dont le nom se retrouve sans cesse dans les accusations dirigées contre Bayle. Le consistoire de l'Église wallone exigea de l'auteur : 1° Qu'il ôtât toutes les obscénités qui, en effet, déparent son livre; 2° Qu'il refondît l'article *David*, espèce de diatribe contre ce roi; 3° Qu'il réfutât les manichéens, au lieu de prêter une nouvelle force à leurs arguments; 4° Qu'il réformât l'article *Pyrrhon*, et ne donnât pas un si grand poids à la doctrine des pyrrhoniens; 5° Qu'il s'abstînt de donner des louanges aux athées et aux épicuriens; 6° Qu'il ne se servît pas des textes de l'Écriture Sainte pour faire des allusions inconvenantes. Il ne paraît pas que Bayle ait beaucoup déféré à ces critiques, puisque le seul changement considérable qu'il fit dans la seconde édition porta sur l'article *David*, dont il élagua ce qui avait si fort scandalisé le consistoire. Encore arriva-t-il que des littérateurs peu méticuleux s'étant plaints de ce retranchement, le libraire imprima l'article à part.

Aidé de ses partisans, Jacquelot et Leclerc, Jurieu, qui disait hautement « ne pas plus vouloir de récon-« ciliation avec Bayle qu'avec le Diable, » continua de le poursuivre de sa haine invétérée; de soutenir qu'il semait des principes scandaleux, qu'il excusait les vexations que la cour de France avait ordonnées contre les protestants, qu'il montrait la conduite des transfuges sous un jour défavorable; qu'enfin il était en révolte avec sa secte et sa nouvelle patrie. Il y avait lieu de présumer que Bayle allait recevoir l'ordre de quitter les Sept-Provinces; il avait même, si l'on en croit Chaufepié, écrit à Abbadie, alors à Berlin, pour que celui-ci lui procurât un refuge en cette ville, quand il mourut à Rotterdam, le 28 décembre 1706, d'une maladie de poitrine héréditaire dans sa famille. Son testament fut déclaré valide en France, par arrêt du parlement de Toulouse. Les héritiers *ab-intestat* invoquaient en leur faveur les édits et la jurisprudence des arrêts, contraires à l'étatcivil des réfugiés, mais la grand' chambre adopta l'avis de Senaux, l'un des juges, qui soutint : « Que « les savants sont de tous les pays; qu'il ne fallait « pas d'ailleurs considérer comme étranger un « homme que la France se glorifiait d'avoir pro-« duit. Pouvait-il être mort civilement, ajoutait-il, « celui qui, pendant sa prétendue mort civile, rem-« plissait l'Europe de son nom?... »

Il ne nous appartient pas de prononcer sur les opinions d'un philosophe qui, plus que tout autre, à fourni aux panégyristes et aux critiques de quoi s'exercer; jamais peut-être personnage célèbre ne fut plus vanté et plus décrié : la vérité est sans doute entre les deux extrêmes. Le reproche le plus considérable qu'on ait fait à Bayle est celui d'irréligion : on cite sa réponse à l'abbé de Polignac, depuis cardinal : « A laquelle des sectes qui règnent en « Hollande êtes-vous attaché, lui demandait cet « abbé? Je suis protestant, répondit Bayle. — Ce « mot est bien vague; êtes-vous luthérien, calviniste, « protestant? — Je suis protestant, et je proteste « contre tout ce qui se dit et tout ce qui se fait. » Toutefois, il s'est prononcé contre l'athéisme d'une manière trop positive pour qu'on puisse raisonnablement l'accuser d'une incrédulité absolue. Son scepticisme existait plus dans son esprit, qui se plaisait à l'argumentation, que dans son cœur, qui était bon et plein de droiture; et s'il est vrai qu'il ait dit que « l'athée le plus subtil ne peut rien répondre à « l'argument que présentent l'ordre et l'harmonie « de l'univers, » il ne restera plus qu'à passer condamnation sur un doute méthodique, fort dangereux par l'abus qu'on en peut faire.

Son *Dictionnaire* offre des défauts notables; mais Bayle convient lui-même avec modestie des écarts de son style; il avoue que cet ouvrage n'est qu'une *compilation informe*; et, à cet égard, son propre jugement est plus sévère que celui de ses critiques. Il dit dans une de ses lettres : « On m'apprend que M. Des-

« préaux goûte mon ouvrage : j'en suis surpris et
« flatté. Mon *Dictionnaire* me paraît à son égard un
« vrai voyage de caravane, où l'on fait vingt ou trente
« lieues sans trouver un arbre fruitier ou une
« fontaine. » Quant aux termes grossiers ou obscènes,
ils fourmillent chez Bayle, et c'est encore un sujet
de regret. On a traduit d'un quatrain français de La
Monnaye, le distique latin suivant, pour être mis
sous le portrait de cet homme extraordinaire :

Baylius hic ille est, cujus dùm scripta vigebunt,
Lis erit oblectent, proficiantque magis.

D'autres pourront remplacer les derniers mots par
ceux-ci : *officiantque magis*, et l'on aura ainsi un
résumé des doctrines de Bayle.

Outre les ouvrages que nous avons cités, Bayle
est l'auteur d'un *Commentaire sur ces paroles de
l'Évangile* : Compelle intrare ; 2 vol. in-12; de mélanges littéraires et philosophiques, sous le titre de
Réponses aux questions d'un Provincial, 5 vol. in-12;
de 5 vol. in-12 de *Lettres*, etc. Tous les ouvrages de
Bayle, autres que son *Dictionnaire*, ont été réunis en
4 vol. in-fol, la Haye, 1727—31 et 1737. Il y a plusieurs
Vies de Bayle, parmi lesquelles il faut distinguer
celle que Desmaiseaux a donnée en 2 vol. in-12, la
Haye 1732.

H. Lemonnier.

PORTRAIT DE BAYLE.

C'était un de ces hommes de contradiction, que
la plus grande sagacité ne saurait concilier avec
eux-mêmes, et dont les qualités opposées nous
laissent toujours en suspens si nous devons les

placer ou dans une extrémité ou dans l'extrémité opposée; d'un côté, grand philosophe, sachant démêler le vrai d'avec le faux, voir l'enchaînement d'un principe et suivre une conséquence ; d'un autre côté, grand sophiste, prenant à tâche de confondre le faux avec le vrai, de tordre un principe, de renverser une conséquence : d'un côté, plein d'érudition et de lumière, et ayant puisé plus encore dans son propre fonds que dans des fonds étrangers ; d'un autre côté, ignorant ou feignant d'ignorer les choses les plus communes, avançant des difficultés que l'on a mille fois réfutées, proposant des objections que les plus novices de l'école n'oseraient alléguer sans rougir : d'un côté, attaquant les plus grands hommes, ouvrant un vaste champ à leurs travaux, les conduisant par des routes difficiles et des sentiers raboteux, et leur donnant toujours de la peine à vaincre, s'il ne les surmontait pas; d'un autre côté, s'aidant des plus petits esprits, leur prodiguant son encens, et salissant ses ouvrages de ces noms que des bouches savantes n'avaient jamais prononcés : d'un côté, exempt, du moins en apparence, de toute passion contraire à l'esprit de l'Évangile; chaste dans ses mœurs, grave dans ses discours, sobre dans ses aliments, austère dans sa conduite; d'un autre côté, employant toute la pointe de son génie à combattre les bonnes mœurs, à attaquer la chasteté, la modestie, toutes les vertus chrétiennes : d'un côté, en appelant au tribunal de l'orthodoxie la plus sévère, puisant dans les sources les plus pures, empruntant les argu-

ments des docteurs les moins suspects ; d'un autre
côté, suivant la route des hérétiques, ramenant les
objections des anciens hérésiarques, leur prêtant
des armes nouvelles, et réunissant dans notre siècle
toutes les erreurs des siècles passés. Puisse cet homme,
qui fut doué de tant de talents, avoir été absous
devant Dieu du mauvais usage qu'on lui en vit faire !
Puisse ce Jésus, qu'il attaqua tant de fois, avoir ex-
pié ses crimes ! Mais, si la charité nous ordonne de
former des vœux pour son salut, l'honneur de notre
sainte religion nous oblige de publier l'abus qu'il
fit de ses lumières, de protester, à la face du ciel
et de la terre, que nous regarderons toujours ses
écrits comme le scandale des gens de bien et comme
la perte de l'Église.

Saurin, Sermon sur le Prix de l'Ame.

JUGEMENTS.

I.

M. de... disait que c'était dommage que Bayle
eût enflé son *Dictionnaire* de plus de deux cents
articles de ministres et de professeurs luthériens ou
calvinistes ; qu'en cherchant l'article *César*, il n'a-
vait rencontré que celui de *Jean Césarius*, professeur à Cologne ; et qu'au lieu de *Scipion*, il avait
trouvé six grandes pages sur *Gérard Scioppus*. De
là on concluait, à la pluralité des voix, à réduire
Bayle en un seul tome dans la bibliothèque du
Temple du Goût.

Voltaire, Lettre sur le Temple du Goût.

Dans le *Temple du Goût*, presque tous les livres
sont corrigés et retranchés de la main des Muses.

Tout l'esprit de Bayle se trouve dans un seul tome, de son propre aveu; car ce judicieux philosophe, ce juge éclairé de tant d'auteurs et de tant de sectes, disait souvent qu'il n'aurait pas composé plus d'un in-folio, s'il n'avait écrit que pour lui, et non pour les libraires.

Ibid.

II

Bayle eut peu d'égaux dans l'art de raisonner, peut-être point de supérieur. Personne ne sut saisir plus subtilement le faible d'un système; personne n'en sut faire valoir plus fortement les avantages; redoutable quand il prouve, plus redoutable encore quand il objecte; doué d'une imagination gaie et féconde, en même temps qu'il prouve, il amuse, il peint, il séduit. Quoiqu'il entasse doute sur doute, il marche toujours avec ordre : c'est un polype vivant qui se divise en autant de polypes qui vivent tous; il les engendre les uns des autres. Quelle que soit la thèse qu'il ait à prouver, tout vient à son secours, l'histoire, l'érudition, la philosophie. S'il a la vérité pour lui, on ne lui résiste pas ; s'il parle en faveur du mensonge, il prend sous sa plume toutes les couleurs de la vérité : impartial ou non, il le paraît toujours; on ne voit jamais l'auteur, mais la chose.

Diderot, *Dictionnaire encyclopédique*, art. Pyrrhon.

III.

Pendant que les philosophes établissaient les fondements de la morale et de la religion sur la certitude d'un petit nombre de principes démontrés, un homme d'un génie tout différent travaillait de toute sa force à établir un scepticisme presque général, qui fut la première atteinte portée à l'une et à l'autre. A ce trait caractéristique on reconnaît le fameux Bayle, qui, dans ses nombreux écrits, porta sur tous les objets la liberté de penser beaucoup plus loin qu'aucun écrivain n'avait encore osé le faire avant lui, mais pourtant avec un art et des précautions qui laissent encore douter si c'était en lui un fond d'incrédulité raisonnée, ou le jeu d'un esprit porté à la dispute et à la controverse. Ce qui est certain, c'est que, hors de ses excursions métaphysiques, où il se plaît à soutenir tour à tour tous les systèmes, il ne parle jamais des objets de la révélation qu'avec un respect qui paraît sincère, et même un ton d'affirmation qui, s'il était faux, supposerait une hypocrisie dont il paraît bien éloigné.

Peu de savants ont été aussi laborieux, peu ont été doués au même degré de cette étendue de mémoire qui est d'un si grand secours pour l'érudition, et qui en conserve les richesses comme dans un dépôt où l'on peut toujours puiser. Nul n'a eu une pénétration aussi prompte et aussi vive pour envisager sous toutes les faces les matières philosophiques, et une dialectique plus adroite et plus versatile pour se charger successivement de l'attaque et de la défense. Il avait acquis assez de réputation pour que les incrédules qui sont venus après lui se soient empressés de se l'associer. Mais je présumerais volontiers qu'entouré d'écrivains dogmatiques qui tranchaient sur toutes les questions, et de théologiens de toutes les sectes qui s'anathématisaient réciproquement, il s'amusait à leur faire voir combien la plupart des sujets de leurs querelles offraient de difficultés qu'ils n'avaient pas soupçonnées; et, se faisant sans peine l'avocat de chaque cause, il évitait de se faire juge, de peur de se compromettre.

On lui doit d'ailleurs cette justice, que le modique profit qu'il retirait du prodigieux débit de ses ouvrages suffit, jusqu'à la fin de sa vie, à la modération de ses désirs et à la frugale simplicité de ses mœurs, et qu'il n'eut d'autre passion que l'étude, d'autre ambition que celle de vivre et d'écrire en homme libre. Mais il avoue lui-même son goût pour un certain pyrrhonisme, dans une de ses Lettres : « C'est la chose du monde la plus commode. Vous
« pouvez impunément argumenter contre tout ve-
« nant, et sans craindre ces arguments *ad hominem*,
« qui font quelquefois tant de peine. Vous ne crai-
« gnez point la rétorsion, puisque, ne soutenant rien,
« vous abandonnez de bon cœur à tous les sophismes
« et à tous les raisonnements de la terre quelque
« opinion que ce soit. Vous n'êtes jamais obligé d'en
« venir à la défensive; en un mot, vous contestez,
« et vous *daubez* sur toute chose *tout votre soûl, etc.*»

Le style de Bayle est naturel, facile et agréable, mais souvent diffus, négligé, et familier jusqu'à cette trivialité d'expressions qu'on a pu remarquer dans le passage ci-dessus, où cependant elle est moins répréhensible que dans les livres sérieux, qui n'admettent point la liberté épistolaire. On lui reproche avec raison un autre défaut, l'emploi de termes grossiers et obscènes. Ce n'était pas que ses mœurs ne fussent pures; mais, accoutumé à vivre dans la retraite et avec ses livres, il oubliait ou ignorait les bienséances de la société. L'extrême vivacité de son esprit s'accommodait peu, et il en convient, de la méthode et de l'ordre. Il aimait à promener son imagination sur tous les objets, sans trop se soucier de leur liaison : un titre quelconque lui suffisait pour le conduire à parler de tout. C'est ainsi que, dans son premier ouvrage, à propos de la comète qui parut en 1680, il traite, en quatre volumes, de toutes les questions métaphysiques, morales, théologiques, historiques et politiques, qu'il est possible d'imaginer; mais on le suit avec quelque plaisir dans ses digressions, parce qu'il pense toujours et fait penser. Cette marche, ou plutôt ce défaut de marche se remarque aussi dans son *Commentaire sur ces mots de l'Évangile:* COMPELLE INTRARE (*contrains-les d'entrer*) : c'est là sur-tout qu'il établit le plus formellement celui de tous les principes qui lui était le plus cher, la tolérance civile, et dont alors on avait le plus de besoin, à commencer par ceux mêmes en faveur de qui Bayle la réclamait, et qui n'en eurent pas pour lui. On sait que c'est chez les protestants de Hollande qu'il trouva des persécuteurs acharnés : aussi a-t-il bien su leur dire qu'ils ne prêchaient la tolérance que là où ils n'étaient pas les plus forts.

Il fut plus à son aise que jamais dans son *Dictionnaire*, rien n'étant plus commode, pour se passer de plan et de suite, qu'une nomenclature alphabétique. Il est reconnu depuis long-temps, et par l'aveu de l'auteur lui-même, que ce *Dictionnaire*, qui contient, ainsi que *les Réponses à un Provincial*, beaucoup d'érudition frivole et de controverse superflue, pouvait être réduit à un seul volume. Il dit dans une de ses *Lettres*, qu'il est obligé de fournir au jour marqué *de la copie* à ses libraires, en même temps qu'il reçoit les épreuves. Ce n'est pas le moyen d'abréger, de corriger et de choisir; mais la quantité d'articles curieux qui sont dans ce recueil lui donnera toujours une place dans la bibliothèque de tous ceux qui ont des livres pour s'instruire.

Quelque inclination qu'il eût pour le scepticisme, on voit cependant par ses écrits qu'il n'était pas capable de tomber dans le doute absolu de Pyrrhon, qui n'était qu'une folie complète. Il est vrai que, dans une de ses lettres, il nous dit que les pyrrhoniens « se tiraient admirablement de la chicane de « leurs adversaires, qui voulaient conclure de cette « proposition, *on peut douter de tout*, qu'ils posaient « donc affirmativement quelque chose : ils s'en ti- « raient, dit-il, en soutenant que leur proposition était « aussi sujette à la loi générale du doute que les autres « propositions. » J'en demande pardon à Bayle ; mais probablement il n'eût pas soutenu dans une discussion réfléchie ce qu'il hasarde dans une lettre fort légèrement, et peut-être pour s'amuser. Quand on a fait l'honneur aux pyrrhoniens de leur répondre, on leur a opposé un raisonnement qui est sans réplique : c'est qu'en disant, *je doute*, on énonce une action de la faculté pensante, qui suppose nécessairement l'existence de cette faculté, quelque nature qu'on lui attribue, puisque l'action suppose de toute nécessité un être agissant : donc, en énonçant le doute, quel qu'il soit, on affirme l'existence de l'être qui doute. Si quelqu'un essayait sérieusement de réfuter cette preuve, il ne faudrait pas plus l'écouter que s'il niait que deux et deux font quatre ; ce qui nous rappelle encore, en passant, que les vérités mathématiques suffiraient seules pour démontrer l'extravagance du pyrrhonisme.

Sur l'existence de Dieu et sur l'immatérialité du principe pensant, Bayle est si loin du scepticisme, qu'il énonce une opinion affirmative : « Je ne crois « pas qu'il soit possible qu'aucun corps, aucun assem-« blage de divers corps, aucun atome soit susceptible « de la pensée. » Il parle contre l'athéisme dans les termes les plus forts : « Si l'on regarde les athées « dans le jugement qu'ils forment de la divinité dont « ils nient l'existence, on y voit un excès horrible « d'aveuglement, une ignorance prodigieuse de la « nature des choses, un esprit qui renverse toutes « les lois du bon sens, et qui se fait une manière « de raisonner fausse et déréglée, plus qu'on ne « saurait le dire..... Si l'on regarde les athées dans « la disposition de leur cœur, on trouve que, n'étant « ni retenus par la crainte d'aucun châtiment divin, « ni animés par l'espérance d'aucune bénédiction « céleste, ils doivent s'abandonner à tout ce qui « flatte leurs passions. » Un prédicateur chrétien parlerait-il autrement? Il faut que les athées de nos jours, qui se plaignent si haut du mépris que leur marquent les auteurs vivants, n'aient jamais lu les morts; ou s'ils les ont lus, de quel nom appeler des hommes qui nous disent formellement qu'*il n'y a de philosophes que les athées ?* en sorte que depuis Socrate jusqu'à Bayle, et depuis Bayle jusqu'à Montesquieu, il faut rayer du nombre des philosophes tous les grands esprits qui n'ont parlé de l'athéisme qu'avec autant d'horreur que de dédain.

A l'égard des *Pensées sur la Comète*, la plupart des vérités qu'elles contiennent sont devenues si communes, qu'aujourd'hui, soit qu'on les soutînt, soit qu'on les combattît, on ne se ferait guère écouter. Il épuise sa logique à prouver que les comètes ne peuvent avoir aucune influence, ni morale ni physique, sur notre globe. Il ne peut y avoir ici de difficulté que sur le physique : à l'égard du moral, la chose est hors de doute; et pourtant l'on croyait alors très communément que cette espèce de phénomène présageait des évènements sinistres, des révolutions dans les empires, des guerres, des désastres publics, la mort de quelque grand personnage; et de nos jours encore, un grand seigneur, qui apparemment savait gré à sa destinée d'avoir quelque rapport avec les comètes, disait à un particulier qui riait de ses terreurs puériles : « Vous en parlez bien « à votre aise, vous autres que cela ne regarde ja« mais! » Et remarquez que cet homme, qui croyait aux comètes et à cent autres superstitions aussi plates, ne croyait pas à l'Évangile; et ce contraste est ce qu'il y a au monde de plus commun.

La Harpe, *Cours de Littérature.*

IV

Bayle se comparait lui-même au Jupiter *Assemble-nuages* d'Homère : « Mon talent, disait-il, est de « former des doutes ; mais ce ne sont que des « doutes. »

Son style, naturel et clair, est trop souvent diffus, lâche, incorrect et familier jusqu'à la trivialité. On lui a reproché justement des termes grossiers et obscènes ; il n'y mettait ni intention ni plaisir ; l'ignorance ou l'oubli des bienséances de la société en était la seule cause. « L'extrême vivacité de son « esprit, dit La Harpe, s'accommodait peu, et il en « convient, de la méthode et de l'ordre : il aimait « à promener son imagination sur tous les objets, « sans trop se soucier de leur liaison ; un titre « quelconque lui suffisait pour le conduire à parler « de tout. » C'est de cette manière qu'il a composé son *Dictionnaire*, qu'il appelle lui-même « une com- « pilation informe de passages cousus à la queue les « uns des autres. » Sans vouloir abuser de cet aveu trop modeste, on peut dire que les articles en eux-mêmes sont fort peu de chose ; qu'ils semblent n'être que l'occasion, que le prétexte des nombreuses notes qui les accompagnent, et dans lesquelles l'auteur prodigue à la fois les richesses de son érudition et les efforts de sa dialectique. On a regretté que cet ouvrage contînt trop de noms obscurs, et pas assez de noms célèbres ; mais il est juste d'observer qu'il a été entrepris principalement pour rectifier ou suppléer le *Dictionnaire de Moréri*.

AUGER.

V.

L'auteur du *Dictionnaire critique* suit presque la même marche que Montaigne : il prend une opinion, et, la montrant sous toutes les faces, il la détruit ; il élève tour à tour objections contre objections, doutes contre doutes ; ici il discute avec la véhémence et la solidité du meilleur dialecticien ; là des anecdotes plaisantes ou malignes viennent égayer ou appuyer ses preuves : quand il vous a enveloppé d'incertitudes, tirez-vous de ce labyrinthe, il vous y laisse. Comme Montaigne, il se rit de l'homme présomptueux qui veut tout savoir, et lui apprend qu'il faut douter. Il a sa pénétration, son jugement, son adresse. Quelquefois il paraît aussi converser avec son lecteur ; il ne dédaigne pas ces petits détails qui nous plaisent toujours parce qu'ils nous font connaître l'homme ; il se familiarise, il badine ; mais c'est ici qu'on remarque son infériorité. Son style, quoique libre et spirituel, n'a pas la légèreté, la concision, ni surtout l'énergie de celui des *Essais*.

J. V. Le Clerc, *Éloge de Montaigne*.

VI.

C'est un des pièges les plus adroits que la secte de nos prétendus philosophes ait pu tendre à la crédulité du peuple, que de faire passer ce grand homme pour un de leurs coryphées. Cette ruse, qu'ils ont souvent répétée depuis, n'en a pas imposé seulement à leurs prosélytes, mais à quelques âmes timorées qui, peu capables de saisir l'esprit de Bayle dans son ensemble, ont pris l'habitude de le regarder comme un écrivain très dangereux.

Il est vrai que ce philosophe, discutant avec impartialité toutes les opinions humaines, sans paraître en adopter aucune, faisant valoir également, et les preuves qui les appuient, et les difficultés qu'on leur oppose, dut soulever contre lui tous ceux qui « n'ont pas la tête assez bien faite pour se reposer, « comme le dit Montaigne, sur l'oreiller du doute. » Mais ce doute même lui fit sentir la nécessité d'une révélation, nécessité qu'il établit partout sur l'insuffisance et l'incertitude de nos lumières naturelles.

Loin d'approuver cette manie audacieuse du raisonnement, cette philosophie téméraire dont on n'a que trop abusé pour détruire tous les fondements de la morale, voici le jugement qu'il porte lui-même de cette prétendue force d'esprit qui a fait de nos jours de si funestes progrès : « Il n'y a
« personne, dit-il, qui, en se servant de sa raison,
« n'ait besoin de l'assistance de Dieu ; car sans cela
« c'est un guide qui s'égare ; et l'on peut comparer
« la philosophie à ces poudres si corrosives, qu'a-
« près avoir consumé les chairs mortes d'une plaie,
« elles rongeraient la chair vive, carieraient les os,
« et perceraient jusqu'aux moelles. La philosophie
« réfute d'abord les erreurs ; mais, si on ne l'arrête
« point là, elle attaque les vérités ; et, quand on la
« laisse faire à sa fantaisie, elle va si loin, qu'elle ne
« sait plus où elle est, ni ne trouve plus où s'asseoir. »

Nous savons qu'on a reproché à Bayle de s'être fait un plaisir malin de prêter de la force aux systèmes les plus erronés, et de donner du poids aux objections impies de quelques hérétiques, tels que les pauliciens, les manichéens, etc.; mais est-il donc permis d'interpréter et d'empoisonner ainsi les intentions d'un auteur? Il nous semble que Bayle n'a voulu par là que nous armer contre l'orgueil et l'intolérance de notre raison.

Bayle fut compilateur et journaliste, et, dans ces deux emplois, si avilis de nos jours, il s'est acquis une gloire immortelle : c'est que, par l'assemblage le plus rare, il joignait à l'immensité de ses connaissances un esprit lumineux et même du génie. Son style, incorrect et diffus, plaît malgré ses négligences, parce que, à l'exemple de Montaigne, il converse avec ses lecteurs, et que peu d'écrivains apprennent mieux à penser. Personne n'employa plus heureusement que lui les armes de la dialectique, et ne sut raisonner à la fois d'une manière plus subtile et plus profonde.

Palissot, Mémoires sur la Littérature.

VII.

Parmi ces réfugiés, brillait un homme dont les productions vivront long-temps, tandis que leurs libelles obscurs ont été presque aussitôt oubliés; c'était Bayle, le plus hardi et le plus froid douteur de tous les philosophes. D'ordinaire, les écrivains se servent du doute pour détruire ce qui existe, afin d'y substituer leur opinion : c'est une arme qu'ils emploient pour conquérir. Chez Bayle, le doute est un but, et non pas un moyen; c'est un équilibre parfait entre toutes les opinions. Rien ne fait pencher la balance. L'esprit de parti, les préjugés, l'influence de l'éloquence, les séductions de l'imagination, rien ne touche Bayle, rien ne peut le déterminer. Toutes les opinions lui semblent probables; quand il en trouve de mal défendues, il s'en empare, et vient à leur appui pour qu'elles ne perdent pas leur cause. Chose étrange! il semble se complaire dans une telle incertitude, son âme n'est point oppressée et déchirée par cette ignorance de questions qui importent le plus à l'homme. Il les aborde, et se réjouit de ne les pouvoir résoudre. Ce qui a fait le supplice épouvantable de tant de grands esprits, de tant d'âmes élevées, est une sorte de jeu pour lui. On a attribué à la philosophie de Bayle une dangereuse influence; au premier abord, cet équilibre entre les opinions peut séduire, il est vrai, quelques esprits qui croient y voir de la supériorité; mais le doute de Bayle est un doute savant, et raille bien plus ceux qui rejettent légèrement et sans examen, que ceux qui croient avec soumission. Jadis le savoir conduisait quelques hommes à douter; depuis, l'ignorance et la frivolité ont ouvert un plus large chemin. Ce ne sont pas des ouvrages comme ceux de Bayle qui égarent le vulgaire; c'est peut-être plus tard qu'ils sont devenus funestes; cette érudition immense qui les compose en a fait un vaste arsenal, où l'incrédulité est venue facilement emprunter des armes; on y trouva aussi le triste exemple de cette raillerie continuelle qui s'en va flétrissant toutes les opinions, tous les mouvements élevés de l'âme; qui considère comme désordre ou comme folie tout ce qui ne se rapporte pas à son froid raisonnement. La plaisanterie de Bayle est, il est vrai, presque toujours lourde et vulgaire; elle amuse quelquefois, précisément parce qu'elle est imperturbable, et qu'elle se mele singulièrement avec la pédanterie d'un critique ; mais il s'est rencontré, depuis, des hommes qui ont su donner de la légèreté et de la grace aux railleries de Bayle, les arranger pour l'usage de la frivolité, et leur procurer un cours universel.

DE BARANTE, De la Littérature française pendant le XVIIIe siècle.

BEAU. Tout le monde convient que le beau, soit dans la nature ou dans l'art, est ce qui nous donne une haute idée de l'une ou de l'autre, et nous porte à les admirer; mais la difficulté est de déterminer, dans les productions des arts et dans celles de la nature, à quelles qualités ce sentiment d'admiration et de plaisir est attaché.

La nature et l'art ont trois manières de nous affecter vivement : ou par la pensée, ou par le sentiment, ou par la seule émotion des organes. Il doit donc y avoir aussi trois espèces de beau dans la nature et dans les arts : le beau intellectuel, le beau moral, le beau matériel ou sensible. Voyons à quoi l'esprit, l'âme et les sens peuvent le reconnaître. Ses qualités distinctives se réduisent à trois : la force, la richesse et l'intelligence.

En attendant que, par l'application, le sens que

j'attache à ces mots soit bien développé, j'appelle force, l'intensité d'action; richesse, l'abondance et la fécondité des moyens; intelligence, la manière utile et sage de les appliquer.

La conséquence immédiate de cette définition est que, si, par tous les sens, la nature et l'art ne nous donnent pas également de leur force, de leur richesse et de leur intelligence, cette idée qui nous étonne et qui nous fait admirer la cause dans les effets qu'elle produit, il ne doit pas être également donné à tous les sens de recevoir l'impression du beau : or, il se trouve qu'en effet l'œil et l'oreille sont exclusivement les deux organes du beau; et la raison de cette exclusion, si singulière et si marquée, se présente ici d'elle-même : c'est que des impressions faites sur l'odorat, le goût et le toucher, il ne résulte aucune idée, aucun sentiment élevé. La saveur, l'odeur, le poli, la solidité, la mollesse, la chaleur, le froid, la rondeur, etc., sont des sensations toutes simples et stériles par elles-mêmes, qui peuvent rappeler à l'âme des sentiments et des idées, mais qui n'en produisent jamais.

L'œil est le sens de la beauté physique, et l'oreille est, par excellence, le sens de la beauté intellectuelle et morale. Consultons-les : et s'il est vrai que de tous les objets qui frappent ces deux sens, rien n'est beau qu'autant qu'il annonce, ou dans l'art ou dans la nature, un haut degré de force, de richesse, ou d'intelligence; si, dans la même classe, ce qu'il y a de plus beau est ce qui paraît résulter de leur ensemble et de leur accord; si, à mesure que l'une de ces qualités manque, ou que chacune est moindre, l'admiration, et avec elle, le sentiment du beau s'affaiblit en nous, ce sera la preuve complète qu'elles en sont les éléments.

Qu'est-ce qui donne aux deux actions de l'âme, à la pensée et à la volonté, ce caractère qui nous étonne dans le génie et dans la vertu? Et, soit que nous admirions, dans l'une et l'autre, ou l'excellence de l'ouvrage ou l'excellence de l'ouvrier, n'est-ce pas toujours, force, richesse ou intelligence?

En morale, c'est la force qui donne à la bonté le caractère de beauté. Quelle est, parmi les sages, le plus beau caractère connu? celui de Socrate; parmi les héros? celui de César; parmi les rois? celui de Marc-Aurèle; parmi les citoyens? celui de Régulus. Qu'on en retranche ce qui annonce la force avec ses attributs, la constance, l'élévation, le courage, la grandeur d'âme, la bonté peut s'y trouver encore, mais la beauté s'évanouit.

Qu'on fasse du bien à son ami ou à son ennemi, la bonté de l'action en elle-même est égale. Mais, d'un côté, facile et simple, elle est commune; de l'autre, pénible et généreuse, elle suppose de la force unie à la bonté; c'est ce qui la rend belle. Brutus envoie à la mort un citoyen qui a voulu trahir Rome; nulle beauté dans cette action. Mais, pour donner un grand exemple, Brutus condamne son propre fils; cela est beau: l'effort qu'il en a dû coûter à l'âme d'un père en fait une action héroïque. Qu'un autre qu'un père eût prononcé le *qu'il mourût* du vieil Horace; qu'un autre qu'une mère eût dit à un

jeune homme, en lui donnant un bouclier : « Rap-
« portez-le, ou qu'il vous rapporte, » plus de beauté
dans le sentiment, quoique l'expression fût toujours
énergique. Alexandre entreprend la conquête du
monde ; Auguste veut abdiquer l'empire de l'univers,
et de l'un et de l'autre on dit : « Cela est beau. » parce
qu'en effet il y a beaucoup de force dans l'une et
l'autre résolution.

Il arrive souvent que, sans être d'accord sur la
bonté morale d'une action courageuse et forte, on
est d'accord sur sa beauté : telle est l'action de Scé-
vola et celle de Timoléon. Le crime même, dès
qu'il suppose une force d'âme extraordinaire, ou
une grande supériorité de caractère ou de génie,
est mis dans la classe du beau : tel est le crime de
César, le plus illustre des coupables.

On observe la même chose dans les productions
de l'esprit. Pourquoi dit-on de la solution d'un
grand problême en géométrie, d'une grande découverte en physique, d'une invention nouvelle et surprenante en mécanique : « Cela est beau ? » c'est que
cela suppose un haut degré d'intelligence et une
force prodigieuse dans l'entendement et la réflexion.

On dit dans le même sens, d'un système de législation sagement et puissamment conçu, d'un morceau d'histoire ou de morale profondément pensé
et fortement écrit : « Cela est beau. »

On le dit d'un chef-d'œuvre de combinaison, d'a-
nalyse, des grands résultats du calcul ou de la méditation ; et on ne le dit que lorsqu'on est en état de
sentir l'effort qu'il en a dû coûter. Quoi de plus

simple et de moins admirable que l'alphabet aux yeux du vulgaire? Quoi de plus sec et de moins sublime, aux yeux d'un écolier, que la *Logique* d'Aristote? Quoi de moins étonnant que la roue, le cabestan, la vis, aux yeux de l'ouvrier qui les fabrique, ou du manœuvre qui s'en sert? Et quoi de plus beau que ces inventions de l'esprit humain, aux yeux du philosophe qui mesure le degré de force et d'intelligence qu'elles supposent dans leurs inventeurs? J'ai vu un célèbre mécanicien en admiration devant le rouet à filer.

Ici se présente naturellement la raison de ce qu'on peut voir tous les jours : que les deux classes d'hommes les plus éloignées, le peuple et les savants, sont celles qui éprouvent le plus souvent et le plus vivement l'émotion du beau : le peuple, parce qu'il admire comme autant de prodiges les effets dont les causes et les moyens lui semblent incompréhensibles; les savants, parce qu'ils sont en état d'apprécier et de sentir l'excellence et des causes et des moyens; au lieu que, pour les hommes superficiellement instruits, les effets ne sont pas assez surprenants, ni les causes assez approfondies. Ainsi, le *nil admirari* d'Horace, appliqué aux évènements de la vie, peut être la devise d'un philosophe; mais à l'égard des productions de la nature et du génie, ce ne peut être que la devise d'un sot, ou de l'homme superficiel, frivole et suffisant, qu'on appelle un fat.

Dans l'éloquence et la poésie, la richesse et la magnificence du génie ont leur tour : l'affluence des sentiments, des images et des pensées, les grands développements des idées qu'un esprit lumineux anime et fait éclore, la langue même, devenue plus abondante et plus féconde pour exprimer de nouveaux rapports, ou pour donner plus d'énergie ou de chaleur aux mouvements de l'âme, tout cela, dis-je, nous étonne; et le ravissement où nous sommes n'est que le sentiment du beau.

Il en est de même des objets sensibles; et si, dans la nature, nous examinons quel est le caractère universel de la beauté, nous trouverons partout la force, la richesse, ou l'intelligence : nous trouverons dans les animaux les trois caractères de beauté quelquefois réunis, et souvent partagés ou subordonnés l'un à l'autre. Dans la beauté de l'aigle, du taureau, du lion, c'est la force de la nature; dans la beauté du paon, c'est la richesse; dans la beauté de l'homme, c'est l'intelligence qui paraît dominer.

On sait ce que j'entends ici par l'intelligence de la nature : je parle de ses procédés, de leur accord avec ses vues, du choix des moyens qu'elle a pris pour arriver à ses fins. Or, quelle a été l'intention de la nature à l'égard de l'espèce humaine? elle a voulu que l'homme fût propre à travailler et à combattre, à nourrir et à protéger sa timide compagne et ses faibles enfants. Tout ce qui, dans la taille et dans les traits de l'homme, annoncera l'agilité, l'adresse, la vigueur, le courage; des membres souples et nerveux, des articulations marquées, des formes qui portent l'empreinte d'une résistance ferme, ou d'une action libre et prompte; une stature dont l'élégance et la hauteur n'ait rien de frêle, dont la solidité robuste n'ait rien de lourd ni de massif; une telle correspondance des parties l'une avec l'autre, une symétrie, un accord, un équilibre si parfaits que le jeu mécanique en soit facile et sûr; des traits où la fierté, l'assurance, l'audace, et (pour une autre cause) la bonté, la tendresse, la sensibilité, soient peintes; des yeux où brille une âme à la fois douce et forte, une bouche qui semble disposée à sourire à la nature et à l'amour; tout cela, dis-je, composera le caractère de la beauté mâle; et dire d'un homme qu'il est beau, c'est dire que la nature, en le formant, a bien su ce qu'elle faisait, et a bien fait ce qu'elle a voulu.

La destination de la femme a été de plaire à l'homme, de l'adoucir, de le fixer auprès d'elle et de ses enfants. Je dis de le fixer, car la fidélité est d'institution naturelle : jamais une union fortuite et passagère n'aurait perpétué l'espèce : la mère, allaitant son enfant, ne peut vaquer, dans l'état de nature, ni à se nourir elle-même, ni à leur défense commune; et tant que l'enfant a besoin de la mère, l'épouse a besoin de l'époux. Or l'instinct, qui dans l'homme est faible et peu durable, ne l'aurait pas seul retenu; il fallait à l'homme sauvage et vagabond d'autres liens que ceux du sang : l'amour seul a rempli le vœu de la nature; et le remède à l'inconstance a été le charme attirant et dominant de la beauté.

Si l'on veut donc savoir quel est le caractère de la beauté de la femme, on n'a qu'à réfléchir à sa destination. La nature l'a faite pour être épouse et mère, pour le repos et le plaisir, pour adoucir les mœurs de l'homme, pour l'intéresser, l'attendrir : tout doit donc annoncer en elle la douceur d'un aimable empire. Deux attraits puissants de l'amour sont le désir et la pudeur : le caractère de sa beauté sera donc sensible et modeste. L'homme veut attacher du prix à sa victoire : il veut trouver dans sa compagne son amante et non son esclave; et plus il verra de noblesse dans celle qui lui obéit, plus vivement il jouira de la gloire de commander : la beauté de la femme doit donc être mêlée de modestie et de fierté. Mais une faiblesse intéressante attache l'homme, en lui faisant sentir qu'on a besoin de son appui : la beauté de la femme doit donc être craintive; et pour la rendre plus touchante, le sentiment en sera l'âme, il se peindra dans ses regards, il respirera sur ses lèvres, il attendrira tous ses traits : l'homme qui veut tout devoir au penchant, jouira de ses préférences, et dans la faiblesse qui cède, il ne verra que l'amour qui consent. Mais le soupçon de l'artifice détruirait tout : l'air de candeur, d'ingénuité, d'innocence, ces graces simples et naïves qui se font voir en se cachant, ces secrets du penchant, retenus et trahis par la tendresse du sourire, par l'éclair échappé d'un timide regard, mille nuances fugitives dans l'expression des yeux et des traits du visage, sont l'éloquence de la beauté : dès qu'elle est froide, elle est muette.

Le grand ascendant de la femme sur le cœur de l'homme lui vient de la secrète intelligence qu'elle se ménage avec lui et en lui-même, à son insu : ce discernement délicat, cette pénétration vive doit donc aussi se peindre dans les traits d'une belle femme, et sur-tout dans ce coup d'œil fin qui va jusqu'aux replis du cœur démêler un soupçon de froideur, de tristesse, y ranimer la joie, y rallumer l'amour.

Enfin, pour captiver le cœur qu'on a touché et le sauver de l'inconstance, il faut le sauver de l'ennui, donner sans cesse à l'habitude les attraits de la nouveauté, et tous les jours la même aux yeux de son amant, lui sembler tous les jours nouvelle. C'est là le prodige qu'opère cette vivacité mobile qui donne à la beauté tant de vie et d'éclat. Docile à tous les mouvements de l'imagination, de l'esprit et de l'âme, la beauté doit, comme un miroir, tout peindre, mais tout embellir.

Pour analyser tous les traits de ce prodige de la nature, il faudrait n'avoir que cet objet, et il le mériterait bien. Mais j'en ai dit assez pour faire voir que l'intelligence et la sagesse de la première cause ne se manifestent jamais avec plus d'éclat qu'en formant cet objet divin.

Je sais bien qu'on peut m'opposer la variété infinie des sentiments sur la beauté humaine; et j'avoue en effet que la vanité, l'opinion, le caprice national ou personnel, ont trop influé sur les goûts, pour qu'il nous soit possible, en les analysant, de les réduire à l'unité. Laissons là ce qui nous est propre; et, pour juger plus sainement, cherchons les principes du beau dans ce qui nous est étranger.

Sur quelque espèce d'être que nous jetions les yeux, nous trouverons d'abord que presque rien n'est beau que ce qui est grand, parce qu'à nos yeux la nature ne paraît déployer ses forces, que dans ses grands phénomènes. Nous trouverons pourtant que de petits objets, dans lesquels nous apercevons une magnificence ou une industrie merveilleuse, ne laissent pas de donner l'idée d'une cause étonnamment intelligente et prodigue de ses trésors. Ainsi, comme pour amasser les eaux d'un fleuve et les répandre, pour jeter dans les airs les rameaux d'un grand chêne, pour entasser de hautes montagnes chargées de glaces ou de forêts, pour déchaîner les vents, pour soulever les mers, il a fallu des forces étonnantes; de même, pour avoir peint de couleurs si vives, de nuances si délicates, la feuille d'une fleur, l'aile d'un papillon, il a fallu avoir à prodiguer des richesses inépuisables; et de l'admiration que nous cause cette profusion de trésors, naît le sentiment de beauté dont nous saisit la vue d'une rose ou d'un papillon.

Nous trouverons que ceux des phénomènes de la nature auxquels l'intelligence, c'est-à-dire l'esprit d'ordre, de convenance et de régularité, semble avoir le moins présidé, comme un volcan, une tempête, ne laissent pas d'exciter en nous le sentiment du beau, par cela seul qu'ils annoncent de grandes forces; et, au contraire, que l'intelligence étant celle des facultés de la nature qui nous étonne le moins, peut-être à cause que l'habitude nous l'a rendue trop familière, il faut qu'elle soit très sensible et dans un degré surprenant pour exciter en nous le sentiment du beau. Ainsi, quoique l'intention, le dessein, l'industrie de la nature soient les mêmes dans un reptile et dans un roseau, que dans un lion et dans un chêne, nous disons du lion et du chêne : « Cela est beau ! » mouvement que n'excite en nous ni le roseau ni le reptile. Cela est si vrai, que les mêmes objets qui semblent vils lorsqu'on n'y aperçoit pas ce qui annonce dans leur cause une merveilleuse industrie, deviennent précieux et beaux dès que ces qualités nous frappent; ainsi, en voyant au microscope l'œil ou l'aile d'une mouche, nous nous écrions : « Cela est « beau ! »

Enfin, dans la beauté par excellence, dans le spectacle de l'univers, nous trouverons réunis au suprême degré les trois objets de notre admiration : la force, la richesse et l'intelligence; et de l'idée d'une cause infiniment puissante, sage et féconde, naîtra le sentiment du beau dans toute sa sublimité.

Le principe du beau naturel une fois reconnu, il est aisé de voir en quoi consiste la beauté artificielle; il est aisé de voir qu'elle tient, 1º à l'opinion que l'art nous donne de l'ouvrier et de lui-même, quand il n'est pas imitatif; 2º à l'opinion que l'art nous donne, et de lui-même, et de l'artiste, et de la nature, son modèle, quand il s'exerce à l'imiter.

Examinons d'abord d'où résulte le sentiment du beau dans un art qui n'imite point, par exemple, l'architecture. L'unité, la variété, l'ordonnance, la symétrie, les proportions, et l'accord des parties d'un édifice en feront un tout régulier; mais sans la grandeur, la richesse ou l'intelligence portées à un degré qui nous étonne, cet édifice sera-t-il beau? et sa simplicité produira-t-elle en nous l'admiration que nous cause la vue d'un beau temple ou d'un magnifique palais ?

Au contraire, qu'on nous présente un édifice moins régulier, tel que le Panthéon, ou le Louvre; l'air de grandeur et d'opulence, un ensemble majestueux, un dessin vaste, une exécution à laquelle a dû présider une intelligence puissante, l'homme agrandi dans son ouvrage, l'art rassemblant toutes ses forces pour lutter contre la nature, et surmontant tous les obstacles qu'elle opposait à ses efforts; les prodiges des mécaniques étalés à nos yeux dans la coupe des pierres, dans l'élévation des colonnes et des corniches, dans la suspension de ces voûtes, dans l'équilibre de ces masses dont le poids nous effraie et dont la hauteur nous étonne; ce grand spectacle enfin nous frappe : nous nous écrions : « Cela est beau! » La réflexion vient ensuite: elle examine les détails, elle éclaire le sentiment, mais elle ne le détruit pas. Nous convenons des défauts qu'elle observe ; nous avouons que la façade du Panthéon manque de symétrie, que les différents corps du Louvre manquent d'ensemble et d'unité. Plus régulier, cela serait plus beau sans doute. Mais qu'est-ce que cela signifie ? que notre admiration, déjà excitée par la force de l'art et sa magnificence, serait à son comble si l'intelligence y régnait au même degré.

Je ne dis pas qu'un édifice, où les forces de l'art et ses richesses seraient prodigués, fût beau, s'il était monstrueux ou bizarrement composé. L'intelligence y peut manquer au point que le sentiment de beauté soit détruit par l'effet choquant du désordre : car il n'en est pas ici de l'art comme de la nature. Nous supposons à celle-ci des intentions mystérieuses : accoutumés à ne pas pénétrer la profondeur de ses desseins, lors même qu'elle nous paraît aveugle ou folle, nous la supposons éclairée et sage; et pourvu que, dans ses caprices et dans ses écarts, elle soit riche et forte, nous la trouverons belle; au lieu qu'en interrogeant l'art, nous lui demanderons pourquoi, à quel usage il a prodigué ses richesses ou épuisé ses efforts. Mais en cela même nous sommes peu sévères; et pourvu qu'à l'impression de grandeur se joigne l'apparence de l'ordre, c'en est assez : la force et la richesse sont, du côté de l'art, les premières sources du beau.

Du reste, il ne faut pas confondre l'idée de force avec celle d'effort; rien au monde n'est plus contraire. Moins il paraît d'effort, plus on croit voir de force; et c'est pourquoi la légèreté, la grace, l'élégance, l'air de facilité, d'aisance dans les grandes choses, sont autant de traits de beauté.

Il ne faut pas non plus confondre une vaine ostentation avec une sage magnificence : celle-ci donne à chaque chose la richesse qui lui convient; celle-là s'empresse à montrer tout le peu qu'elle a de richesses, sans discernement ni réserve, et, dans sa prodigalité, décèle son épuisement.

Ces colifichets dont l'architecture gothique est chargée ressemblent aux colliers et aux bracelets qu'un mauvais peintre avait mis aux Graces. Ce n'est point-là de la richesse, c'est de l'indigente vanité. Ce qui est riche en architecture, c'est le mélange harmonieux des formes, des saillies et des contours; c'est une symétrie en grand, mêlée de variété; c'est cette belle touffe d'acanthe qui entoure le vase de Callimaque; c'est une frise où rampe une vigne abondante, ou qu'embrasse un faisceau de chêne ou de laurier. Ainsi l'air de simplicité et d'économie ajoute à l'idée de force et de richesse, parce qu'il en exclut l'idée d'effort et d'épuisement. Il donne encore aux ouvrages de l'art, comme aux effets de la nature, le caractère d'intelligence. Un amas d'ornements confus ne peut avoir de raison apparente; une variété bizarre, et sans rapport ni symétrie, comme dans l'arabesque ou dans le goût chinois, n'annonce aucun dessein.

L'intention d'un ouvrage, pour être sentie, doit être simple; et indépendamment de l'harmonie, qui plaît aux yeux comme à l'oreille, sans qu'on en sache la raison, une discordance sensible entre les parties d'un édifice annonce dans l'artiste du délire et non du génie. Ce que nous admirons dans un beau dessin, c'est cette imagination réglée et féconde qui conçoit un ensemble vaste, et le réduit à l'unité.

On voit par là rentrer dans l'idée du beau celle de régularité, d'ordre, de symétrie, d'unité, de proportion, de rapports, de convenance, d'harmonie; mais on voit aussi qu'elles ne sont relatives qu'à l'intelligence, qui n'est pas la seule ni la première cause de l'admiration que le beau nous fait éprouver.

Ce que j'ai dit de l'architecture doit s'appliquer à l'éloquence, à la musique, à tous les arts qui déploient de grandes forces et de prodigieux moyens. Qu'un orateur, par la puissance de la parole, bouleverse tous les esprits, remplisse tous les cœurs de la passion qui l'anime, entraîne tout un peuple, l'irrite, le soulève, l'arme et le désarme à son gré; voilà, dans le génie ou dans l'art, une force qui nous étonne, une industrie qui nous confond. Qu'un musicien, par le charme des sons, produise des effets semblables; l'empire que son art lui donne sur nos sens, nous paraît tenir du prodige; et de là cette admiration dont les Grecs étaient transportés aux chants d'Epiménide ou de Tyrtée, et que les beautés de leur art nous font éprouver quelquefois.

Si au contraire l'impression est trop faible, quoique très agréable, pour exciter en nous ce ravissement, ce transport, comme il arrive dans les morceaux d'un genre tempéré, nous donnons des éloges au talent de l'artiste et au doux prestige de l'art; mais ces éloges ne sont pas le cri d'admiration qu'excite en nous un trait sublime, un coup de force et de génie.

Passons aux arts d'imitation. Ceux-ci ont deux grandes idées à donner, au lieu d'une; celle de la nature imitée et celle du génie imitateur.

En sculpture, l'Apollon, l'Hercule, l'Antinoüs, le Gladiateur, la Vénus, la Diane antique; en peinture, les tableaux de Raphaël, du Corrège et du Guide réunissent les deux beautés. Il en est de même en poésie, quand la nature du côté du modèle, et l'imitation, du côté de l'art, portent le caractère de force, de richesse ou d'intelligence, au plus haut degré. On dit à la fois du modèle et de l'imitation : « Cela est beau ! » et l'étonnement se partage entre les prodiges de l'art et les prodiges de la nature.

On doit se rappeler ce que nous avons dit du beau moral : la force en fait le caractère. Ainsi, le crime même tient du caractère du beau, lorsqu'il suppose dans l'âme une vigueur, un courage, une audace, une profondeur, une élévation qui nous frappe d'étonnement et de terreur. C'est ainsi que le rôle de Cléopâtre dans *Rodogune*, et celui de Mahomet, sont beaux, considérés dans la nature, abstraction faite du génie du peintre et de la beauté du pinceau.

Une idée inséparable de celle du beau moral et physique, est celle de la liberté, parce que le premier usage que la nature fait de ses forces est de se rendre libre. Tout ce qui sent l'esclavage, même dans les choses inanimées, a je ne sais quoi de triste et de rampant qui l'obscurcit et le dégrade. La mode, l'opinion, l'habitude, ont beau vouloir altérer en nous ce sentiment inné, ce goût dominant de l'indépendance ; la nature à nos yeux n'a toute sa grandeur, toute sa majesté, qu'autant qu'elle est libre ou qu'elle semble l'être. Recueillez les voix sur la comparaison d'un parc magnifique et d'une belle forêt : l'un est la prison du luxe, de la mollesse et de l'ennui ; l'autre est l'asyle de la méditation vagabonde, de la haute contemplation et du sublime enthousiasme. En voyant les eaux captives baigner servilement les marbres de Versailles, et les eaux bondissantes de Vaucluse se précipiter à travers les rochers, on dit également : « Cela est beau ! » Mais on le dit des efforts de l'art, et on le sent des jeux de la nature : aussi l'art qui l'assujettit, fait-il l'impossible pour nous cacher les entraves qu'il lui donne ; et dans la nature livrée à elle-même, le peintre et le poète se gardent bien d'imiter les accidents où l'on peut soupçonner quelques traces de servitude.

L'excellence de l'art, dans le moral comme dans le physique, est de surpasser la nature, de mettre plus d'intelligence dans l'ordonnance de ses tableaux, plus de richesse dans les détails, plus de grandeur dans le dessin, plus d'énergie dans l'expression, plus de force dans les effets, enfin plus de beauté dans la fiction qu'il n'y en eut jamais dans la réalité. Le plus beau phénomène de la nature, c'est le combat des passions, parce qu'il développe les grands ressorts de l'âme, et qu'elle-même ne reconnaît toutes ses forces que dans ces violents orages qui s'élèvent au fond du cœur. Aussi la poésie en a-t-elle tiré ses peintures les plus sublimes : on voit même que, pour ajouter à la beauté physique, elle a tout animé, tout passionné dans ses tableaux ; et c'est à quoi le merveilleux a grandement contribué.

Voyez combien les accidents les plus terribles de la nature, les tempêtes, les volcans, la foudre, sont plus formidables encore dans les fictions des poëtes. Voyez la terreur que porte aux enfers un coup du trident de Neptune; l'effroi qu'inspire aux vents, déchaînés par Éole, la menace du dieu des mers; le trouble que Typhée, en soulevant l'Etna, vient de répandre chez les morts, et l'effroi qu'inspire la foudre dans la main redoutable de Jupiter tonnant du haut des cieux.

Quand le génie, au lieu d'agrandir la nature, l'enrichit de nouveaux détails, ces traits choisis et variés, ces couleurs brillantes et si bien assorties, ces tableaux frappants et divers font voir, en un moment et comme en un seul point, tant d'activité, d'abondance, de force et de fécondité dans la cause qui les produit, que la magnificence de ce grand spectacle nous jette dans l'étonnement : mais l'admiration se partage inégalement entre le peintre et le modèle, selon que l'impression du beau se réfléchit plus ou moins sur l'artiste ou sur son objet, et que le travail nous semble plus ou moins au-dessus ou au-dessous de la matière.

En imitant la belle nature, souvent l'art ne peut l'égaler; mais de la beauté du modèle et du mérite encore prodigieux d'en avoir approché, résulte en nous le sentiment du beau. Ainsi, lorsque le pinceau de Claude Lorrain ou de Vernet a dérobé au soleil sa lumière, qu'il a peint le vague de l'air, ou la fluidité de l'eau; lorsque, dans un tableau de Van-Huysum, nous croyons voir, sur le duvet des fleurs, rouler des perles de rosée, que l'ambre du raisin, l'incarnat de la rose y brille presque en sa fraîcheur ; nous jouissons avec délices et de la beauté de l'objet et du prestige de l'imitation.

La vérité de l'expression, quand elle est vive et qu'on suppose une grande difficulté à l'avoir saisie, fait dire encore de l'imitation qu'elle est belle, quoique le modèle ne soit pas beau. Mais si l'objet nous semble ou trop facile à peindre ou indigne d'être imité, le mépris, le dégoût s'en mêlent; le succès même du talent prodigué ne nous touche point : et tandis que le pinceau minutieux de Gérard Dow nous fait compter les poils du lièvre, sans nous causer aucune émotion, le crayon de Raphaël, en indiquant d'un trait une belle attitude, un grand caractère de tête, nous jette dans le ravissement.

Il en est de la poésie comme de la peinture : quel effet se promet un pénible écrivain qui pâlit à copier fidèlement une nature aussi froide que lui? Mais que le modèle soit digne des efforts de l'art, et que ces efforts soient heureux ; les deux beautés se réunissent, et l'admiration est au comble. L'ouvrage même peut être beau, sans que l'objet le soit, si l'intention est grande et le but important : c'est ce qui élève la comédie au rang des plus beaux poèmes, et ce qui mérite à l'apologue ce sentiment d'admiration que le beau seul obtient de nous.

Que Molière veuille arracher le masque à l'hypocrisie; qu'il veuille lancer sur le théâtre un censeur âpre et vigoureux des vices criants de son siècle; que La Fontaine, sous l'appât d'une poésie attrayante, veuille faire goûter aux hommes la sagesse et la vérité; et que l'un et l'autre aient choisi dans la nature les plus ingénieux moyens de produire ces grands effets, tout occupés du prodige de l'art et du mérite de l'artiste, nous nous écrions: « Cela est beau! » et notre admiration se mesure aux difficultés que l'artiste a dû vaincre, et à la force de génie qu'il a fallu pour les surmonter.

De là vient que, dans un poëme, des vers où l'énergie, la précision, l'élégance, le coloris et l'harmonie se réunissent sans effort, sont une beauté de plus, et une beauté d'autant plus frappante, qu'on sent mieux l'extrême difficulté de captiver ainsi la langue et de la plier à son gré.

De là vient aussi que, si l'art veut s'aider de moyens naturels pour faire son illusion et pour produire ses effets, il retranche de ses beautés, de son mérite et de sa gloire. Qu'un décorateur emploie réellement de l'eau pour imiter une cascade, l'art n'est plus rien : je vois la nature en petit et chétivement représentée; mais qu'avec un pinceau ou les plis d'une gaze on me représente la chute des eaux de Tivoli ou les cataractes du Nil, la distance prodigieuse du moyen à l'effet m'étonne et me transporte de plaisir.

Il en est de même de l'éloquence. Il y a de l'adresse, sans doute, à présenter à ses juges les enfants d'un homme accusé pour lequel on demande grace, ou à dévoiler à leurs yeux les charmes d'une belle femme qu'ils allaient condamner, et qu'on veut faire absoudre; mais cet art est celui d'un adroit corrupteur, ou d'un solliciteur habile; ce n'est point l'art d'un orateur. Les dernières paroles de César, répétées au peuple romain, sont un trait d'éloquence de la plus rare beauté ; sa robe ensanglantée, déployée sur la tribune, n'est rien qu'un heureux artifice. A ne comparer que les effets, un charlatan l'emportera sur l'orateur le plus éloquent; mais le premier emploie des moyens matériels, et c'est par les sens qu'il nous frappe; le second n'emploie que la puissance du sentiment et de la raison, c'est l'âme et l'esprit qu'il entraîne; et si on ne dit jamais du charlatan qu'il fait de belles choses, quoiqu'il opère de grands effets, c'est que ses moyens trop faciles n'annoncent, du côté de l'art et du génie, aucun des caractères qui distinguent le beau; tandis que les moyens de l'orateur, réduits au charme de la parole, annoncent la force et le pouvoir d'une âme qui maîtrise toutes les âmes par l'ascendant de la pensée, ascendant merveilleux, et l'un des phénomènes les plus frappants de la nature.

Le pathétique, ou l'expression de la souffrance, n'est pas une belle chose dans son modèle. La douleur d'Hécube, les frayeurs de Mérope, les tourments de Philoctète, les malheurs d'OEdipe ou d'Oreste n'ont rien de beau dans la réalité, et c'est peut-être ce qu'il y a de plus beau dans l'imitation : beauté d'effet, prodige de l'art, de se pénétrer avec tant de force des sentiments d'un malheureux, qu'en l'exposant aux yeux de l'imagination, on produise le même effet que s'il était présent lui-même, et que, par la force de l'illusion, on émeuve les cœurs, on arrache les larmes, on remplisse tous les esprits de compassion ou de terreur.

Ainsi, soit dans la nature, soit dans les arts, soit dans les effets qui résultent de l'alliance et de l'accord de l'art avec la nature, rien n'est beau que ce qui annonce, dans un degré qui nous étonne, la force, la richesse ou l'intelligence de l'une ou l'autre de ces deux causes, ou de toutes deux à la fois.

On peut dire qu'il y a du vague dans les caractères que nous donnons au beau. Mais il y a aussi du vague dans l'opinion qu'on y attache : l'idée en est souvent factice, et le sentiment relatif à l'habitude et au préjugé. Par exemple, la même couleur qui est riche et belle aux yeux d'une classe d'hommes, n'est pas telle aux yeux d'une autre classe, par la seule raison que la teinture en est commune et de vil prix. Pourquoi ne dit-on pas du lever du soleil, ou de son coucher, qu'il est beau quand le ciel est pur et serein, et pourquoi le dit-on lorsque sur l'horizon il se rencontre des nuages sur lesquels il semble répandre la pourpre et l'or? C'est que l'or et la pourpre sont dans nos mains des choses précieuses; qu'à leur richesse, nous avons attaché le sentiment du beau par excellence; et qu'en les voyant briller d'un éclat merveilleux sur les nuages que le soleil colore, nous les comparons à ce que l'industrie, le luxe et la magnificence offrent de plus riche à nos yeux. A des idées invariables, il faut des caractères fixes; mais à des idées changeantes, il faut des caractères susceptibles, comme elles, des variations de la mode et des caprices de l'imagination. Au reste, mon opinion sur le beau se trouve appuyée, en quelque sorte, de l'autorité de Cicéron.

« La nature, dit-il, a fait les choses de manière que,
« dans tout ce qui porte avec soi une très grande uti-
« lité, on reconnaît aussi un grand caractère de di-
« gnité ou de beauté : — Ut ea quæ maximam
« utilitatem in se continerent, eadem haberent plu-
« rimùm vel dignitatis, vel sæpè etiam venustatis. »
Et cet accord, il le remarque dans l'ordre de l'univers, dans la forme arrondie des cieux, dans la
stabilité de la terre, placée et suspendue au centre
des sphères célestes, dans les révolutions du soleil,
dans celle des planètes autour de notre globe, dans
la structure des animaux, dans l'organisation des
plantes, enfin dans les grands ouvrages de l'industrie
humaine, comme dans la construction d'un navire,
dans l'architecture d'un temple. « Dans ce temple,
« dit-il, la majesté a été la suite de l'utilité; et ces
« deux caractères se sont liés de sorte que, si l'on
« imagine un Capitole situé dans le ciel, au-dessus
« des nuages, il n'aura aucune majesté, à moins qu'il
« ne soit couronné de ce faîte qu'on n'inventa que
« pour l'écoulement des pluies : — Nam cùm esset
« habita ratio, quemadmodùm ex utrâque tecti parte
« aqua delaberetur, utilitatem templi fastigii digni-
« tas consecuta est : ut, etiamsi in cœlo Capitolium
« statueretur ubi imber esse non posset, nullam
« sine fastigio dignitatem habiturum esse videatur.
« (*De Orat.* I, 3.) »

Je ne m'engage point à vérifier, dans ses détails,
la pensée de ce grand homme; il me suffira d'observer
que ce qu'il appelle utilité dans les ouvrages de la
nature et dans les productions des arts, c'est ce que

j'appelle intelligence, c'est-à-dire sagesse d'intention et ordonnance de dessin*.

MARMONTEL, *Éléments de Littérature.*

BEAUMARCHAIS (PIERRE-AUGUSTE CARON DE), né à Paris, le 24 janvier 1732, mort subitement le 19 mai 1799. Caron de Beaumarchais a été un composé de singularités très remarquables, même dans ce siècle, où tant de choses ont été singulières. Né dans une condition privée, et n'en étant jamais sorti, il parvint à une grande fortune sans posséder aucune place; fit de grandes entreprises de commerce sans être, à Paris, autre chose qu'un homme du monde; eut au théâtre des succès sans exemple, avec des ouvrages qui ne sont pas même des premiers du second ordre; obtint la plus éclatante célébrité, et fit long-temps retentir l'Europe de son nom par trois procès qui, avec tout autre que lui, seraient demeurés aussi obscurs qu'ils étaient ridicules; se fit une réputation durable de talent, et de grand talent, par l'espèce d'écrits qu'on oublie le plus vite, des mémoires et des factums; fut long-temps diffamé comme un homme atroce et noir, sans avoir fait aucun mal, et réhabilité en

---

* Voltaire, qui ne reconnaît pas de beau absolu, mais seulement un beau relatif, prodigue, dans son article BEAU, d'une manière piquante mais un peu légère, les exemples des diversités du goût chez les différents peuples, chez les différentes conditions de la société, etc, et finit par renoncer à faire un traité du *Beau*.

On peut consulter sur ce sujet les ouvrages du père André, de Burke, de Kant, etc
H. P.

un moment dans l'opinion publique pour avoir été *déclaré infâme* dans les tribunaux. Cette existence, sans contredit fort extraordinaire, a tenu chez lui à une réunion de qualités qui ne l'étaient pas moins, et sur-tout à ce que son caractère et son esprit se rencontrèrent (jusqu'à la révolution) dans l'accord le plus parfait avec le temps où il a vécu et les circonstances où il s'est trouvé; car c'est là ce qui fait en tout genre les grands succès, qui ne sont point pour cela de hasard, quand ils ne seraient que du moment, puisqu'ils supposent toujours dans l'homme le mérite d'avoir bien jugé les rapports des choses avec ses moyens, et d'avoir vu d'un coup d'œil juste ce qu'il pouvait faire des autres et de lui. Ce mérite a manqué souvent à des hommes d'ailleurs fort au-dessus du vulgaire. Ce n'est pas non plus, comme on peut bien l'imaginer, celui qui classe un écrivain dans l'opinion : sa place est d'ordinaire, et en fort peu de temps, à peu près celle de ses écrits, même de son vivant, dans un siècle où le goût est formé. Mais je parle de ce qu'on appelle la fortune d'un homme, et de ce qui réellement est toujours son ouvrage; et dans Beaumarchais l'homme m'a toujours paru supérieur à l'écrivain, et digne d'une attention particulière. Je puis m'expliquer sur tout ce qui le concerne sans être soupçonné d'aucune partialité; quoique j'aie assez vécu dans sa société pour le bien connaître, je n'ai jamais été lié d'amitié avec lui. Jamais il ne m'a fait ni bien ni mal, et je ne dois à sa mémoire, comme au public, que la vérité.

Il était fils d'un horloger, comme J. J. Rousseau; et une naissance obscure et beaucoup de renommée, c'est tout ce qu'ils ont eu de commun. Le père de Beaumarchais était assez distingué dans son art pour en inspirer d'abord le goût à son fils, quoique celui-ci eût été assez bien élevé pour choisir à son gré d'autres études, et eût déjà montré assez d'esprit pour prétendre à d'autres succès. Ses premiers furent pourtant en horlogerie; et comme ce sont aussi les plus oubliés, je crois pouvoir rappeler qu'il perfectionna le mécanisme de la montre par une nouvelle espèce d'échappement, première preuve et premier essai de cette sagacité naturelle qui peut s'étendre à tout. L'invention était sans doute heureuse, puisqu'elle lui fut contestée par un horloger célèbre qui la réclamait. L'affaire fut portée devant ses juges naturels, les savants, puisque l'horlogerie n'est qu'une branche de la mécanique. Ils jugèrent en faveur du jeune Caron sur le vu des pièces; et peu de gens savent aujourd'hui que cet homme si fameux par ses procès gagna le premier de tous à l'Académie des sciences[*].

Un de ses goûts les plus vifs fut de bonne heure celui de la musique, et c'est d'ordinaire une recommandation dans le monde, et un moyen d'accès dans la bonne société, parce que c'en est un d'amusement. Il jouait de plusieurs instruments, et aimait sur-tout la harpe, qui commençait à être à la mode. Bientôt il fut à la mode lui-même, comme

---

[*] Sa famille a conservé la pièce en litige, où est gravé le jugement qui le déclare inventeur.

un amateur très agréable, et Mesdames de France furent curieuses de l'entendre. Elles s'occupaient alors de musique, et donnaient chez elles des concerts où assistait quelquefois le roi Louis XV, quoiqu'il aimât peu la musique. Beaumarchais, reçu chez les princesses comme pour les former à la guitare et à la harpe, quoiqu'il n'en eût jamais donné de leçons, était admis à leurs concerts, où il faisait sa partie; et si l'on songe que, n'étant point musicien de profession, il n'avait aucun autre titre pour être à la cour de Mesdames que la bienveillance dont elles l'honoraient, on comprendra sans peine que cette faveur pouvait faire naître plus d'une sorte de jalousie. Il avait pour lui des avantages naturels et acquis : c'étaient des titres pour obtenir la protection, mais aussi pour faire ombrage à ceux qui la cherchent; et l'on ne vient pas de si loin à la cour, seulement avec des moyens de plaire, sans déplaire beaucoup à ceux qui n'y tiennent que leur place ou leur rang. Beaumarchais, près de Mesdames, n'était plus le fils d'un horloger : il était et voulait être un homme de société qui se fait valoir par son esprit et par des talents aimables, par son goût délicat dans les arts d'agrément; ce qui le mettait à portée de se charger en ce genre de toutes les commissions et acquisitions que les princesses voulaient bien lui confier, et qui étaient souvent accompagnées de présents. Tant de marques de confiance et de bonté devaient nécessairement faire des jaloux. La modestie la plus vraie ou la plus adroite n'y aurait pas échappé. Mais la modestie n'est guère une vertu de jeune homme; ce serait la plus charmante de toutes à cet âge; c'est la plus rare, parce qu'il faut valoir plus pour se croire moins. Beaumarchais ne se piquait point du tout d'être modeste, et il avoue quelque part * qu'on a pu le trouver un peu *avantageux*, aveu qui prouve qu'il l'était déjà moins. Il paraît qu'il le fut long-temps de façon à rendre sa supériorité impardonnable, si ce n'est à ceux qui pouvaient ne pas la craindre, et c'est toujours trop peu pour faire nombre. Quand je l'ai connu, la maturité et de longues épreuves avaient corrigé en lui tout ce qu'elles peuvent corriger dans l'homme, les formes extérieures, et c'est assez pour le monde. Toujours bouillant d'activité et d'ambition dans son cabinet, où étaient tous les ressorts de l'une et de l'autre, la société, où il avait porté d'abord toutes les prétentions de la jeunesse et de l'esprit, n'était plus pour lui qu'un délassement nécessaire, et d'autant plus prochain qu'il ne le cherchait plus que chez lui. Entouré d'une famille dont il méritait d'être aimé, et de quelques amis qu'il aimait comme sa famille; loin du commerce des femmes, qui est le centre de toutes les rivalités et de toutes les dissensions, il goûtait la paix et les joies domestiques presque toujours avec les mêmes gens; et dans ce cercle, où

---

* « Quand j'aurais été un fat, s'ensuit-il que je sois un ogre ? » Cette expression familière est ici d'un choix très heureux : un autre aurait dit *un monstre*. Il y a bien plus de finesse à renvoyer d'un seul mot aux contes de *Barbe-Bleue* ceux qui accusaient l'auteur d'avoir *mangé trois femmes*, quoiqu'il n'en eût encore eu que deux, et que la troisième pleure aujourd'hui son mari.

il se reposait, ce Beaumarchais, si bruyant au loin, n'était plus, dans toute la force du terme, qu'un bon homme. Je n'ai vu personne alors qui parût être mieux avec les autres et avec lui-même. Il est vrai qu'il avait pris sa place, et que sa fortune était faite ; mais il ne fut jamais un moment sans combattre d'une manière ou d'une autre ; et cette égalité d'humeur, que je n'ai vue jamais se démentir un moment, était à coup sûr dans son caractère.

Dans ses commencements où nous le suivons, le crédit très marqué dont il jouissait auprès de Mesdames, la disproportion de ce qu'il était né à ce qu'il était devenu, sa fierté naturelle qui en était augmentée, et qui repoussait toujours à propos* les désagréments qu'on cherchait à lui susciter ; enfin, pour dire tout, une légèreté dans le ton et les manières, qui allait quelquefois jusqu'à l'indiscrétion et ne dissimulait pas le mépris, tout cela ensemble forma bientôt contre lui un foyer de haines secrètes et furieuses, qui n'allaient à rien moins qu'à le perdre entièrement, s'il n'eût pas été armé comme personne ne croyait qu'il pût l'être, car toutes ses armes étaient en lui et à lui seul. Les armes

* Je puis en citer un exemple dont on a beaucoup parlé. Un homme de la cour, le voyant passer avec un très bel habit dans la galerie de Versailles, s'approche de lui : « Ah! M. de Beaumarchais, je vous rencontre à propos : « ma montre s'est dérangée ; faites-moi le plaisir d'y donner un coup d'œil. « — Volontiers, Monsieur, mais je vous préviens que j'ai toujours eu la « main extrêmement maladroite. » On insiste : il prend la montre et la laisse tomber. « Ah! Monsieur, que je vous demande d'excuses ! mais je vous l'avais « bien dit ; et c'est vous qui l'avez voulu. » Et il s'éloigne, laissant fort déconcerté celui qui avait cru l'humilier.

de ses ennemis furent d'abord celles qui sont à tout le monde, et qui n'en sont pas moins dangereuses pour être si faciles et si communes, les rumeurs sourdes et calomnieuses, les mensonges sans nom d'auteur, dits à l'oreille, et qui ont tant d'échos; des imputations que leur absurdité et leur atrocité même propageaient davantage dans un monde de curieux et d'oisifs, qui semble se presser de tout croire pour encourager à tout dire. Je n'ai pas oublié combien de fois dans ce monde-là j'ai entendu répéter à bien des gens qui ne se croyaient pas du tout méchants, qu'un « M. de Beaumarchais, dont « on parlait beaucoup, s'était enrichi en se défaisant « successivement de deux femmes qui l'avaient « avantagé. » Il y a de quoi frémir, si l'on fait réflexion que c'est pourtant là ce qu'on appelle tout uniment de la médisance (c'est-à-dire ce qu'on regarde à peine comme une faute), et qu'il n'y avait pas même le plus léger prétexte à une aussi horrible diffamation. Il avait en effet épousé en peu d'années deux femmes qui avaient de la fortune, ce qui est assurément très permis à un jeune homme qui n'en a pas. Il n'eut rien de l'une, quoiqu'elle lui eût donné beaucoup, parce que la première chose qu'il oublia fut de faire insinuer le contrat; et cet oubli seul, incompatible avec un crime qu'il rendrait inutile, suffit pour en repousser tout soupçon. Il hérita de l'autre, qui était très aimable, qu'il adorait, et qui lui laissait un fils qu'il perdit peu de temps après. Je ne sais pourquoi on n'a jamais dit qu'il avait aussi *empoisonné* ce fils; car il fallait encore ce crime pour avoir toute la succession : la calomnie ne pense pas toujours à tout. Il est évident que, quand même il n'eût pas aimé sa femme, il suffisait qu'il en eût un fils pour être intéressé à ce que la mère vécût long-temps ; et ce qui était encore plus décisif et rendait le crime plus absurde, c'est que la fortune de cette femme était en grande partie viagère, et que son mari, qu'elle aimait beaucoup, avait tout à gagner à ce qu'elle vécût. Elle l'avait mis dans une aisance qui tenait à elle seule, et tous ses dons étaient ceux de sa tendresse pour un mari qui la payait de retour en la rendant heureuse. Ce sont des faits publics et dont je suis sûr ; mais la haine n'y regarde pas de si près ; elle sait que les autres n'y regardent guère davantage. Où en sommes-nous, bon Dieu ! si l'on ne peut pas avoir le malheur d'hériter de sa femme et de son fils sans avoir *empoisonné* au moins l'un des deux, dès qu'on a aussi le malheur d'avoir des envieux et des ennemis ? Cette imposture méprisable fut pourtant accréditée, sur-tout par le moyen si malheureusement facile et familier de ces répertoires de mensonges, autorisés en quelques pays, et répandus dans tous les autres, magasins de mal ouverts à tout le monde, et où le plus obscur et le plus vil calomniateur peut faire imprimer un crime pour un écu, peut-être même pour rien, et pour l'amusement des lecteurs. J'ai regardé comme un devoir, dans un ouvrage consacré à la vérité et à la justice, de rejeter dans leur néant ces inventions de la méchanceté humaine, trop fréquentes et trop impunies. Je me rappelle bien de n'y avoir jamais cru ; mais quand je vis l'homme, au bout de quelques années, je disais comme Voltaire quand il lut ses Mémoires : « Ce Beaumarchais n'est point un « empoisonneur, il est trop drôle ; » et j'ajoutai ce que Voltaire ne pouvait savoir comme moi : *Il est trop bon*, il est trop sensible, trop ouvert, trop bienfaisant pour faire une action méchante, quoiqu'il sache fort bien écrire des malices très gaies contre ceux qui lui en font de très noires.

Il n'en fut pas moins obligé (quelle honte ! non pas pour lui) de réfuter authentiquement ces infamies dans un de ses écrits juridiques * dont je parlerai tout à l'heure avec autant de détails qu'ils le méritent, c'est-à-dire avec une critique qu'on n'a jamais appliquée à ces sortes d'écrits, et qui est déjà un premier éloge.

Toutes ces manœuvres d'une inimitié envenimée préparaient l'orage qui n'éclata qu'en 1770, pour la succession de Pâris Duverney, dont il se trouva créancier pour la modique somme de 15,000 francs, mais de manière que l'arrêté de compte signé entre eux compromettait sa fortune pour environ 50,000 écus, si l'acte était anéanti. Sa liaison très intime avec ce respectable citoyen, dont il suffit de dire, même aujourd'hui, qu'il fut le fondateur de l'École-Militaire, était le fruit de la recommandation des filles de Louis XV, et même

---

* Il va jusqu'à citer en témoignage trois médecins célèbres qui avaient soigné sa femme, et suivi long-temps les progrès d'une maladie de poitrine parfaitement caractérisée.

du dauphin son fils et de la dauphine, dont il avait eu l'honneur d'être connu chez Mesdames. Le dauphin particulièrement, qui aimait à s'instruire, n'avait pas manqué l'occasion d'entretenir un homme d'esprit; il avait goûté Beaumarchais, *parce qu'il lui disait la vérité* : c'est le témoignage que lui rendit ce prince, et une raison de plus pour que Beaumarchais ait été dénigré. Toutes ces augustes protections s'étaient réunies pour l'attacher à un homme aussi considérable que l'était Duverney, à qui l'on fit promettre « *de faire la fortune de ce jeune* « *homme,* » encore assez peu avancée, comme on le voit, par un mariage qui ne lui avait laissé que quelque aisance et des affaires embarrassées. Duverney se chargea d'autant plus volontiers de ce qu'on lui demandait, qu'il était déjà redevable au jeune protégé d'un bienfait signalé, qui lui paraissait l'honneur de sa vieillesse et la récompense de sa vie. La nature de ce service, si honorable pour tous deux, explique et atteste ce que j'ai dit de Beaumarchais, qu'il savait très judicieusement accorder ses vues et ses moyens avec les circonstances et les personnes. Duverney avait souhaité passionnément, mais en vain pendant neuf années, que le roi daignât visiter l'École-Militaire ; et l'on imagine sans peine, si l'on se reporte à ce temps-là, quelle noble espèce d'intérêt et d'ambition ce vieillard, comblé d'ailleurs de tous les biens, pouvait mettre à ce que le monarque l'honorât d'une visite, et à ce que ses élèves vissent leur bienfaiteur recevoir chez eux le souverain. Beaumarchais sut plaider cette cause auprès de Mesdames, et obtint de leur bienveillance pour lui qu'elles donnassent à leur père un exemple qu'il ne pouvait guère manquer de suivre; car souvent les hommes puissants, et sur-tout les rois, n'ont besoin, pour faire le bien, que d'être avertis. En effet, la visite des princesses fut aussitôt suivie de celle du roi, qui vint prendre à l'École-Militaire une collation magnifique, et fit verser au vieux Duverney les plus douces larmes qu'il eût répandues de sa vie, et où se mêlèrent celles de toute cette jeunesse dont il était le père. C'était alors, et ce devait être un évènement qu'une pareille visite; et si la guitare et la harpe avaient pu introduire chez Mesdames tout autre que Beaumarchais, on ne peut pas dire de même que tout autre se fût servi de son ascendant pour en faire un usage si bien entendu.

Cette fortune qu'il voulait faire, et que Duverney voulait lui procurer, n'avait pu cependant s'établir : la prudence humaine, si souvent trompée dans ses calculs, le fut encore ici. Duverney, vers la fin de sa vie, perdit à peu près son crédit sans perdre sa considération. Il ne laissa pas de faire pour son protégé, devenu son ami, tout ce qu'il pouvait encore. Il lui avança 500,000 francs pour acheter une charge qui ne put être obtenue, le fit entrer dans une entreprise de bois qui ne put être suivie. Beaumarchais ne retira de tant de bonne volonté qu'environ 100,000 francs, d'un intérêt dans les vivres, un capital de 60,000 francs placés en viager sur Duverney lui-même, et une charge de secrétaire du roi, qu'il fut obligé de revendre pour faire face à d'autres arrangements. Mais il recueillit de cette liaison des avantages précieux, et qui depuis le conduisirent à son but, manqué cette fois. Auprès d'un maître tel que Duverney, il se reconnut le génie des affaires avant que personne l'en soupçonnât. Dépositaire de toute la confiance du vieillard, chargé du maniement de ses fonds, il apprit la science du grand commerce, et s'y attacha, comme à tout ce qu'il faisait, avec toute la vivacité d'une tête ardente, entreprenante et infatigable. On était bien loin de se douter que Beaumarchais, tel qu'il paraissait encore, homme de plaisir et de société, chansonnier tout au plus passable, et *coupletier* graveleux, auteur de deux drames fort médiocres, *Eugénie*, et *les Deux Amis*, fût déjà capable des travaux les plus sérieux, des entreprises les plus compliquées, possédât supérieurement l'esprit de calcul et de négoce, fût en état de s'ouvrir le cabinet des ministres sans autre intrigue que la persuasion, et prît enfin sur lui d'approvisionner les Américains insurgents, précisément dans le même temps où il faisait *les Noces de Figaro*.

L'historique de ses procès serait superflu : on s'en souvient jusqu'aujourd'hui, et l'on ne peut rien ajouter à l'idée qu'en donnent ses *Mémoires*, qui sont de nature à être relus dans tous les temps. Mais je cherche dans ces querelles l'homme qu'elles produisent au grand jour, et, par occasion, les hommes et les choses de ce temps-là. Trois procès occupèrent une partie de sa vie : le procès contre le légataire universel de Duverney; le procès Goezmann, qui n'en était qu'un incident, mais plus sérieux que le capital; et enfin le procès Kornmann. Il finit par les gagner tous trois, aussi complètement qu'il est possible; mais il avait commencé par perdre les deux premiers. Tous trois furent suscités par la haine, beaucoup plus que par un intérêt litigieux, et tous trois fixèrent les regards de la France et de l'Europe. Ils mettaient en spectacle celui que l'on mettait en cause; et si le fond de chaque affaire était assez léger, toutes devenaient importantes par le concours des circonstances qui s'y mêlaient. L'animosité personnelle en avait fait des combats à mort; car ils allaient à faire perdre à l'accusé l'existence morale et civile; et comme on n'avait pas encore *déshonoré l'honneur**, la perte de l'honneur pouvait alors entraîner celle de la vie. Les défenses de l'accusé l'agrandissaient en talent et en courage, au point de faire de sa cause celle de ses lecteurs; et l'opinion publique rattachait cette cause à des intérêts publics, lors des évènements de 1771, qui la portèrent devant des juges que la nation ne reconnaissait pas pour les siens. Jamais peut-être la querelle d'un particulier n'avait eu de telles conséquences; et c'est ce qui donna enfin, singulièrement dans le procès Goezmann, un mouvement à tous les esprits, tel qu'on ne peut s'en faire une idée, à moins de l'avoir vu.

* Expression à jamais mémorable, prononcée dans une assemblée de législateurs, si souvent répétée dans le sens de la révolution, et qui sera rappelée, jusqu'à la fin du monde, dans le sens de la raison.

Il semblait que, dans toute cette affaire qui dura quatre ans, et qui certainement aura sa page dans l'histoire, tout, à partir de son origine, dût sortir de l'ordre commun. Il n'était nullement naturel que, pour une somme de 15,000 francs, un jeune homme, un homme de qualité, légataire de plus d'un million, s'acharnât à un long procès dont l'ennui seul devait dégoûter, quand même il eût été meilleur, dont les fatigues devaient rebuter, et dont enfin on pouvait craindre la défaveur, et même le ridicule. Mais il se trouva que cet homme « haïssait ce Beaumar-« chais comme un amant aime sa maîtresse : » c'étaient ses expressions, qui n'ont point été désavouées. Il avait *juré de perdre*, ou tout au moins de *ruiner ce Beaumarchais*, parce qu'il ne croyait pas très difficile de faire passer pour un fripon celui qui passait déjà pour *un monstre;* et tels sont donc les effets de la calomnie! Il disait tout haut « qu'il y « mangerait 100,000 écus, s'il le fallait: » et les passions sont-elles assez folles! Il avait pour lui tous les moyens du crédit, et Beaumarchais avait perdu les siens. Ses premiers protecteurs n'étaient plus; il avait quitté le service des princesses depuis un assez long voyage qu'il fit en Espagne, et qui est le plus bel épisode de ses *Mémoires*. Il fuyait les tracasseries de Versailles, et Paris le rappelait aux affaires. Bien des choses avaient changé en peu d'années; et Mesdames, en attestant son *honnêteté* et leur satisfaction de sa conduite, avaient cru devoir déclarer qu'elles ne prenaient aucun intérêt à son procès, d'abord parce que cela était juste en soi, et qu'une si haute protection doit s'éloigner elle-même des tribunaux, et peut-être aussi parce que Beaumarchais en avait parlé mal à propos. On envenima ses paroles sans doute, mais elles étaient alors déplacées. Il perdit donc son procès au *parlement Maupeou*, comme on l'appelait; l'arrêté de compte fut regardé, sinon comme faux, au moins comme insignifiant; et tous les biens de Beaumarchais furent saisis pour des sommes que répétait sur la succession son adversaire triomphant. Pendant qu'il plaidait en justice réglée, le gouvernement l'avait fait mettre en prison pour une autre querelle avec un grand seigneur qui lui disputait une courtisane; et quoique Beaumarchais eût gardé dans cette rixe tout l'avantage du sang-froid sur l'extravagance, cela n'avait servi qu'à confirmer dans le public les idées déjà trop répandues sur une espèce d'audace qu'on prétendait aller jusqu'à l'insolence. Il s'était donc vu à la fois privé de sa liberté, dépouillé de ses biens, condamné comme fripon ou faussaire, décrié de toutes les manières possibles, et, un moment après, chargé d'une accusation criminelle pour *corruption de juges*, à propos de ces *fameux quinze louis* qui faillirent (qui le croirait!) le conduire jusqu'à être flétri par le bourreau[*], ce qui ne laissait plus de

---

[*] Tout le monde sait que le feu prince de Conti, qui s'intéressait à sa cause, comme faisait alors Paris et la France, lui dit, la veille du jugement, que, « si le bourreau mettait la main sur lui, il serait obligé de l'abandonner. » On craignait que le parlement, juge dans sa propre querelle, et irrité de la hardiesse des *Mémoires* de Beaumarchais, ne poussât la vengeance jusque-là; ses ennemis le publiaient d'avance de tous côtés. On sait aussi que sa réponse au prince fit entendre comment il saurait se dérober à l'infamie. Voyez ce qu'il en dit dans ses *Mémoires* pour la cassation de l'arrêt.

ressource, et, par la plus heureuse de toutes les injustices, ne lui attirèrent qu'une flétrissure juridique qui le sauva.

C'était le temps des épreuves ; elles furent longues, et, en le lisant, on juge si elles furent cruelles ; mais il y parut si brillant, même avant la victoire ; il rendit si beau son rôle d'opprimé sous la seule égide de l'opinion publique en un moment reconquise, que, lorsque ensuite, sous un nouveau règne et avec d'autres juges, il gagna presqu'en même temps ses deux causes, fut réintégré dans ses biens et réhabilité dans les tribunaux, ce triomphe facile et prévu n'était presque plus rien : c'est dans le combat et l'oppression qu'était toute la gloire.

Il la dut à sa vigueur de caractère, et cette vigueur à un bon jugement. Il mesura juste ce que pouvait sur le présent qu'on détestait, l'avenir qu'on attendait ; et ce qui ne parut que courage et force dans sa conduite et dans ses écrits, était aussi prudence et pénétration. A peine avait-on fait attention au procès des 15,000 francs, affaire d'argent et rien de plus : celle des 15 louis était tout autre chose. Un membre de la nouvelle magistrature dont la France ne voulait pas, était, dès le premier coup d'œil, gravement compromis ; et quoique d'abord accusateur auprès de sa compagnie, il la compromettait elle-même évidemment en l'exposant à juger bientôt en lui ce magistrat accusateur, en butte à des récriminations inexpugnables, qui le livraient, de moitié avec sa femme, à tous ces détails humiliants d'une vénalité sordide qu'on suppose et qu'on excuse même dans les agents subalternes de la justice, mais dont le seul soupçon ôterait à des magistrats la dignité qu'ils doivent avoir dans tout gouvernement sage. C'est ce qui arriva, ce qui devait arriver, et ce qui rentrait encore dans cet extraordinaire qui s'offre ici partout. Il ne fallait qu'avoir le sens commun pour rendre sur-le-champ les 15 louis, comme on en avait rendu 100 avec *la montre à brillants*, et tout était sur-le-champ étouffé. Il fallait avoir perdu l'esprit pour imaginer qu'un homme que l'on poursuivait criminellement ne voudrait pas ou ne pourrait pas se défendre avec la vérité, qui avait tant de témoins et d'indices. Mais la même méprise, et plus grossière cette fois, eut encore lieu. La prépondérance d'un magistrat dans son corps, le ressentiment des propos que tenait et pouvait tenir un plaideur maltraité, et sur-tout *la mauvaise réputation* de Beaumarchais, que cette dernière attaque devait achever sans peine ; en peu de mots, c'est tout le procès Goezmann ; et ce qui semble inexplicable par la raison, s'explique par l'amour-propre et les passions. Les dispositions du public et les *Mémoires* de Beaumarchais expliquent l'évènement.

Ces *Mémoires* sont d'un genre et d'un ton qui ne pouvaient avoir de modèle, car il n'y en avait pas d'exemple. S'il était quelquefois arrivé qu'un particulier écrivît lui-même ses défenses, ce qui était rare, à peine pouvait-on s'en apercevoir, parce qu'elles étaient toujours dans le moule uniforme des écrits judiciaires, sans quoi l'avocat, qui les remaniait toujours plus ou moins, ne les aurait pas signées. Ici rien de semblable : Beaumarchais sentit que, quoi qu'il en pût résulter, c'était avant tout pour les lecteurs qu'il devait écrire et plaider; qu'il était à peu près impossible qu'il gagnât sa cause au parlement Maupeou contre le conseiller Goezmann, mais que les choses en étaient au point que rien ne serait perdu s'il la gagnait devant le public. On reprocha d'abord à Beaumarchais de faire tant de bruit pour 15 louis; il n'y avait pas plus d'esprit dans ce reproche que dans la conduite de Goezmann et consorts. C'était le coup de maître que ce procès des 15 louis, qui, par une rétroaction infaillible, recommençait celui des 15,000 francs. Et quelle jouissance pour le public, lorsqu'en lisant Beaumarchais, il ne vit plus dans tous ces différents *Mémoires*, qui se succédaient rapidement, qu'un homme qui se chargeait de le venger d'une magistrature bâtarde ! et celle-ci, qui, de son côté, se chargeait de faire regretter la légitime, malgré tous ses torts ! Qu'il eût raison, c'était l'affaire d'un quart d'heure : les faits ne parlaient pas, ils criaient. Mais cette forme si neuve, aussi saillante qu'inusitée ; ces singuliers écrits, qui étaient tout à la fois une plaidoirie, une satire, un drame, une comédie, une galerie de tableaux; enfin une espèce d'arène ouverte pour la première fois, où il semblait que Beaumarchais s'amusât à mener en laisse tant de personnages, comme des animaux de combat faits pour divertir les spectateurs ! mais tous ces personnages, si richement et si diversement ridicules ou vils, qu'on les croirait choisis tout exprès pour lui, et que lui-même en effet rend graces au ciel * de les lui avoir donnés pour adversaires; mais cette continuelle variété de scènes qu'on voit bien qu'il n'a pu inventer, et qui n'en sont que plus plaisantes à force de vérité, de cette vérité qu'on ne peut saisir et crayonner qu'avec le tact le plus fin et l'imagination la plus gaie !..... L'on peut concevoir l'allégresse universelle d'un public mécontent et malin qui n'avait d'autres armes que celles du ridicule, et qui les voyait toutes, au-delà même de ce qu'il en pouvait attendre, dans une main légère et intrépide, qui frappait sans cesse en variant toujours ses coups : de là sans doute l'admiration pour un talent inopiné que l'envie n'atteignait pas encore, dans un moment où le danger de l'innocence et de la pitié pour l'infortune prédominait sur toute autre impression : de là, en même temps, la joie de voir tomber de ces pages si divertissantes des flots de mépris sur ce qu'on était charmé de pouvoir avilir en attendant qu'on pût le renverser. Et qui peut douter que l'un ne fût un acheminement à l'autre, et que la plume de Beaumarchais n'y ait contribué ?

S'il était le champion du public, ses juges aussi paraissaient le traiter en ennemi, non pas tous, sans doute, et lui-même se loue de l'impartialité

---

* C'est un des morceaux dont la tournure est la plus piquante et la plus nouvelle. Il n'a d'autre défaut que d'être un peu trop prolongé : un peu resserré, il serait parfait ; mais, tel qu'il est, quelle verve d'imagination et de style !

de quelques-uns, et sur-tout des rapporteurs : mais, dans ces occasions-là, ceux qui crient le plus haut semblent malheureusement donner le ton à tous, et il y en eut qui portèrent fort loin l'indiscrétion et la violence. Plusieurs se récusèrent sur la demande de l'accusé, tant leur animosité avait été manifeste dans les sociétés; d'autres ne voulurent pas renoncer au droit d'être juges quand on leur reprochait d'être parties. Ceux-ci ne furent pas assez délicats, mais les autres même le furent trop tard. Dans des procès de cette nature, où l'intérêt de la compagnie est si près de celui d'un de ses membres, la réserve ne saurait être trop scrupuleuse; et chacun doit s'imposer le silence comme particulier, jusqu'au moment où il prononcera comme juge. Il eût été à désirer que cette prudence fût alors celle d'un magistrat supérieur, qui avait porté à ce tribunal éphémère l'illustration héréditaire d'un nom depuis long-temps décoré dans la robe, dans les camps, dans l'église, et devenu encore plus respectable depuis qu'il a été, comme celui de Lamoignon, consacré parmi les grandes victimes de la tyrannie, qui de nos jours ont ennobli l'échafaud, comme au temps de la Ligue les Brisson, les Larcher, les Tardif avaient ennobli le gibet. Le président de Nicolaï, trop passionné ou pour Goezmann ou contre son adversaire, oublia ce qu'il se devait à lui-même, au point de faire une insulte gratuite et inouïe à Beaumarchais au milieu de la grand' salle du Palais, dont il voulut le faire chasser par les gardes, sous prétexte qu'*il n'était là que pour le braver.* Ce trait d'emportement serait à peine croyable, s'il n'avait pas eu tant de témoins ; mais il fallait que tout fût singularité et scandale dans ce mémorable procès, où il semblait que, d'un côté, l'on eût pris à tâche d'avoir tort en tout, pour que de l'autre on tirât parti de tout. C'est un des instants où Beaumarchais montra le plus de cette fermeté qui tient à la présence d'esprit, puisqu'au défaut de toutes deux, on n'aurait que de la faiblesse ou de la colère. Outragé ainsi publiquement par un premier président qui marche à la tête de sa compagnie, assailli tout-à-coup et poussé par des fusiliers, un particulier ordinaire serait ou déconcerté ou furieux. Beaumarchais ne fut ni l'un ni l'autre: maître de son indignation, et fort de celle du public, qui éclatait autour de lui, il le prit à témoin de la violence qu'on lui faisait, de ce manque de respect pour un lieu sacré ouvert à tous les citoyens, et pour le roi lui-même, dont les magistrats y tenaient la place; il protesta qu'il ne sortirait point, mais qu'il allait de ce pas demander justice de cette insulte faite sans aucun motif à un citoyen qui attendait là son jugement; et en effet, il monta sur-le-champ au parquet, et porta sa plainte aux gens du roi, obligés de la recevoir. Il faut voir dans son quatrième *Mémoire* tous ces faits tracés avec autant de vivacité que de circonspection ; et si l'une était de l'homme qui a senti l'offense, l'autre était de l'écrivain qui se souvient quel est l'offenseur. C'est là peut-être qu'il a le mieux soutenu l'éloquence noble, qui chez lui est rarement sans disconvenances de détail, comme lui étant moins naturelle que la verve du genre polémique. Ici toutes les nuances sont observées: il a d'abord toute la hauteur permise à l'offensé qui peut vouloir satisfaction; mais il en a ensuite une autre plus rare à la fois et plus adroite. Il se saisit du droit de *pardonner:* il pardonne par égard pour le nom, pour le rang, pour la compagnie entière qu'il *craint d'affliger;* et ce terme de pardon, qui est bien le mot propre, le met évidemment fort au-dessus de l'offenseur, sans qu'il soit possible de s'en plaindre. C'est peut-être aussi la première fois qu'un accusé a pu imprimer à la face de l'Europe qu'il *pardonnait* à son juge. Mais si celui-ci (qui d'ailleurs s'était récusé) fut capable de pardonner à son tour et du fond du cœur, cela était encore bien plus beau, puisqu'il était puissant et qu'il avait tort. La vertu est sans contredit bien au-dessus et de l'adresse et du talent.

Ces deux choses, dont l'une fait même ici partie de l'autre, ne se séparent jamais chez lui. Il était obligé de dissimuler d'autant plus devant le parlement l'intention de ses écrits, que l'on se plaisait davantage à la faire ressortir, les uns pour lui en faire un crime devant ses juges; les autres, un mérite devant la nation; mais ceux-ci étaient le grand nombre. Beaumarchais sentait que ses juges étaient d'autant plus blessés de ses *Mémoires,* que le public en paraissait plus charmé; et que les applaudissements d'un côté étaient une réprobation de l'autre. Il ne déguise même pas (tant la chose était sensible) qu'on lui prête le dessein de *dépriser pied à pied toute la magistrature* de ce temps; et en faisant tout ce qu'il faut pour atteindre ce but, il fait tous ses efforts pour que sa marche ne puisse être du moins légalement inculpée, et qu'on ne puisse le prendre dans ses paroles. Il prodigue sans cesse toutes les formes de respect (et il le devait) en portant les plus cruelles atteintes. Il est à genoux en donnant des soufflets, et il lui fallait, pour trouver des légistes qui signassent ses *Mémoires*, tantôt des ordres précis du premier président, ou même du garde des sceaux quand l'affaire fut au conseil, tantôt des avocats assez obscurs pour se couvrir sans danger de la précieuse indépendance de leur ordre, l'une des choses les plus sages, et qui aient fait le plus d'honneur à ces institutions de la liberté monarchique, qui ne peuvent être que celles du temps et de l'expérience. On voit qu'il rédige jusqu'aux consultations, où les gens de loi ne mettent guère que leur signature, et qui ne sont encore que d'excellents résumés de sa cause, d'autant plus difficiles à renouveler et à varier, qu'ils viennent après ceux qui font partie de ses plaidoiries, et qui ne sont pas ce qui a dû lui coûter le moins, ni ce qui a le moins de prix dans un genre où, parmi nous comme chez les anciens, la répétition est, à un certain point, nécessaire, et souvent même indispensable. Si rien n'est plus aisé que de revenir sur les mêmes moyens sans variété et sans progression, et de redire, au risque d'ennuyer, c'est une difficulté vaincue, que de se reproduire, par les formes, toujours différent et toujours plus fort, sans sortir d'un même fond de preuves ; c'est le talent de l'orateur du barreau et celui de Beaumarchais. J'ai eu plus d'une fois un mouvement de crainte lorsqu'en le relisant tout à l'heure, je le voyais annoncer un résumé, et j'étais même sur le point de passer outre, tant il me paraissait difficile de rajeunir ce qui semblait épuisé; je craignais de trouver superflu pour un lecteur attentif ce qu'il recommençait pour des juges si aisément distraits ; mais en jetant les yeux sur les premières lignes, j'étais arrêté tout de suite par une précision frappante de résultats nombreux, rapides et lumineux, par des tournures toutes neuves, et un surcroît de forces probantes, circonscrites dans des cadres qui semblaient plus soignés que tout le reste. Cette fécondité flexible et inépuisable est un des caractères du vrai talent qui tire parti de tout, même de cette nécessité de répéter, qui sera, si l'on veut, une excuse pour le babil des avocats vulgaires, mais qui certainement est la gloire de l'orateur.

Le choix des transitions y est aussi pour beaucoup aux yeux des connaisseurs ; et ici la plupart sont heureuses, et amenées par des mouvements inattendus. Il s'en sert habilement pour sortir des digressions fréquentes chez lui, mais très propres à distraire et reposer le lecteur de l'aridité des points de droit, des calculs arithmétiques, et des pièces de dossier. Cette partie même est souvent égayée chez lui, mais toujours claire; ce qui est capital, et cependant peu commun. Mais ce qui frappe partout, et ce que je n'ai retrouvé nulle part, c'est la succession alternative, et quelquefois même le mélange sans disparates de l'indignation et de la gaieté, qu'il communique au lecteur tour à tour ou en même temps, comme il lui plaît. Il vous met en colère et vous fait rire; ce qui est plus rare et plus difficile dans l'art que dans la nature. Cet effet mixte et singulier, dont je ne prétends point faire un précepte, encore moins un reproche pour les autres écrivains du barreau, rentre encore dans l'essence de son procès et dans le caractère de l'homme ; et c'est l'un et l'autre que j'observe, parce que l'un et l'autre en valent la peine.

Dans le procès, les accusations et les conséquences étaient toutes graves, les réalités toutes odieuses et basses, les personnes et les plumes toutes ridicules. Cet amalgame est bizarre. Que Beaumarchais n'eût été que vif et sensible, il ne serait pas sorti de la colère, tant l'édifice des mensonges était noir et le péril imminent; qu'il n'eût été qu'insouciant et gai, il n'eût pas cessé de plaisanter, tant ses adversaires étaient ineptes. Mais, avec une imagination fougueuse, il avait une âme forte, et un grand fond de logique avec un grand fond de gaieté. Il se trouvait ainsi de tous côtés en mesure avec sa situation et ses ennemis. Enfin, cette situation même d'un particulier aux prises avec un tribunal juge et partie, qui ne lui laissait d'autre défenseur que lui-même, achève d'expliquer cette étonnante disparité entre ses écrits judiciaires et les autres du même genre; elle défend en même temps de prendre cette disparité pour l'exacte proportion de son talent à celui des bons avocats, et d'en faire pour eux, à beaucoup près, une règle à suivre en tout; conséquences que je ne prétends point du tout déduire des éloges que je lui crois dus, et que je désapprouve, même dans ceux qui les ont adoptés avec trop peu de réflexion.

Un autre exemple, quoique dans un genre tout différent, celui de M. de Lally-Tolendal, m'autorise à ne point donner pour un modèle général de l'éloquence judiciaire ce qui n'est et ne pouvait être qu'un cas d'exception dans les personnes et les circonstances. Je réunis ces deux exemples pour en tirer la même induction, et d'autant plus qu'à mon avis, les *Mémoires* de M. de Lally ont dans le genre sérieux et pathétique la même supériorité que ceux de Beaumarchais dans le genre léger et plaisant, et dans la plaidoirie satirique. N'oublions jamais que l'un comme l'autre écrivait lui-même pour lui; qu'il était seul juge de ce qu'il pouvait se permettre, par rapport à ses ressentiments, à ses intérêts, à ses dangers, à ses vues, à ses espérances, à ses craintes; qu'il écrivait comme il sentait, s'exprimait comme il était affecté; et quel avocat est dans ce cas-là? Est-ce donc la même chose, dans une position si pénible, si menaçante, si révoltante, d'être l'accusé ou le défenseur? Beaumarchais était ici l'un et l'autre, et dans les deux rôles il était toujours lui : un avocat le peut-il? Est-il même dans la nature de se mettre jusqu'à ce point à la place d'autrui? Sent-on pour un autre comme pour soi? Ose-t-on pour son client ce qu'on oserait pour soi-même?

Enfin Beaumarchais, écrivant pour un autre dans la même cause, eût-il écrit ainsi? Je n'en crois rien du tout. Le meilleur avocat, plaidant pour Beaumarchais, eût-il plaidé comme lui? Je ne le crois pas davantage; et s'il l'eût fait, il aurait eu tort; mais cela est impossible. Un avocat est-il en guerre personnelle avec la partie adverse, comme Beaumarchais avec les siennes*? Cela ne tombe pas sous le sens : on sait que toute la colère des avocats ne va guère au-delà de l'audience. Ils font leur métier comme ils peuvent; Beaumarchais défendait son honneur, sa fortune, et peut-être sa vie, contre des ennemis personnels qui le détestaient selon leur portée, comme il les haïssait selon la sienne. M. de Lally voulait relever de l'échafaud la tête sanglante de son père, et la recouvrir d'une couronne d'innocence : ce fut le travail de sa vie pendant vingt ans : est-ce là un travail d'avocat? Donc, si M. de Lally a porté la grande éloquence, le grand pathétique beaucoup plus loin qu'aucun orateur du barreau; si Beaumarchais a excellé dans la comédie du palais, comme M. de Lally dans la tragédie, c'est que tous deux étaient les personnages originaux du drame, et non pas des acteurs jouant un rôle. Sans doute le talent est ici supposé avant tout (*positis ponendis*);

---

* Il avait bien le sentiment de cette vérité, et il a su fort à propos s'en faire une excuse de l'amertume que l'on reprochait à ses *Mémoires*; car il y a des gens qui n'aiment pas que la vérité ait toute sa force et le mensonge toute sa confusion. « Considérez, répondit-il, que je suis seul chargé du pénible
« emploi de me défendre moi-même. Il lui est bien aisé de se modérer, à cet
« orateur paisible qui, ne forgeant qu'à froid, et compassant ses périodes,
« exhale un courroux qui n'est pas le sien, etc. »

mais ce degré rare de talent tient à une situation propre et personnelle, et ne peut ni se retrouver ni se redemander dans tout autre.

En conclurez-vous qu'il faudrait que chacun plaidât sa cause, et que nous aurions alors de plus grands orateurs et en plus grand nombre? Cette idée ne vaut pas même la peine qu'on la réfute, quoiqu'elle ait été mise en avant comme tant d'autres extravagances. Vous auriez alors encore un bien autre parlage (pour l'ennui, s'entend, et laissant tout le reste hors de comparaison) que celui qui se perpétue depuis dix ans dans ces législatures composées, pour les trois quarts, de gens incapables de mettre ensemble trois idées conséquentes, ou d'arranger trois phrases en français; et là du moins se tait qui veut. Imaginez ce que ce pourrait être si tous étaient obligés de parler, comme ils le seraient dans les tribunaux. Sur cent plaideurs, cinquante sont à peine en état de faire entendre leur cause à leur avocat : jugez comme ils la plaideraient; et quand il n'y aurait que l'obligation indispensable d'être instruit dans la jurisprudence, cela suffirait pour que l'usage commun fût le bon, sauf quelques exceptions qu'il n'appartient qu'aux insensés d'ériger en loi, quand elles-mêmes prouvent le besoin de la loi.

On a tiré une autre conséquence des *Mémoires* de Beaumarchais, et du grand effet qu'ils produisirent à la lecture. On a dit qu'un homme de lettres, porté par occasion dans la lice des tribunaux, éclipserait facilement tous les orateurs du barreau. Nullement : gardons-nous de toutes ces généralités, toujours vaines et trompeuses. Cela pourrait être vrai de tel ou tel homme de lettres qui serait aussi un écrivain supérieur; mais cela ne conclut rien pour les autres. Combien de gens de lettres qui ne sont point du tout écrivains! Il y en a presque autant que d'auteurs qui ne sont point du tout gens de lettres. Les érudits de l'Académie des Inscriptions étaient-ils tous en état de bien écrire? On sait combien il s'en fallait. Marin et d'Arnaud étaient des littérateurs, des auteurs de profession : leurs Mémoires contre Beaumarchais étaient-ils bons? Celui du premier pouvait être du moindre des avocats connus : celui de l'autre ne fut marqué que par l'excès du ridicule. Un homme lettré n'est autre chose qu'un homme instruit, et tout bon avocat doit l'être; mais l'instruction ne suppose le talent ni dans l'un ni dans l'autre : dans tous les deux le talent est un don de la nature, cultivé par le travail, mais que la profession ne donne point. De plus, le talent varie dans son espèce comme dans son objet, et un grand poète peut fort bien n'être pas un bon orateur. Voltaire ne l'a jamais été en aucun genre, quoiqu'il en ait essayé plusieurs. Ce qu'il a écrit sur les Calas était un narré intéressant, il savait raconter; il y a du sentiment et du goût, il savait écrire; mais devant un tribunal sa plaidoirie eût été très insuffisante et très imparfaite: c'est qu'il était peu versé dans les lois, et trop étranger à la discussion judiciaire, qui a et doit avoir ses moyens, parce qu'elle a son but. Il existe une *Requête* de Mercier, qui serait son meilleur ouvrage s'il l'avait fait, où il plaide devant le roi Louis XV contre les comédiens et les gentilshommes de la chambre. On trouve dans ce morceau une érudition bien appliquée et bien entendue, une diction pure, une discussion nette, une bonne logique, un ton de sagesse et de modération ; tout y va au fait sans écart et sans verbiage ; les vérités y ont de la force sans emphase ; en un mot, il y a là ce qu'il n'eut jamais nulle part. Aussi n'en aurait-il pas écrit une page. C'était l'ouvrage d'un avocat fort estimable, mais qui pourtant était loin d'être au premier rang *. C'est que naturellement on est fort sur son terrain, et que le barreau n'est pas celui des gens de lettres. Je crois bien que Rousseau, d'Alembert, Marmontel, eussent été de force contre les plus célèbres avocats; mais ces hommes-là n'étaient-ils que des gens de lettres?

Une des armes de Beaumarchais, et qui lui a servi à tout, c'est sa dialectique. Il n'y en a pas de plus pressante, de plus ingénieuse, de plus diversifiée. Aucune induction ne lui échappe; pas une qu'il ne saisisse avec justesse et qu'il ne pousse aux dernières conséquences; pas une qu'il ne sache retourner sous plus d'une forme, et qu'il ne fasse ressortir et reparaître à propos, toujours avec un nouvel avantage. C'est la logique oratoire, celle de Démosthène ; mais Beaumarchais a-t-il autant de mesure et de goût? Oh! non, il s'en faut; et après avoir parlé de ce qui est bon à imiter chez lui, je ne tairai pas ce qu'il faut éviter.

* Henrion.

Ses inégalités fréquentes, et quelquefois même choquantes, ont fait dire à ses ennemis (car que ne dit-on pas?) que ses *Mémoires* n'étaient pas de lui. Quelle absurdité! ils ne pouvaient pas être d'un autre*. Il est possible que, s'amusant avec ses amis, à table et en société, des trois ou quatre personnages devenus, grace à lui, l'objet de la risée publique, il ait profité de quelques traits recueillis en conversation : qui n'en fait pas autant? Mirabeau** n'y manquait pas, et ne montait guère à la tribune qu'après s'être approvisionné de ce qu'il avait entendu autour de lui, et d'autant mieux qu'assurément ce n'est pas l'esprit qui manquait dans cette première assemblée. Mais qui ne sait pas aussi qu'il faut un grand fond d'esprit pour s'enrichir ainsi de celui des autres? Il faut choisir, placer et s'approprier; et d'ailleurs ces traits particuliers sont toujours peu de chose par eux mêmes; le cadre fait tout ; et qui aurait pu fournir un seul mot des interrogatoires de madame Goezmann, dont Beaumarchais a fait d'excellentes scènes de comédie? Suffisait-il qu'elle n'eût dit que des inepties ? C'était bien quelque chose; mais, sans

* On voulait qu'ils fussent d'un jeune avocat nommé Falconet: je l'ai connu ; il n'était ni sans esprit ni sans talents; mais il écrivit dans le même temps, et ses *Mémoires* prouvent qu'il n'a fait ni pu faire ceux de Beaumarchais.

** Ce mot fameux par où il débuta un jour. « Et moi aussi, je sais qu'il n'y « a qu'un pas du Capitole à la roche Tarpéienne, etc., » venait d'être dit à côté de lui, quoiqu'en d'autres termes beaucoup moins heureux; mais l'idée y était, et c'était peu de chose. Comment ne sent-on pas que c'est Mirabeau qui rendit ce trait si oratoire, en osant se l'appliquer et en faire un exorde? C'était dans l'affaire *du* 6 *octobre*.

le dialogue et le commentaire, où était le comique?
Les sots ne sont pas rares, et ils ennuient : les
mettre en scène de manière à faire rire de si bon
cœur et si long-temps, les rendre amusants au point
de nous rendre heureux de leur sottise, n'est sûrement pas un talent commun : c'est celui de la
bonne satire et de la bonne comédie.

Mais ici ce talent est-il pur? Non : ces *Mémoires*,
qui offrent tous les tons de l'éloquence, tous les
genres de mérite, offrent aussi toutes sortes de
fautes; ce qui n'empêche pas que le talent, s'il n'est
pas parfait, ne soit supérieur*, parce que les beautés prédominent de beaucoup; et c'est-là ce qui d'abord est décisif dans la balance de la critique,
ensuite, les fautes mêmes ont ici toutes les excuses
possibles, et nuisent fort peu à l'effet de l'ensemble.
1° Ces disparates qu'amènent de temps à autre le
mélange du noble et du familier, du sérieux et du
bouffon, blessent beaucoup moins que partout
ailleurs, parce que ce mélange est ici dans le sujet
et dans les personnages : non qu'elles ne soient
réellement des fautes, puisque l'auteur sait le plus
souvent les éviter par la distribution des objets et
l'art des transitions; mais quand il lui arrive de ris-

* Voltaire fut enchanté de la lecture de ces *Mémoires*, au point d'être un moment alarmé de la célébrité qu'ils donnaient à l'auteur. Il ne dissimula pas ce petit mouvement, qui ne pouvait être ni sérieux ni réfléchi ; il le tourna en plaisanterie; et dans une lettre à un de ses amis, où il se répandait en éloges sur ces *Mémoires* et sur tout ce qu'ils supposaient d'esprit, il ajoutait: « Je crois pourtant qu'il en faut encore davantage pour faire *Zaïre* et *Mé-
« rope*. » *Zaïre* et *Mérope* à propos de quelques factums! c'est un badinage, je le sais; mais il prouve combien Voltaire était sérieusement frappé et du mérite de ces *Mémoires* et du bruit qu'ils faisaient

quer la saillie, le grotesque ou le trivial au milieu même du style soutenu, ou les figures du style noble dans un morceau familier, on le lui passe plus aisément, comme à un accusé que l'on entendrait plaider sa cause lui-même à l'audience, dans un procès tout à la fois ridicule et odieux. Il est en effet, comme à l'audience, toujours en présence de ses adversaires, toujours en scène, en situation ; et cette vivacité, qui produit une sorte d'illusion dramatique, est une des perfections caractéristiques des *Mémoires* de Beaumarchais. 2° Les incorrections trouvent une excuse toute naturelle dans la précipitation nécessitée de ces sortes de compositions, soumises aux époques et aux conjonctures légales. C'est là que souvent le temps commande à l'auteur et à l'imprimeur, et que la nuit est occupée comme le jour ; et Beaumarchais était *seul,* non pas *contre trois,* mais contre cinq, et cinq qui ne s'oubliaient pas et n'oubliaient rien. 3° La rapidité de sa marche entraîne le lecteur avec lui ; c'est un flambeau qui étincelle en courant et qui brûle les yeux ; c'est une arme à feu qui tire quatre ou cinq coups par minute ; et s'aperçoit-on toujours quand le flambeau pâlit un instant, ou quand un coup ne porte pas ?

Il n'en est pas moins vrai que, s'il eût fait toutes les études et joui de tout le loisir d'un homme de lettres, c'eût été pour lui un devoir de faire disparaître les taches de son style, les apostrophes et les exclamations trop multipliées, les figures déplacées ; les expressions, ou impropres, ou recherchées, ou bizarres ; les constructions, ou embarrassées, ou irrégulières; les phrases trop allongées, etc., etc. Mais l'eût-il fait, même avec du temps? Je n'en crois rien : ses pièces de théâtre, travaillées tout à loisir, prouvent que naturellement son goût n'était ni sûr ni cultivé : les fautes y sont beaucoup plus marquées que dans ses *Mémoires*, et l'on voit que ses défauts font partie de sa manière. Cette manière même n'est à lui que parce qu'elle est évidemment de son esprit et de son humeur, sans quoi l'on pourrait la mettre, en partie, sur le compte de l'imitation. Il y a, dans son style, du Montaigne, du Rabelais, du Swift : il a du premier l'expression forte avec la tournure naïve; du second, la saillie bouffonne, mais imprévue et originale; du dernier, l'invention des formes satiriques et détournées, qui font attendre long-temps le coup pour frapper plus fort. Mais tout cela se fond en lui de manière à ne laisser voir que lui, parce qu'en lui-même il a de tout cela comme eux. Aussi retrouvé-je ici cet accord du talent avec les circonstances, et de l'homme avec les choses, qui est, comme je l'ai observé par avance, le principe des grands succès. Il eût été impossible à Beaumarchais de composer un ouvrage d'un genre sérieux et d'un style soutenu, soit en éloquence, soit en philosophie, soit en littérature, soit en poésie, soit en histoire; et pourtant il avait infiniment d'esprit et de plusieurs sortes d'esprit; mais la plus grande partie allait à d'autres objets; il était loin de n'être qu'auteur et homme de lettres, il était homme d'affaires et grand commerçant; ce qui est incompatible avec les études qu'exige la perfection de l'art d'écrire. Son bonheur voulut qu'il ne fût écrivain que dans une guerre de chicane et de plume, parfaitement analogue aux trois qualités éminentes de son esprit, la sagacité, la gaieté, la flexibilité. Quand il s'essaya au théâtre, il suivit d'abord ses prétentions plus que ses goûts : fait pour réussir dans l'*imbroglio* comique, il avait tenté le genre sérieux* : il y était resté dans la médiocrité la plus vulgaire; et quand il voulut y revenir sur la fin de sa vie, il fut bien au-dessous du médiocre**, et, ce qu'il n'avait jamais été, ennuyeux***.

Cette gloire du barreau, qui vint le chercher sans qu'il y pensât, et la fortune inouïe de son *Figaro*, lui coûtèrent tout ce qu'elles pouvaient valoir, et l'on pourrait dire au-delà, s'il eût été en lui de sentir le chagrin plus long-temps que le mal; mais son heureux caractère et la vigueur de son tempérament le rendirent capable de résister à tout, même à la révolution; et, cette dernière époque exceptée, il eut toujours de grands dédommagements. Lorsqu'il eut été blâmé par ce même parlement qui, en même temps, se contentait de chasser son adversaire, reconnu faussaire et calomniateur, ce moment fut celui de sa vie qui eut le plus d'éclat

---

* Dans *Eugénie* et les *Deux Amis.*
** Dans *la Mère coupable.*
*** Peut-être La Harpe parle-t-il avec trop de sévérité d'ouvrages que condamnent sans doute le goût et la morale, mais qui n'étaient pas si dénués de mérite, puisque deux d'entre eux sont restés au courant du répertoire.

H. PATIN.

et qui fut le moins obscurci. Le feu prince de Conti, son protecteur déclaré, vint le prendre chez lui, et l'amena dans son palais, le présentant à toute sa cour comme une victime de l'iniquité. Cela était vrai ; mais tant d'honneurs étaient-ils tout entiers pour l'innocence ? Ne faisons les hommes ni meilleurs ni pires qu'ils ne sont, malgré la philosophie du siècle, qui n'a pas fait autre chose. Le prince de Conti fit une belle action en appuyant de toute l'autorité de son rang l'opinion publique qui s'élevait contre la puissance injuste ; et Paris, qui, dans le bien comme dans le mal, n'a jamais besoin que de guides, suivit en foule le prince de Conti, et courut se faire écrire chez Beaumarchais. Mais ce prince était à la tête du parti de l'ancien, ou, pour mieux dire, du véritable parlement : en menant Beaumarchais en triomphe, il célébrait cette magistrature proscrite, qui se relevait d'autant plus dans son exil, que l'autre était plus rabaissée dans son pouvoir. Et quel étrange abaissement pour une cour de justice, que de voir un homme, auparavant haï et décrié, tout-à-coup honoré et exalté publiquement, parce qu'elle l'a flétri ? Je ne sais si l'on trouverait dans l'histoire moderne un autre évènement de cette nature ; et certes, il était heureux pour Beaumarchais que cet évènement fût entré dans sa destinée et provînt de son talent.

Cependant, sous les rapports de la morale, je serais bien loin de donner ses *Mémoires* en exemple, si ce n'est comme celui d'un genre de licence qu'il faut toujours éviter, quoiqu'elle ait eu ici une excuse dans un concours de circonstances qui ne peuvent guère se reproduire toutes ensemble, et qui, en faisant cette fois pardonner à l'homme, n'empêchent pas que la chose ne soit mauvaise en soi. J'avoue que ses adversaires, en l'attaquant avec la calomnie, qui assassine, avaient fort mauvaise grace à lui reprocher de se défendre avec le fouet déchirant de la satire : chaque coup faisait sortir le sang, et on riait de les voir écorchés, parce qu'ils avaient le poignard à la main. Mais, en général, il est contraire à la décence publique, aux lois sociales et à l'honnêteté personnelle, qu'on se permette, et devant les tribunaux, d'encadrer la vie entière d'un citoyen dans un tableau dont tous les traits, étrangers à la cause, sont autant de flétrissures mortelles, et qui présente toutes les bassesses sous les couleurs des ridicules. C'étaient des représailles, j'en conviens; mais il en est qu'un homme délicat ne se permet pas, et qu'avec des principes sévères on ne se croit pas permises. Les Grecs et les Romains ne sont point ici une autorité pour nous : la différence de gouvernement (la religion même mise à part) explique comment la liberté illimitée de leurs plaidoiries, serait chez nous une licence criminelle. Quand chacun peut être le censeur de tous, le remède est près du mal : chacun est en garde pour soi, et peut craindre pour lui ce qu'il risque contre un autre. Parmi nous, l'honneur est sous la sauvegarde des lois, comme la vie, puisque personne n'a droit de se faire justice; dès lors la diffamation, de quelque espèce qu'elle soit, est un délit. Si j'avais été juge, j'aurais donné toute raison à Beaumarchais, comme innocent, et action contre ses parties, comme calomnié; mais j'aurais supprimé ses *Mémoires*, comme un scandale, et avec injonction d'être plus circonspect.

Remarquons, en passant, qu'on ne faillit jamais impunément, et qu'on est toujours puni par le mal même qu'on a fait. Des victoires de Beaumarchais, quoique aussi justes que signalées, il resta contre lui une impression ineffaçable, l'idée d'un homme très dangereux, qui, dans ses ressentiments et ses inimitiés, ne connaissait aucune borne; et l'on ne peut se faire craindre à ce point sans être haï. Aussi eut-il toujours autant d'ennemis de sa personne que de partisans de ses talents. Ce n'est pas que j'approuve ceux qui disaient avec une espèce d'admiration très maligne : « Si Beaumarchais me demandait la moitié de « ma fortune en me menaçant d'un Mémoire, je la « lui abandonnerais sur-le-champ. » Aucun d'eux ne l'eût fait; et cela prouve seulement combien il y a de manières de rendre odieux celui qui fait redouter en lui l'abus de la force : car, d'ailleurs, on oubliait ou l'on feignait d'oublier qu'ici sa première force, celle qui finit par lui assurer gain de cause, c'est que sa cause était excellente en droit et en fait; sans cela il aurait triomphé comme écrivain, et succombé comme accusé. Mais s'il se fût renfermé dans les limites d'une légitime défense, il n'y aurait pas eu, il est vrai, de bonnets à la *quesaco*; il n'aurait pas eu tout-à-fait autant de vogue pour le moment, comme le satirique le plus divertissant pour le public, et le plus formidable pour ses ennemis; mais il n'en eût pas moins fini par gagner son procès, n'en eût pas été moins regardé comme le plus gai des plaideurs et le plus ferme des accusés, en se bornant même à ce qu'il y a dans ses *Mémoires* de très innocemment gai (et c'est la plus grande partie), il aurait eu de plus l'estime des honnêtes gens, et une considération personnelle moins précaire et moins troublée que celle des talents, et sujette à moins de vicissitudes et de retours. Il eût encore gagné d'un autre côté, même en réputation d'esprit : car on n'aurait pas pu faire à son détriment une observation avouée, qui ne détruit point le mérite du talent polémique, mais qui le restreint, qu'en ce genre il est d'autant plus facile de réussir beaucoup, qu'on se permet davantage et qu'on se refuse moins ; et c'est ce que les connaisseurs ont toujours dit, et ce que la postérité n'oublie pas.

Après avoir été pleinement vengé sous un nouveau règne, il se montra sous un aspect tout nouveau, par une entreprise qui devait faire moins de bruit, mais qui n'avait pas moins de dangers, puisqu'elle pouvait compromettre sa fortune et son existence entière. Il avait l'oreille du principal ministre *, qu'une grande célébrité l'avait mis à portée d'approcher, et dont il s'empara malgré les préventions et les défiances que ce ministre, quoique homme d'esprit lui-même, avait contre tout homme d'esprit, et particulièrement contre Beaumarchais. Mais tous deux étaient fort gais, et ce fut ce qui les rapprocha, quoique ici la gaieté de l'homme en place fût une sorte

---

* Le comte de Maurepas.

de frivolité qui s'étendait à tout, et que celle du particulier n'ôtât rien au sérieux des affaires. Parvenu à s'y faire employer et à satisfaire celui qui l'en chargeait, il ne craignit pas de lui proposer ce qui devait le plus l'effrayer, l'approvisionnement des États-Unis d'Amérique. Il eut long-temps à lutter contre la circonspection naturellement timide d'un vieillard indolent, d'un ministre qui ne voulait rien hasarder, sur-tout sa place, et contre les obstacles de la politique anglaise, d'autant plus menaçante que leur marine était plus redoutable et la nôtre plus faible. Beaumarchais lui-même risquait beaucoup, et fort au-delà de ses moyens pécuniaires, qui étaient encore peu de chose. Mais il vint à bout de disposer de ceux d'autrui, forma une compagnie d'intéressés, équipa nombre de vaisseaux, et engagea le ministre, qui ne voulait pas agir contre l'Angleterre, à permettre du moins qu'il s'exposât, le plus discrètement qu'il se pourrait, à se ruiner lui et ses associés pour servir les Américains. Il avait calculé que l'arrivée et la cargaison d'un seul navire couvrirait la perte de deux, tant le besoin élevait les profits; mais ce calcul même prouvait la nécessité d'oser en grand, et d'expédier beaucoup de bâtiments pour en sauver une partie. Il fallait des fonds très considérables, et il les eut : plusieurs de ses vaisseaux furent pris, entre autres trois, en un seul jour, en sortant de la Gironde; mais le plus grand nombre arriva, chargé d'armes et de munitions de toute espèce; et c'est ce qui lui procura cette opulence, très grande pour un particulier, que la révolution lui a depuis enlevée.

Ces expéditions furent en tout son ouvrage, et prouvaient les ressources de son génie et de son caractère, une hardiesse réfléchie, une patience tenace, et sur-tout ce don de persuader, si nécessaire dans tout ce qui dépend du concours des volontés. J'ai vu peu d'hommes, à cet égard, plus favorisés de la nature. Il avait une physionomie et une élocution également vives, animées par des yeux pleins de feu, autant d'expression dans l'accent et le regard que de finesse dans le sourire, et sur-tout l'espèce d'assurance que lui inspirait la conscience de ses moyens, et qu'il savait communiquer aux autres. Souvent l'amour-propre pouvait y paraître trop en dehors et trop dominant, peut-être même contempteur; mais c'était dans la conversation de société, et non pas dans les affaires, ni sur-tout près des puissants. Il avait avec ceux-ci une tournure particulière, qui était fort adroite sans être servile, et où sa réputation d'esprit lui servait beaucoup. Il avait toujours l'air d'être convaincu qu'ils ne pouvaient pas être d'un autre avis que le sien, à moins d'avoir moins d'esprit que lui, ce qu'il ne supposait jamais, comme on peut le croire, sur-tout avec ceux qui en avaient peu; et s'énonçant avec autant de confiance que de séduction, il s'emparait à la fois de leur amour-propre et de leur médiocrité, en rassurant l'une par l'autre. On verra cet art singulièrement employé dans la marche qu'il suivit pour obtenir la représentation de ses *Noces de Figaro*. Mais on peut dire à sa louange qu'il se servit toujours noblement de son crédit et de sa fortune. Il contribua beaucoup à des établissements dont l'utilité n'est pas contestée; par exemple, à celui de la Caisse d'escompte, formée à l'instar de la banque d'Angleterre, mais avec la disproportion que comportait la différence des gouvernements. La banque de Londres repose sur le crédit national : celle de Paris ne pouvait guère s'appuyer que sur celui de quelques capitalistes; et quand le gouvernement s'en mêla (dans des temps difficiles, à la vérité), il ébranla l'édifice loin de le consolider. La caisse d'escompte éprouva d'abord bien des difficultés de la part du ministère, et Beaumarchais était fait plus que personne pour les aplanir. Il rendit le même service pour la construction de la pompe à feu qui a fait tant d'honneur aux frères Périer, mais qui rencontra aussi des contradictions et des obstacles. Quant à l'entreprise des eaux de Paris, où il fut pour beaucoup, et qui a été fort combattue, je laisse à ceux qui sont plus versés que moi dans cette partie de l'économie publique à décider si c'était seulement une spéculation de finances ou un objet d'utilité générale. Tous deux peuvent fort bien aller ensemble, et même cela est dans l'ordre politique; mais ils ne doivent pas être séparés, et je n'ai point d'opinion sur un fait dont je n'ai point de connaissance.

Mais ce qui rentre dans mon sujet, c'est la querelle que suscita contre Beaumarchais cette entreprise des eaux de Paris, et qui le mit aux prises avec un homme devenu, bientôt après, tout autrement fameux par l'influence principale qu'il eut sur l'évènement le plus extraordinaire de ce siècle et de tous les siècles, puisqu'il n'allait à rien moins qu'à changer la face du monde entier. On voit déjà qu'il s'agit de la révolution française et de Mirabeau; et je n'ai pas besoin d'ajouter que ce n'est pas ici qu'il faut parler de l'un et de l'autre. Mirabeau, même comme écrivain, appartient tout entier à l'histoire; et au moment de la querelle où je me renferme, il paraissait bien loin d'être jamais un personnage historique. Mais il annonçait déjà dans ses écrits tant de hauteur et d'arrogance, qu'on a pu y voir depuis je ne sais quel pressentiment de ses destinées. Il s'en fallait de tout qu'on pût le croire alors un antagoniste fait pour se mesurer contre Beaumarchais. La distance était grande de la fortune, de la célébrité, des succès et de tous les avantages divers de celui-ci, à l'existence pénible et rebutée d'un homme dont les aventures formaient un contraste fort peu avantageux avec sa naissance et son nom, et dont quelques productions clandestinement hardies et d'un goût très inégal, ne rachetaient nullement la mauvaise renommée. Beaumarchais ne répondit à ses premières attaques qu'avec le ton de la supériorité dédaigneuse pour l'homme, et quelque *estime* de complaisance pour l'auteur. Mirabeau répliqua en homme que le mépris rend furieux; ce qui n'est pas la meilleure manière de prouver qu'on ne le mérite pas. Il prodigua les personnalités les plus injurieuses, soit parce que Beaumarchais ne s'en étant permis aucune, il crut voir encore une autre espèce de mépris à se refuser ce qui était si facile avec lui; soit que, ne doutant pas qu'il n'en vînt, à son exemple, aux reproches personnels, il crût devoir les affaiblir d'avance en les réduisant à la récrimination. Quoi qu'il en soit, cet écrit, qui était un libelle forcené, n'était pourtant pas d'un homme qui ne pût faire que des libelles; la fureur n'était pas celle de la faiblesse, et la violence du ton n'excluait pas toujours la force du style. On s'attendait avec curiosité à voir Beaumarchais dans l'arène contre un champion aussi vigoureux, malgré sa brutalité, que tous ceux d'auparavant avaient paru faibles et impuissants, mais qui ne laissait pas, en ce genre d'escrime, de prêter le flanc autant et plus que personne à un lutteur habile et exercé. Beaumarchais, au grand étonnement de tout le monde, refusa le combat pour la première fois; il garda le plus profond silence, et je crois qu'il fit bien. Mirabeau était alors dans un état de dépression et même de danger; il fuyait ou se cachait devant l'autorité, compromise dans les procès qu'il soutenait depuis long-temps contre sa famille; et quels que fussent ses torts, l'ennemi qui l'eût traité alors sans ménagement aurait paru se prévaloir du malheur de sa situation, et aurait appelé sur lui l'intérêt qu'il n'inspirait pas. Beaumarchais, au contraire, était depuis long-temps un objet d'envie; tout lui avait réussi; il était au milieu des jouissances; et l'usage qu'il faisait de sa fortune, ses libéralités qui ne se répandaient pas seulement sur les siens, mais sur tous ceux qui les imploraient; son empressement à obliger, à faire le bien public autant que le sien; tout cela ne pouvait pas désarmer tous ceux qu'il avait blessés, tous ceux qu'il pouvait offusquer ou alarmer, soit dans le monde, soit au théâtre, d'autant plus qu'il ne faisait rien pour les apaiser, et que, dans ses ouvrages et ses préfaces, il se jouait de tout, et de tout le monde. Quiconque est heureux ou le paraît doit être sans cesse à genoux pour en demander pardon, et même ne l'obtient pas toujours à ce prix, sur-tout s'il est parti de loin pour arriver où il est. Je ne vois guère que ces considérations qui aient pu arrêter un homme très irascible si grièvement insulté. Il crut devoir à l'envie le sacrifice d'un outrage, comme Polycrate faisait à la Fortune le sacrifice de son plus beau diamant jeté dans la mer.

Je n'entrerai dans aucun détail sur le procès Kornmann, où il y eut aussi tant d'intéressés, dont la plupart sont encore vivants; mais il peut fournir matière à quelques réflexions. Si Beaumarchais y fut pleinement victorieux, il fallait qu'il fût pleinement fondé en droit; car, en cette occasion, les dispositions du public ne lui étaient pas plus favorables que celles des juges. Le fond de l'affaire lui était en soi-même étranger, et il n'y intervenait que comme protecteur d'une femme qui plaidait contre son mari. Il s'était montré bon parent, excellent frère dans ce voyage d'Espagne entrepris pour venger sa sœur, et dont il se faisait, dans ses premiers *Mémoires*, une sorte de trophée chevaleresque. Il se montrait ici une seconde fois le champion du beau sexe; mais le public, très désintéressé sur les deux parties contendantes, ne vit bientôt que le seul

Beaumarchais, qui partout attirait sur lui l'attention, et qu'on ne croyait pas, dans cette cause, aussi désintéressé qu'il voulait le paraître. De plus, il eut à combattre un homme d'un talent distingué, qui avait des connaissances en plus d'un genre, et qui parut se porter pour son adversaire, uniquement parce qu'il voulait et pouvait l'être. Ce ne fut pas Beaumarchais qui eut cette fois l'avantage comme écrivain : celui qu'il avait en tête (M. Bergasse) lui était fort supérieur dans le style noble, qui ne fut jamais celui de Beaumarchais, et qui devenait celui de la cause, déjà sérieuse par elle-même, et bien davantage encore par la tournure que lui fit prendre l'avocat adverse, en la faisant rentrer dans une théorie générale sur l'abus des ordres arbitraires appelés *lettres de cachet*, et il y en avait une au procès. L'écrivain traita cette matière avec une éloquence qui était alors courageuse, et une élévation de style égale à l'énergie des principes et des sentiments *.

Tous les lecteurs furent pour lui, parce que l'épisode les touchait beaucoup plus que le fond, et qu'il y avait déjà sur ces objets un grand mouvement dans les esprits. Les plaidoyers de Beaumarchais firent peu d'impression, parce qu'il n'y traitait que sa cause et ne raisonnait que sur les faits.

* Tout n'était cependant pas exempt de déclamation, et l'animosité faisait quelquefois tomber l'auteur dans le mauvais goût; témoin ce trait souvent cité, et qui n'en est pas meilleur : « Ce malheureux sue le crime. » Ces expressions-là sont hors de nature ; aussi ont-elles été adoptées par les écrivains révolutionnaires, signe infaillible de réprobation, et qui doit suffire pour convaincre l'auteur de la vérité de cette critique.

Sans doute son adversaire fut mal informé ; car ils étaient assez péremptoires pour que le parlement, à qui la cause de Beaumarchais ne plaisait pas, se crût obligé de lui donner raison. Mais son adversaire y acquit une grande célébrité, qui le porta depuis à la première assemblée nationale, dont il se retira presque aussitôt, quand il la vit entraînée hors de toute mesure; et il a vécu depuis dans une obscurité sagement volontaire, qui lui fait autant d'honneur, ce me semble, que tout ce qu'il a pu faire auparavant. Nous allons voir tout à l'heure comment Beaumarchais, long-temps après, croyant se venger de lui, n'a fait de tort qu'à lui-même.

Les représentations sans nombre de ses *Noces de Figaro*, et les étranges libertés qu'il prit dans cet ouvrage, où il semble qu'il ait voulu tout insulter, accrurent prodigieusement la foule de ses ennemis. Il arma contre lui, en repoussant les critiques, des hommes plus consommés que tous les autres dans l'art de haïr et de nuire : c'étaient *les philosophes* (comme on les appelait, et comme ils s'appellent encore). Les journaux, dont ils disposaient, furent le théâtre de ces débats, qui assurément ne devaient être que littéraires, et qui tout-à-coup, on ne sait comment*, intéressèrent la puissance suprême, au point que Beaumarchais fut enlevé de sa maison, et conduit, non plus au Fort-

---

* Il avait écrit dans une lettre : « Quoi ! j'ai vaincu tigres et lions, et il faut « combattre des insectes ! etc. » On assure que ces figures si vagues et parfaitement innocentes furent interprétées comme s'adressant à des personnes qui assurément n'étaient ni tigres ni lions, mais qui étaient toutes-puissantes, et qu'on sut exciter à la vengeance, quoiqu'il n'y eût point d'offense.

l'Évêque ni à la Bastille, mais à Saint-Lazare. La haine est si lâche et si aveugle, que le premier jour on parut jouir dans tout Paris de ce traitement sans exemple, et dont tout le monde devait trembler. Jamais on n'avait imaginé de renfermer un citoyen honnête, un homme de lettres et de talent, dans une prison dont le nom seul était un opprobre, et jusque-là destinée à punir obscurément des fautes et des désordres de jeunesse, qu'on voulait, par une indulgence fort bien placée, dérober à la vindicte des tribunaux. C'était le comble de l'humiliation pour un homme de l'âge et de la réputation de Beaumarchais : c'était aussi ce qu'on voulait; et il semblait qu'on eût accordé à ses ennemis plus qu'ils ne pouvaient espérer, puisque d'ordinaire la Bastille était la prison des gens de lettres dont le gouvernement était mécontent, et ce fut même celle de Linguet, à qui l'on pouvait faire des reproches si graves. Mais le sentiment de la justice, puissant sur-tout quand tout le monde peut se croire menacé, se fit entendre bien vite, et jamais retour ne fut si prompt. Dès le lendemain il n'y avait qu'un cri : *Qu'a-t-il fait ?* On avait supposé d'abord les motifs les plus graves; il se trouva qu'on ne pouvait pas même articuler un prétexte. Il fut mis en liberté le troisième jour; et cette détention, à peine concevable, fut peut-être la seule injustice de ce genre sous un règne si éloigné de toute oppression. Beaumarchais fut assez long-temps affecté de cet évènement, et beaucoup plus que de tous ceux qui lui avaient été le plus sensibles; il voulait même se condamner à la retraite ; mais on lui fit entendre sans peine que le coup n'avait point porté sur son honneur, et qu'aucune autorité ne peut déshonorer celui qui ne se déshonore pas lui-même. Il était réservé à en faire deux fois l'épreuve, puisque le *blâme* et *Saint-Lazare* ne purent le flétrir; mais il faut avouer que rien n'était plus singulier que d'avoir subi deux fois cette épreuve, et d'en être sorti deux fois de même.

Il ne spécula pas, à beaucoup près, aussi heureusement sur la collection posthume des *Œuvres de Voltaire* que sur les traites pour l'Amérique : si l'une de ces deux affaires lui valut plusieurs millions, l'autre finit par lui en coûter un. Aussi n'était-ce pas (on doit en convenir) une affaire de commerce qu'il voulait faire; c'était un monument qu'il voulait élever. Mais il s'y trompa en tout; car s'il ne voulait pas gagner, du moins il ne croyait pas perdre, et perdit beaucoup; et ce monument préparé à si grands frais ne répond en rien à ce qu'il a coûté. Beaumarchais y dépensa des sommes immenses; il paya fort au-delà de sa valeur le fonds de Panckoucke et les manuscrits de madame Denys, où il n'y avait qu'un seul morceau curieux[*]; il fit acheter en Angleterre les poinçons et les matrices des caractères de Baskerville, regardés, avant ceux de Didot, comme les plus beaux de l'Europe. Il fit reconstruire dans les Vosges d'anciennes papeteries ruinées; et y envoya des ouvriers pour y travailler, suivant les procédés de la fabrication hollandaise,

---

[*] *Les Mémoires sur le roi de Prusse*

au papier destiné pour cette volumineuse édition ; il fit l'acquisition d'un vaste emplacement au fort de Kehl, alors abandonné, et y établit son imprimerie. Jamais on n'avait fait de semblables préparatifs pour une opération de librairie : les avances furent immenses; elles allaient à plusieurs millions : il n'en résulta rien que de médiocre. L'édition in-8°, qui est la principale, est fort au-dessous de celles de Didot pour la netteté du caractère et la correction du texte, et celles d'un moindre format sont tout ce qu'il y a de plus commun. Parmi ceux qui avaient les éditions de Genève, beaucoup ne se soucièrent point de donner quinze louis pour un livre d'une exécution peu soignée, et qui ne contenait presque rien de nouveau que la correspondance de l'auteur, dont rien n'empêchait d'attendre une édition particulière. Les petits formats, d'un prix très modique, ne pouvaient couvrir des avances si énormes. Les amateurs furent étonnés que la révision des épreuves eût été négligée au point de laisser subsister nombre de fautes très ridicules, et telles, que peu de lecteurs étaient en état de rétablir un texte si étrangement altéré. Les gens de goût furent mécontents que l'édition eût été rédigée dans toutes ses parties par un homme beaucoup plus versé dans les sciences que dans la littérature[*], et qui ne connaissait même pas les variantes les plus curieuses à recueillir. Le commentaire général choquait souvent le bon goût et les principes de l'art : Voltaire y était maladroitement exalté aux dépens de Racine,

[*] Le marquis de Condorcet

et le commentateur paraissait assez étranger à la connaissance du théâtre et de la poésie. Quant à la religion et la morale, elles étaient aussi maltraitées dans les notes de l'éditeur que dans les ouvrages de l'auteur ; mais cette analogie était malheureusement dans l'ordre des choses et du temps, et c'était ce dont le plus grand nombre se souciait le moins.

Beaumarchais réussit infiniment mieux dans la construction de sa nouvelle maison, et du jardin charmant qui borde et décore cette partie des boulevards, terminée au faubourg Saint-Antoine, et jusque-là une des plus abandonnées. Il a vraiment contribué à l'embellissement de la capitale par l'acquisition et l'usage de ce terrain considérable, dont il a fait un des beaux aspects de ce côté de Paris, tandis que Buffon, sur l'autre rive de la Seine, traçait et exécutait le nouveau plan du Jardin des Plantes, étendu et orné par ses nouvelles plantations prolongées vers la rivière, de façon à rivaliser avec nos superbes Tuileries. Il n'y manque qu'un pont qui traverse la Seine vis-à-vis le jardin, et qui est attendu pour la commodité des habitants, comme pour l'ornement de la ville. C'est aussi un des projets que Beaumarchais voulut achever, et qui ont été suspendus par les orages de la révolution. Ainsi, c'est à deux hommes de lettres que l'on fut redevable de voir ce quartier de Paris se couvrir d'une décoration imprévue, et prendre une face nouvelle qui le rend digne de la capitale de l'Europe. Mais Buffon disposait de l'argent du roi, et Beaumarchais dépensait le sien. Il était plus riche à lui seul que

Voltaire et Buffon ensemble, quoique la fortune de ces deux écrivains ait paru un des phénomènes du siècle. La sienne a péri presque tout entière ; cependant sa maison appartient encore à sa veuve et à sa fille, et je me dis toujours en la voyant : « Comment « cette belle demeure est-elle encore à ceux qui « l'ont élevée ? Comment ce jardin, fouillé et re- « tourné par des mains de destruction, est-il encore « en des mains propriétaires ? » C'est une exception rare et presque unique, dans tout ce que Paris offre de beau ; et apparemment Beaumarchais devait faire exception en tout.

Ce ne fut pas la moins étonnante en lui, d'échapper à une révolution qui le menaça des premiers, et qui le poursuivit si long-temps. Ce fut une espèce de miracle, non-seulement par la nature des périls qu'il courut et qu'il a si bien * racontés, mais par celle même de la révolution, qui n'avait guère de victimes plus désignées à ses coups que Beaumarchais. Ses richesses, ses talents, sa célébrité, son influence connue ou présumée dans les affaires, ses ennemis, enfin sa maison placée à l'entrée de cet effroyable faubourg, comme le palais de Portici au pied du Vésuve !.... Encore les éruptions du volcan n'éclatent-elles qu'à de longs intervalles ; celles du faubourg étaient de tous les moments. Il est inconcevable que, sous les laves toujours bouillonnantes, cette maison n'ait pas été engloutie. Jamais la proie ne fut si près des brigands, ni la victime si près des bourreaux. Ce *peuple* de la révolution (et

---

* *Voyez* ses *Mémoires* adressés à Lecointre.

jamais elle n'en eut d'autre) ne pouvait sortir de ses repaires sans passer devant ces murailles qui promettaient tant de dépouilles, et n'y passait guère sans menacer la maison et le maître de ses cris homicides et de ses bras assassins. Ce n'est pas que Beaumarchais n'eût, dans les commencements, partagé, comme tant d'autres, les premières espérances de la révolution; et si elles n'en furent que les premières erreurs, chacun doit aujourd'hui les pardonner d'autant plus en autrui, qu'il les condamne plus en lui-même. On ne peut pas, après tant de crimes sans excuse, ne pas excuser ce qui n'est qu'erreur; et j'ajouterai même dès aujourd'hui que, quand les coupables ont été si nombreux, il ne faut, quoi qu'il arrive, punir que le moins possible, de peur de consterner une seconde fois par les supplices l'humanité déjà si épouvantée par les forfaits. Mais, pour revenir à Beaumarchais, son assentiment aux premiers évènements de 89, et ses largesses patriotiques, comme ses discours, étaient loin de pouvoir le dérober aux *soupçons*, qui étaient déjà une *justice nationale*, et aux *principes*, qui étaient déjà une destruction. C'est dans ses *Mémoires* apologétiques qu'il faut voir les détails de ses dangers et de ses souffrances, sa vie sans cesse menacée, la mort plus d'une fois tout près de lui, sa maison envahie sans être pillée (ce qui sera expliqué ailleurs), sa fuite et ses divers asyles, ses courses en Hollande et en Angleterre, ses actes successifs d'accusation, de justification, de proscription, et enfin tout ce qu'il crut devoir faire pour la cause de ceux qui le persécutaient. Ses écrits dans cette dernière époque, bien faits pour en excuser les défauts, se distinguent encore par la clarté qu'il porte toujours dans des discussions compliquées, par les ressources qu'il cherche pour en racheter le dégoût, par la vivacité qu'il retrouve quand il est en situation, mais surtout parce qu'il s'y montre toujours tel qu'il était, et qu'en lui l'homme mérite toujours d'être observé. Ses derniers *Mémoires* feront partie de ces matériaux innombrables qu'il faudra parcourir pour tirer de vingt volumes une demi-page d'histoire: tout ce qu'elle prendra de ceux-ci, c'est l'affaire des soixante mille fusils; et moi, je n'y dois voir que ce qui fait connaître la personne de Beaumarchais, qui, étant toujours le même, se trouva cette fois, et devait se trouver en raison inverse des choses et des hommes, quand les choses et les hommes étaient en raison inverse de tout ordre humain. Il suit de là que ce qui devait précédemment lui procurer honneur et profit consomma sa ruine et faillit à le faire périr. Que ce fût zèle pour la révolution, ou envie d'en éloigner de lui les dangers, toujours est-il vrai qu'en risquant 500,000 francs pour faire entrer soixante mille fusils dans la France qui en manquait alors, il faisait pour les révolutionnaires ce qu'il avait fait pour les Américains. Il crut qu'il y avait là de quoi se sauver à la fois et s'honorer: c'était en 92; et cette étrange méprise d'un homme qui avait tant d'esprit, et qui jugeait si mal des temps où l'on ne pouvait être récompensé que du crime, et où c'était un prodige de faire quelque bien impunément, explique aussi comment la même erreur fut long-temps celle de tant de gens éclairés, et pourquoi les hommes les plus simples furent alors beaucoup plus clairvoyants que les hommes instruits. Ceux-ci raisonnaient toujours d'après ce qui pouvait et devait être; ceux-là, sans raisonner, ne voyaient que ce qui était. Les uns, connaissant le passé, réclamaient toujours le possible et le vraisemblable; les autres, sans avoir rien lu, jugeaient de ce qu'on pouvait faire par ce que l'on faisait; en sorte que les premiers ne sortaient pas d'étonnement et d'espérance, et les autres d'horreur et d'effroi pour le présent et l'avenir. Ainsi, d'un côté *les lumières* trompaient, et de l'autre le sens commun voyait juste; mais ni les uns ni les autres ne remontaient à la cause première, et peu d'hommes concevaient ce que bientôt il sera très commun de concevoir, que la suprême Providence pouvait et savait assez pour permettre une fois, pendant le temps marqué par elle seule, ce qu'elle n'avait jamais permis, que tout ordre moral, social et politique fût entièrement renversé, sans qu'il en restât de vestige, dans toute l'étendue d'un grand état, pour l'exemple et l'instruction de tous les autres; et pour cela elle n'avait qu'à laisser faire. Mais comment il pouvait être cette fois de sa sagesse et de sa bonté de laisser faire, c'est ce qui ne doit pas nous occuper ici, et ce qui sera démontré ailleurs avec autant de facilité que d'évidence, pour quiconque aura seulement quelque idée réfléchie de Dieu et de l'homme. Ici, où je ne fais qu'indiquer ces vérités, toujours bonnes à rappeler, je ne m'arrête qu'à Beaumarchais, qui n'a pas plus connu la révolution que tant de gens ne la connaissent encore, depuis que tous ne cessent d'en parler. On le voit, dans ses récits, toujours frappé de surprise de tout ce qui lui arrive, ne concevant pas qu'on vienne chercher dans ses caves les fusils qui sont en Hollande, qu'on veuille le massacrer comme retenant ces fusils chez l'étranger pour en priver les Français, tandis qu'il sue sang et eau, et court le jour et la nuit pour se faire entendre du ministère, qui n'a qu'à dire un mot pour les faire venir. Il invoque et le ciel et la terre quand il se voit joué chaque jour par ces dix ou douze esclaves, plus ou moins avides ou tremblants, qu'on appelait ministres, si rapidement remplacés les uns par les autres, et, quelques mois après tous égorgés ou proscrits. Une fois seulement il avoue qu'en sortant du conseil comme un homme hors de lui, il était pourtant *le seul étonné*, et je le crois; les autres *étaient dans le sens de la révolution*, et il n'y était pas. Mais ce qui prouve que son caractère était toujours le même, quoique son esprit ne lui servît plus à rien, et ce qui est en lui un trait extrêmement remarquable, c'est qu'à peine échappé au glaive qui moissonne de tous côtés dans Paris, sauvé de l'Abbaye, et comment? fugitif et caché à la campagne, autant qu'on pouvait être caché alors, il sort quatre fois de sa retraite, et vient dans ce même Paris où il pouvait être assassiné à chaque pas, y vient à pied de plusieurs lieues, y vient de jour comme de nuit, pourquoi? pour suivre l'affaire de ces malheureux fusils qu'on n'a jamais eus, mais qui lui coûtèrent 500,000 fr. déposés au ministère, et qu'il n'a jamais revus. J'avoue que rien ne m'a paru plus extraordinaire que ce fait très constant, exemple d'une ténacité de vouloir et d'une fermeté d'âme certainement aussi rares l'une que l'autre.

Enfin, dans des jours moins orageux, et non moins abominables, quand la tyrannie plus concentrée en forces, et retranchée dans quelques formes nominales, fut un peu moins pressée de détruire, parce qu'elle se crut en état de régner et de jouir, Beaumarchais revint dans ses foyers, à peu près dépouillé, mais à peu près tranquille. Je ne le vis point depuis ce dernier retour; et j'ai su, dans ma retraite, qu'il était mort subitement dans la nuit, d'un coup de sang, ayant encore une santé robuste à soixante-sept ans, après une vie si laborieuse et si tourmentée. Sa forte constitution n'avait alors rien de la vieillesse, car sa dureté d'oreille était ancienne. Quelques semaines auparavant, un zèle fort aveugle pour la mémoire de Voltaire lui dicta quelques lettres contre la religion chrétienne, qu'il avait toujours respectée dans ses écrits. Ce fut le dernier des siens; et en y joignant le rôle de *Begearss* dans la *Mère coupable*, ce sont les deux seules mauvaises actions publiques que l'on puisse lui reprocher.

Je commencerai ce qui concerne ses ouvrages dramatiques par cette même pièce que je viens de nommer, quoique ce soit la dernière qu'il ait faite. Elle ne doit pas rester au théâtre; et je me hâte de la mettre de côté comme indigne de lui, et comme très condamnable par un genre de satire personnelle, toujours à réprouver en elle-même, et qu'ici particulièrement rien ne pouvait motiver ni excuser.

Le moindre défaut de la pièce, c'est le titre, qui annonce tout autre chose que ce qu'elle est. Il est bien vrai que la femme qui pèche comme épouse, pèche aussi comme mère, par les conséquences que peut avoir sa faute; mais le titre d'une pièce ne se détermine point par des rapports si indirects et si éloignés, mais par les rapports les plus prochains avec le sujet et l'action; et qui pourrait en trouver ici l'apparence? Il n'y a pas un trait qui blesse la maternité, et l'on est justement choqué de ne trouver dans l'ouvrage rien de ce que fait attendre le titre, à moins que ce premier contre-sens ne doive indiquer que tout le reste ne sera aussi que contre-sens; et de cette façon, jamais titre ne fut plus juste.

Ce serait sans doute une fort bonne moralité dramatique, que celle qui montrerait de longues et terribles suites de la violation du lien conjugal, en placerait le châtiment à côté même du repentir, et récompenserait ensuite le repentir par une heureuse péripétie. Ce serait un drame très moral, s'il était bien conçu; mais le drame moral est précisément celui dont Beaumarchais n'avait point le talent, quoiqu'il en ait toujours eu la prétention, même dans sa pièce très immorale des *Noces de Figaro*. C'est l'intrigue qu'il entendait bien, et nullement la morale, dont il ne connaissait pas plus la théorie que le style. Un mari fidèle et délicat, tendre et jaloux, qui aurait lieu de soupçonner d'infidélité une femme qu'il n'aurait épousée que par amour, livré depuis long-temps au tourment secret de douter si ce qu'il aime toujours a toujours été digne d'être aimé, et acquérant enfin la preuve qu'il tremblait de trouver, ou même de chercher, serait dans une situation très intéressante, sur-tout si cette femme avait couvert un moment de faiblesse par des années de vertu; ce serait là, sans contredit, un canevas très dramatique ; et les combats de la tendresse et du ressentiment, le mélange de la délicatesse et de la douleur, le fruit même d'un amour adultère placé entre les deux époux, tout cela fournirait des scènes, des incidents, des développements susceptibles d'un grand effet, non pas dans la prose plate ou boursoufflée de nos dramaturges, mais dans les vers d'un homme éloquent qui connaîtrait la poésie du genre. Tout cela est le contraire du drame de Beaumarchais, également vicieux dans le plan, dans les caractères, dans les situations, dans les moyens, dans le dialogue.

Est-ce bien le comte Almaviva des *Noces de Figaro*, qui pouvait être celui que nous présente *la Mère coupable*? Quelle plus lourde méprise, et quelle conception plus fausse et plus révoltante ? Quoi! c'est un petit-maître français, un fat, un libertin, qui couve depuis vingt ans la profonde et haineuse jalousie d'un mari espagnol ! C'est lui qui se croit en droit, au bout de vingt ans, de faire éclater contre sa malheureuse femme, la plus douce et la plus timide des femmes, un orage de reproches et d'outrages long-temps préparés et réfléchis ! C'est lui que vingt ans d'une vie exemplaire et d'un repentir religieux n'ont pu désarmer un moment ! C'est lui qui, avec un grand nom et une grande fortune, s'obstine vingt ans à se priver d'un héritier de la plus haute espérance ! C'est lui qui s'est ouvert si gratuitement sur ce qu'il a tant d'intérêt à cacher, et qui, dans un âge très mûr, a été capable d'une indiscrétion si grave et qu'on pardonnerait à peine, ou à la jeunesse étourdie, ou aux premiers accès d'une jalousie violente ! Je le répète, tout cela est faux, évidemment faux, et l'effet n'en est pas seulement froid, il est ridicule et repoussant. Ce fut celui de la première représentation, où j'assistai au mois de juin 1792, lorsque les théâtres n'étaient pas encore entièrement dénaturés. On n'accueillit qu'avec de longues risées cette longue et intolérable scène du quatrième acte, où Almaviva, tout gonflé d'un bourroux dont tout le monde se moquait, ayant à la main des lettres dont il avait été lui-même touché jusqu'aux larmes un moment auparavant, semblait se plaire à enfoncer cent coups de poignard dans le sein de sa pauvre femme, qui ne lui répondait qu'en priant Dieu, comme dans tout le cours de la pièce, ce que l'auteur avait cru très pathétique, et ce qui n'était que très inepte. Beaumarchais ne se doutait pas que cette habitude de prière, qui peut être à sa place dans un roman tel que *Clarisse*, est insupportable au théâtre, où l'on ne dialogue pas un quart d'heure de suite avec Dieu, quand il faut répondre à un mari. Rien ne fait mieux voir de quelles bévues un homme d'esprit est capable dans ce qui est étranger à son genre d'esprit. Il ne savait pas qu'au théâtre (les sujets de religion mis à part) une prière ne doit être qu'un mouvement instantané d'une âme que sa situation élève vers le suprême juge et le suprême protecteur ; mais que sept ou huit oraisons de suite ne sont sur la scène qu'une puérilité..

Et qu'est-ce que ce Begearss qu'il appelle l'*autre Tartufe?* Oh! oui, c'en est bien un autre que celui de Molière; mais celui-ci est le véritable; celui-ci est bien un coquin, mais ce n'est pas un sot; et l'on a vu, dans l'examen de ce chef-d'œuvre, que si Tartufe est pris au piège, c'est qu'à moins d'être le diable en personne, il doit y tomber, et qu'il n'y a point d'homme au monde qui n'y fût pris. Mais Begearss! l'auteur a beau dire et redire que c'est le démon appelé *légion* : c'est le plus maladroit de tous les démons. Il ne sait autre chose que distribuer de tous côtés des secrets dont il est seul dépositaire, et dont la révélation doit le perdre sans ressource au moment de l'explication, et l'explication est inévitable. Lui seul sait le secret de la naissance de Florestine, et il l'apprend au jeune Léon, à Florestine sa maîtresse, qui devraient commencer par s'en ouvrir l'un à l'autre, si toute marche naturelle n'était pas ici intervertie; enfin il l'apprend à la comtesse. Il fait plus, il provoque une explication où ce secret sera infailliblement mis en jeu; et, pour comble d'imprudence, il croit avoir besoin de cette entrevue des deux époux, qui lui devient si funeste, et qui ne pouvait manquer de le devenir. Cependant il a dans les mains la dot de trois millions, et doit épouser le soir même, à minuit, cette Florestine, sans que personne y mette le moindre obstacle. C'est bien là le coup de partie; c'est d'abord ce mariage qu'il faut conclure, parce qu'il termine tout. Non, il veut avoir la fortune entière du comte : passe; il veut amener le divorce entre eux : soit; mais quelle nécessité de hâter dans l'instant même une entrevue tellement dangereuse, qu'à moins d'avoir perdu le sens, il doit au moins en avoir quelque inquiétude? Car enfin cette scène entre les deux époux sera violente et orageuse; il le sait, puisqu'il en fait son moyen de divorce; et qui ne sait aussi que dans ces scènes-là on dit tout? Encore une fois, de plus pressé, c'est le mariage : quoi qu'il arrive alors, il sera *nanti*, pour parler comme Figaro. Il fait donc tout le contraire de ce qu'il doit faire, il court au-devant du péril, et compromet à plaisir son mariage et ses trois millions. Quelle plus haute extravagance? « Qui vous a dit que cette Florestine était « ma fille? il n'y a que M. Begearss qui le sache. « — C'est M. Begearss qui me l'a dit. — Ah! le « monstre! » Voilà ce qui arrive et ce qui devait arriver; et ce Begearss, *plus profond que l'enfer*, ne s'en est pas douté! C'est ne se douter de rien.

Les invraisemblances fourmillent de scène en scène, et l'auteur, pour couvrir celle des faits, y joint celle des caractères; ce qui n'est qu'une double faute. Le jeune Léon aime Florestine, en est aimé, et se flatte de l'épouser. Il voit tout-à-coup un rival dans ce Begearss, et veut sur-le-champ se couper la gorge avec lui. Fort bien : voilà le jeune homme tel qu'il doit être. Mais Begearss le *machinateur*, qui n'a jamais d'autre machine à son usage que l'indiscrétion, lui dit aussitôt que Florestine est sa sœur; et aussitôt le jeune homme, devenu plus qu'un sage, *se jette dans les bras* de Begearss. Pas un instant accordé à la surprise, à la douleur, à la défiance, à la curiosité d'approfondir un évènement si imprévu, et dont toute sa tête doit être bouleversée. Non, il s'estime trop heureux que Begearss veuille bien épouser Florestine; il presse lui-même ce mariage; il y engage sa maîtresse; ce Begearss est *un dieu* pour tous les deux. Est-ce ainsi que la nature est faite? est-ce là de la jeunesse et de l'amour? Suffit-il pour déguiser cette foule de mensonges (car tout ce qui contredit la nature est mensonge dans l'art), suffit-il de quelques lambeaux de morale mal placée et mal entendue, d'une foule d'exclamations et de points, et d'une pantomime dictée en interligne? Les platitudes ne relèvent point les folies. Je ne sais s'il y a dans tout ce drame une scène raisonnable; mais en voilà déjà trop, et il ne faut pas user la critique sur tant de déraison.

Et le style! Pour cette fois l'esprit n'y est pas mêlé au mauvais goût : c'est le mauvais goût dans toute sa pureté. « Quelle découverte! *Hasard, je te* « *salue*. Il faut pourtant que je démêle comment « un homme si *caverneux* s'arrange d'un tel imbé- « cile..... De même que *les brigands redoutent les*

« *réverbères......*» (Le trait n'est pas neuf; mais on voulait que Figaro se donnât, lui-même, pour un *réverbère.*) Encore quelques lignes du philosophique monologue. « Un dieu m'a mis sur la piste. Hasard, « dieu méconnu, les anciens t'appelaient Destin; « nos gens te donnent un autre nom. » Cet autre nom ne peut être que celui de Providence, et alors quelles sont donc les gens dont Figaro dit ici nos gens? Mais, laissant même ces grossières indécences, quel langage dans une comédie! quel amas de disparates burlesques! « *Vrai major d'infernal* « *Tartufe!.....* Eh bien, maudite joie qui me gonfles « le cœur, ne peux-tu donc te contenir? Elle m'é- « touffera, *la fougueuse*, ou me livrera comme un « sot, si je ne la laisse un peu s'évaporer pendant « que je suis seul ici. *Sainte et douce crédulité*, l'é- « poux te doit sa magnifique dot. *Pâle déesse de la* « *nuit*, il *te devra bientôt sa froide épouse.* » Ou je me trompe fort, ou cette *pâle déesse de la nuit* n'est autre que la lune. Ainsi Begearss *devra bientôt à la lune* cette *épouse* malheureusement *froide!* On peut à toute force *devoir sa maîtresse* à la lune dans un rendez-vous nocturne; il ne s'agirait que de le dire autrement; mais *devoir son épouse à la lune*, cela est au-dessus de mes conceptions, comme la *sainte crédulité*. La poésie de ce monologue de Begearss vaut la *philosophie* du monologue de Figaro, et la *lune* de l'un vaut le *hasard* de l'autre.

Et Begearss, avec ses invocations à la *sainte amitié*, comme à la *sainte crédulité;* et Figaro qui s'écrie : « O ma vieillesse, pardonne à ma jeunesse! »

et la comtesse qui, *en voyant des fantômes*, s'écrie : « Réprobation anticipée ! » et, en écoutant Begearss, s'écrie comme un autre Séide[*] : « Je crois entendre « Dieu qui parle ! » Tout ce pathos, mêlé avec les métaphores hétéroclites qui composent ici tout le comique de Figaro, forme une bigarrure aussi étrangère au ton de la scène qu'à celui de la raison. Il n'est pas croyable qu'un si mauvais ambigu reste au théâtre Français quand il sera rétabli, non plus que *Tarare* sur celui de l'Opéra. Ces deux productions, platement folles, n'ont de l'esprit de Beaumarchais qu'une bizarrerie qu'il prit pour de l'originalité quand il fut gâté par ses succès, et qui était la partie malheureuse d'un talent qui ne fut pas à portée de s'épurer par l'étude.

Quand il imprima *la Mère coupable*, deux ans avant sa mort, il fut fidèle à l'habitude qu'il s'était faite d'offrir au lecteur, sous le titre de préface, un plaidoyer très méthodique, où, en repoussant toutes les censures, il détaillait toutes les perfections de ses pièces, et en convertissait les défauts en découvertes à étudier et en modèles à suivre. La modestie d'auteur n'entra pas chez lui dans les progrès de l'âge, parce que chez lui l'homme fut toujours plus fort et plus avancé que l'auteur. Aussi ses plaidoyers de littérature n'ont pas fait la même fortune que ceux du palais. Les gens de goût en ont ri souvent, comme ils avaient ri de ses *Mémoires*, mais d'un rire un peu différent. Ses connais-

---

[*] Je crois entendre Dieu : tu parles, j'obeis »
Mahomet, acte III, sc. 6

sances littéraires étaient assez bornées, et c'est tout naturellement qu'il déraisonne dans ses préfaces, comme il raisonnait dans ses factums. Celle de *la Mère coupable* a cela de plus que les autres, que celles-ci sont du moins sur le ton de l'apologie, et celle-là sur le ton du panégyrique. C'est de la meilleure foi du monde qu'il nous assure que sa pièce est « d'une profonde et touchante moralité »; c'est du ton le plus pénétré qu'il nous dit : « Venez juger « *la Mère coupable* avec le bon esprit qui l'a fait « composer pour vous. » *Le bon esprit*, s'il l'avait eu en ce genre, lui aurait appris, du moins après l'avoir vue au théâtre, qu'il ne faut composer ainsi ni pour le public ni pour soi; que, s'il est très permis de dire qu'on a composé « dans une intention « droite et pure », il est fort peu décent d'ajouter, « avec la tête froide d'un homme et le cœur brûlant « d'une femme, comme on l'a pensé de Rousseau. » On pourrait croire qu'il n'y a qu'un sot qui, à la tête d'une pièce très *froide*, pour *un homme* comme pour *une femme*, s'avise de nous parler de son *cœur brûlant*, et ignore qu'on ne doit parler de son *cœur brûlant* qu'à une maîtresse tout au plus; encore vaudrait-il mieux qu'elle s'en aperçût sans qu'on le dît. Mais comme Beaumarchais n'était rien moins qu'un sot, c'est une nouvelle preuve que la vanité d'un homme d'esprit lui fait dire des sottises comme elle lui en fait faire; que Beaumarchais manquait même de ce tact des convenances, qui, sans être la modestie, empêche l'amour-propre d'être ridicule, et préserve un écrivain qui se respecte de ce charlatanisme arrogant que tant d'exemples ont mis à la mode, sans qu'il en soit moins méprisable. Il n'est plus possible, je l'avoue, de nombrer nos auteurs *brûlants ;* mais les gens sensés savent que ni l'auteur de *Phèdre*, ni celui du *Cid*, ni celui de *Zaïre*, n'ont parlé de leur *cœur brûlant* ni de leur *tête froide*. Enfin, quoique J. J. Rousseau soit fort loin d'être comparable à ces hommes-là, Rousseau, très pernicieux sophiste, n'en est pas moins un écrivain très éloquent, et il ne convenait pas de dire si crument qu'on avait dans sa composition ce qui a été attribué à celle de Rousseau.

Je passe sous silence ce qu'à l'époque de cette pièce l'auteur a cru devoir y faire entrer de révolutionnaire : c'était alors le passeport général et indispensable. Ce qui sera bien plus digne de remarque, c'est tout ce qu'il y avait déjà de cet esprit qui annonce une révolution prochaine, dans *les Noces de Figaro*, jouées en 1784. Ici je ne citerai qu'un mot, qui avait quelque chose de plaisant en 1792 : « Le divorce accrédité chez *cette nation ha-* « *sardeuse...* » C'est Almaviva qui s'exprime ainsi, et cette singulière épithète signifie du moins que Beaumarchais ne se souciait plus alors de rien *hasarder*.

Mais ce qui est condamnable dans tous les temps, c'est le projet, avoué par l'auteur, de mettre sur la scène un de ses ennemis connus et signalés, dont le nom de Begearss n'est que l'anagramme. Il proteste dans sa préface que le personnage « n'est pas

« de son invention, et qu'il l'a vu agir. » Le rôle dans la pièce et le témoignage dans la préface, n'étant qu'une seule et même chose, l'ouvrage de l'inimitié et de la vengeance, sont également récusables. Je ne connais point l'homme que je n'ai jamais vu, et dont je n'ai jamais entendu attaquer la probité, dans le temps même où ses Mémoires contre Beaumarchais étaient dans les mains de tout le monde; mais je crois de mon devoir de revenir encore ici sur ce que j'ai dit à propos de l'*Écossaise* et ailleurs, qu'il importe beaucoup plus qu'on ne croit aux mœurs publiques et au maintien des lois sociales, de ne jamais souffrir qu'aucun citoyen soit sur le théâtre l'objet d'une satire personnelle. En se bornant même au ridicule, comme Molière, c'est encore une faute aux yeux de tout homme d'une morale sévère; mais il faut n'en avoir aucune pour ne pas se faire scrupule de représenter sur le théâtre, comme un monstre de perversité, celui qui, par cela seul qu'il est votre ennemi, ne doit jamais être votre justiciable : cette licence, qui est un délit grave et public, infirme encore plus votre jugement. De quel droit traduisez-vous un autre devant la société, comme dangereux pour elle, vous qui commencez par violer la première de ses lois, celle qui défend d'attaquer l'honneur de qui que ce soit, si ce n'est devant les tribunaux qui en sont juges? Avez-vous bonne grace à prétendre faire justice d'un méchant qui n'est point convaincu, ni même accusé, vous qui êtes déjà convaincu d'une méchante action, d'un assassinat moral? La vengeance, même

dans les lois humaines, nécessairement imparfaites, n'est permise à un particulier que quand elle se renferme au moins dans les bornes légitimes : si elle les passe, il y a désordre et contradiction, puisque vous faites un mal de plus, au lieu de réparer celui qui est fait, et que vous joignez le tort que vous vous faites à celui qu'on a pu vous faire. Comme les passions sont toujours inconséquentes ! L'exemple et la preuve sont ici sans replique. Qu'aurait donc répondu Beaumarchais si quelqu'un lui eût dit :
« Monsieur, je ne connais point M. B** (Bergasse), et
« il ne m'est point du tout prouvé qu'il soit un mal-
« honnête homme pour avoir vu autrement que
« vous dans la cause d'autrui. S'il vous a dit des
« injures, vous les lui avez bien rendues : là-dessus
« vous avez eu tous les deux un même tort, et vous
« êtes quittes. Mais il vous en reste un à vous, Mon-
« sieur, qui vous est particulier, et qui n'a point
« l'excuse commune de la colère des plaideurs et
« de l'altercation des procès : c'est que vous venez
« à froid, et long-temps après, faire de votre ad-
« versaire, travesti sur le théâtre, une épouvantable
« caricature, un affreux portrait de fantaisie ; et je
« ne vois pas que l'anagramme, qui ne déguise
« point l'homme, déguise davantage une mauvaise
« action. »

Au reste, l'objet même en fut manqué, et le public n'était pas ici, comme à l'*Écossaise*, de moitié dans la vengeance. On n'y fit pas même attention ; et sans l'anagramme, que saisirent des curieux charitables (car il y en a toujours de cette espèce), personne ne se serait avisé du dessein de Beaumarchais, encore plus mauvais que son drame, et c'est beaucoup dire.

Il avait débuté en 1767 par celui d'*Eugénie*, roman dialogué, dont le sujet, tiré du *Diable boiteux*, avait déjà été refondu dans cinq ou six ouvrages de nos jours. Il fit aussi précéder sa pièce d'un *Essai sur le drame sérieux**, dont il élève les avantages au-dessus même de la tragédie et de la comédie; et Diderot seul, je crois, avait été jusquelà. Beaumarchais, qui se piqua toute sa vie d'être son disciple plus que son imitateur, se prosterne devant ce *philosophe*, qu'il appelle *poète*, et Diderot n'était ni l'un ni l'autre. En repoussant les objections contre ce genre indécis, dont le plus grand mérite et le plus grand défaut est son extrême facilité, il répond fort bien aux mauvaises raisons qu'il imagine, mais nullement aux véritables reproches de la saine critique, que peut-être même il n'entendait pas bien. Quant à ceux qu'il rebat, d'après d'autres, contre la tragédie et la comédie, on voit que, s'il les avait lus, il ne connaissait pas les réponses qui les détruisaient.

En relisant son *Eugénie*, je me suis convaincu plus que jamais, par une épreuve très désintéressée, qu'il y avait de très bonnes raisons du peu de cas qu'on fait généralement du drame en prose. Il y a

---

* Mais la tragédie aussi est un *drame sérieux*, et très sérieux. C'est une chose assez plaisante à remarquer, que la diversité des noms imaginés pour caractériser ce qui précisément n'a aucun caractère particulier : *drame sérieux*, *drame honnête*, *comédie larmoyante*, *tragédie bourgeoise*, *tragédie domestique*.

ici de l'intérêt dans le sujet et des situations faites pour le théâtre, et pourtant la lecture ne produit aucune émotion quelconque, et rien de plus que la curiosité. C'est que l'effet de ces situations tient proprement à la pantomime, et ne peut se passer des acteurs. Une prose vulgaire, nécessairement analogue aux personnages, ne peut porter dans l'âme du lecteur ces impressions soutenues que la magie poétique doit joindre à l'illusion dramatique : toutes deux ont besoin l'une de l'autre. Deux vers de sentiment feront couler mes larmes, en se gravant d'eux-mêmes dans mon âme et dans ma mémoire, au lieu qu'un amas de phrases que j'ai vues partout ne m'affectera nullement. Un drame de cette espèce ne m'inspire guère, à la lecture, d'autre sentiment que le désir d'avancer et d'être au fait : quand j'y suis, tout est dit; l'ouvrage est oublié, et je n'y reviendrai jamais : mon imagination n'y a rencontré rien que je désire de retrouver. On m'a conté une histoire, je la sais, et je ne me soucie pas qu'on me la redise. C'est aussi ce qui fait qu'en général il n'y a point de pièces plus promptement abandonnées que celles-là, même celles qui ont eu le plus de succès dans la nouveauté. *Le Père de famille* s'appelait à la comédie *la pièce de cent écus;* et pourtant les drames sont ce qu'il y a de mieux joué en total, et de plus aisé à bien jouer. Au contraire, ce qu'il y a de plus usé dans le vieux Molière attire du monde, dès que les acteurs en chef ne dédaignent pas d'y paraître. *Le Tartufe, le Misanthrope*, qu'on sait par cœur, ont toujours fait de bonnes chambrées quand ils n'ont pas été abandonnés aux doubles, quoiqu'il y eût toujours des rôles très faiblement rendus. C'est qu'il y a là un attrait durable pour l'esprit et le goût; et cet attrait est encore plus grand dans nos bonnes tragédies, où l'on revient chercher ce que l'oreille est charmée d'entendre et de remporter, et ce que l'âme désire toujours de retrouver. Voilà sous quel point de vue il faut envisager les arts d'imitation, et ce qui échappait à Beaumarchais ainsi qu'à *son maître* Diderot.

Il y a plus d'art dans la conduite et dans le dialogue des *Deux Amis;* et cet art est employé surtout à sauver la faiblesse des ressorts de l'intrigue, mais inutilement. Mais dans ce genre, qui ne se soutient ni par la grandeur des personnages, ni par le charme de la poésie, il est impossible de se tirer d'un sujet qui manque par le fond. Tout est forcé dans celui des *Deux Amis;* et l'invraisemblance perce de tous côtés, comme dans *le Père de famille*, sans être rachetée de même par l'intérêt d'une grande passion (le jeune homme) et par un caractère de comédie (le commandeur). Le nœud consiste, chez le disciple comme chez *le maître*, dans un secret que rien n'oblige à garder, qui ne peut pas même être un secret jusqu'à la fin de la pièce, et dans un embarras ridicule qui ne dure que parce que l'auteur l'a voulu. Il est absurde que le receveur des finances Mélac consente à passer pour un fripon, quand il serait si simple de dire au fermier-général Saint-Alban que les

600,000 francs n'ont point été détournés de la caisse, mais avancés pour quelques jours au négociant Aurelly, pour l'époque de ses paiements de Lyon, qui, comme on sait, n'admettaient point de délai dans un temps où l'on savait ce que c'est que le commerce. Cet Aurelly a 1,300,000 francs exigibles à Paris, sous quinze jours, et si sûrs que Saint-Alban, à la fin de la pièce, quand tout est révélé, les prend très volontiers en paiement, et se charge d'en négocier l'escompte. Qui donc l'aurait empêché de le faire quelques heures plus tôt? C'est qu'alors il n'y avait plus de pièce, et que dans celle-ci tout le monde a juré de se désespérer vingt-quatre heures pour ce qui s'arrangerait partout en un moment. C'est aussi ce qui fit accueillir très froidement ce drame *, qui n'a pas reparu, ce me semble, au moins sur le théâtre Français.

Mais si Beaumarchais avança fort peu en se traînant sur les traces de Diderot, sa route fut beaucoup plus sûre et plus heureuse quand il courut au gré de son génie, qui était celui de la gaieté. Le succès de ses *Mémoires* l'en avisa, et c'est peut-être la première fois que l'esprit d'un plaideur annonça celui d'un comique **. Cette gaieté spirituelle et satirique, souvent grotesque et bouffonne, mais alors même divertissante et originale, est d'un caractère

---

* « Quelqu'un de l'ancien parterre dit fort plaisamment: « Il n'est question, « dans toute cette pièce, que d'une banqueroute. J'y suis, moi, pour mes « vingt sous. »

** Gilbert a dit, dans sa *Satyre du XVIIIe siècle:*
    Et ce vain Beaumarchais qui, trois fois avec gloire,
    Mit le mémoire en drame, et le drame en mémoire

d'autant plus heureux dans la comédie, qu'il porte en lui-même l'excuse de ses écarts et de ses défauts, parce qu'il est assez juste de passer quelque chose à celui qui hasarde tout pour vous amuser. Ce genre réclame l'indulgence, et a peu à craindre de la sévérité, qui pourrait ressembler à la mauvaise humeur. Beaumarchais, pour y être plus à son aise, imagina une sorte de personnage qu'on peut appeler de convention; car, s'il n'est pas hors de la nature, il est du moins hors de l'usage. On ne peut douter, quand on entend son Figaro dans les trois pièces où il figure et prime toujours, que ce ne soit Beaumarchais lui-même qui a voulu se transformer sur la scène, et qu'il avait besoin d'un tel personnage pour lui donner tout son esprit. C'est un valet, il est vrai; mais il est auteur, il est musicien, il fait des vers, il a fait des études, il parle de grammaire en termes aussi exacts* que le docteur Bartholo; il est parfois *philosophe*, et toujours intrigant; il est fier de ses divers talents, au point de se mettre au-dessus de ceux qui, pour être au-dessus de lui, n'ont eu que *la peine de naître*. La ressemblance est partout, et une foule de traits saillants et décisifs la font encore ressortir : j'en citerai quelques-uns des plus frappants. Je ne connais rien au théâtre qui soit de l'espèce de ce Figaro, et je crois aussi qu'on en eût trouvé difficilement l'original ou la

---

* C'est-à-dire, au fond, aussi peu exacts ; car Beaumarchais n'était pas fort sur la grammaire. Il parle de *conjonction copulative*, ce qui équivaut à *conjonction conjonctive*; et ce qui prouve l'ignorance, il voulait dire *particule conjonctive*.

copie dans le monde, tel que nous l'avons vu alors. Mais il y a eu de la partialité à en conclure que l'auteur n'avait peint que de fantaisie, et qu'il avait montré sur la scène ce qui n'existait nulle part. Cela pourrait être fondé s'il eût fait une pièce de caractère et de mœurs, dont la scène fût à Paris, et dût en représenter la société; mais il l'a mise dans l'intérieur d'une famille espagnole, à Séville, et dans un château d'Andalousie; et, dans ce cas, il était le maître de modifier le ton et la conduite de ses acteurs sur leurs situations respectives, pourvu que cet accord fût soutenu, et qu'il n'y eût rien de faux en soi. Or, sous ce point de vue, qui est le véritable, rien n'empêche qu'un seigneur du caractère d'Almaviva passe beaucoup de libertés à un homme du caractère de Figaro, dont il aime et prise d'ailleurs les services. « En a-t-on vu d'aussi audacieux (dit-il)? » Il dit vrai; mais apparemment il lui convient de le souffrir, et il a de bonnes raisons pour cela.

Mais comment Beaumarchais, qui a joué dans le monde un rôle honorable, n'a-t-il pas craint de se compromettre beaucoup trop en se personnifiant dans son Figaro? Il est sûr que l'idée est bizarre; mais d'abord elle est réelle, et si réelle, qu'il y est encore revenu dans *Tarare*, non pas quant aux actions du héros, mais quant au résultat de ses aventures et du poème:

> Homme, ta grandeur sur la terre
> N'appartient point à ton état;
> Elle est toute à ton caractère.

Ces vers sont un peu durs, et la pensée un peu vieille ; mais dans ce Tarare, qui se tire de l'obscurité par ses talents et des dangers par son courage, Beaumarchais retraçait et reconnaissait Beaumarchais. Seulement il y a de Figaro à Tarare le progrès du temps et de la fortune : celle de l'auteur était devenue très brillante, et il ne la devait qu'à lui-même : c'était Tarare couronné. A l'époque de Figaro, valet-barbier, il luttait encore, il était « loué par ceux-ci, blâmé par ceux-là, et partout « supérieur aux évènements ; aidant au bon temps, « supportant le mauvais, et sur-tout, *faisant la barbe* « *à tout le monde.* » Qu'on se rappelle qu'il venait d'être réhabilité par un parlement, après avoir été *blâmé* par un autre ; qu'on se rappelle, dans ce même couplet, les *maringouins*, quolibet qui spécifie ses querelles avec un gazetier alors fort connu ; que l'on fasse attention à cet autre quolibet, *faisant la barbe à tout le monde*, et qu'on dise ensuite que ce n'est pas là Beaumarchais.

De plus, ce Figaro, quoique aventurier *connu* à la police de Séville, et pas plus délicat en procédés que ne doit l'être un intrigant de profession, ne fait pourtant rien qu'on puisse appeler proprement une méchante action. Il trouve tous les moyens bons pour enlever Rosine à son tuteur, mais c'est pour la marier au comte Almaviva. Il joue cent mauvais tours à ce seigneur redevenu son maître ; mais c'est pour défendre sa fiancée, que ce maître veut dérober à son valet. Enfin il joue le beau rôle dans le dernier drame, où il parvient à démasquer et à éconduire *l'autre Tartufe*. Il a toujours plus d'esprit que tout ce qui l'entoure, sans aucune exception; il fait la leçon à tout le monde en politique, en morale, en intrigue; il est bon fils, bon mari, bon serviteur; et en se comparant au comte, qu'il trouve bien hardi d'oser se jouer à lui, il l'apostrophe ainsi dans ce monologue si singulier à tant d'égards, sur lequel je reviendrai tout à l'heure : « Parceque vous êtes un grand seigneur, vous vous « croyez un grand génie. Noblesse, fortune, un « rang, des places, tout cela rend si fier! Qu'avez-« vous fait pour tant de biens? vous vous êtes donné « la peine de naître; *tandis que moi, morbleu! perdu* « *dans la foule obscure*, il m'a fallu déployer *plus* « *de science et de calcul, pour subsister seulement,* « *qu'on n'en a mis depuis cent ans à gouverner* « *toutes les Espagnes; et vous voulez joûter!...* » L'hyperbole est forte, et l'auteur la mettait à coup sûr sur le compte de la vanité comique d'un valet; mais cette exclamation, *tandis que moi, morbleu!* est bien évidemment celle de l'amour-propre de Beaumarchais.

Il spécula juste sur le temps où il vivait; il vit qu'on en était venu à mettre partout et en tout au premier rang ce qu'on appelait de l'esprit, et il se flatta que, de tous les rapports entre lui et Figaro, rien ne refléterait sur lui plus sensiblement que celui de la supériorité d'esprit, ou que ce rapport du moins couvrirait tous les autres; et il ne se trompa pas.

Le Barbier de Séville est depuis long-temps jugé

par les connaisseurs : c'est le mieux conçu et le mieux fait des ouvrages dramatiques de Beaumarchais. Les caractères en sont assez marqués et assez soutenus pour le genre de l'imbroglio : celui du tuteur amoureux et jaloux a un mérite particulier ; il est dupe sans être maladroit. Les moyens de l'intrigue sont du vieux théâtre, et le fond en était usé ; mais il est rajeuni par les incidents et le dialogue. Il n'y a point d'acte qui n'offre une situation ingénieusement combinée, piquante et gaie dans les détails. La pièce se noue plus fortement d'acte en acte, et se dénoue fort heureusement au dernier. La scène de Basile, au troisième, est neuve ; et le singulier ne va pas jusqu'à l'invraisemblance ; ce qui suppose beaucoup d'adresse dans l'auteur. Les bâillements et les éternuements sont d'un comique facile et vulgaire, il est vrai, comme les bégaiements, les bredouillements, et autres charges semblables ; mais tout ce qui fait rire sans tomber dans le grossier ni dans le bas, est du ressort de la comédie. Si, malgré ces avantages, je n'ai point placé cette pièce parmi les premières du second rang, c'est qu'elle est fort inférieure à trois comédies qui me semblent en possession de cette principauté, *l'Homme du jour*, *Turcaret*, et *le Mariage fait et rompu*. La première est une pièce d'un comique noble et intéressant, une pièce de caractère et de mœurs, si bien faite, qu'il ne lui manque pour être au premier rang, qu'un style digne du reste. La seconde, avec beaucoup moins d'intérêt et d'art, est aussi de caractère et de mœurs : il y a pour le moins autant de gaieté et bien plus d'esprit encore, et un bien meilleur esprit que dans *le Barbier*. La troisième, non moins agréable à la représentation, est d'une conception absolument originale dans toutes ses parties; et c'est ici l'occasion de spécifier quelle est l'espèce d'originalité qu'on doit accorder à Beaumarchais. Ce n'est jamais celle des conceptions : les gens instruits savent qu'elles sont partout; et il est très concevable que des peuples aussi spirituels que les Espagnols et les Italiens aient à peu près épuisé le genre de l'intrigue, qui pendant deux siècles a été le seul de leurs comédies. Ce qui est à Beaumarchais, c'est d'avoir substitué aux fadeurs et aux bouffonneries qui sont tout l'assaisonnement des anciens canevas espagnols et italiens*, un dialogue plein de saillies et une hardiesse plaisamment satirique, d'autant plus piquante, que personne ne s'attendait qu'on osât jamais en ce genre aller jusque-là. C'est là ce qui fit en grande partie la fortune très extraordinaire de ses *Noces de Figaro*.

Il passa quatre ans à combattre les obstacles qu'on opposait et qu'on devait opposer à la représentation de cette pièce. Il la lisait partout où il croyait pouvoir influer sur les autorités qu'il fallait rassurer; et, toujours apologiste en même temps que lecteur, il repoussait toutes les objections, insinuait ses défenses et endoctri-

* Parmi ces derniers, on sait que Goldoni est le premier dont le dialogue ait eu de la vérité et du naturel, et cet écrivain est de nos jours. Mais il est très faible d'intrigue et d'action; témoin son *Bourru bienfaisant*, où l'une et l'autre manquent absolument, et dont tout le comique tient à un contraste toujours le même entre les choses et le ton, c'est-à-dire à un comique de pantomime.

naît l'opinion. Il eut successivement cinq ou six censeurs, et composait avec chacun d'eux selon la personne et les circonstances. La pièce restée en litige intéressa bientôt toutes les puissances, et bien plus encore celle qui a fini par être la plus forte de toutes, la curiosité publique, aiguillonnée à un point dont rien n'a jamais approché. Qu'est-ce donc que cette pièce qui met tout en rumeur depuis si long-temps, qui partage la cour et la ville, dont on dit tant de choses singulières? La verra-t-on? ne la verra-t-on pas? Dans une ville telle que Paris, et dans ces temps de calme et de sécurité, la plus grande nouvelle, le plus grand évènement devait être la première représentation des *Noces de Figaro*. On se crut au moment de la voir, non pas au Théâtre-Français, mais à celui des Menus, où les comédiens, qui faisaient leur cause de celle de l'auteur, avaient obtenu la permission de faire comme un essai de cet ouvrage si attendu. On s'arracha les billets; six cents voitures défilaient dès le matin de tous les quartiers de Paris, lorsqu'à onze heures un ordre du ministre les fit toutes rétrograder : défense de jouer la pièce. Chaque semaine la permission était promise, et retirée la semaine suivante. Enfin la persévérance de Beaumarchais, qui fut toujours à toute épreuve, l'emporta sur toutes les résistances; et quoi qu'aient pu faire pour lui la séduction et le crédit, ce qui le servit le mieux fut une phrase adroitement insérée dans la pièce : « Il n'y a que les petits hommes qui « redoutent les petits écrits. » Cette maxime, si susceptible d'interprétations diverses, ne faisait rien du tout à la circonstance; car une pièce en cinq actes n'est rien moins qu'un petit écrit, et il ne s'agissait point ici d'hommes petits ou grands. Mais enfin les supérieurs ne voulurent pas être de petits hommes, et la pièce fut jouée. Nombre de personnes couchèrent la veille à la comédie dans les loges des acteurs, pour s'assurer mieux de leurs places; la salle, quoique très grande, était à moitié pleine avant que les bureaux fussent ouverts. Une pareille représentation devait être tumultueuse, et les ennemis de Beaumarchais ne s'y oublièrent pas. On jeta même du cintre des épigrammes très virulentes contre lui, et qui coururent de main en main. Mais l'agrément de l'ouvrage triompha de tout; les *Noces de Figaro* furent jouées deux ans de suite, une ou deux fois par semaine, et toujours suivies : on y accourut de toutes les provinces de la France, et même des pays étrangers. La pièce valut 500,000 francs à la comédie, et 80,000 à l'auteur; et pour que rien ne manquât au succès, jamais pièce ne fut jouée avec un plus parfait ensemble, quoiqu'elle remplît à elle seule toute la durée du spectacle*, c'est-à-dire plus de trois heures; et c'est là aussi un de ses premiers inconvénients.

Il est toujours dangereux, dans les arts, de trop dépasser les mesures qu'une longue expérience a proportionnées aux objets. Une pièce de trois heures et demie est trop longue pour soutenir toujours l'at-

---

* Il en est de même du *Bourgeois gentilhomme*; mais la cérémonie burlesque du Mamamouchi tient lieu de quatrième acte et de petite pièce, et la comédie n'est pas plus longue qu'une autre.

tention. Je vis quatre fois les *Noces de Figaro*, et quatre fois les trois premiers actes me firent le même plaisir, hors la scène de la reconnaissance. Dans les deux derniers, l'infériorité est si sensible, que la pièce tomberait, si l'intérêt en était le mobile. Mais, quoi qu'en dise l'auteur dans sa préface, et très heureusement pour lui, c'est la curiosité seule qui soutient cette machine compliquée ; et alors le remplissage, les scènes de mots, les fêtes de noces, les petits jeux de théâtre font gagner du temps, et peuvent passer dans l'attente du dénouement : ils impatienteraient à l'excès si l'unité d'action et d'intérêt s'étaient emparée des esprits dans les premiers actes. Si les préfaces mêmes de l'auteur ne montraient un homme peu versé dans la poétique du théâtre, et qui emploie tout son esprit à s'en faire une pour ses pièces, on ne concevrait pas qu'il ait pu imaginer que « le plus véritable intérêt se porte ici sur « la comtesse. » De quel intérêt veut-il parler ? S'il pouvait y en avoir, ce ne pourrait être dans le fait que celui de son *goût naissant* pour le page Chérubin ; mais l'auteur lui-même est loin de l'entendre ainsi. Quels efforts ne fait-il pas dans sa préface pour nous persuader que cette « bienveillance pour « un enfant son filleul n'est qu'un pur et naïf intérêt « sans conséquence, un intérêt sans intérêt, » et qu'il n'y a pas le moindre reproche à faire à la comtesse, « la plus vertueuse des femmes et l'exemple « de son sexe ? » Il est pourtant vrai que « ce léger « mouvement dramatique, qui la met un moment « aux prises avec ce goût naissant qu'elle combat, » l'occupe et la domine depuis le commencement de la pièce jusqu'à la fin, depuis l'instant où elle s'empare du *ruban qui ne la quittera plus*, qu'elle porte *dans son sein* parce qu'il a été au bras du page, jusqu'à celui où elle le jette, parce que le Chérubin, léger comme un page, vient d'être surpris pour la seconde fois avec Fanchette. Je conçois bien qu'une passion de cette nature (et c'en est bien une très caractérisée en paroles et en actions) n'est pas d'une femme « la plus vertueuse des femmes et le « modèle de son sexe, » et qu'on a pu, sans être trop rigoriste, se récrier sur l'*indécence* d'un pareil *amour*; mais puisque l'auteur nie absolument l'*amour* pour écarter l'*indécence*, il est clair que ce n'est pas là que peut être « cet intérêt qui se porte « sur la comtesse. » Il reste celui que l'on peut prendre à une jeune et tendre épouse abandonnée d'un époux qu'elle adore; et c'est en effet celui-là que Beaumarchais veut que l'on aperçoive dans sa pièce. Mais franchement il n'est que dans sa préface; et c'est traiter le lecteur comme Figaro traite Basile, que de nous faire accroire que la tendresse conjugale occupe la comtesse, quand elle a véritablement la tête remplie, et l'on pourrait dire tournée, du petit page. Qu'elle soit piquée des projets du comte sur la Suzanne, et qu'elle cherche à les déjouer, c'est ce qui est tout naturel à une femme même indifférente; et la comtesse peut fort bien être jalouse du comte sans en être encore amoureuse, comme il est jaloux d'elle sans en être encore épris, toutefois avec les nuances différentes du caractère et du sexe. C'est précisément ce que l'on voit ici ; et il est trop certain que personne ne pense à s'apitoyer sur l'*abandon* de cette comtesse, qui passe son temps à faire l'amour avec son page. Il n'y a donc, je le répète, d'autre intérêt que celui de la curiosité ; mais il suffit dans une pièce à évènements ; et l'auteur, ayant à fournir une longue carrière, s'est rejeté pour cette fois dans tous le fracas des *journées* espagnoles ; il a multiplié les acteurs, les épisodes, les incidents, les surprises, ressources nécessaires de ce genre, qui était le sien, et qu'il a bien connu. Il l'a traité avec art dans les premiers actes : au premier, la scène du page sur le fauteuil ; au second, celle où il saute par une fenêtre ; au troisième, celle de l'audience ; tout cela est bien ménagé, plein de mouvement, sans trop d'embarras, et forme un spectacle très amusant. Il n'en est pas de même des deux derniers. Le quatrième est sans action : hors le billet du rendez-vous remis au comte par Suzanne tandis qu'il lui arrange sur la tête le bouquet nuptial, tout le reste est rempli par la fête du château et du village, et par la querelle très insipide entre Basile et Figaro. Mais cet acte se termine par un trait d'un fort bon comique, quand Figaro, qui se vantait d'une *philosophie imperturbable* sur la jalousie, qui appelait la jalousie « un sot enfant « de l'orgueil, la maladie d'un fou, » est tout-à-coup pétrifié à la fausse apparence d'une infidélité de Suzanne : « ce que je viens d'entendre, je l'ai là comme « un plomb. » Voilà de la vérité, voilà bien la nature. Mais à quel excès l'une et l'autre sont violées dans le monologue du cinquième! Quel amas des plus révoltantes invraisemblances dans toutes les scènes nocturnes de ce dernier acte, où personne n'est reconnu de personne, sans autre artifice que celui qu'indique l'auteur, de *déguiser sa voix!* Oui, l'on déguise sa voix au bal masqué, au moyen d'une voix toute factice; mais on n'a pas celle d'autrui, qu'on ne saurait se donner. Quoi! le comte prendra la voix de sa femme pour celle de Suzanne, lui qui connaît parfaitement toutes les deux! Figaro, qui a l'oreille si fine, s'y méprendra de même, et dans un dialogue prolongé! Quelle extravagance! Et ce Figaro, qui a tant d'esprit dans les affaires des autres, en a si peu dans les siennes, que, malgré les avis de sa mère Marceline, et sans se donner le temps de rien examiner sur ce prétendu rendez-vous de Suzanne avec le comte, rendez-vous tout semblable à celui qu'il a concerté lui-même le matin, il s'en va comme un fou rassembler Bartholo, Basile, Antonio, et jusqu'à Bridoison, pour surprendre sa fiancée en flagrant délit avec son maître; il va se faire moquer de tous ceux dont il s'est tant moqué : et qu'en peut-il espérer, si ce n'est de perdre une riche dot, et de se faire peut-être assommer par un homme aussi violent, aussi brutal que le comte Almaviva? Pauvre Figaro! Dira-t-on qu'il a perdu la tête? Dans un premier mouvement, fort bien; mais il a eu tout le temps de la réflexion; mais il s'est rendu, et avec joie, aux sages remontrances de Marceline, et l'on ne dit pas même pourquoi il est retombé dans son accès de jalousie folle : tout ici est également faux et forcé. Et Almaviva, qui fait la même sottise, qui assemble toute sa maison dans le jardin, au milieu de la nuit, pour arrêter *l'infâme qui le déshonore!* Almaviva, qui croit fermement que sa femme vient d'entrer dans un pavillon pour se jeter dans les bras, de qui? de Figaro! Almaviva, tel qu'on nous l'a peint, être si grossièrement dupe! Il a bien raison de dire ensuite : « Ils m'ont traité comme un enfant; » mais lui sied-il bien d'être cet *enfant*-là? Tout cela, il faut le dire, fait pitié; et quand on rapproche tant de fautes de tous les éloges que l'auteur se prodigue à lui-même, aussi inconcevables que les jeux de cette lanterne magique qui fait le dénouement de sa pièce, on n'est pas plus tenté d'excuser l'ouvrage que l'auteur.

Encore s'il ne donnait sa *Folle journée* que pour ce qu'elle est; mais il a soin de nous avertir que ce titre n'était qu'un leurre; il se moque de ceux qu'il a su dérouter par « la grande influence de l'af-« fiche, » *influence* sur laquelle il veut *faire un ouvrage*. Il veut qu'on se prosterne devant « la pro-« fondeur de sa morale et de ses aperçus; » il ne voit dans ses censeurs que des ennemis, des envieux, des calomniateurs, et sur-tout des *grands*. Oh! c'est trop : sans être rien de tout cela, on pouvait assurément trouver une foule de défauts dans sa fable, où il n'en reconnaît pas un seul. Je lui disais un jour que, quoiqu'il y eût beaucoup d'esprit dans ses *Noces de Figaro*, il en avait fallu moins pour les composer que pour les faire jouer; et, tout en riant, il en convint à peu près : c'était lui accorder deux sortes d'esprit au lieu d'un; mais quant à celui de se juger soi-même, je ne sais si personne en a jamais été plus loin.

Ce grand monologue de quatre pages, sur lequel je me promettais bien de revenir, est d'abord une monstruosité en théorie dramatique. Il est d'une impossibilité morale que Figaro, furieux et presque aliéné de jalousie, s'asseye sur un banc pour y faire le narré, le plus travaillé à sa manière, de l'histoire entière de sa vie, depuis sa naissance jusqu'à cette nuit où il attend sa perfide Suzanne. A qui s'adresse cette longue histoire? aux arbres et aux échos assurément, car ce ne saurait être aux spectateurs; et quand ce serait à ceux-ci, qui jamais s'est avisé de faire à soi ou aux autres un pareil résumé dans le moment de surpendre une maîtresse, une fiancée, en rendez-vous de nuit, dans un moment où l'on n'a jamais, où jamais on ne peut avoir qu'une seule idée? Je n'oublierai pas dans quel étonnement me jeta ce monologue, qui dure au moins un quart d'heure; mais cet étonnement changea bientôt d'objet, et le morceau était extraordinaire sous plus d'un rapport. Une grande moitié n'était que la satire du gouvernement : je la connaissais bien; je l'avais entendue; mais j'étais bien loin d'imaginer que le gouvernement pût consentir à ce qu'on lui adressât de pareilles apostrophes en plein théâtre. Plus on battait des mains, plus j'étais stupéfait et rêveur. Enfin, je conclus à part moi que ce n'était pas l'auteur qui avait tort; qu'à la vérité le morceau, là où il était placé, était une absurdité incompréhensible, mais que la tolérance d'un gouvernement qui se laissait avilir à ce point sur la scène l'était encore bien plus, et qu'après tout Beaumarchais avait raison de parler ainsi sur le théâtre, n'importe à quel propos, puisqu'on trouvait à propos de le laisser dire.

C'était en 1784, peu d'années avant la révolution; et, quoique alors personne n'y songeât, les gens capables de penser et de prévoir, soit ceux de ce temps, soit ceux du nôtre, pouvaient et peuvent aujourd'hui mettre à profit les réflexions que doit faire naître ce monologue, trop long pour être transcrit ici, mais qui sera toujours curieux à relire. Je me borne à quelques lignes qui ne se rapportent même pas aux conséquences politiques dont je viens de parler, mais seulement à la disconvenance inouïe de ce langage avec la situation : « Forcé de
« parcourir la route où je suis entré sans le savoir,
« comme j'en sortirai sans le vouloir, je l'ai jonchée
« d'autant de fleurs que ma gaieté me l'a permis;
« encore je dis ma gaieté, sans savoir si elle est à
« moi plus que le reste, ni même quel est ce *moi*
« dont je m'occupe : un assemblage informe de
« parties inconnues, puis un chétif être imbécile;
« un petit animal folâtre; un jeune homme ardent
« au plaisir, ayant tous les goûts pour jouir, fai-
« sant tous les métiers pour vivre; maître ici, valet
« là, selon qu'il plaît à la fortune; ambitieux par
« vanité, laborieux par nécessité, mais paresseux
« avec délices; orateur selon le danger, poète par
« délassement, musicien par occasion, amoureux
« par folles bouffées; j'ai tout vu, tout fait, tout
« usé, etc. »

J'avais tort de dire qu'il remontait à sa naissance; il remonte plus haut, jusqu'au ventre de sa mère, afin de n'omettre aucune des époques de la nature humaine. Voilà bien le *Figaro philosophe*; mais dans la fin de la période, il y a du *Figaro-Beaumarchais*. On voit quel chemin avait fait cette *philosophie* du siècle pour amener ce *moi* de pyrrhonien jusque dans une comédie, cette métaphysique mêlée à la bouffonnerie..... Il y aurait trop à dire; mais que ne donnerais-je pas pour que Molière eût entendu ce monologue, et pour entendre ensuite Molière sur les progrès dont l'art dramatique est redevable à *notre philosophie!*

Celle de Beaumarchais, qui prétendait sur-tout être *morale*, s'indigne des reproches *d'immoralité* que l'on faisait à ses *Noces de Figaro*. Mais je ne sais si là-dessus lui-même était de bonne foi; je ne crois pas qu'il se fît encore cette illusion. Il avait vu avec perspicacité ce que le gouvernement et l'esprit public l'encourageaient à hasarder; que l'un, pour se donner un air de *philosophie*, puisque enfin c'était la mode, ne trouverait pas trop mauvais qu'on le gourmandât, et en savait assez peu pour croire s'honorer en se laissant insulter; que l'autre, soulevé contre la vanité des grands, désirait qu'on les humiliât d'autant plus, qu'ils avaient eux-mêmes très imprudemment renoncé à leur véritable dignité pour se mettre au rang des *philosophes*, qui se moquaient d'eux : de là ces sarcasmes contre l'ignorance des magistrats et des hommes en place, contre l'ineptie des ministres, « donnant à un danseur

« l'emploi qui demandait un calculateur ; » de là ce tableau burlesque de la science diplomatique, tracé par Figaro devant son maître Almaviva, nommé ambassadeur, qui se contente de lui répondre, « qu'il n'a défini que l'intrigue, et non pas la po-« litique, » quoiqu'en effet il n'ait rien *défini*, et qu'il n'ait fait qu'une caricature aussi insensée qu'indécente. Ce ton de détraction universelle sur ce qui n'est point fait pour être livré à la risée publique, et ne l'avait jamais été depuis Aristophane, devait plaire à l'esprit français d'alors; et, quoique tout cela fût d'ailleurs un placage étranger au dialogue, et contraire aux principes de l'art, Beaumarchais avait fort bien jugé que le public était mûr pour ce genre de satire, au point de ne pas même exiger l'à-propos, le bon sens ni le goût. Il n'avait pas calculé moins juste sur la dépravation des mœurs; il voyait que depuis long-temps les femmes ne se piquaient plus guère que d'être *désirables* et de se faire *désirer*; qu'il ne s'agissait plus pour elles d'être *honnêtes*, mais *sensibles*; et afin qu'on ne se méprît pas à ce genre de *sensibilité*, *le plaisir et les jouissances* faisaient le fond des conversations, avec des détails si savants, qu'il semblait que la société ne voulût rien laisser au tête à tête, comme aujourd'hui, par un progrès ultérieur et révolutionnaire, les femmes, qui ont appris de la *philosophie* que « la pudeur n'était point un sen-« timent naturel, » en sont venues à s'habiller sans se vêtir, graces aux tissus légers qui, en dessinant les formes de leur sexe, ne refusent aux yeux que la nudité absolue, et, comme au climat de l'équateur et des tropiques, la promettent en un clin d'œil. Nous étions pourtant éloignés encore de ce dernier terme, quand Beaumarchais imagina son joli rôle de Chérubin, très joli assurément, et d'autant plus, qu'il ne peut être joué que par une jolie fille en trousse de page; rôle très neuf, qui montra pour la première fois sur le théâtre le premier instinct de la puberté dans un adolescent de treize à quatorze ans, « jeune adepte de la nature, qui en est « aux premiers battements de cœur, vif, espiègle « et brûlant; » c'est ainsi qu'on nous le représente dans la préface, et c'est aussi ce qu'il est dans la pièce. L'auteur « a choisi ce moment, dit-il, pour « que son page obtînt de l'intérêt sans forcer per- « sonne à rougir; ce qu'il éprouve innocemment, il « l'inspire de même. » J'avoue que ce *moment* est d'un *intérêt* très chatouilleux; *innocent*, c'est autre chose. Ce qu'il y a de sûr, c'est qu'on n'avait pas cru permis jusque-là d'essayer sur la scène cet *intérêt*, qui, à cet âge, n'est proprement dans notre sexe que le premier attrait vers l'autre. On avait senti que, dans cet attrait purement physique, il ne pouvait encore entrer rien de *moral*, ni par conséquent rien de *décent*. Au contraire, on avait cru pouvoir montrer sans indécence de très jeunes filles avec leurs jeunes penchants, par cette raison, très bien entendue, que, si le premier besoin du très jeune homme est de jouir, le premier de la jeune fille est de plaire et d'aimer. S'il y a quelque chose de pur dans l'amour, c'est sans contredit le premier sentiment d'une vierge de treize à quatorze ans. Beaumarchais, qui connaissait de reste cette différence, a feint de l'oublier dans sa préface, mais s'en est parfaitement souvenu dans sa pièce. Le page *innocent* sait très bien *s'enfermer avec Fanchette*, se trouver seul avec Suzanne pour *l'embrasser*; et s'il ne fait que des romances pour la comtesse, c'est qu'elle est si *imposante!....* Il a un tel besoin d'amour, qu'il *en parle* même à la duègne Marceline: *N'est-ce pas une femme, une fille*, ce sont ses paroles ; elles sont claires. Il est clair qu'il n'y a qu'*une femme, une fille* qui puisse lui apprendre ce qu'il brûle de savoir; mais il n'en sait pas mal déjà, puisqu'il fait beaucoup valoir sa *discrétion* sur tout ce qu'il voit et entend autour de lui. Si la comtesse elle-même le regardait comme *un enfant*, elle ne serait pas si *altérée*, si *émue* avec lui, et même loin de lui. Si le comte le regardait comme *un enfant*, il n'en serait pas *jaloux* au point de remarquer cette *altération*, cette *émotion*, au point de vouloir *tuer* cet *enfant*, parce qu'il est enfermé avec la comtesse. Qu'aurait-il dit s'il eût vu la scène de la toilette, le page aux pieds de sa marraine, *qui lui essuie les yeux avec son mouchoir*, la camériste, qui fait remarquer à sa maîtresse *comme il est joli, comme il a le bras blanc, plus blanc que le sien en vérité*; toutes les agaceries de Suzanne, toutes les douceurs de la comtesse? Ce charmant page entre ces deux charmantes femmes occupées à le déshabiller et à le rhabiller, est un tableau de l'Albane, et rien n'a autant contribué à faire courir aux représentations

de *Figaro*. Quant à la *décence*, si l'on veut s'assurer de ce qu'en pensait l'auteur lui-même, malgré tous les cris qu'il affecte de faire entendre à ce sujet, on en peut juger par le persiflage qu'il mêle à ses déclamations. Il trace ironiquement le portrait d'un siècle corrompu auquel il ne se flatterait pas de persuader *l'innocence de ses impressions*, et ce siècle est bien le nôtre, comme il veut qu'on le croie. Il ajoute sur le même ton : « N'ai-je pas vu nos dames
« dans les loges aimer mon page à la folie ? Que
« lui voulaient-elles ? Hélas ! rien. » Cette apologie dérisoire n'est pas mauvaise en un sens ; elle signifie que l'auteur n'a pas osé dire crument : « De quoi
« vous plaignez-vous ? Il vous sied bien d'être si
« sévères dans vos censures, quand *vous êtes si*
« *sensibles dans les loges!* Ne condamnez pas l'au-
« teur qui vous a servies à votre goût. Tout consiste
« aujourd'hui à porter *l'indécence* aussi loin qu'il
« est possible, pourvu qu'elle ne soit pas *de mau-*
« *vais ton*. L'on ne demande plus au vice que du
« charme et de l'esprit; et qu'ai-je pu faire de mieux,
« que de le montrer dans toute sa séduction, rais-
« sant dans cette ignorance curieuse du premier
« âge que nous sommes convenus de prendre pour
« de l'*innocence?* »

Quelle *innocence!* L'auteur était dans le secret, puisque, dans la troisième partie de son *Figaro*, le premier fruit de cette *innocence* est de donner au comte Almaviva un fils de son page Chérubin. On aurait pu dire à Beaumarchais : « Vous êtes en
« droit de vous moquer ici du public et des magis-

« trats, lorsqu'en ne cessant de courir à votre pièce,
« on ne cesse de crier qu'elle est *indécente et im-*
« *morale*. Mais vous n'avez rien à répliquer à la
« raison et à l'honnêteté, qui vous diront qu'ils ont
« tort et vous aussi ; que si l'*indécence* est dans les
« mœurs publiques, ce n'est pas un titre pour la
« mettre sur le théâtre, parce qu'en morale on ne
« justifie pas un tort par un autre, ni le mal par le
« mal. Cessez donc de nous vanter la *morale* de
« vos pièces ; on en peut tirer du vice et même du
« crime : qui en doute? Et pourtant il est contraire
« aux principes de l'art, qui sont ceux du bon sens,
« de présenter le crime sur la scène pour le cou-
« ronner, et le vice pour le faire aimer. Vous êtes
« logicien dans vos *Mémoires*, mais vous n'êtes que
« sophiste dans vos préfaces: d'où je conclus seule-
« ment que vos procès valaient mieux que vos
« pièces. »

Je ne m'arrête pas à une autre espèce d'*indécence*; une Marceline qui, d'un côté, reproche à
Bartholo, son ancien maître, de ne pas vouloir l'é-
pouser après lui avoir fait un enfant, et qui, d'un
autre côté, réclame une promesse de mariage achetée
de Figaro pour deux mille piastres ; ce Bartholo
qui, lorsque Marceline reconnaît son fils dans Figaro,
ne veut pas être le père d'un pareil garnement, etc.
Ce sont là, à dire vrai, des scènes de corps-de-garde ;
et Basile, l'honnête entremetteur du comte auprès
de Suzanne, et qu'elle-même appelle *agent de corruption*, fait très ouvertement un métier que je ne
me rappelle pas avoir vu sur la scène française:

Mais cette sorte d'*indécence* n'est pas dangereuse, et, quoique grossière, la *grosse gaieté* de l'auteur (car elle l'est aussi quelquefois) fait passer le tout ensemble.

Cette gaieté de style et de dialogue est comme celle des préfaces : il y a autant de mauvais goût que d'esprit, c'est-à-dire beaucoup de l'un et de l'autre. Dès la première scène, ce sont de vieilles plaisanteries *sur le front* des maris, auxquelles l'auteur mêle un peu de jargon pour les déguiser « Ma tête « se *ramollit de surprise*, et mon front *fertilisé*.... — « Ne le frotte donc pas. — Quel danger ? — *S'il y* « *venait un petit bouton, des gens superstitieux...* » Figaro et sa Suzanne devraient être au-dessus de pareilles niaiseries. Et cette Suzanne, qui doit être à Londres l'*ambassadrice de poche* pendant que son mari sera *casse-cou politique!* J'entends bien le second ; mais pour le premier, l'auteur n'a sûrement pas dit ce qu'il voulait dire ; le mot lui a manqué. « Y a-t-il long-temps que Monsieur n'a vu la figure « d'un fou ? — Monsieur, en ce moment même. — « Puisque mes yeux vous servent si bien de miroir, « étudiez-y l'effet de ma prédiction : si vous faites « mine d'*approximer* madame.... — Un musicien de « guinguette. — Un postillon de gazette. — Cuistre « d'oratorio. — Jockei diplomatique. — Disant par- « tout que je ne suis qu'un sot. — Vous me prenez « donc pour un écho, etc. » Était-ce la peine de contourner avec tant d'efforts ces injures en épigrammes, pour que Basile et Figaro eussent l'air de faire de l'esprit en se querellant ? Ce cliquetis de quolibets ne vaut sûrement pas ce qu'il a coûté. Mais, en revanche, Beaumarchais a beaucoup de mots, beaucoup de sentences qui ne lui coûtent rien ; car il les prend partout, et apparemment il en tenait registre quand il lisait. « Un grand seigneur nous « fait toujours assez de bien quand il ne nous fait « pas de mal. » Mot à mot dans *l'Art de désopiler la rate*, recueil où se pourvoient volontiers les gens à bons mots. « Mettez-vous à ma place. — Je dirais « de belles sottises. — Vous n'avez pas mal com-« mencé. » Rien n'est plus connu que ce dialogue ; il est du siècle passé, et recueilli partout. Quelque chose de plus connu encore, ce sont ces vers de l'*Amphytrion* :

> La faiblesse humaine est d'avoir
> Des curiosités d'apprendre
> Ce qu'on ne voudrait pas savoir.

Pourquoi nous redire en prose : « Quelle rage a-t-on « d'apprendre ce qu'on craint toujours de savoir ? « Le vent qui éteint une lumière allume un bra-« sier. » Vieux proverbe mis en vers il y a longtemps, et Figaro devrait les laisser à Basile, qui du moins y met des variations. — « Un art dont le so-« leil s'honore d'éclairer les succès. — Et dont la « terre s'empresse de couvrir les bévues. » Cette plaisanterie tout aussi usée ne valait pas qu'on l'amenât ainsi par une platitude emphatique qu'on fait dire à Bartholo, qui n'est pas un sot, et qui sur-tout ne songe pas à faire des phrases avec un soldat pris de vin ; c'est entasser les disconvenances,

et pourtant cette faute est dans *le Barbier*, où l'auteur a été beaucoup plus sobre qu'ailleurs de ces sortes d'écarts. Mais, en général, il avait, comme philosophe, la manie des phrases et des maximes, et celle des quolibets et des rébus, comme plaisant et facétieux. Cette double affectation rend son dialogue beaucoup plus vicieux que son style ne l'est par les incorrections de langage. Trop souvent on voit Beaumarchais arriver de loin pour se mettre à la place du personnage, et placer, n'importe comment, sa phrase ou son mot : en voici un exemple sur vingt autres tout aussi marqués. Figaro fait des serments de fidélité à sa Suzanne ; elle l'interrompt : « Oh ! tu vas exagérer : dis ta bonne vérité. « — Ma vérité la plus vraie. — Fi donc, vilain ! en « a-t-on plusieurs ? » On ne voit pas trop à quoi revient cette réprimande de Suzanne, ni pourquoi elle se rend si difficile sur cette *vérité la plus vraie*, expression qui est bien de Figaro amoureux. Mais la réponse de celui-ci fait voir tout de suite pourquoi Suzanne lui fait cette mauvaise chicane. « Oh que
« oui ! Depuis qu'on a remarqué qu'avec le temps
« vieilles folies deviennent sagesse, et qu'anciens
« petits mensonges assez mal plantés ont produit de
« grosses, grosses vérités, on en a de mille espèces : et
« celles qu'on sait sans oser les divulguer, car toute
« vérité n'est pas bonne à dire ; et celles qu'on vante
« sans y ajouter foi, car toute vérité n'est pas bonne
« à croire ; et les serments passionnés, les menaces
« des mères, les protestations des buveurs, les pro-
« messes des gens en place, le dernier mot de nos

« marchands, cela ne finit pas. Il n'y a que mon
« amour pour Suzon, etc. » *L'amour* revient d'un
peu loin : Figaro, ou plutôt Beaumarchais, a fait
du chemin pour le retrouver. Je ne dis rien de l'espèce de *philosophie* enveloppée dans ce bavardage
sur les *anciens petits mensonges* et les *grosses,
grosses vérités*. Il n'y a pas plus de bon sens que de
bon goût dans tout ce fatras, et la fin est encore
une de ces vieilleries qu'on a retournées de cent façons. Mais à quel point tout cela est hors de place!
Il n'y a, comme je l'ai dit, qu'un personnage de
convention, tel que ce Figaro, qui puisse allier tant
de disparates. Il vient de babiller en *philosophe*,
mais il est poète aussi, et c'est comme poète qu'il dit
à Suzanne : « Permets donc que, prenant l'emploi
« de la Folie, je sois le bon chien qui mène cet ai-
« mable aveugle qu'on nomme Amour à *ta jolie mi-*
« *gnonne de porte...* » C'est comme diseur d'apophthegmes et de bons mots qu'il dit : « Quand on
« cède à la peur du mal, on ressent déjà le mal de
« la peur..... La difficulté de réussir ne fait qu'ajouter
« à la nécessité d'entreprendre ».... et tous les adages
de cette espèce. Passons-les donc à Figaro, bavard
comme un barbier bel-esprit; mais je ne passe pas à
Figaro-Beaumarchais de répandre la même bigarrure
sur tous les personnages. Que l'amoureux Chérubin
fasse une romance à l'espagnole, fort bien; mais
quand il folâtre avec Suzanne, qu'il lui prend des
rubans et des baisers, et tourne avec elle autour
d'un fauteuil, ce n'est pas le moment de faire de la
poésie et de la phrase, comme celles-ci : « Et tandis

« que le souvenir de ta belle maîtresse attristera
« tous mes moments, le tien y versera le seul rayon
« de joie qui puisse amuser mon cœur. » Que Figaro
se pique d'être grammairien, quoique son langage
soit souvent baroque, et qu'en se servant des termes didactiques il les estropie parfois, je le lui pardonne. Mais je ne pardonne pas à Bartholo, tout
docteur qu'il est, de raffiner sur la grammaire quand
il est enragé contre le barbier, qu'il reconnaît pour
un agent du comte ; « métier qui lui fera une jolie ré-
« putation, ajoute-t-il. Je la *soutiendrai*, Monsieur, »
répond le fier barbier ; sur quoi le docteur lui réplique avec une finesse dont il paraît se savoir tant
de gré, qu'elle lui fait oublier toute sa colère : « Di-
« tes que vous la *supporterez*. » Voilà un synonyme
bien placé ! Il vaudrait mieux donner, comme on dit,
un soufflet à Despautère, que d'en donner un pareil à la nature. Enfin, il n'y a pas jusqu'à l'ivro-
gne Antonio qui ne débite des sentences, même
quand il est pris de vin. « Tu boiras donc toujours ?
« — Boire sans soif et *faire l'amour en tout temps*,
« il n'y a que ça qui nous distingue des autres bêtes. »
Des autres bêtes est très-plaisant, et si Antonio
s'arrêtait *à boire sans soif*, cela serait fort bon ; mais
faire l'amour en tout temps, ce rapprochement très
philosophique est un peu fort pour Antonio. La
charmante Suzanne, dont le rôle est un des plus
naturels de la pièce, n'échappe pas non plus tout-
à-fait au goût de la phrase. C'est elle qui dit à sa
maîtresse : « Le jour du départ sera *la veille des lar-
« mes.* » Il m'est impossible de mettre cette sombre

métaphore sur le joli minois de la camériste. Encore si elle disait *la veille du déplaisir*, son imagination pourrait aller jusque-là ; mais *la veille des larmes !* ce n'est pas elle qui peut figurer ainsi son langage. Que dire encore d'Almaviva qui débite tout seul cette sentence en métaphore : « Dans le vaste « champ de l'intrigue il faut tout cultiver, jusqu'à « la vanité d'un sot ? » Excellent pour Beaumarchais, qui parlait d'après l'expérience ; mais Almaviva, qui est *dans le vaste champ de l'intrigue* pour empêcher le mariage d'un concierge avec une femme de chambre, ce qu'il peut empêcher d'un seul mot !

Si j'ai un peu détaillé ce genre de fautes, c'est d'abord parce qu'elles sont plus contagieuses dans un style séduisant, plein de vivacité, plein de feu, tel que celui de Beaumarchais ; et puis, quel moyen d'être indulgent pour un écrivain qui se vante le plus de ce qu'il est le moins ? Il est si éloigné de se reconnaître dans ses personnages, qu'il jure par « le « dieu du naturel que, si par malheur il avait un « style, il s'efforcerait de l'oublier ; quand il fait une « comédie, il évoque ses personnages, il écrit sous « leur dictée rapide, etc. » Point du tout, Monsieur de Beaumarchais : les invocations et les évocations n'y font rien, et n'en imposent qu'aux sots. Vous n'avez pas la bouffissure monotone de Diderot, *votre maître*, mais vous avez dans vos préfaces un peu de son charlatanisme ; et, quoique aussi gai qu'il est triste, aussi léger qu'il est lourd, vous ne laissez pas de céder comme lui à la tentation de figurer en personne là où il n'y a point de place pour vous. Cette disconvenance, très blâmable partout, est inexcusable au théâtre. Je voudrais qu'il y eût au spectacle quelques hommes de sens, distribués en différents endroits de la salle, et autorisés à crier *l'auteur* chaque fois qu'il s'aviserait de parler au lieu de l'acteur. Il se pourrait que de cette façon l'auteur fût appelé encore plus souvent qu'il ne l'est aujourd'hui, et ce n'est pas peu dire; mais ce serait du moins avec plus de profit et pour son instruction.

Faut-il parler de *Tarare?* Comme opéra, ce n'est pas trop la peine. C'est, je crois, le seul ouvrage sans esprit qui soit sorti de la plume de Beaumarchais. Législateur dans sa préface, comme de coutume, il donne son *Tarare* comme l'essai d'un nouveau système de mélodrame, qui doit perfectionner la musique théâtrale et bannir l'ennui de l'opéra. Toutes ses promesses étaient magnifiques, et le nom de *Tarare*, si connu par le conte d'Hamilton, promettait du singulier, et excitait une curiosité et une attente que la pièce ne soutint pas. La fable tirée d'un conte oriental, et bonne tout au plus pour *les Mille et une Nuits*, n'est qu'extravagante sur la scène, et la versification est l'amalgame le plus hétéroclite de la platitude et du phébus. Ce n'est pas là ce qu'il y a de nouveau dans cet ouvrage; et le mélange du noble et du bouffon ne l'était pas plus, puisqu'il régnait à l'Opéra jusqu'à ce que les chefs-d'œuvre de Quinault l'eussent épuré. Mais ce qui est neuf, sans contredit, c'est « la grande idée philosophique
« qui couronne l'ouvrage (à ce que dit la préface),

« et qui même l'a fait naître; » c'est l'inexplicable prologue où elle est exécutée. *Tarare* est de 1787, deux ans avant la révolution; il y est fort question de « la touchante égalité, de l'accord politique entre « les brames et les soudans, etc. » Sans la date, il y aurait belle matière à rire, sur-tout du prologue, qui est vraiment une œuvre de démence. Mais, sous ce rapport, *la Philosophie du dix-huitième siècle* le réclame à juste titre, et c'est là que nous verrons comment elle est parvenue à faire éclore du cerveau d'un homme de beaucoup d'esprit ce qu'on croirait n'avoir jamais pu sortir que de la tête d'un fou. Cet opéra ne tardera pas à être oublié; mais on se souviendra long-temps du prologue, comme on se souvient du *Voyage dans la Lune* de Cyrano*.

La Harpe, *Cours de Littérature.*

JUGEMENTS.

I.

Malgré le mauvais goût et le style bizarre qui relèguent nécessairement Beaumarchais dans la classe des écrivains médiocres, les *Mémoires* qu'il publia dans son fameux procès contre un juge qui l'accusait d'avoir voulu le suborner, étincellent de saillies heureuses, et méritent d'être conservés par une foule de traits d'une gaieté originale et piquante, qui ne permettent pas de douter qu'il n'eût un fond d'esprit naturel très riche. C'est, sans exception, ce

---

* On a publié en 1802 une *Vie de Beaumarchais*, in-12, et en 1809 une édition de ses *Œuvres*, en 6 vol. in-8°.

qu'il a fait de meilleur; il y est même quelquefois très éloquent.

PALISSOT, *Mémoires sur la Littérature.*

II.

Les *Mémoires* de Beaumarchais dans l'affaire Goezmann ont un mérite éminent et varié. Quelques traits de mauvais goût les déparent, mais les traits heureux y abondent : l'intérêt, la gaieté maligne, un style original et rapide les soutiennent et les font relire encore.

Sa *Mère coupable* est d'un grand effet : les caractères y sont fortement dessinés, l'action rapide, l'intérêt puissant. Cette pièce énergique et neuve, où tout appartient à l'auteur, vaut bien mieux que son *Eugénie*; et l'on y voit partout les traces de ce talent original qu'il avait diversement déployé, soit dans son *Barbier de Séville*, et dans plusieurs parties de son *Figaro*, soit dans les éloquents *Mémoires*[*] qui fondèrent sa célébrité. Cet écrivain remarquable est plein de mauvais goût, sans doute; mais il est en même temps plein d'esprit, de verve et d'imagination.

M. J. CHÉNIER, *Tableau de la Littérature française.*

III.

Parmi les comiques modernes, Beaumarchais, qu'on ne peut citer que comme un auteur spirituel, et non comme un écrivain épuré, jeta pourtant un vif éclat en ses dialogues coupés. La bizarrerie de

---

[*] Ses *Mémoires*, comme ses comédies, sont pleins de verve, de cynisme, de bouffonnerie, de grace et de mauvais goût; singulier mélange d'orgueil avec une absence complète de dignité.

DE BARANTE, *de la Littérature française pendant le XVIIIe siècle.*

son style lui interdisait les dialogues soutenus; mais la vivacité de ses saillies, la promptitude de ses ripostes, équivalent en ses pièces dramatiques à ce que Dufresny a de plus fin et Regnard de plus bouffon. *Le Barbier de Séville* est notable par la gaieté de ses répliques; on n'y peut reprocher qu'une profusion de traits parmi lesquels échappent quelques pointes et quelques épigrammes forcées qui se mêlent aux bons mots, et dérangent le naturel : l'emploi de l'esprit dégénère chez lui en abus; il affecte sur-tout le dessein d'égayer dans *la Folle journée*; mais ce défaut n'empêche pas que son dialogue, généralement plaisant et satirique, ne se distingue par des passages exquis.

On ne saurait lui refuser le mérite d'avoir très subtilement tissu ses intrigues à l'imitation des comédies espagnoles. Les nombreux fils qu'il tend se brouillent et se dénouent agréablement sans que jamais un seul embarrasse la complication et s'y perde. Il joint à ce talent d'intriguer celui de remplir une des conditions majeures du genre que nous analysons. Personne, depuis les bons maîtres, n'a su mieux disposer les situations en tableaux scéniques, et les multiplier plus heureusement : ses drames offrent d'acte en acte des surprises, des coups de théâtre très neufs et très frappants. Le premier et le second acte du *Mariage de Figaro* ressemblent, sous ce rapport, aux imbroglios animés de Calderon, dont ils présentent une vive image; le troisième acte renouvelle, par son appareil satirique, le tableau des scènes d'Aristophane, qui censura dans ses *Guêpes* les corporations entières des tribunaux d'Athènes, comme Beaumarchais, son imitateur en ce point, étala le spectacle d'une cour de justice par *interim*, dont il critiqua la magistrature parlementale. L'exemple de sa réussite en ce genre atteste encore le profit que notre art peut tirer de l'étude trop négligée de la comédie grecque, dont j'ai cru le génie digne de notre estime.

LEMERCIER, *Cours analytique de Littérature.*

BEAUSOBRE (ISAAC DE), d'une famille noble et ancienne, originaire de Provence, naquit à Niort, le 8 mars 1659. Beausobre n'était pas le véritable nom de sa famille : son aïeul, qui portait ce nom, le changea à l'époque de la Saint-Barthélemy, lorsque, pour éviter les dangers qui le menaçaient, il se réfugia à Genève.

S'étant dévoué au ministère, Beausobre termina ses études et prit ses degrés à Saumur. Il reçut l'imposition des mains au synode de Loudun, et fut chargé de l'église de Châtillon-sur-Indre, en Touraine. Il la desservit durant quelques années, pendant lesquelles il épousa Claude-Louise Arnaudeau, dont le père était pasteur de l'église de Lusignan.

L'exercice du culte réformé ayant cessé d'être autorisé, on ferma le temple, et le gouvernement y fit apposer les scellés; Beausobre les brisa, et fit la prêche malgré les rigoureuses défenses qui existaient. Condamné à faire amende honorable, il préféra sortir du royaume, et se retira en Hollande, où la protection de la princesse d'Orange le fit admettre en qualité de chapelain auprès de la princesse d'Anhalt, sa fille; Beausobre se rendit à Dessau pour remplir ce poste. La confiance de la princesse lui procura beaucoup d'agrément dans sa nouvelle patrie. Le duc de Saxe-Barby ayant changé de religion [1], et embrassé les opinions des calvinistes, Beausobre en prit occasion de publier un écrit intitulé : *Défense de la Doctrine des Réformés*. Cet ouvrage parut à Magdebourg, en 1693. Il fit encore *l'Oraison funèbre du prince d'Anhalt-Dessau;* ces deux productions étendirent sa réputation.

Après huit ans de séjour à Dessau, l'établissement avantageux des réfugiés dans le Brandebourg, et les facilités nombreuses qu'offre une grande ville pour se livrer à l'étude, engagèrent Beausobre à se rendre à Berlin; il s'y rendit effectivement en 1694. C'est là qu'il passa le reste de sa vie, partagée entre le ministère, ses fonctions de chapelain, qu'il exerça jusqu'à la mort de la reine Charlotte, et la prédication. Outre cela, il obtint divers emplois, tels que ceux de conseiller du consistoire royal, directeur de la maison française, inspecteur du collège français; un an avant sa mort il fut nommé inspecteur des églises françaises de Berlin, et du district de cette capitale.

Fixé à Berlin, Beausobre pensa à se former une occupation qui pût remplir ses moments de loisir. Il entreprit l'*Histoire de la Réformation*. Cet ouvrage, qu'il ne publia pas, fut l'objet principal de ses travaux, et produisit l'*Histoire critique du Manichéisme*, histoire dont il ne fit que le premier volume, et qui fut continuée par Formey, sur les mémoires de Beausobre; elle forme 2 vol. in-4°, Amsterdam, 1734—39, et devait en avoir 3; mais la mort de l'auteur mit fin à son travail. Cet ouvrage attira beaucoup de critiques à l'auteur, sur-tout de la part des journalistes de Trévoux; cela n'empêche pas que l'*Histoire du Manichéisme* ne soit considérée comme son principal titre et son meilleur ouvrage.

La cour de Berlin avait chargé Beausobre et Lenfant de travailler à une version du *Nouveau-Testament*; notre auteur eut en partage les *Épîtres de saint Paul.* La préface de ces épîtres est de lui, la préface générale est de Lenfant. L'ouvrage fut publié à Amsterdam, 1718, en 2 vol. in-4°, réimprimé en 1741, sous le même format. Beausobre fut encore un des collaborateurs de la *Bibliothèque germanique*, qu'il enrichit d'un grand nombre d'excellentes dissertations.

Nous n'entrerons pas dans le détail fort long des autres ouvrages de Beausobre, ils sont tous restés en manuscrit dans ses papiers; on en peut voir la liste dans le tome XLIII, page 76 de la *Bibliothèque germanique.*

Beausobre, septuagénaire, et ordinairement occupé d'études si sérieuses, n'en céda pas moins à l'amour. La fille d'un ministre réformé conçut pour lui un attachement dont elle lui donna des preuves prématurées; il l'épousa, et en eut deux enfants. Parvenu à une vieillesse fort avancée, Beausobre se livrait encore à la prédication et au travail avec toute l'ardeur de la jeunesse; il mourut dans sa quatre-vingtième année, le 5 juin 1738.

M. Pajon de Moncets a publié à Berlin, en 1785, l'*Histoire de la Réformation*, 4 vol. in-8°.

Isaac de Beausobre eut plusieurs enfants. Charles-Louis de Beausobre son fils aîné, né en 1690, à Dessau, et mort à Berlin en 1753, continua les *Discours sur la Bible*, par Saurin, et composa la partie du *Nouveau-Testament*. Il est encore auteur d'une *Apologie des Protestants*, et d'un ouvrage intitulé *le Triomphe de l'Innocence*.

Louis de Beausobre, que Frédéric appelait le *petit Beausobre*, en le comparant à son père, naquit à Berlin en 1730, et y mourut en 1783. On a de lui des *Mémoires* estimés, recueillis dans la *Collection de l'Académie de Berlin*, et des *Lettres sur la Littérature allemande*, insérées dans le *Mercure* de 1755.

BEAUVAIS (JEAN-BAPTISTE-CHARLES-MARIE DE), évêque de Senez, naquit à Cherbourg, le 17 octobre 1731, d'un avocat au parlement de Paris, qui mit tous ses soins à cultiver les heureuses dispositions de son fils. Le célèbre Le Beau, sous lequel l'abbé de Beauvais étudia la rhétorique, distingua les talents de son élève. Il prit soin de développer ses dons naturels, qui répandirent dans la suite un vif éclat et conduisirent l'abbé de Beauvais à une grande réputation et aux honneurs ecclésiastiques. Il se distingua de bonne heure à la tribune chrétienne. Doué des talents de l'orateur, il avait encore une figure qui prévenait favorablement, et sa diction facile, la noblesse de son extérieur, prêtaient un charme nouveau à ses paroles. En 1761, sa réputation le fit choisir pour prêcher à la cour le sermon de la Pentecôte. En 1768, un nouveau choix attesta l'estime qu'on avait pour ses talents, et l'espérance qu'on était en droit d'en concevoir : il la justifia ; et le *Panégyrique de saint Augustin*, prononcé devant l'assemblée générale du clergé, satisfit tellement son auditoire, que le président de l'assemblée fut chargé de recommander l'orateur au ministre de la feuille des bénéfices. Cependant des difficultés s'élevèrent, et auraient pu borner la carrière de l'abbé de Beauvais, sans le noble appui que lui prêta M. de Bezons, évêque de Carcassonne. Le carême prêché à la cour en 1773 avait fait naître l'idée de donner un évêché à l'abbé de Beauvais ; mais il avait le malheur d'être roturier ; et les filles mêmes du roi, ses protectrices, dominées par l'esprit du temps, reculaient devant une pareille difficulté. M. de Bezons établit la parenté que les talents justifiaient entre les Bossuet, les Massillon et l'abbé de Beauvais ; le cardinal de la Roche-Aymon, chargé de la feuille des bénéfices, céda également aux véhémentes remontrances de l'évêque de Carcassonne, et le siège épiscopal de Senez fut donné à l'abbé de Beauvais. Cette situation élevée mit le nouvel évêque à même de faire briller d'un plus vif éclat et les talents qui lui avaient mérité cette distinction, et les vertus religieuses dont il était doué. Tout le monde connaît cette prédiction justifiée par l'évènement, où, citant un passage de l'Écriture, l'abbé de Beauvais s'écrie : « Encore quarante « jours, et Ninive sera détruite! » Cette apostrophe qu'il employa dans le sermon de la Cêne prêché à Versailles, avait pour but de rappeler le monarque aux principes dont les conseils des ambitieux et des flatteurs l'avaient malheureusement détourné, en corrompant le sens exquis dont la nature l'avait favorisé. Chargé, quelque temps après, de l'oraison funèbre de Louis XV, l'orateur rappela cette circonstance, encore nouvelle, et y puisa les traits de cette éloquence qu'on admire principalement dans le début de son discours. L'abbé de Beauvais s'étant retiré dans son diocèse, y déploya les vertus qu'il avoit célébrées. Les bienfaits qu'il répandit, sa conduite vraiment épiscopale, prouvèrent qu'il n'avait eu qu'à écouter les mouvements de son cœur pour recommander aux autres l'exercice des vertus dont il donnait l'exemple. Cependant, étranger, par toutes ses habitudes, au pays qu'il habitait, contrarié pour un projet de réunion de l'évêché de Senez et de celui de Digne, il se démit de son siège en 1783 et vint à Paris. Là, il eut le chagrin de voir plusieurs projets qu'il affectionnait ne pas réussir faute de temps, ou par l'inexpérience de ceux sur lesquels il se reposait. La mort l'empêcha de poursuivre le projet qu'il avait formé de donner une *Bibliothèque des Prédicateurs*. Cependant les troubles qui devaient agiter la France commençaient à se manifester. Nommé député aux états généraux par le bailliage de Paris, il fut vivement affecté des orages qu'il prévoyait, et qui déjà se faisaient sentir. Sa santé ne put résister aux vives émotions de son âme, et une maladie de langueur termina ses jours le 4 avril 1790. Nous avons de l'abbé de Beauvais des *Panégyriques*, des *Oraisons funèbres*, publiées de son vivant, et des *Sermons*, imprimés en 1806, 4 vol. in-12, avec une notice sur la vie et les ouvrages de l'auteur, par M. de Boulogne.

M. l'abbé de Galard prononça, dans une assemblée de la famille de M. Juigné, archevêque de Paris, dont M. de Beauvais était l'ami particulier, l'éloge funèbre de ce dernier prélat. Cet éloge a été imprimé. L'orateur semble y fondre son âme douce et sensible dans celle de son héros. La seule chose qu'on ait à regretter, c'est que la plume élégante de M. de Galard n'ait pas conduit cette esquisse jusqu'à la fin de la vie de M. l'évêque de Senez.

JUGEMENTS.

I.

Les Sermons de M. de Beauvais, en les jugeant même au-dessous de nos grands modèles, n'en méritent pas moins de figurer avec distinction parmi ceux qui honorent la chaire française. On n'y rencontre pas, à la vérité, cette vigueur de raison, cette élévation de pensées, cette vaste ordonnance de plan, cette fécondité d'imagination qui distinguent nos premiers orateurs; mais il y règne une simplicité noble et soutenue, une sensibilité douce, une diction correcte, et je ne sais quel aimable abandon, qui quelquefois, il est vrai, va jusqu'à la négligence, mais qui persuade d'autant plus qu'il laisse moins voir d'effort et de travail. On y voit un homme de bien qui, comme celui dont parle l'Évangile, tire sans peine, *du bon trésor de son cœur, de bonnes choses*; des choses quelquefois éloquentes, et toujours instructives; qui n'éblouissent pas le lecteur, mais qui l'attachent; qui ne l'enlèvent pas à lui-même, mais qui le remuent doucement. Ses compositions portent l'empreinte de son caractère, la modération, la douceur et la facilité. Presque toujours il manque de force, mais jamais de goût et de mesure. On peut assez dire de lui qu'il est *sans reins*, suivant l'expression de Quintilien, mais il n'est pas sans grace et sans onction. S'il n'a pas de grandes pensées, il n'en a jamais de subtiles et d'alambiquées : s'il manque de véhémence et d'impétuosité, il ne manque pas de chaleur. C'est un fleuve paisible que l'on ne voit jamais franchir ses bords, mais qui n'en contribue pas moins à l'utilité et à l'ornement des campagnes qu'il arrose. Enfin, jamais emporté par de grandes passions, il n'en communique point à ses lecteurs; mais il n'en est pas moins un modèle de ce que les rhéteurs appellent le genre tempéré : et combien y en a-t-il qui excellent dans le sublime?

On remarquera sur-tout avec plaisir dans ses Sermons, une heureuse application de plusieurs textes de l'Écriture, mais que trop souvent l'orateur indique bien plus qu'il ne les développe; un certain art de tirer parti des circonstances dans lesquelles il parlait, et qui pouvait servir à l'ornement de son sujet; et une certaine habileté à tourner en sentiments et en leçons les compliments qu'il était obligé de faire. Nous pouvons en donner un exemple dans celui qu'il adressait à Louis XV, le jour de Pâques :

« Mon Dieu! au milieu de tous les maux qui af-
« fligent la religion et l'humanité, nous nous bor-
« nons en ce jour à un vœu unique; il renferme tous
« les vœux que nous pouvons former. Mon Dieu,
« sauvez le roi, sauvez un prince si digne par sa
« clémence et son humanité de toute votre miséri-
« corde : et la religion va reprendre sa première
« splendeur; et les mœurs publiques vont recouvrer
« leur pureté et leur innocence; et la nation va voir
« refleurir les anciennes vertus et l'antique honneur
« des Français ; et, avec la félicité intérieure de l'état,
« la monarchie va voir revivre encore sa puissance
« et sa gloire extérieures, et l'ascendant dont elle avait
« toujours joui dans l'univers. Mon Dieu, sauvez le
« roi, c'est le vœu, c'est le cri universel de votre
« peuple. Que Louis ressuscite avec J. C. ; qu'il res-
« suscite par un effet de votre grace toute puissante;
« qu'il ressuscite en ce jour, en ce moment, et le
« bonheur, et la gloire, et la vertu de la nation,
« la nation entière va ressusciter avec son maître.
« Mon Dieu, mon dieu, sauvez le roi, et tout est
« sauvé ! »

Ce compliment est sans doute loin de ceux que Massillon faisait à Louis XIV; mais sa simplicité même a quelque chose de touchant; et cette effusion de cœur, qui annonçait si bien la sincérité des désirs que formait l'orateur, suppléait en quelque sorte au vide des idées, et ne laissait pas de faire impression sur les auditeurs et sur le monarque.

Quant au fond et à la matière de ses Sermons, on peut lui reprocher d'avoir abandonné la partie doctrinale pour s'attacher exclusivement à la partie morale. Presque tous ses sujets n'ont rapport qu'aux vertus humaines. C'est le luxe, c'est la compassion, c'est la dispensation des bienfaits, c'est la piété filiale, c'est l'amour paternel, c'est la misère des pauvres, ce sont les vertus sociales : et s'il est des sermons qui sortent de ce cercle par le titre, ils y sont ramenés par les réflexions. Peut-être s'y portait-il naturellement par son goût et par le genre de ses études; car nous savons qu'il montra dès sa jeunesse un assez grand éloignement pour la dialectique, et par conséquent pour les sujets de discussion : sujets, au reste, qu'il est plus aisé de dédaigner, qu'il n'est facile d'y réussir. C'est aussi peut-être un tribut qu'il a payé à l'esprit de son siècle, qui ne rêvait alors qu'humanité et bienfaisance, et au goût d'une cour frivole et légère, essentiellement ennemie de toute instruction trop approfondie. Mais s'il était vrai qu'il eût voulu s'accommoder par là aux idées qui commençaient à prévaloir, ou à la fausse délicatesse de son auditoire, ce que nous sommes bien loin de décider, on pourrait dire alors qu'il aurait trahi lui-même son talent, et porté la peine de sa complaisance par le manque d'élévation et de substance qui se fait trop sentir dans ses Sermons; car ce sont les grands objets que renferment les mystères, qui élèvent l'âme de l'orateur chrétien, et communiquent à ses compositions une vigueur et une majesté que la morale toute simple ne comporte pas par elle-même.

D'après ce que nous avons dit du genre de talent, de la trempe d'esprit et du caractère de M. de Beauvais, il semble qu'il n'aurait dû nullement réussir dans les oraisons funèbres, qui n'admettent point le genre tempéré, et où doit régner je ne sais quel ton de force et de majesté qui doit toujours tendre au sublime; genre si difficile, qu'après Bossuet, et, à une grande distance de lui, Fléchier, nos plus célèbres orateurs y sont restés au-dessous de leur talent, et que Massillon même y a échoué. C'est néanmoins dans ces sortes de discours que M. de Senez s'est le plus distingué; et il y montre une certaine hauteur que l'on est loin de rencontrer dans ses Sermons. Il est vrai qu'il composa ses Oraisons funèbres dans la maturité de son talent, à l'exception de celle de l'infant d'Espagne, qui se ressent un peu de la jeunesse de l'auteur. Il est peu de ses Sermons qu'on puisse comparer, soit à l'Oraison funèbre du curé de Saint-André-des-Arts, où il sait si bien suppléer à la stérilité de son sujet; soit à celle de Louis XV, où il a su si bien en éviter les écueils, et concilier avec une adresse singulière les intérêts qu'il devait à la vérité, et le respect qui était dû à la mémoire du monarque; soit à celle du maréchal Du Muy, où il est simple et noble comme son héros; et moins encore à celle de l'évêque de Noyon, où il a déployé autant de sensibilité que d'imagination. C'est ici sur-tout son chef-d'œuvre; c'est ici principalement qu'il a su prendre un ton vraiment funèbre, et mettre autant de pathétique dans ses mouvements que d'harmonie dans son style. Il avait à pleurer un protecteur qui était devenu son ami le plus tendre, et qu'une mort prématurée avait frappé au milieu de sa jeunesse et de sa gloire; un homme d'un esprit juste autant qu'orné, d'un caractère sûr autant qu'aimable, d'une âme franche autant que généreuse; un évêque enfin, qui, par son nom et ses vertus, faisait tout à la fois l'honneur et l'espérance de l'Église. Un pareil sujet, en intéressant de si près son cœur, ne pouvait qu'inspirer son génie. On ne peut s'empêcher d'y reconnaître une âme fortement émue. Plus occupé de répandre des larmes que des fleurs sur la tombe de son ami, il en fait verser à tous ceux qui le lisent. Ce sont partout des sanglots qui partent du cœur : c'est partout une douleur si naturelle et si vraie qu'il est impossible de ne pas la partager. Qu'y a-t-il, par exemple, de plus pathétique et de plus éloquent que l'exorde et la péroraison de ce discours? malheur à l'âme froide qui n'en serait pas attendrie! Combien une aussi touchante élégie est loin de ces grimaces sentimentales, devenues aujourd'hui si communes dans les écrits de nos penseurs; et qu'il y a loin de cette sensibilité exquise et de cet heureux abandon, à cet art pénible et frivole, qui arrange les phrases et fait jouer les mots ensemble.(*Voyez* pages 270 et suiv.)

M. de Beauvais eut de son temps un rival dans l'abbé de Boismont, lequel, en qualité de prédicateur en titre de l'Académie française, était chargé des différentes oraisons funèbres que cette compagnie était en usage de faire prononcer à la mort des princes. C'était l'orateur à la mode; c'était le prédicateur du beau monde, des beaux-esprits, des philosophes même. Il y aurait de l'injustice à lui refuser un talent supérieur, et l'on ne peut nier qu'il ne réunisse à une grande richesse d'idées, une grande pureté d'expression; mais les beautés sans nombre dont étincellent ses discours sont déparées par un ton plein d'afféterie dans le style et d'emphase dans les pensées, et par je ne sais quelle morgue magistrale et sentencieuse, aussi contraire à la véritable éloquence qu'à la dignité d'un orateur chrétien. On peut dire de lui qu'il est le Thomas de la chaire. Même sécheresse, même tension de style, même enflure, même composition précieuse et maniérée : et c'étaient de tels orateurs qu'il fallait alors à l'Académie. M. de Beauvais ne fut jamais dominé par cette vanité du bel esprit, qui était alors la vanité dominante. Rien d'affecté, rien de pénible dans sa manière; nulle roideur, nulle prétention au néologisme. Point de ce faux enthousiasme qui est tout dans la tête; point de cette pénible recherche des grands mots pour parer de petites idées : tout y coule de source; et chez lui le trait du cœur commande presque toujours le trait du style. Il est vrai qu'il ne creuse jamais à une certaine profondeur, et que souvent l'esprit murmure de la disette de ses pensées; mais il y supplée par l'abondance des sentiments et par un grand fond non de philosophie, mais de raison qui ne l'abandonne jamais. Il n'a rien de hardi dans ses mouvements, mais ils sont vrais et naturels; et son pinceau, sans être fier, ne cesse jamais d'être pur. Ainsi l'abbé de Boismont l'emporte sur l'évêque de Senez par l'éclat du style, par le brillant des tableaux et l'élévation des pensées; celui-ci le surpasse par une éloquence plus franche, une sensibilité plus profonde, et un art d'autant plus heureux, qu'il ressemble à la nature même. En lisant l'un on croit toujours le voir écrire; en lisant l'autre on croit l'entendre parler. Le premier ne cherche qu'à plaire; et on reconnaît, à la subtilité de ses pensées et au cliquetis de ses expressions, quels sont les juges qu'il cherchait à flatter aux dépens même de son propre talent : le second, plus soigneux d'instruire que de briller, et plus occupé de rendre ce qu'il sent, et comme il le sent, n'aspire qu'à être lui-même. Jamais aucun apprêt; jamais aucune de ces métaphores forcées qui n'annoncent qu'une âme froide; jamais aucune affectation à faire le penseur. Enfin dans l'un, c'est l'académicien qui se prêche lui même : dans l'autre, c'est le ministre de la religion qui prêche les autres et qui offre à ses auditeurs bien plus le fruit de ses méditations que de son travail. Aussi les oraisons funèbres de l'abbé de Boismont perdront de plus en plus de leur réputation à mesure que le goût s'épurera, tandis que celles de l'évêque de Senez soutiendront les épreuves du temps, parce qu'elles sont fondées sur les règles de l'art et les principes du vrai, qui sont de tous les temps.

DE BOULOGNE.

II.

L'évêque de Senez est sage dans ses compositions, correct et simple dans son style; trop simple même en quelques endroits ; mais ce défaut est bien préférable à la fausse élégance, à la finesse énigmatique des prédicateurs de son temps. Il approche quelquefois de l'élévation de Bossuet, dont il n'a jamais l'énergie et la profondeur; il atteint presque à la douceur de Massillon, sans connaître et distribuer comme lui toutes les richesses de l'art d'écrire : il tombe dans des redites fréquentes. On lui souhaiterait plus de couleur et plus de forme; mais il touche, il communique les émotions qu'il éprouve, et, depuis ces deux grands modèles, aucun orateur n'a mieux saisi le ton noble et persuasif qui convient à l'éloquence de la chaire.

M. J. Chénier, *Tableau de la Littérature française.*

III.

Le style de M. de Beauvais est dépourvu de fermeté, de vigueur et d'énergie; son expression est décolorée; ses mouvements sont plus souples et plus moelleux que véhéments, entraînants et pathétiques; et sa diction, toujours claire, facile, naturelle et franche, n'est pas toujours assez serrée, assez travaillée, ni même assez correcte. On le lit cependant avec plaisir, et avec plus de plaisir que beaucoup d'orateurs plus brillants, parce qu'il est simple et vrai, sans affectation et sans fard; parce qu'il est plein de cette candeur qui est la première de toutes les convenances dans l'art oratoire; parce qu'il n'a rien qui

sente l'écrivain à prétention et le rhéteur guindé ;
enfin parce qu'il est lui-même. C'est un orateur médiocre, faible ; mais c'est un orateur aimable, et dont la faiblesse même, qui n'est que l'expression de sa propre nature, me paraît infiniment préférable à la force affectée et à la verve artificielle de quelques-uns de ses contemporains, qui masquaient la médiocrité réelle de leurs moyens par l'effort ambitieux de leurs prétentions.

Dussault, Annales littéraires.

IV.

Quelques hommes de talent ont essayé de relever l'éloquence à la fin du dix-huitième siècle, mais ils n'ont pu lui rendre ses deux qualités distinctives, le naturel et la grandeur : l'abbé de Boismont* manqua sur-tout de la première, et souvent abusa de l'autre. L'évêque de Senez, avec moins de force et d'éclat, moins de verve oratoire, eut un mérite continu d'élégance et de pureté, qui permet de proposer ses ouvrages à la jeunesse. C'est un orateur faible, mais un bon écrivain. Il n'impose point à l'esprit par la grandeur des pensées religieuses ; son imagination est trop faible pour soutenir le sublime de l'Écriture, et le faire heureusement passer dans son style ; mais il dédaigne les petites recherches d'une élo-

---

* Entre les successeurs des classiques se font remarquer le protestant Saurin, grave, mais négligé; Cheminais, touchant, mais faible ; l'abbé Poule, abondant, pompeux, mais prolixe et sans variété ; l'abbé de Boismont, élégant écrivain, mais orateur maniéré, froid par conséquent, enfin l'évêque de Senez, Beauvais, qui n'a pas les défauts de l'abbé de Boismont.

M. J. Chénier, *Tableau historique de la Littérature française.*

cution fardée, il est pur, simple et vrai. Il ne lui manque de l'éloquence que les parties les plus hautes ; il peut instruire, et il n'égarera point ; à ce titre ses ouvrages méritent d'être lus. En effet, après avoir admiré la hauteur de la pensée humaine dans les plus magnifiques modèles du plus beau de tous les talents, et du plus difficile de tous les arts, puisqu'il faut descendre en quittant Bossuet, ne nous arrêtons du moins que sur ces ouvrages où la sagesse remplace l'inspiration ; et, si nous ne pouvons plus espérer le sublime, cherchons toujours la raison et le goût.

VILLEMAIN, *Essai sur l'Oraison funèbre.*

MORCEAUX CHOISIS.

I. Exorde de l'Oraison funèbre de Charles de Broglie, évêque, comte de Noyon.

Fidèles amis, tendre et magnanime frère [*] du pontife que cette église a perdu, vous avez donc voulu vous réunir en ce jour autour de ses cendres chéries, pour le pleurer encore au milieu de son église et de son peuple? Vous voulez que l'un des témoins de sa vie et des confidents de son cœur soit l'interprète de votre douleur et de votre tendresse ; et qu'après avoir recueilli avec vous ses derniers soupirs, je rende encore à sa mémoire ce dernier hommage.

Mais pourquoi réveiller une douleur que le temps semblait avoir assoupie? Pourquoi renouveler en ce jour des funérailles qui nous ont déjà coûté tant de larmes? Ah! que ceux qui ont perdu l'espérance de l'immortalité cherchent à oublier les morts, et

[*] M. le maréchal de Broglie.

qu'ils s'épargnent l'inutile douleur de pleurer sur une poussière insensible ; mais nous, qui croyons à l'immortalité ; mais nous, qui avons les présages les plus consolants sur la destinée éternelle de l'ami que nous pleurons, comment voudrions-nous oublier celui que nous avons aimé, celui qui est vivant et immortel devant Dieu, celui dont le souvenir doit nous remplir de consolation? Doux souvenir d'un ami qui a expiré au sein de la foi et de la vertu! larmes délicieuses, aimable tristesse, plus chère aux âmes vertueuses et sensibles que toutes les joies du siècle!

Et moi-même, Messieurs, qui suis obligé de remplir une fonction si douloureuse pour l'amitié, cessez de me plaindre. Je sens combien elle doit affliger mon cœur ; mais mon cœur se complaît dans son affliction; et si ces souvenirs renouvellent ma douleur, ils soulageront mon âme*. Dans les anciennes mœurs, n'était-ce donc pas l'ami le plus fidèle qui rendait ce triste devoir? Voyez les fleurs dont saint Jérôme orna la tombe de son cher Népotien **; écoutez les Ambroise, les Grégoire, les Bernard***, dont le cœur était si sensible; écoutez les louanges dont ils font retentir les funérailles de leurs frères. Cherchons, comme eux, dans notre douleur même,

---

* Sentio equidem quòd repetendis officiis, recensendisque virtutibus afficiatur animus, tamen in ipsâ meî affectione requiesco ; atque hæ meæ recordationes, etsi dolorem renovant, tamen adferunt voluptatem. S. Ambr. *in obitu Satyri fratris.*

** S. Hieron. *in Epitaph. Nepotiani.*

*** S. Amb. orat. *in obitu Satyri frat.* — S. Greg. Naz. *orat. fun. Cæs. frat. et Gorgon. Sororis.* — S. Bernard *in obitu Gerardi fratris.*

un remède à notre douleur. Répandons aussi des fleurs avec nos larmes sur la tombe de notre illustre ami. Consolons-nous mutuellement par le souvenir de sa vertu et par la foi de l'immortalité : « Con-« solamini, consolamini invicem in verbis istis. »

Quel étonnant contraste avait partagé la destinée de celui que nous pleurons! Les espérances et les qualités les plus brillantes, tout semblait préparer en lui l'un des personnages les plus heureux et les plus illustres de son siècle. Hélas! à peine est-il entré dans la carrière des honneurs, qu'une langueur irrémédiable vient dessécher autour de lui toute sa gloire et sa prospérité. Mais aussi, avec quelle constance il a soutenu cette rigoureuse épreuve, et avec quel courage il a fait servir une mortelle infirmité au salut immortel de son âme! Faisons reparaître un instant sur son tombeau les grandes espérances qu'il avait données à cette église et à toute l'Église de France; et gémissons sur la fragilité des choses humaines. Déplorons ses malheurs, mais bénissons le ciel des graces et des consolations dont il l'a comblé dans ses souffrances. Tels sont les deux objets du discours que nous consacrons à la mémoire d'illustrissime et révérendissime seigneur Charles de Broglie, évêque, comte de Noyon, pair de France, désigné cardinal de la sainte Église romaine.

« Doleo super te, frater mi Jonatha[*]. » Ainsi David exprimait sa douleur, à la mort d'un jeune prince qu'il chérissait comme son frère. « Doleo super te, « frater mi Jonatha, decore nimis et amabilis. » O

[*] II, Reg. I, 26

mon respectable ami! ô mon aimable frère, *frater mi*, qu'il me soit permis de vous donner aussi ce tendre nom : l'amitié avait rempli l'intervalle qui nous séparait, « frater mi, decore nimis et amabilis! » Ce n'est point à une ombre vaine que j'adresse mes soupirs. Hélas! mes yeux ne vous voient plus; mais ma raison, mais ma foi m'assurent que vous vivez toujours dans une âme immortelle; mais je puis croire qu'en ce moment vous nous voyez, vous nous entendez, et que votre âme est comme présente à vos obsèques. Regardez les personnes qui vous furent les plus chères rassemblées auprès de votre sépulcre : recevez les hommages et les larmes que nous vous offrons en présence de votre peuple. O vous! dans qui j'existais plus que dans moi-même; vous, dont la gloire et la vertu devaient faire le bonheur de ma vie! ô vous, qui m'avez donné jusqu'à la fin des témoignages si touchants de votre affection; vous que j'aimais comme David aimait Jonathas, comme une mère aime son fils unique, « sicut mater amat unicum filium, ità « ego te diligebam, » un éloge funèbre, était-ce là le monument que je devais vous dédier de ma reconnaissance et de ma tendresse? Et comment ma voix pourra-t-elle prononcer ce déplorable discours? Mon Dieu, vous ne condamnez pas mon trouble et ma désolation sur le tombeau d'un ami si cher : Jésus lui-même a frémi, il s'est troublé, il a pleuré sur le tombeau de celui qu'il avait aimé [*].

---

[*] Infremuit spiritu et turbavit seipsum;... et lacrymatus est Jesus. Joan XI, 33, 35.

Mais daignez secourir ma faiblesse; ne permettez pas que j'oublie dans ma douleur la sainte constance qui doit soutenir toujours un ministre de votre divine parole.

II. Mort de Charles de Broglie.

Le mourant a senti son péril : il a demandé les derniers secours de l'Église; il a désiré que le vertueux évêque*, du même sang que lui, dont la douceur et la piété lui avaient inspiré dès l'enfance une vénération si tendre, et qui l'avait fait communier pour la première fois, lui administrât la communion dernière et l'onction de la mort. Venez, M. F., venez contempler votre évêque mourant; venez apprendre à mourir. Quel spectacle! quel courage et quelle tranquillité au milieu de la consternation générale! Son intrépide frère (peuple, permettez au héros d'être homme : malheur à l'héroïsme qui étoufferait le sentiment), le maréchal a frémi lui-même. Ce front, que les plus grands périls n'ont jamais altéré, son front a pâli, et les larmes ont coulé de ses yeux. C'est le mourant qui devient en ce moment le consolateur : c'est le mourant qui est le héros. La vertu a répandu sa sérénité sur son visage (je crois le voir encore), elle a effacé les horreurs de la mort. La mort s'est évanouie devant l'immortalité : « Pulchrum immortalitatis me- « dicamentum ! »

Des symptômes effrayants ont annoncé le trépas. Dans ces moments terribles où les amis les plus

---

* M. l'évêque d'Angoulême.

tendres abandonnent leurs amis les plus chers, pour épargner à leur faible cœur un spectacle qu'il ne pourrait soutenir (ô triste abandon des malheureux mourants! ô mollesse cruelle des nouvelles mœurs!), vertueuse famille, dont le courage égale la tendresse, vous étiez digne de remplir le devoir le plus digne de l'amitié et de la piété fraternelle ; vous étiez digne de demeurer fidèle à votre frère jusqu'au milieu des ombres de la mort.

Pendant que ses tendres sœurs redoublaient autour de lui leurs soins et leurs empressements pour calmer ses douleurs, le maréchal s'était joint à nous pour soutenir son courage : et qui pouvait mieux, par sa foi comme par sa fermeté, qui pouvait mieux fortifier cette âme au milieu des périls et des angoisses du dernier combat? Que n'avez-vous pu entendre les consolations magnanimes du guerrier, et les magnanimes réponses de l'évêque! Mais le frisson mortel vient de glacer ses sens; le mourant ne sent plus que ses douleurs. Ne pouvant plus lui faire entendre notre voix, prosternés autour de lui, nous adressions pour lui nos vœux et nos soupirs au Seigneur de la mort et de la vie. Il se réveille un instant du sommeil mortel; et avec quel empressement nous saisissons ce dernier souffle d'une vie qui nous est si chère! Il reconnaît la voix de son frère et celle de son ami ; il soulève vers nous un tendre regard ; il serre nos mains dans ses mains glacées. Je lui présentais ce signe si consolant pour les mourants, le signe de Jésus-Christ mourant pour le salut des hommes. Que le ciel pardonne cette faiblesse à ma douleur; la croix s'échappe de mes mains tremblantes : c'est le maréchal qui l'applique lui-même sur les lèvres mourantes de son frère. Grand Dieu, relevez mon courage! âme immortelle, âme chrétienne, recevez des mains de votre vertueux frère, ce signe sacré : « In hoc signo vinces; » c'est dans ce signe que vous allez remporter la grande victoire, que vous allez vaincre la mort : « In hoc « signo vinces. » Son cœur est plein : il veut parler : sa voix, étouffée par les sanglots du trépas, ne peut plus proférer que des soupirs. Il fixe ses derniers regards sur l'image de Jésus-Christ. Nous redoublons nos efforts pour soutenir dans son cœur défaillant le sentiment du divin amour. O vous qui avez montré, pendant vos longues souffrances, tant de confiance et d'amour pour votre Dieu, n'aimez-vous pas toujours ce Dieu de toute votre âme? Ranimé par un effort de vertu : « Beaucoup, beaucoup, « répondit-il avec une vive affection, beaucoup, « beaucoup. » Il exhale dans cette parole tout ce qui lui reste de force et de vie. Précieuse parole, vous ne sortirez jamais de mon cœur! Sa dernière parole, son dernier sentiment a donc été un acte du divin amour, un gage de la prédestination éternelle.

Le dernier de tous les moments est arrivé. Quand je me représente encore cet affreux moment, comment nos yeux ont-ils pu soutenir ce spectacle*? comment ma voix a-t-elle pu adresser à une

---

* O dura oculorum lumina, quæ potuistis fratrem videre morientem! S. Ambr. *In obitu Satyri fratris.*

âme qui m'était si chère la fatale parole : « Proficis-
« cere anima christiana? » O funestes embrassements, où nous avons senti son corps se roidir et
se glacer, et son dernier souffle s'évanouir *! « O
« amplexus miseri! » Nous le serrions dans nos bras,
et déjà nous avions perdu celui que nous tenions
encore **.

O mort cruelle, qui divisez les frères, ô impitoyable mort, qui séparez les amis les plus intimes
et les plus tendres ***! Dieu compatissant, vous ne
défendez point aux faibles mortels de pleurer la
mort de leurs amis: mais loin de nous une douleur
inconsolable. Laissons, laissons le désespoir à ceux
qui n'ont point l'espérance de l'immortalité. Divine
immortalité, c'est vous qui souteniez notre vertueux
ami au milieu de ses souffrances; vous nous sou-
tiendrez aussi au milieu de notre deuil. Je veux
vous célébrer en ce moment. Parmi les ombres de
la mort, je veux célébrer l'homme immortel (ainsi
Ambroise soulageait sa douleur en prêchant sur le
tombeau de son frère l'immortalité des âmes).
L'homme immortel! quel hymne magnifique pour
l'homme et pour Dieu même! « Pulcher hymnus
Dei homo immortalis ****.

Hommes timides, qui vous laissez abattre par les

---

* O amplexus miseri, inter quos exanimum corpus obriguit, halitus
supremus evanuit! S. Ambr. *In obitu Satyri fratris.*

** Stringebam brachia, et jam amiseram quem tenebam. S. Ambr.
Ibid.

*** O mors, quæ fratres dividis, et amore sociatos crudelis et dura disso-
rias. S. Hieron. *in Epitaph. Nepotian*

**** Lactant.

terreurs de la mort, auriez-vous donc oublié la dignité de votre nature et de votre éternelle destinée? Quoi! nous pourrions nous confondre avec la dépouille corruptible qui nous environne? Non, nous ne sommes point des corps, nous sommes des âmes; *nos animæ sumus*, nous sommes des âmes; nos corps ne sont que nos vêtements : « Nos animæ sumus, « corpora vestimenta sunt[*]. » Que la mort frappe, qu'elle détruise cette triste dépouille, qu'elle l'ensevelisse dans la poussière des tombeaux; l'homme intérieur, l'homme véritable est au-dessus de sa puissance : immortel comme Dieu, il doit survivre à la ruine de l'univers. O mort! quand tu frappes un juste, où est donc ta victoire? Au moment si formidable, pour la nature où l'homme paraît mourir, c'est à ce moment même où l'homme commence à vivre. Délivré de la prison des sens, alors, alors l'homme jouit de toute sa liberté, de toute sa vie. Qu'est-ce donc que la mort, sinon le sépulcre des vices et le réveil des vertus[**]? La mort[***] est l'enfantement de l'homme à la vie véritable; le tombeau du corps est le berceau de l'immortalité[****].

BEAUZÉE (Nicolas), né à Verdun, le 9 mai 1717, fut un de ces littérateurs estimables qui, étrangers à toutes les querelles littéraires, et renfermés dans

---

[*] S. Ambr. II serm *De Resurrect*.

[**] Quid est mors, nisi sepulchrum vitiorum et resurrectio virtutum? S. Ambr. *Ibid*.

[***] N'est qu'un enfantement à l'immortalité.
  De Lamartine, *La Mort de Socrate*.

[****] Tumulus corporis incunabulum resurgentis. S. Ambr. *De Resurrect*.

leur cabinet, passent leur vie occupés à des travaux plus utiles que brillants. Il abandonna les sciences exactes pour se livrer à l'étude des langues. Il approfondit cette matière difficile et fatigante, et publia le résultat de ses recherches sous le titre de *Grammaire générale* ou *Exposition raisonnée des éléments nécessaires du langage*, 2 vol. in-8°, 1767. Après la mort de Du Marsais, il fut chargé des articles de grammaire dans l'*Encyclopédie*. Avec un esprit moins philosophique que son devancier, il sut toutefois le remplacer sans trop de désavantage, et on estime l'exactitude de son travail. Ses articles, réunis aux articles littéraires de Marmontel, ont été publiés sous le titre de *Dictionnaire de Grammaire et de Littérature.* Beauzée enrichit encore la littérature d'une nouvelle édition, fort augmentée, des synonymes de l'abbé Girard : le deuxième volume lui appartient. Si l'aridité du sujet s'y déguise moins sous l'élégance des formes, on y trouve en revanche, un raisonnement plus ferme que dans le premier*. L'*Optique de Newton*, traduite par le trop fameux Marat, fut aussi publiée par Beauzée. Avant de passer aux traductions qu'il a données, nous citerons deux autres ouvrages de lui : *l'Exposition abrégée des preuves historiques de la religion*, et l'édition considérablement augmentée du *Dictionnaire des Synonymes* du P. de Livoy. Sa *Traduction de Salluste* jouit encore d'une estime méritée.

* M. Guizot a placé les synonimes de Beauzée dans son *Dictionnaire universel des Synonymes français*.

Elle est exacte, et renferme des notes précieuses; mais elle sent trop la gêne du traducteur; et, sous le rapport du style, elle n'égale point la traduction de Dotteville. Dureau de La Malle et M. Mollevaut sont venus depuis les effacer. L'*Histoire d'Alexandre traduite de Quinte Curce* offre les mêmes défauts, et n'a point fait oublier celle de Vaugelas, si pleine d'élégance et de vivacité dans son vieux langage. On doit enfin à Beauzée une traduction de l'*Imitation de Jésus-Christ*.

L'impératrice Marie-Thérèse, après avoir lu *la Grammaire générale*, adressa à l'auteur une médaille d'or. Un autre souverain, le roi de Prusse, avait voulu l'attirer à Berlin, mais Beauzée refusa ses offres, et préféra sa patrie aux avantages qu'il aurait pu rencontrer ailleurs.

Après la mort de Duclos, il fut membre de l'Académie française, et assista assiduement aux séances de cette compagnie. Il y fut remplacé par le savant abbé Barthelemy. Beauzée mourut le 25 janvier 1789.

BELLOY (Pierre-Laurent Buirette de), né à Saint-Flour en Auvergne, le 17 novembre 1727, n'avait que six ans lorsqu'il perdit son père. M. Buirette, son oncle paternel, avocat au parlement de Paris, l'appela auprès de lui, et le plaça au collège de Mazarin, où il fit d'excellentes études. Cet oncle le destinait à la profession du barreau; mais la nature avait indiqué une autre carrière au jeune Buirette; et, cette fois encore, les Muses l'emportèrent sur Thémis. Dominé par un goût d'autant plus vif qu'il était plus combattu, le poète futur se cachait pour déclamer ou faire des vers. Bientôt ce penchant l'entraîna vers une faute suffisamment justifiée par des succès. Il quitta son bienfaiteur, s'expatria sous le nom de de Belloy*, qui lui est resté, et joua la comédie dans plusieurs cours du Nord. En partant, il fit à sa mère l'abandon de la part qui lui revenait dans la succession paternelle, et il lui écrivit : « Je volerai dans vos bras, si jamais je redeviens digne « de vous. » Une pareille incartade annonçait un caractère passionné; mais les sentiments qui accompagnèrent de Belloy dans sa fuite le mettent à l'abri du reproche d'inconduite ou d'ingratitude. D'ailleurs, en se faisant comédien, il n'embrassa point les mauvaises habitudes trop ordinaires dans ce genre de vie; il sut s'y faire respecter, et, chez l'étranger, resta Français par le cœur. Il semble nous le dire lui-même dans ce vers célèbre de sa tragédie du *Siège de Calais* :

Plus je vis l'étranger, plus j'aimai ma patrie.

Après un séjour de plusieurs années en Russie, de Belloy revint à Paris, en 1758, pour faire jouer sa tragédie de *Titus*, qu'on trouva n'être qu'une pâle imitation de l'opéra de Métastase (*la Clemenza di Tito*). Cet ouvrage n'eut qu'une représentation, ce qui lui valut ce trait épigrammatique :

Titus perdit un jour; un jour perdit Titus.

De Belloy avait fondé son avenir sur sa tragédie : un succès lui paraissait nécessaire pour sa réhabili-

* C'est à tort que l'on écrit Dubelloy.   F.

tation; et tandis qu'il éprouvait sur le théâtre un échec mortifiant, son oncle, devenu son ennemi, obtenait contre lui une lettre de cachet. Cet abus de l'autorité fut pourtant révoqué, sous la condition que de Belloy n'exercerait pas à Paris la profession de comédien.

Ayant vu de la sorte ses espérances détruites, l'infortuné fut contraint de retourner en Russie ; mais ce nouvel exil fut de peu de durée. La mort de M. Buirette permit à de Belloy de rentrer en France, où le succès de sa tragédie de *Zelmire*, qu'il avait en partie composée sur le vaisseau qui le ramenait, le dédommagea amplement de tant de traverses, et lui ouvrit une carrière moins épineuse.

A *Zelmire* succéda, en 1765, le *Siège de Calais*, tragédie qui dut à des circonstances particulières une célébrité immense que la réflexion et le temps ont beaucoup amortie. La philosophie du siècle s'épuisait à tourner l'admiration publique vers les institutions anglaises : *le Siège de Calais*, ouvrage vraiment national, fit une sorte de révolution dans les esprits, en réveillant un patriotisme à demi éteint. Chez une nation toujours extrême dans ses sentiments, l'enthousiasme est tout près de l'insouciance ; aussi *le Siège de Calais* devint-il une affaire de parti : les militaires se firent un point d'honneur de soutenir la pièce ; les soldats en déclamaient des tirades ; elle fut jouée *gratis* dans les garnisons ; la ville de Calais adopta l'auteur, et lui envoya le titre de *citoyen* ; une gravure, exposée au salon de 1767, représenta l'*Apothéose de de Belloy*; enfin, Louis XV, qui, en 1768, avait fondé une récompense pour les auteurs qui obtiendraient trois succès sur la scène française, voulut que *le Siège de Calais* comptât pour deux, et la médaille fut décernée à de Belloy. Les personnes curieuses d'anecdotes dramatiques se rappelleront que la première reprise du *Siège de Calais* donna lieu à un évènement fort scandaleux, qui causa la retraite de mademoiselle Clairon (Les *Mémoires de Bachaumont* fournissent des détails sur cette aventure).

La tragédie de *Gaston et Bayard*, jouée en 1771, ouvrit à de Belloy les portes de l'Académie. *Pierre-le-Cruel*, donné ensuite, éprouva la disgrace du public : essayé de nouveau après la mort de l'auteur, cet ouvrage ne fut reçu qu'avec une froide indulgence. De Belloy mourut le 5 mars 1775, sans avoir vu le succès de *Gabrielle de Vergy*, qui ne fut représentée à Paris que deux années après.

L'homme à qui ses contemporains avaient déféré le titre de *poète national*, n'avait toutefois recueilli que des faveurs honorifiques, et l'indigence l'accompagna au sein des honneurs. Un an avant sa mort la place de censeur lui fut offerte; malgré sa pauvreté, il sollicita et obtint cet emploi pour Crébillon le fils, et l'auteur du *Sopha*, des *Égarements du cœur et de l'esprit*, fut chargé de censurer les écrits.

Les *OEuvres* de de Belloy ont été réunies en six volumes in-8°, Paris, 1779. On y trouve ses six *tragédies*, avec des *fragments historiques* sur plusieurs d'entre elles; des *Observations sur la langue et la poésie françaises*; une *Épître à Voltaire*, et des *Poésies fugitives*.

H. LEMONNIER.

JUGEMENTS.

I.

De Belloy fut de bonne heure passionné pour le théâtre; mais divers obstacles l'empêchèrent d'abord de s'y livrer autant qu'il l'aurait voulu. Il avait trente ans lorsqu'il vint à Paris faire jouer *Titus* : séduit par la réputation qu'avait dans l'Europe l'opéra de Métastase, il ne vit pas la différence d'une tragédie française à un opéra italien. Il oublia qu'en faveur de quelques morceaux éloquents et pathétiques, on avait pardonné à *la Clémence de Titus* de n'être qu'une copie faible et compliquée de *Cinna* et d'*Andromaque;* qu'on trouvait bon qu'un étranger fît un opéra de deux de nos chefs-d'œuvre, mais que le rapporter sur notre scène c'était nous donner la copie d'une copie, et à quel point encore cette copie était défigurée! Si le projet de l'auteur était mal conçu, le plan de son ouvrage ne valait pas mieux : il y en a peu de plus mauvais. Son moindre défaut était d'être emprunté visiblement de tout ce que nous connaissions. Vitellie était à la fois Hermione et Émilie; Sextus était à la fois le Cinna de Corneille, le Titus de Voltaire dans *Brutus*, l'Oreste de Racine : le tout ensemble était une réminiscence presque continuelle, non-seulement dans le sujet, mais dans les détails. Il y a des scènes entières où le dialogue et les vers ne sont qu'un plagiat, qui n'est pas même déguisé. Ce qui appartenait à l'auteur, c'était le rôle de l'empereur Titus, dont la bonté n'était qu'une douceur molle et presque imbécile, qui ne faisait entendre, au milieu des assassins dont il était entouré, que des sentences triviales ou exagérées sur la clémence des rois, et d'emphatiques apostrophes à l'humanité. Les trahisons atroces de tout ce qu'il a de plus cher ne lui arrachent pas même un de ces mouvements d'indignation inséparables de la bonté trompée. La pièce fit rire depuis le commencement jusqu'à la fin. De Belloy, dans une longue préface adressée à Voltaire, se plaint d'une cabale horrible; mais il n'y a point d'exemple que le premier ouvrage d'un auteur en ait jamais éprouvé : il n'y a qu'à lire la pièce pour voir qu'elle ne pouvait pas être autrement accueillie.

Quand je dis que les personnages ressemblaient à ceux qui nous étaient le plus connus, cela veut dire qu'en les mettant dans les mêmes situations, il en avait ôté toutes les convenances qui en établissaient l'intérêt. Ainsi Vitellie veut, comme Hermione, faire périr Titus parce qu'il n'a point répondu à son amour; mais cet amour, elle ne le lui a point montré : jamais Titus ne lui a rien promis; jamais il ne lui a été engagé comme Pyrrhus à Hermione; jamais elle n'en a reçu l'affront public et sanglant de se voir abandonnée pour une rivale et de voir rompre des engagements solennels. Sextus conspire contre un prince son bienfaiteur, comme Cinna; mais il a des liaisons bien plus étroites et plus sacrées avec Titus : il est son ami le plus tendre. Il n'a point pour excuse, comme Cinna, le motif toujours noble de venger la liberté romaine sur un tyran qui ne doit son pouvoir qu'aux meurtres et aux proscriptions. Il veut égorger de sa main un prince adoré de tout l'empire, et dont il est aimé comme d'un frère; il le veut, par le même motif que Cinna, pour obtenir la main d'une femme qu'il aime; mais Cinna est aimé d'Émilie, et Vitellie n'aime point Sextus, ne le lui dit point, et Sextus ne le lui demande même pas; il ne veut que l'épouser. On voit combien une semblable conspiration devait paraître absurde et odieuse : les incidents qu'elle amène ne valent pas mieux que les moyens. La conspiration est partagée entre Sextus, qui a des remords, et Lentulus, scélérat qui n'en a point. L'un doit avoir pour récompense Vitellie, et l'autre doit avoir l'empire; et les deux conjurés se haïssent et se méprisent. Les alternatives de fureur et de repentir qui agitent l'âme de Sextus tiennent aux artifices de ce Lentulus, qui lui fait croire que l'empereur veut épouser Vitellie. Enfin, comme si ce n'était pas assez de copier maladroitement Corneille, Racine et Voltaire, l'auteur a pris du Barnevelt anglais la scène où l'empereur embrasse Sextus au moment où celui-ci levait le poignard pour le frapper, avec cette différence que Sextus, en tombant aux genoux de l'empereur, jette son poignard et s'écrie :

Vous, Seigneur, embrasser votre infâme assassin !

Il n'y a de bon dans cet ouvrage que la scène traduite de Métastase, où Titus veut savoir de son ami qui a pu le porter à cet affreux complot, et où

Sextus, pour ne pas perdre Vitellie, refuse ce secret aux plus pressantes instances de l'amitié. Cette situation dramatique aurait pu soutenir la pièce, s'il eût été possible jusque-là de se prêter à cette conspiration si révoltante de deux personnages aussi froids et aussi mal caractérisés que Sextus et Vitellie. C'est dans cette scène que se trouvent ces quatre vers fameux de Métastase, très bien traduits par de Belloy, et qui furent très applaudis, malgré le mécontentement qui avait éclaté jusque-là; ce qui prouve, quoi que l'auteur en ait dit, que la pièce avait été entendue:

Nous sommes seuls ici : César n'y veut point être ;
Ne vois qu'un ami tendre, ose oublier ton maître.
Dans le fond de mon cœur viens épancher le tien :
Sois sûr qu'à l'empereur Titus n'en dira rien.

Il y a deux choses à remarquer au sujet de ce coup d'essai de de Belloy : d'abord, que le style, quoique inégal, et souvent dur et déclamatoire, est en général moins vicieux, moins enflé, moins entortillé que dans ses autres pièces; le premier acte est même écrit avec assez de pureté et d'élégance; ensuite, que l'on aperçoit déjà dans ce premier ouvrage le genre d'esprit et le choix de moyens qui ont marqué depuis ses autres productions. L'intention de la flatterie était visible dans le tableau de la désolation publique pendant la maladie de Titus, tableau dont tous les traits rappelaient ce qui s'était passé en 1744, lors de la maladie du roi à Metz. Mais, comme ce sujet avait été épuisé pour le moins par nos poètes et nos orateurs, ce morceau ne parut qu'un placage, un peu tardif et fort gratuit, qui déplut généralement, et fut un des premiers endroits où les murmures se firent entendre. De plus, l'intrigue de Titus indiquait déjà les ressources favorites de l'auteur : ces coups de théâtre en pantomime, sans préparation et sans vraisemblance; ces jeux de poignard entre des personnages qui se postent pour frapper, et d'autres qui ne voient pas le fer qu'ils devraient voir, ou qui le font tomber ou le laissent en d'autres mains; ces conspirations dont les ressorts sont inexplicables, ces scélérats sans passion, et ces périls momentanés qui produisent plus de surprise que de terreur.

Tels sont les principaux caractères du second ouvrage de de Belloy, de *Zelmire*, où il revint encore sur les traces de Métastase, mais pour cette fois avec plus de bonheur, du moins au théâtre. C'est dans l'opéra italien d'*Hypsipyle* que se trouvent les deux situations qui ont fait réussir la tragédie de *Zelmire* : l'une, où cette princesse, accusée devant son époux d'avoir été complice du meurtre de son père, n'ose démentir cette horrible accusation, parce qu'elle ne le peut pas sans exposer ce même père qu'elle a sauvé; l'autre, où l'époux de Zelmire, à qui des apparences trompeuses ont fait croire plus que jamais qu'elle est coupable, s'écrie en voyant tout-à-coup reparaître Polydore : « Zelmire est innocente! » exclamation pleine d'une vérité dramatique, et traduite de l'italien : « La mia sposa è innocente! » Malheureusement ces deux situations, que le prestige du théâtre a fait valoir, parce que la surprise ne permet pas l'examen, perdent tout leur effet auprès des lecteurs, qui ne sauraient dévorer les nombreuses absurdités dont elles sont la suite. Je ne parle pas seulement de la multitude et du fracas d'évènements incompréhensibles sur lesquels tout le drame est bâti : il n'y en a pas au théâtre qui aient des fondements plus ruineux, et ils n'ont pas l'excuse que j'ai quelquefois admise, d'être reculés dans l'avant-scène; ils reparaissent ici dans tout le cours de la pièce. Pour se prêter à ce qui s'y passe, il faut supposer, sans qu'on en donne aucune raison plausible, que le roi de Lesbos, Polydore, vieillard vertueux, à qui l'on ne fait aucun reproche, était si odieux à ses sujets, que son fils Azor, qui a détrôné son père, et qui passe pour l'avoir fait périr dans les flammes (quoiqu'en effet il vive encore par les soins de Zelmire qui l'a caché dans un tombeau), n'en est devenu que plus cher à toute la nation après ce parricide exécrable; que Zelmire, sœur de cet Azor, est honorée et applaudie, parce que l'on croit qu'elle a été complice de ce même parricide; et que la mémoire de cet Azor, cru l'assassin de son père, et assassiné à son tour, dans sa tente, par Anténor, sans que personne l'ait vu, est tellement chère au peuple et aux soldats que, lorsque Polydore est retrouvé, Anténor, qui persuade au peuple que c'est ce vieillard qui a fait périr son fils, le fait condamner à être immolé solennellement sur le tombeau d'Azor, en présence de tous les habitants de Lesbos. Il n'y a pas une seule de ces suppositions qui ne soit l'opposé des sentiments naturels à tous les hommes, et il n'existe dans aucune histoire, rien qui en approche, même de loin. On ne connaît aucun lieu sur la terre où un fils et une fille soient adorés de tout un peuple pour avoir fait brûler leur père, fût-il un monstre; et, je le répète, on n'articule aucune raison de cet étrange renversement de la nature et de la morale : on ne dit pas un seul fait qui puisse servir au moins de prétexte à cette aversion pour Polydore, qui produit des effets si extraordinaires. Mais ce n'est pas tout, et les deux situations dont j'ai parlé ne sont pas motivées d'une manière plus probable. Pour établir et prolonger l'erreur d'Ilus, sur le crime qu'on impute à son épouse Zelmire, il faut d'abord que cet Ilus, qui revient de Troie avec six vaisseaux chargés de soldats, débarque à Lesbos dans un esquif, lui second, c'est-à-dire avec un confident. L'auteur en donne pour raison que, venant chercher sa femme et son fils, et plein d'impatience de les revoir et de les emmener, il a voulu devancer sa flotte, qui est à la rade. Passons que, dans le premier moment, il n'ait pas même mis avec lui quelques gardes dans son esquif; l'auteur avait besoin qu'il fût seul pendant deux actes : voyons s'il est possible qu'il passe tout ce temps sans faire débarquer ses Troyens. Il trouve, en arrivant, Zelmire avec Anténor sur le rivage, qui est le lieu de la scène; c'est là qu'il apprend que son beau-père n'est plus, qu'Azor son beau-frère et sa femme Zelmire sont les auteurs de la mort de ce roi, et qu'Azor, depuis ce temps, a été assassiné par une main inconnue. Toutes ces nouvelles le font frémir;

et si l'on demande pourquoi Zelmire le laisse dans l'erreur, c'est qu'elle connaît la scélératesse d'Anténor, qui est maître de l'armée; qu'elle le croit capable de faire périr Ilus sur-le-champ, si elle implore le secours de son époux pour protéger son père qu'elle a secrètement sauvé, et qu'enfin cet Ilus est seul. Mais quand il a entendu le récit de toutes ces horreurs, comment ne se hâte-t-il pas de faire descendre à terre ses troupes dans un pays où il se passe des évènements qui doivent lui paraître des mystères incompréhensibles, et lui faire tout craindre pour lui-même? Comment sur-tout, voyant sa femme qu'il a toujours crue vertueuse, une femme qu'il adore, accusée d'une action si barbare, et ne répondant que par des mots équivoques, n'a-t-il pas la curiosité si naturelle de chercher les motifs de cette conduite, et de lui demander ce qui a pu la porter à tant d'atrocités? Point du tout: il vomit des imprécations contre elle et tous les Lesbiens, demande qu'on lui rende son fils, menace de mettre tout à feu et à sang dans Lesbos si on ne le lui rend, et après cette menace s'en va l'on ne sait où, et ne songe pas encore, dans tout l'acte suivant, à faire venir ses Troyens, qui seuls peuvent le faire respecter; il ne songe pas à parler à sa femme, qu'il a tant de raisons d'interroger; et pourquoi? parce que l'auteur a besoin d'un coup de théâtre imité du *Camma* de Thomas Corneille, et aussi déraisonnable que tout le reste. Le voici: Anténor, qui craint que cet Ilus ne vienne à tout découvrir par la suite, prend la résolution de s'en défaire.

Il le voit venir avec Euryale, son confident; il se cache entre des arbres, et attend que le confident s'éloigne. Ilus s'entretient avec Euryale, et a grand soin de ne débiter que des lieux communs, de peur d'avertir les spectateurs de ce qui devrait l'occuper. Euryale lui dit pourtant qu'Éma, suivante de Zelmire, lui a demandé pour sa maîtresse un entretien secret. C'est tout ce qu'il doit avoir de plus pressé; mais il répond :

Qui? moi, la voir encor! C'est partager son crime.

et il envoie Euryale chercher ce fils qu'il devrait bien aller chercher lui-même; mais ni son fils ni sa femme ne peuvent l'attirer : encore une fois, il faut qu'il soit seul, et le voilà seul. Anténor s'approche et veut le frapper d'un poignard; mais Zelmire se trouve à point nommé pour arrêter le bras de l'assassin, sans qu'il l'ait entendue venir; elle a même assez de force pour lui arracher le poignard, sans qu'Ilus, de son côté, entende rien de toute cette action. sans qu'il entende ce cri qui doit l'effrayer, *Ah! malheureux!* enfin sans qu'il retourne la tête, jusqu'à ce que le poignard, disputé entre Zelmire et Anténor, ait eu le temps de passer dans la main droite de Zelmire; alors il se retourne, et Anténor, qui, dans un moment si critique, a eu, comme il faut bien le croire, tout le loisir de voir qu'Ilus n'avait rien vu, et de calculer toutes les probabilités, prend sur-le-champ le parti d'accuser Zelmire du crime qu'il méditait :

..... Vous voyez une épouse perfide,
Qui, sans moi, consommait un nouveau parricide.

Zelmire, de peur d'un éclaircissement, commence par s'évanouir; et pendant qu'elle est en faiblesse, Ilus, qui n'a jamais le moindre doute, se contente de dire :

> Quoi! c'était là l'objet et *la fin criminelle*
> Du secret entretien que cherchait la cruelle!

Cependant Anténor se dit à lui-même :

> Je suis seul, désarmé : s'ils allaient s'éclaircir !

Il sort sous prétexte de secourir Ilus, et va chercher ses soldats. Voilà Zelmire et Ilus seuls; Zelmire revient à elle, et pour le coup elle parlera. Non : si elle parlait, que deviendrait le coup de théâtre que produira la vue de Polydore? Cependant elle est bien revenue, elle parle; que va-t-elle dire? Le sens commun nous crie à tous qu'elle lui dira : « Saisissez un moment précieux; Anténor est « un monstre, c'est lui qui a tué Azor, c'est lui qui « voulait vous poignarder. Polydore est vivant. Je « n'ai pu vous le dire, parce que vous êtes sans dé-« fense, et que je vous perdrais tous deux et moi « aussi. Volez au rivage, ou vous êtes perdus : vos « soldats! vos soldats! vos soldats! » Il ne faut pas beaucoup de temps pour dire tout cela; quatre vers suffisent, six tout au plus, la scène en contient quatorze. Il faut les citer, pour faire voir comment, au besoin, on fait parler les acteurs sans rien dire.

ZELMIRE.

> Quel nom frappe mes sens? Ce jour me luit encore?
> Vous vivez!

ILUS.

Tu voulais m'unir à Polydore!
Quel est donc mon forfait! ce fut de te chérir,
Malheureuse! Est-ce à toi de vouloir m'en punir?

ZELMIRE.

Ilus, écoutez-moi*!

ILUS.

Que pourrais-tu m'apprendre?

ZELMIRE.

Un secret que mon cœur**...Mais ne peut-on m'entendre?
Anténor... je frémis, et sur-tout pour vos jours***.

ILUS.

Toi qui, le fer en main, venais trancher leur cours!

ZELMIRE.

Ce n'est pas moi****.

ILUS.

J'ai vu le poignard homicide.

ZELMIRE.

Ah! croyez*****.

ILUS.

Je crois tout de ta main parricide....
Oui, de ton père en moi tu craignais un vengeur...
Va, digne sœur d'Azor, évite ma fureur.

ZELMIRE.

Vengez mon père, Ilus; c'est la grace où j'aspire.
Sachez qu'en ce tombeau...

---

* Eh! tu devrais déjà avoir parlé.

** Que de paroles perdues!

*** On y regarde tout en parlant; et si tu veux les sauver, profite donc d'un moment précieux.

**** Eh! sans écouter ce vers qui est là pour la rime, que ne parles-tu?

***** Et la voilà qui s'arrête encore; autre interruption

Mais enfin Anténor a eu le temps de revenir, et crie en arrivant :

..... Qu'on arrête Zelmire!

Il ordonne qu'on la mène à la tour; et Ilus, qui doit trouver très mauvais qu'on dispose ainsi de sa femme, quoi qu'elle ait pu faire, Ilus, à qui cette précipitation même doit être suspecte, se contente de dire qu'il ne veut pas qu'on prononce sur le sort de son épouse, et la laisse emmener en prison sans vouloir l'écouter, quoique à la fin elle lui dise : « Voilà « votre assassin. »

Je demande maintenant quel cas l'on doit faire de coups de théâtre achetés par tant d'invraisemblances, qu'on peut appeler des impossibilités morales ; si c'est là de la vraie tragédie, celle qui est la représentation de la nature; s'il est injuste ou étonnant que de pareils ouvrages obtiennent très peu d'estime, et s'ils peuvent avoir d'autre mérite que celui d'une impression qui, même sur la scène, n'est que momentanée, parce que rien de ce qui est faux ne peut avoir un effet profond et soutenu, et que, passé le moment de la nouveauté, la raison reprend ses droits, et ne vous laisse plus voir qu'un spectacle fait pour amuser les yeux et exciter la curiosité.

Je n'ai relevé qu'une partie des fautes de toute espèce dont fourmille cet ouvrage à chaque scène ; et, si l'on excepte un très petit nombre de vers, le style ne vaut pas mieux que le plan.

Ceux qui tiennent compte des méprises fréquentes du jugement du public n'ont pas manqué de porter dans leur calcul le succès extraordinaire du *Siège de Calais*. Je me souviens que c'était un des reproches qui venaient le plus souvent à la bouche de Voltaire, et l'un des souvenirs qui lui donnaient le plus d'humeur. Cependant examinons les faits, et nous verrons que personne n'avait tort. Ceux qui étaient à la première représentation peuvent se rappeler que ce jour-là l'effet total de la pièce fut médiocre : on ne jugeait encore qu'une tragédie, et on la jugea bien. Quelques détails d'un mauvais goût trop choquant excitèrent des murmures; le rôle d'Édouard déplut; un froid silence pendant le troisième acte fit voir qu'on en sentait le vide absolu, qu'on s'ennuyait de la longue et inutile visite du roi d'Angleterre à la fille du gouverneur, et de leur dissertation sur la loi salique; qu'on souffrait avec peine de voir Harcourt, représenté jusque-là comme un héros qui avait fait le sort de la France et de l'Angleterre, avili devant Édouard, qui le traite d'*insolent*. La langueur de l'acte suivant, pendant les cinq ou six premières scènes, augmenta le mécontentement, et la pièce paraissait chanceler, quand la scène d'Harcourt, qui vient dans la prison pour remplacer le fils d'Eustache, réchauffa l'ouvrage et le spectateur. Au cinquième, le retour des six bourgeois dévoués produisit de l'admiration et de l'intérêt, amena heureusement le pardon que l'on désirait pour eux, et un dénouement d'une espèce satisfaisante. Ainsi les beautés et les défauts avaient été appréciés, et, compensation faite des uns et des autres, il en résultait un ouvrage estimable, où la nation avait eu pour la première fois, comme le dit très bien l'auteur, *le plaisir de s'intéresser pour elle-même;* plaisir assez flatteur pour désarmer la censure et obtenir l'indulgence.

Mais, peu de jours après, *le Siège de Calais* fut joué à Versailles, et y excita la sensation la plus vive. Dans un moment où la France venait d'acheter par des sacrifices une paix nécessaire après neuf ans d'une guerre malheureuse dans les quatre parties du monde; lorsque, ruinée au dedans et humiliée au dehors, elle ne faisait entendre au gouvernement que des plaintes et des reproches, ce fut et ce dut être un évènement à la cour, qu'un spectacle où l'honneur du nom français était exalté à chaque vers, où l'amour des sujets pour un roi malheureux était porté jusqu'à l'adoration et l'ivresse, où les Français vaincus recevaient les hommages de l'admiration des vainqueurs. C'était véritablement appliquer le remède sur la blessure, et l'on ne crut pas pouvoir trop chérir, trop caresser la main qui nous l'apportait. Des voix faites pour entraîner toutes les autres proclamèrent la gloire du poète citoyen, et furent bientôt suivies par d'innombrables échos. Alors l'opinion sur *le Siège de Calais* ne fut plus une affaire de goût, mais une affaire d'état. Une impulsion puissante communiqua le mouvement de proche en proche, avec cette rapidité qu'aura toujours parmi nous tout ce qui tient à la mode et à l'esprit d'imitation. La fortune du *Siège de Calais*, commencée près du trône, devint bientôt populaire. A Paris, la multitude fut appelée à des représentations gratuites; on en donna pour nos soldats dans nos villes de garnison; et dans cet enivrement général, il ne fut plus permis de voir des défauts dans une pièce que la nation semblait avoir adoptée. La réponse à tout était ce seul mot : « Vous n'êtes « donc pas bon Français ? » et cette réponse ôtait jusqu'à l'envie de répliquer. Un grand seigneur, connu par son esprit et sa gaieté*, eut seul le courage de répondre au roi même : « Je voudrais « que les vers de la pièce fussent aussi français que « moi. » Un homme de lettres, accoutumé à s'exprimer finement**, dit à quelques enthousiastes : « Cette « pièce que vous exaltez, quelque jour nous la dé- « fendrons contre vous. » c'était bien connaître les hommes, et ce mot fut une prédiction. On imprima *le Siège de Calais;* et aussitôt, par un retour trop ordinaire, on en dit trop de mal, comme on en avait dit trop de bien. L'auteur éprouva que ce sont les mêmes hommes qui outrent la critique et qui exagèrent la louange. L'enthousiasme avait été jusqu'au fanatisme, le dénigrement alla jusqu'à l'injustice, parce qu'il devint du bon air de censurer, comme il avait été de mode d'admirer, et qu'on voulait passer pour homme de goût, comme auparavant on avait voulu passer pour bon patriote. Il en sera toujours de même, en fait de nouveauté, de la plupart des hommes qui, n'ayant point de jugement à eux, veulent du moins enchérir sur celui d'autrui. La reprise du *Siège de Calais,* au bout de

---

* Le dernier maréchal de Noailles.
** Chamfort.

quelques années et l'opinion modérée des hommes instruits, fixèrent enfin le sort de cette production célèbre. Il ne fut plus question de la comparer à nos chefs-d'œuvre, dont elle est si loin; mais elle fut encore applaudie, parce qu'elle méritait de l'être, et resta au théâtre, comme elle devait y rester. C'est en effet, malgré tous ses défauts, le meilleur ouvrage de de Belloy, et celui qui lui fait le plus d'honneur[*]; c'est le seul où il ait eu de l'invention, s'il est vrai qu'on ne doive savoir gré que de celle qui est dans les principes de l'art. L'idée d'un drame entièrement national était heureuse et neuve, et l'on ne pouvait, pour la remplir, choisir un meilleur sujet. Il y avait du mérite, et un mérite original, à fonder l'intérêt d'une tragédie sur de simples citoyens qui se dévouent pour leur patrie et pour leur roi, et à leur donner un caractère d'héroisme qui soutient la tragédie dans un degré aussi élevé que l'héroisme des rois et des grands; il y avait de l'art à conduire cet intérêt jusqu'au dénouement, à faire contraster les remords d'Harcourt, victorieux, mais traître à sa patrie, avec la supériorité que conservent dans le malheur le maire de Calais et ses compagnons, vaincus, mais se sacrifiant pour l'état avec gloire et avec joie. Ce dévouement produit au second acte une scène vraiment tragique, c'est la plus belle de la pièce. Celle d'Harcourt, qui

[*] Geoffroi émettait encore cette opinion en 1806. « La vérité est que le « Siège de Calais est un ouvrage où il y a plus d'invention, de nerf et de « verve, plus d'art et de profondeur que dans la plupart des prétendus chefs- « d'œuvre de Voltaire, qui n'ont que l'avantage d'une décoration plus élé- « gante et d'un vernis plus brillant. »

veut prendre la place du fils d'Eustache de Saint-Pierre dans la prison où ils attendent la mort avec les autres dévoués, n'est pas parfaitement motivée : il est trop sûr qu'Édouard n'acceptera pas le sacrifice d'Harcourt, qui l'a si bien servi, et ne le fera pas mourir. Mais le désespoir où le jettent ses remords, et le refus et les outrages du roi d'Angleterre peuvent lui faire une illusion suffisamment justifiée, puisque le spectateur la partage; et cette scène, dialoguée avec vivacité et véhémence, fera toujours plaisir. Il n'y a que des éloges à donner et aucun reproche à faire à celle où les six dévoués, qu'une méprise avait rendus libres, reviennent pour reprendre leurs fers et se remettre sous le glaive d'Édouard. On ne pouvait imaginer rien de mieux pour la progression dramatique, qui devait à la fois porter leur vertu jusqu'au dernier terme, et rappeler Édouard à la générosité qui convient à un vainqueur. C'est là sans contredit de l'art et du talent; et cette conduite de pièce n'a rien de commun avec l'échafaudage follement romanesque que nous avons vu dans *Zelmire*, et que nous reverrons dans *Gaston et Bayard* et dans *Pierre le Cruel*. A ces différentes parties d'invention, joignez de grands sentiments, l'expression d'un patriotisme porté jusqu'à l'enthousiasme, et quelquefois de beaux vers; telles sont les beautés de cette tragédie : à l'égard des défauts, je les ai déjà indiqués d'après la première impression qu'elle fit au théâtre. La marche de la pièce est sensiblement refroidie depuis la scène du dévouement jusqu'à celle d'Harcourt, c'est-à-dire pendant près de deux actes, ce qui n'est pas un petit inconvénient. On ne peut disconvenir qu'Édouard ne fasse un triste rôle pour un grand roi et pour un conquérant; il est humilié par tout le monde, par le maire, par la fille du gouverneur, et même par ses propres sujets; et qu'est-ce après tout qu'un roi victorieux qui ne paraît dans une pièce que pour s'obstiner pendant quatre actes à faire mourir six braves gens qui ont fait leur devoir? Je crois qu'il eût fallu trouver des moyens de ne pas le faire paraître, et il y en avait. On ne voit pas non plus qu'il ait des raisons assez fortes pour regarder la fille du comte de Vienne comme un personnage si important et comme l'arbitre des plus grands intérêts. On ne voit pas pourquoi il vient dire à cette Aliénor, qu'il doit connaître à peine :

..... Tant de vertus ornent votre jeunesse,
Que leur éclat célèbre exige des tributs
Jusqu'ici dans mon cœur à regret suspendus.
Je viens vous les offrir : ils sont dignes, Madame,
Et du *profond génie*, et de la grandeur d'âme
Dont j'ai même admiré les dangereux excès.

C'est tout ce qu'on pourrait dire à une Marguerite d'Anjou; mais qu'est-ce que le *profond génie* de cette jeune fille du gouverneur de Calais? Et pourquoi Édouard *suspendait-il à regret les tributs* qu'il croit lui devoir? Cette espèce de galanterie est souverainement ridicule. Est-ce Aliénor qui a défendu la place? On ne nous le dit pas, et nous ne pouvons pas même le supposer. Pourquoi veut-il lui faire épouser Harcourt? S'il connaît *la grandeur d'âme* d'Aliénor, il doit craindre qu'elle ne se serve de son pouvoir sur Harcourt pour le détacher du service d'Angleterre, et le mariage qu'il propose en est un moyen. Pourquoi dit-il qu'il fera Harcourt *vice-roi de France ?* Est-il maître de la France pour avoir pris Calais et Térouenne, et Philippe de Valois est-il détrôné pour avoir été battu à Crécy? Il n'y a dans tout cela rien de raisonnable. Pourquoi entre-t-il dans une discussion suivie sur ses droits à la couronne et sur la loi salique avec cette jeune Aliénor? Cela n'est conforme ni à sa dignité ni aux circonstances; et s'il a des raisons de l'entretenir, ce ne doit pas être sur un semblable sujet. Pourquoi le voyons-nous s'affliger et s'irriter si fort de n'être pas aimé des Français? A-t-il pu se flatter d'obtenir leur amour en ravageant la France depuis trois ans? Et, s'il veut s'en faire aimer, prend-il la voie la plus courte en faisant pendre des citoyens innocents? En un mot, rien de plus mal conçu que ce rôle, si ce n'est le moment où Édouard pardonne : encore va-t-il beaucoup trop loin un moment après, lorsqu'il envoie Harcourt annoncer à Philippe qu'il renonce à toutes ses prétentions sur la couronne de France. Est-il vraisemblable qu'un prince du caractère d'Édouard, ambitieux et vainqueur, devienne en un moment si différent de lui-même, et veuille perdre le fruit de ses travaux et de ses victoires, parce qu'il est touché de la vertu et du courage de quelques bourgeois de Calais.

Mais ce qui nuit le plus à cet ouvrage, ce qui le relègue parmi ceux qui ont besoin des acteurs pour exister, c'est le ton déclamatoire qui trop souvent y domine, c'est la foule de mauvais vers dont il est surchargé. Les longues sentences, les idées fausses, ou petites, ou emphatiques, les dissertations, les figures froides, les hyperboles, les constructions dures, les phrases louches et contournées, rebutent à tout moment les lecteurs; et c'est ce qui contribua le plus à décrier la pièce lorsqu'elle passa de la scène dans le cabinet.

De Belloy, par l'accueil qu'on avait fait au *Siège de Calais*, se regarda comme engagé d'honneur à ne plus traiter que des sujets français. Il mit au théâtre deux héros de notre histoire, Gaston et Bayard; et cette duplicité de héros était déjà une faute : chacun de ces deux personnages méritait d'être seul le sujet d'une tragédie. Un autre inconvénient, c'est qu'ici l'action n'est pas une comme dans *le Siège de Calais;* elle est partagée entre une rivalité qui produit la querelle de Gaston et de Bayard, et une conspiration d'Avogare et d'Altémore. Ce sont deux objets distincts que peut-être on aurait pu lier ensemble de manière à les diriger vers un même but, mais qui sont ici tellement séparés, que, passé le troisième acte, il n'est plus question de cette rivalité des deux héros. Elle ne sert qu'à leur faire tenir une conduite qui n'est nullement celle de leur caractère ni de leur âge. Celui des deux à qui l'amour pouvait faire commettre une faute était à coup sûr le prince, qui n'a que dix-huit ans, qui regarde Bayard comme son père, et même lui donne ce nom dans la pièce;

celui que son expérience, sa maturité, une sagesse reconnue, devaient garantir de tout écart, était Bayard, le chevalier sans reproche. Point du tout : c'est celui-ci qui montre toute l'imprudence, toute la violence d'un jeune amoureux ; et c'est Gaston qui a toute la supériorité de raison que doit avoir un homme mûr. C'est Bayard qui, au moment d'une bataille, veut se battre avec son général, avec un prince parent de son roi, un prince qui n'a d'autre tort avec lui que d'être aimé d'une femme que Bayard veut épouser. A la disconvenance des caractères se joint l'invraisemblance des faits. L'auteur avait besoin, dans son plan, d'une querelle subite entre les deux héros français ; mais comment l'a-t-il amenée? Est-il probable qu'Euphémie soit promise depuis long-temps à Bayard sans que Gaston en sache rien? L'engagement d'Avogare était-il secret? Les amours de Bayard étaient-ils un mystère? Donne-t-on même quelque raison, quelque prétexte de croire que cette promesse ait été cachée? Est-il possible qu'Euphémie, qui aime Gaston et qui en est aimée, qui n'attend pour l'épouser que l'aveu du roi de France, n'ait pas dit à son amant que Bayard est son rival, et qu'il a la parole d'Avogare? Cet obstacle, de la part d'un homme tel que Bayard, était-il une chose si indifférente qu'on n'en parlât même pas? Toutes ces objections, qui restent sans réponse, se présentent d'elles-mêmes. Lorsque Bayard est dans le plus grand étonnement de voir Nemours offrir sa main à Euphémie, et lui dit :

Prince, j'aime Euphémie, et l'aime avec fureur,

Ces mots ne sont pas mieux placés dans la bouche de Bayard que la situation n'est motivée. Il ne faut point dire qu'on *aime avec fureur* une femme qu'on cède un moment après avec la plus grande tranquillité; rien de plus faux et rien de plus froid; une pareille *fureur* est à faire rire. Euphémie ne doit pas dire non plus, en parlant de Bayard :

Je n'eus point de raison pour rejeter sa foi,
Tant que Nemours m'aima sans l'aveu de son roi.

Quoi ! elle aime Nemours, elle l'*adore*, et *elle n'a point de raison* pour rejeter la foi d'un autre ! Voilà un caractère et une morale bien étranges ; mais l'auteur ne savait point du tout traiter les passions du cœur : nous le verrons dans *Gabrielle*. On peut imaginer aussi, puisque cet amour d'Euphémie pour Gaston ne l'a pas empêchée de se promettre à Bayard, qu'il doit être fort peu intéressant dans la pièce.

L'auteur a cherché ses effets ailleurs : dans le pardon que demande Bayard à son général, et dans le péril où les met tous deux la conspiration des deux Italiens. D'abord, pour ce qui est de la démarche de Bayard, on le voit avec plaisir, il est vrai, reconnaître son tort, et jeter son épée aux pieds de Gaston : mais quand il s'écrie avec faste, en s'adressant aux chevaliers français :

Contemplez de Bayard l'abaissement auguste,

on ne voit plus un guerrier vertueux, un brave homme sentant qu'il a fait une véritable faute, et mettant dans la réparation la candeur et la simplicité de sa belle âme; on ne voit qu'un déclamateur qui oublie que la vertu ne dit jamais : *contemplez-moi*, qu'elle ne dit point d'elle-même qu'elle est *auguste*, parce qu'il est de son caractère de croire qu'il n'y a rien de plus simple que de faire son devoir. De plus, il n'est pas très extraordinaire que Bayard, qui a eu tort, fasse des excuses à son général, à un prince qu'il a très gratuitement offensé. Si le général, si le prince avait eu tort envers Bayard, et lui eût ainsi demandé pardon, c'est alors que la scène eût été vraiment théâtrale, que le prince eût été *auguste*, et ne l'aurait pas dit; mais tout le monde l'aurait dit pour lui.

Quant à la conspiration, elle peut donner lieu à des reproches non moins fondés. Il est question de faire jouer une mine sous les murs de Bresse, lorsque l'armée française y sera, de faire sauter le palais d'Avogare lorsque Gaston et ses principaux chefs seront prêts à s'y retirer, de tuer Gaston et Bayard en trahison dans le désordre de la mêlée. Tous ces différents projets se croisent et se confondent selon les différents incidents qui surviennent dans la pièce; en sorte que tout est livré au hasard, au lieu d'être le résultat d'un plan dont le spectateur puisse suivre le développement. Il est tout aussi difficile de se prêter à la situation d'Euphémie, placée, au quatrième acte, entre le poignard de son père et l'épée de son amant, et qui les défend tour à tour l'un contre l'autre. Il est trop évident que, si Avogare, qui va être découvert, a pris son parti, comme il doit le prendre, de poignarder Gaston qui ne se défie de rien, il peut porter le coup en présence de sa fille, qui ne doit pas avoir assez de force pour empêcher ce coup de désespoir. Et puis, lorsque Avogare est découvert, comment son ami Altémore ne devient-il pas suspect? Comment ce chef italien n'est-il pas du moins observé après tous les avis donnés aux Français? Comment laisse-t-on à sa merci Bayard blessé? Comment le vertueux Urbin, qui, dès le premier acte, regarde Avogare et Altémore comme deux traîtres, et le leur dit en face, ne se croit-il pas obligé d'en avertir Gaston? Comment enfin, à l'instant de l'explosion, qui doit être le signal de la mort de Bayard, Altémore, accompagné d'une troupe de soldats, maître de la vie de Bayard étendu sur un lit, ne porte-il pas un coup qu'il semblait si impatient de porter, et s'amuse-t-il à le braver et à l'insulter, pour donner à Gaston le temps de venir à son secours? Comme tous ces ressorts sont forcés et tous ces moyens improbables! Je ne parle pas de la réputation de cet Urbin, qu'on nous donne pour un homme d'honneur, pour la gloire de l'Italie, et qui vient proposer à Bayard de trahir la France et de se donner à ses ennemis. Une pareille proposition à Bayard! Il y a des hommes d'un caractère trop connu pour que l'on ose leur proposer un crime infâme, et certainement Bayard est de ce nombre. Ce n'était pas auprès de lui qu'on devait hasarder cette démarche, et ce n'était pas Urbin qui devait s'en charger.

Quoique les fautes soient nombreuses et graves, l'intérêt de curiosité qui naît de la foule des incidents, l'esprit guerrier qui règne dans la pièce, la pompe militaire qu'on y déploie, les noms chers et fameux de Nemours et de Bayard, quelques traits d'élévation et de force dignes de ces grands noms, et cet art même, qui est quelque chose, d'attacher sur le théâtre par des situations que la réflexion condamne, ont fait réussir la pièce, comme bien d'autres qui ne soutiennent ni l'examen ni la lecture, mais qu'on ne voit pas sans quelque plaisir.

Gabrielle de Vergy est la seule pièce où de Belloy ait essayé de traiter les passions : la nature ne le portait pas à ce genre. Il entend assez bien l'art très secondaire d'obtenir des effets aux dépens de la justesse des moyens; mais il connaît fort peu les mouvements du cœur. Le sujet de *Gabrielle* ne me paraît pas heureux en lui-même : la situation de cette femme est nécessairement monotone, parce que son malheur est irrémédiable, et qu'il n'y a rien à espérer ni pour elle ni pour Coucy, et la pièce est du genre de celles qui attristent beaucoup plus qu'elles n'intéressent; ce qui n'est pas la même chose, il s'en faut de beaucoup. Quant aux vraisemblances que l'auteur est accoutumé à sacrifier, je ne lui reprocherai point la démarche de Coucy, quoique très contraire au caractère qu'il lui donne, qui est celui d'une vertu héroïque, capable de sacrifier l'amour au devoir : s'il pense ainsi, pourquoi, déguisé sous l'habit d'un écuyer, et prenant le moment de l'absence de Fayel, vient-il chez une femme dont il cause les malheurs, et qu'il expose aux plus affreux dangers de la part d'un mari jaloux dont il connaît la violence? Quels sont les motifs d'une imprudence si blâmable sous tous les rapports? Lui-même n'en saurait alléguer. Il dit à Monlac qu'il est envoyé par Rhétel, le père de Gabrielle; qu'il est chargé de soins importants; mais on n'en apprend pas davantage, et ce silence prouve l'embarras de l'auteur. Cependant on peut excuser cette faute; il fallait que Coucy arrivât : on est bien aise de le voir, et l'on pardonne au poète de ne pas motiver sa venue. Mais ce qui ne peut avoir d'excuse, c'est de supposer que Coucy puisse rester pendant deux actes dans le château de Fayel, et même entretenir long-temps Gabrielle dans son appartement, sans que les gardes, qui, par ordre du maître, le cherchent partout, puissent le découvrir, et sans qu'on nous dise où il a pu se cacher, et comment il a échappé aux recherches si actives et si vigilantes de la jalousie. Ce qui peut déplaire encore davantage, c'est d'établir entre les deux amants, lorsqu'ils doivent tout craindre de Fayel, une conversation longue et tranquille, pleine de sentiments exaltés qui refroidissent le spectateur en lui faisant oublier le péril, comme ils l'oublient eux-mêmes. A l'égard du cinquième acte, qui révolta la première fois que la pièce fut jouée, et auquel on s'est accoutumé depuis, ce ne sera jamais à mes yeux qu'une atrocité gratuite et dégoûtante. La tragédie peut aller jusqu'à l'horreur, je le sais; mais il faut alors que les forfaits horribles tiennent à un grand objet, à un grand caractère. Je consens que, pour régner, Cléopâtre égorge un de ses fils, et veuille empoisonner l'autre; que Mahomet, avec des desseins encore plus grands, immole le père par la main du fils. Mais quand un mari jaloux a tué son rival, il a fait tout ce qu'il pouvait faire : si ce n'est assez, qu'il tue encore sa femme; mais s'il apporte à cette femme le cœur de son amant avec un mystérieux appareil, le mien se soulève de dégoût, et je ne vois là qu'une férocité brutale et basse, qu'il ne faut pas plus montrer aux hommes qu'on ne leur montrerait un monstre qui aurait la fantaisie de boire du sang humain, comme on le racontait de quelques scélérats extraordinaires, avant que cette monstruosité fût devenue de nos jours, comme tant d'autres, une habitude révolutionnaire. Ce n'est pas que je doute qu'un pareil spectacle, et celui d'un homme sur la roue, et celui de la question, et autres belles inventions du même genre, ne puissent être du goût de ceux qui vont chercher au théâtre des convulsions et des attaques de nerfs, au lieu des impressions supportables de Corneille, de Racine, de Voltaire, qui n'ont jamais fait évanouir personne. Le peuple allait bien chercher ses plaisirs à la Grève, et chacun a le droit de choisir les siens. Je ne crois pas que ce soit là le but de la tragédie; mais puisqu'il y a des gens que cela divertit, je ne m'y oppose pas, et ne veux pas troubler leurs jouissances.

Au reste, la conduite de cette pièce n'est pas sans art dans quelques parties, ni l'exécution sans beautés. Il y a de l'énergie et de la passion dans quelques endroits du rôle de Fayel, et quelques mouvements de sensibilité dans Gabrielle; mais le plus souvent le dialogue et le style sont le contraire de la vérité;

et l'esprit alambiqué que le poète a coutume de donner à ses personnages, le langage pénible et recherché qu'il leur prête, est encore moins tolérable dans un sujet de passion que dans les autres qu'il a traités.

Il faut bien dire un mot de *Pierre-le-Cruel*, puisque, remis au théâtre depuis la mort de l'auteur, il a été accueilli avec indulgence; mais il est impossible de ne pas avouer qu'il avait mérité le sort qu'il eut dans sa nouveauté. C'est, sans excepter *Titus*, ce que l'auteur a fait de plus mauvais, et l'on n'y reconnaît même pas les idées dramatiques qu'il paraît avoir suivies dans les pièces dont je viens de parler. C'est le comble de la déraison de scène en scène, et souvent le comble du ridicule dans le style. C'est entre Du Guesclin, Édouard, Henri de Transtamare, et un chef maure nommé Altaire, une espèce de défi à qui montrera le plus de cette grandeur exagérée et romanesque que l'auteur prend pour de l'héroïsme, et qui n'est qu'une exaltation de tête, absolument contraire au bon sens, aux convenances, aux mœurs, aux circonstances; c'est un étalage de morale et de philosophie qui ressemble plus à une école de rhétorique qu'à une action qui se passe entre des guerriers du quatorzième siècle. Pierre-le-Cruel est non-seulement une espèce de bête féroce, mais l'être le plus vil, le plus abject, le plus indigne de la scène qu'on ait jamais imaginé. On ne peut pardonner au prince Noir d'être le protecteur et l'ami d'un pareil monstre. Tout le monde le foule aux pieds, et il le mérite; mais l'auteur ne s'est pas aperçu que cette méchanceté impuissante qui veut toujours faire le mal, et qui est toujours repoussée avec dédain, avilit jusqu'au dégoût un personnage de tragédie; qu'il n'y en a point qui ne doive avoir une sorte de bienséance théâtrale, et qu'il faut de la mesure jusque dans le mépris que peut inspirer un de ces rôles méprisables que la tragédie permet quelquefois d'employer.

Écartons son premier et son dernier ouvrage, également indignes des regards de la postérité, et ne cherchons les titres de de Belloy auprès d'elle que dans les quatre tragédies qui peuvent rester; et, toutes défectueuses qu'elles sont, il en résultera que leur auteur était né avec du talent et de l'imagination, mais qu'il avait plus de ressources dans l'esprit que de feu poétique et de verve théâtrale; qu'il avait de l'élévation dans l'âme, et très peu de sensibilité dans le cœur. Il écrivait ses pièces comme il les avait conçues, avec effort et recherche; et, comme ses combinaisons sont ingénieusement pénibles, le langage de ses personnages est bizarrement contourné. La facilité, l'harmonie, la grace, l'élégance, lui sont presque partout étrangères. Il s'exprime le plus souvent en rhéteur, rarement en poète, en homme éloquent. C'est, après La Motte, l'écrivain qui a le mieux fait voir tout ce qu'on peut faire avec de l'esprit, et tout ce que l'esprit ne peut pas remplacer.

La Harpe, *Cours de Littérature.*

II.

De Belloy a donné à nos auteurs dramatiques l'exemple, trop peu suivi, de puiser leurs sujets dans l'histoire de la nation, et de consacrer leurs veilles à la gloire de la patrie. Mais il s'est trop souvent permis d'altérer par des intrigues romanesques la simplicité de l'histoire : il n'a pas été heureux dans ses choix, et son style, d'ailleurs, a presque toujours plus d'enflure que d'élévation.

Si la catastrophe de sa tragédie de *Gabrielle de Vergy* était moins révoltante, cette pièce, soit par la sagesse de son plan, soit par la manière dont elle est écrite, nous paraîtrait le meilleur de ses ouvrages. L'auteur avait réuni, dans cette pièce, le double mérite de traiter un sujet très simple, et d'avoir su rendre le personnage de Fayel intéressant, malgré l'atrocité de sa vengeance.

PALISSOT, *Mémoires sur la Littérature.*

III.

De Belloy a été plus heureux que Lemierre; il s'est mis sous la protection de noms illustres et chers à la France; il a rappelé d'anciens et glorieux souvenirs. Peut-être ces preux chevaliers, leurs nobles faits d'armes, leurs vertus simples, et toute cette histoire des vieux temps de la patrie, auraient-ils dû inspirer de Belloy d'une manière plus vraie, et l'éloigner des pompeuses déclamations où il est tombé. On aimerait à retrouver quelque chose de la physionomie des siècles et des personnages qu'il a voulu peindre, et dont les noms seuls réussissent à nous subjuguer; mais, au temps où il écrivait, on avait un grand goût pour le faste des paroles. Voltaire lui même n'avait pas toujours préservé ses héros tragiques de ce défaut.

DE BARANTE, *De la Littérature française pendant le XVIIIe siècle.*

MORCEAU CHOISI.

Eustache de Saint-Pierre aux chefs des Bourgeois de Calais.

Défenseurs de Calais, chefs d'un peuple fidèle,
Vous, de nos chevaliers l'envie et le modèle,
Faudra-t-il pour un temps voir les fiers léopards
A nos lis usurpés s'unir sur nos remparts?
La seconde moisson vient de dorer nos plaines,
Et de tomber encore sous des mains inhumaines,
Depuis que d'Édouard l'ambitieux orgueil
Dans nos forts ébranlés voit toujours son écueil.
La valeur des Français dispute à leur prudence
L'honneur de tant d'exploits et de tant de constance.
Vingt fois de ses travaux comptant le dernier jour,
L'Anglais de l'autre aurore appelait le retour;
Et, par nos murs ouverts respirant le carnage,
Sur leurs restes tombants méditait son passage.
Le jour reparaissait, et ses regards surpris
Trouvaient un nouveau mur formé de vieux débris.
Ces pièges destructeurs renversés sur lui-même,
Ce courage plus grand que son courage extrême,
L'ont enfin, malgré lui, contraint de renoncer
Aux périls, aux assauts qui n'ont pu vous lasser.
Il remit sa victoire à ces fléaux terribles,
De l'humaine faiblesse ennemis invincibles.
Nous vîmes ces fléaux, l'un par l'autre enfantés,
Multiplier la mort dans ces lieux dévastés.
Du ciel et des saisons les rigueurs meurtrières,
La disette, la faim nous ont ravi nos frères;
Et la contagion, sortant de leurs tombeaux,

De ces morts si chéris fait encor nos bourreaux.
Le plus vil aliment, rebut de la misère,
Mais, aux derniers abois, ressource horrible et chère,
De la fidélité respectable soutien,
Manque à l'or prodigué du riche citoyen;
Et ce fatal combat, notre unique espérance,
Nous sépare à jamais des secours de la France,
Tandis que cent vaisseaux, environnant ce port,
Renferment avec nous la famine et la mort.
Si d'un peuple assiégé la dernière infortune
Ne nous avait réduits qu'à la douleur commune
De céder au vainqueur vaillamment combattu,
J'y pourrais avec vous résoudre ma vertu;
Mais l'injuste Édouard nous ordonne le crime:
Il veut qu'en abjurant notre roi légitime,
Sur le trône des lis, au mépris de nos lois,
Un serment sacrilège autorise ses droits.
Il prétend recevoir ses conquêtes nouvelles
En prince qui pardonne à des sujets rebelles.
Vous ne donnerez point à nos tristes états
Cet exemple honteux... qu'ils n'imiteraient pas.
Vous n'irez point souiller une gloire immortelle,
Le prix de tant de sang, le fruit de tant de zèle.
Nous mourrons pour le roi, pour qui nous vivions tous;
Choisissez le trépas le plus digne de vous:
Je vous laisse l'honneur de tracer la carrière,
Content que ma vertu s'y montre la première.
Le Siége de Calais, act. I, sc. 6.

BENSERADE (Isaac de) naquit en 1612 à Lyons-la-Forêt, petite ville de la haute Normandie. Son père, maître des eaux et forêts, avait été huguenot. Il se convertit peu de temps après la naissance de son fils, qui fut confirmé à l'âge de sept ou huit ans. Puget, évêque de Dardanie, qui lui conférait ce sacrement, l'invita à changer son nom hébreu Isaac pour un nom chrétien : « Volontiers, répondit le « néophyte, pourvu qu'on me donne du retour. « Il faut le lui laisser, dit l'évêque, il a la mine de « le faire bien valoir. » C'eût été dommage, en effet, de le lui ôter : ce nom qui en hébreu veut dire *ris*, convenait très bien à un homme qui devait briller par l'enjouement de son esprit. Benserade était fort jeune quand il perdit son père, qui lui laissa un bien très modique et fort embarrassé ; aussi aima-t-il mieux l'abandonner que de plaider. Du côté maternel, il était allié aux Vignancour et aux de Laporte. Sa mère portait ce nom. La mère du cardinal de Richelieu l'avait aussi porté. Il se prétendit son allié ; et, sans trop approfondir cette prétention, le cardinal de Richelieu lui fit une pension considérable. Cet appui lui aurait été d'un grand secours, lui aurait ouvert la carrière des honneurs, si trop souvent il n'eût déserté la Sorbonne pour l'hôtel de Bourgogne, où l'attiraient les charmes de la belle Rose, fameuse comédienne du temps. Cette liaison le fit travailler pour le théâtre, et l'on vit paraître de lui : *Cléopâtre*, *la Mort d'Achille et la Dispute de ses armes*, *Iphis et Iante*, *Gustave ou l'Heureuse ambition*, et *Méléagre* : ces pièces ont été imprimées à Paris, 1636—41, in-4°. Quelques personnes prétendent qu'il est l'auteur de la *Pucelle d'Orléans*, attribuée par d'autres à Mesnadière.

A la mort du cardinal de Richelieu, il aurait trouvé la même protection dans sa famille, s'il ne s'en était privé lui-même en composant ce méchant quatrain:

> Ci gît ; oui gît par la mort bleu
> Le cardinal de Richelieu ;
> Et, ce qui cause mon ennui,
> Ma pension avecque lui.

L'amiral de Brézé, autre allié maternel qu'il s'était donné, le prit avec lui sur sa flotte; mais la mort lui ayant enlevé ce nouveau protecteur, il revint à la cour. Il s'y fit remarquer par son esprit vif et divertissant, et trouva le moyen de subsister par le secours de sa pension, et par celui de quelques dames riches et libérales. Il devint si fort à la mode, que le cardinal de Mazarin se glorifia d'avoir, dans son jeune temps, composé des vers italiens dans le même goût que les siens. Le poète témoigna tout son ravissement, et il eut une pension de 1000 écus sur l'abbaye de Saint-Éloi; ce qui, joint aux bienfaits de la reine-mère, porta son revenu à 12,000 liv., et le mit en état d'avoir un carrosse, sorte de luxe alors très inusité parmi les poètes. La source de sa fortune et de sa réputation fut son incroyable facilité à composer des vers pour le roi et les personnes distinguées qui figuraient dans les ballets de la cour. Il excellait dans ce genre, et faisait entrer, dans les sujets de l'antiquité ou de la fable, des peintures vives et piquantes du caractère et des inclinations des personnages qu'il représentait. En parcourant les passages où il parle des amours encore secrètes ou non déclarées de Louis XIV et de madame de la Vallière, on y observe un talent tout particulier.

En 1651, son sonnet de Job et celui d'Uranie, par Voiture, partagèrent la cour en *Jobelins* et en *Uranistes*. Le prince de Conti se mit à la tête du premier parti, sa sœur, madame de Longueville, à la tête de l'autre.

Ces sonnets firent beaucoup plus de bruit qu'ils n'en auraient fait sans cela, et ce schisme littéraire donna naissance à une foule de pièces de vers dont la plus raisonnable est celle qui finit ainsi :

> Comme Roche du Maine a dit :
> Je me déclare pour Tobie.

On donna les honneurs du proverbe à ce mot, que mademoiselle Roche du Maine, l'une des filles d'honneur de la reine-mère, avait dit sans doute par étourderie.

Le poète courtisan savait bien louer le roi. Le monarque lui donna 10,000 livres pour les tailles douces de ses rondeaux sur les *Métamorphoses d'Ovide*, ouvrage vraiment pitoyable, qui tomba aussitôt qu'il parut (Paris, 1676, in-4°), et tout le monde applaudit à ce rondeau épigrammatique si connu, de Prépetit de Grammont :

> A la fontaine où s'enivre Boileau,
> Le grand Corneille et le sacré troupeau
> De ces auteurs que l'on ne trouve guère,
> Un bon rimeur doit boire à pleine aiguière,
> S'il veut donner un bon tour au rondeau.
> Quoique j'en boive aussi peu qu'un moineau,
> Cher Benserade, il faut te satisfaire,

> T'en écrire un. Hé ! c'est porter de l'eau
>   A la fontaine.
> De tes refrains, un livre tout nouveau,
> A bien des gens n'a pas eu l'heur de plaire :
> Mais, quant à moi, j'en trouve tout fort beau,
> Papier, dorure, image, caractère,
> Hormis les vers qu'il fallait laisser faire
>   A La Fontaine.

La préface était un rondeau, le privilège, l'errata même étaient des rondeaux ; il était tout simple que la critique fût aussi un rondeau : rien n'est plus vrai que la fin.

> Pour moi, parmi des fautes innombrables,
> Je n'en connais que deux considérables,
> Et dont je fais ma déclaration :
> C'est l'entreprise et l'exécution,
> A mon avis fautes irréparables
>   Dans ce volume.

C'est avec justesse que l'abbé d'Olivet a observé que l'exécution n'en était pas plus mauvaise que celle des autres ouvrages de l'auteur ; mais que le règne des jeux de mots était passé lorsque ces rondeaux parurent ; que, quant à l'entreprise, elle était folle en tout temps, puisqu'un livre tout entier de rondeaux devait fatiguer par son excessive uniformité. Une autre faute, commise par Benserade, c'est d'avoir mis en quatrains environ deux cents fables, dont trente-neuf ont été gravées dans le labyrinthe de Versailles. Ce fut son dernier ouvrage. Fatigué du monde, moins goûté à la cour, il se retira à

Gentilly, dans une maison qu'il décora d'inscriptions.
A l'entrée on voyait celle-ci :

> Adieu fortune, honneurs, adieu vous et les vôtres,
> Je viens ici vous oublier.
> Adieu toi-même, Amour, bien plus que tous les autres
> Difficile à congédier.

Il le congédia pourtant, et la religion occupa ses derniers moments; ce fut à elle qu'il consacra ses dernières poésies. Tourmenté de la pierre, il résolut de se faire opérer; mais un chirurgien, voulant faire une saignée de précaution, lui ouvrit l'artère, et au lieu de chercher à arrêter le sang, prit la fuite. Il mourut, quelques heures après, le 19 octobre 1691, âgé de près de quatre-vingts ans. Il avait été reçu à l'Académie française, en 1674.

Sa familiarité avait quelque chose d'impérieux; non-seulement il voulait qu'il lui fût permis de critiquer les autres, mais il ne pouvait supporter la critique et défendait ses compositions avec un entêtement tel, que ceux qu'il consultait ne pouvaient lui dire leur sentiment sans s'exposer à d'étranges emportements de sa part. Sénecé a fait de lui ce portrait assez ressemblant, mais un peu flatté :

> Ce bel-esprit eut trois talents divers
> Qui trouveront l'avenir peu crédule :
> De plaisanter les grands il ne fit point scrupule,
> Sans qu'ils le prissent de travers :
> Il fut vieux et galant, sans être ridicule,
> Et s'enrichit à composer des vers.

Ce talent pour les vers faillit le conduire aux

honneurs. Pour complaire à la reine Christine, qui était charmée de ses ouvrages, on fut au moment de l'envoyer en Suède, comme résident et même comme ambassadeur; mais tout manqua : ce qui donna lieu à Scarron de dater une de ses lettres :

L'an que le sieur de Benserade
N'alla point en son ambassade.

Il était homme à jeux de mots; on a cité avec éloge plusieurs de ses réparties; en voici quelques-unes. L'évêque d'Amiens, étant à Toulouse, alla voir avec Benserade le fameux moulin de Basacle. Tous deux se mirent dans l'esprit de demander au roi la permission d'en faire construire un semblable; elle leur fut accordée. Benserade, faisant réflexion sur ce qu'ils allaient faire, lui dit : « Pour moi, je ne « perdrai pas beaucoup, je ne pourrai par là que « m'assurer mon pain; mais pour vous, Monseigneur, « vous deviendrez d'évêque meunier. »

Une personne du plus grand mérite et de la plus haute distinction discutait avec un peu d'aigreur contre notre poète; pendant la discussion on apporta à cette personne le bonnet de cardinal : « Par- « bleu! j'étais bien fou, dit-il, de quereller avec un « homme qui avait la tête si près du bonnet. »

Un prédicateur appelé Adam prêchait au Louvre, et ses sermons ne réussissaient pas beaucoup; sur cela, Benserade dit fort galamment qu'on avait raison de soutenir *qu'Adam n'était pas le premier homme du monde;* ce qui fut dit justement à l'époque où parut le livre des préadamites; ce mot a été renouvelé par Voltaire.

Boileau, lorsque les rondeaux parurent, fut fâché d'avoir dit dans son *Art Poétique*, (chant IV):

> Que de son nom chanté par la bouche des belles,
> Benserade en tous lieux amuse les ruelles.

Il se rétracta dans sa satire de l'*Équivoque*, en disant :

> Je ferais mieux, j'entends, d'imiter Benserade:
> C'est par lui qu'autrefois, mise en ton plus beau jour,
> Tu sus, trompant les yeux du peuple et de la cour,
> Leur faire, à la faveur de tes bluettes folles,
> Goûter comme bons mots tes quolibets frivoles.

Ses *OEuvres*, comprenant ses vers pour les ballets, ses Chansons, ses Sonnets et un choix de ses Rondeaux tirés d'Ovide, ont été imprimées à Paris, en 1697, 2 vol. in-12.

AUGER.

JUGEMENTS.

I

Les Benserade, les Pavillon, ne me parurent pas occuper les premiers rangs (dans le *Temple du Goût*). Ils les avaient autrefois ; ils brillaient avant que les beaux jours des belles-lettres fussent arrivés ; mais peu à peu ils ont cédé aux véritablement grands hommes : ils ne font plus ici qu'une assez médiocre figure. En effet la plupart n'avaient guère que l'esprit de leur temps, et non cet esprit qui passe à la dernière postérité.

> Déjà de leurs faibles écrits
> Beaucoup de graces sont ternies ;

BENSERADE.

Ils sont comptés encore au rang des beaux-esprits,
  Mais exclus du rang des génies.
            VOLTAIRE, *Temple du Goût.*

II.

Benserade soignait ses vers un peu plus que Voiture. Il a plus de pensées, plus d'esprit proprement dit ; mais ses devises faites pour les ballets de la cour de Louis XIV, quoique toutes plus ou moins ingénieuses, ont perdu beaucoup de leur mérite avec l'à-propos. C'est une preuve que l'esprit tout seul est peu de chose, même dans le genre où il doit le plus dominer. On a pourtant retenu de lui quelques vers. Voltaire, dans son *Siècle de Louis XIV*, a cité les plus jolis. Ils furent faits pour le roi, représentant le Soleil.

Je doute qu'on le prenne avec vous sur le ton
    De Daphné et de Phaéton :
Lui, trop ambitieux ; elle, trop inhumaine.
Il n'est point là de piège où vous puissiez donner.
    Le moyen de s'imaginer
Qu'une femme vous fuie et qu'un homme vous mène !

La querelle des deux sonnets, l'un de Benserade, l'autre de Voiture, a fait tant de bruit autrefois, qu'il faut bien en parler. Toute la France se partagea en *uranistes* et en *jobelins ;* heureuse si elle n'eût jamais été partagée en d'autres sectes ! Les jobelins tenaient pour Benserade, qui avait fait un sonnet sur Job ; les uranistes pour Voiture, qui en avait fait un pour Uranie. On peut les rapporter tous deux ; car, si la querelle est fameuse, les sonnets sont assez peu connus :

Il faut finir mes jours en l'amour d'Uranie.
L'absence ni le temps ne m'en sauraient guérir :
Et je ne vois plus rien qui pût me secourir,
Ni qui sût rappeler ma liberté bannie.

Dès long-temps je connais sa rigueur infinie :
Mais, pensant aux beautés pour qui je dois périr,
Je bénis mon martyre, et, content de mourir,
Je n'ose murmurer contre sa tyrannie.

Quelquefois ma raison, par de faibles discours,
M'invite à la révolte et me promet secours ;
Mais, lorsqu'à mon besoin je veux me servir d'elle,

Après beaucoup de peine et d'efforts impuissants,
Elle dit qu'Uranie est seule aimable et belle,
Et m'y rengage plus que ne font tous mes sens.

C'est là sans doute un assez mauvais sonnet. Remarquons que Boileau, dans le même temps qu'il louait Voiture, se moquait de ces rimeurs froidement amoureux,

Qui ne savent jamais que se charger de chaînes,
Que bénir leur martyre, adorer leur prison,
Et faire quereller les sens et la raison.
Art Poét. chant II.

Et Voiture ici fait-il autre chose? Mais il y a des réputations qu'on n'ose pas juger, et qui en imposent aux meilleurs esprits. Despréaux, cette fois, fut entraîné par son siècle; et d'ailleurs il l'a corrigé si souvent et si bien, qu'il faut l'excuser de n'avoir pu ce qu'après tout personne ne peut, c'est-à-dire avoir toujours raison. Il faut voir si le sonnet de Benserade ne sera pas meilleur :

BENSERADE.

Job, de mille tourments atteint,
Vous *rendra sa douleur connue*,
Et raisonnablement il craint
Que vous n'en soyez point émue.

Vous verrez sa misère nue;
Il s'est lui-même ici dépeint.
Accoutumez-vous à la vue
D'un homme qui souffre et se plaint.

Bien qu'il eût d'extrêmes souffrances,
On vit aller des *patiences*
Plus loin que la sienne n'alla.

S'il souffrit des maux incroyables,
Il s'en plaignit, il en parla :
J'en connais de plus misérables.

Il y a du moins ici une pensée spirituelle et fine. Je ne sais pas de quel côté je me serais rangé, si j'avais été du temps où le prince de Condé était à la tête du parti des jobelins; et madame de Longueville à la tête de celui des uranistes; car qui peut savoir quel goût il aurait eu il y a cent cinquante ans ? Mais il me semble qu'aujourd'hui je serais jobelin. On est tenté de dire : « Oh! qu'il fait bon « venir à propos ! ô le bon temps que celui où la « cour et la ville, toutes les puissances se divisaient « pour deux sonnets, dont l'un est fort mauvais et « l'autre assez médiocre ! » Mais allons doucement, et songeons que l'on pourrait bien quelque jour en dire autant de nous, et que, quand on parlera de la fortune prodigieuse de quelques ouvrages d'aujourd'hui, on aura quelques droits de s'écrier aussi :

« Oh! qu'alors on avait de grands succès avec de bien
« petits talents ! » Il faut que les siècles, ainsi que les
individus, se ménagent un peu les uns les autres,
de peur que ceux qui se moquent de leurs pères ne
soient à leur tour raillés par leurs enfants.

La Harpe, *Cours de Littérature.*

BENTIVOGLIO (Hercule), fils d'Annibal II, naquit à Bologne en 1506, l'année même où sa famille perdit la souveraineté de cette ville. Hercule se distingua parmi les meilleurs poètes du XVIe siècle, et fut un des cavaliers les plus accomplis de son temps. Il fut chargé par son oncle Alphonse Ier, duc de Ferrare, de plusieurs négociations dont il s'acquitta d'une manière éclatante. Il mourut à Venise en 1573. Ses *Poésies*, composées de comédies, de sonnets, de satires, ont été recueillies à Paris en 1719; elles forment un volume in-12. Ginguené, dans son *Histoire littéraire d'Italie*, a donné l'analyse des principales productions de ce poète.

BENTIVOGLIO (Gui), cardinal et historien, issu de la même famille que le précédent (il était neveu d'Hercule), naquit à Ferrare, en 1579. Depuis 1616 jusqu'en 1622, il eut les honneurs de la nonciature en France; il avait déjà, quelques années auparavant, exercé en Flandre ce même emploi diplomatique. Élu cardinal en 1621 par Paul V, il se rendit à Rome, où il résida, chargé par Louis XIII de veiller aux intérêts de sa couronne, avec le titre de protecteur des affaires de France auprès du Saint-Siége. Des mœurs douces, une probité intacte caractérisaient le cardinal Bentivoglio, et ses vertus l'auraient fait élever au trône pontifical, après la mort d'Urbain VIII, s'il n'eût terminé lui-même sa carrière en 1644, pendant la tenue du conclave. On a de lui, 1° une bonne *Histoire des guerres de Flandre* ; elle a été traduite en français par l'abbé Loyseau, chanoine d'Orléans, 4 vol. in-12, Paris, 1770 ; 2° des *Mémoires*, traduits par l'abbé de Veyrac, 2 vol. in-12 ; Paris, 1713 et 1722 ; 3° des *Lettres* fort estimées, traduites par Veneroni, 1 vol. in-12 ; Paris, 1751. Biagioli a donné à Paris, en 1819, une édition italienne des *Lettres du cardinal Bentivoglio*, avec un commentaire. Les *Œuvres complètes* de ce prélat ont été rassemblées en 1 vol. in-folio, Paris, 1645.

Un autre BENTIVOGLIO, frère du cardinal, s'est fait remarquer dans la carrière poétique par sa traduction de la *Thébaïde*, de *Stace*, donnée sous le nom de *Salvaggio Porpora*.

BERCHOUX (JOSEPH), né à Saint-Symphorien, en 1765, a fait ses études à Lyon et exerce, depuis le commencement de la révolution, les honorables fonctions de juge de paix dans sa ville natale.

Après s'être annoncé par plusieurs morceaux de poésie satirique, M. Berchoux fit paraître en 1800 *la Gastronomie*, poème en quatre chants, dont sa modestie l'empêcha d'abord de s'avouer l'auteur. Cet ouvrage, plein d'esprit et de gaieté, eut trois éditions dans l'espace d'une année, et a été traduit en vers anglais, sous le titre de *Gastronomy; or the bon vivant's guide*, Londres, 1810, in-4°. M. Berchoux a encore publié *le Philosophe de Charenton*, roman critique, 1804, in-18; *la Danse ou les Dieux de l'opéra*, poème en six chants, 1808, in 18; et *Voltaire ou le Triomphe de la philosophie moderne*, poème en huit chants, 1814, in-8°. M. Berchoux a travaillé aux deux *Quotidiennes*, de 1797 et de 1815; dans la première sous le nom de *l'Habitant de Mâcon*, dans la seconde sous celui de *M. Musard*. Il a aussi donné plusieurs articles dans *le Mercure* et dans *la Gazette de France*.

MORCEAUX CHOISIS.

I Les Grecs et les Romains.

Satire (1793)

Qui me délivrera des Grecs et des Romains ?
Du sein de leurs tombeaux, ces peuples inhumains
Feront assurément le malheur de ma vie.
Mes amis, écoutez mon discours, je vous prie :
  A peine je fus né, qu'un maudit rudiment
Poursuivit mon enfance avec acharnement :
La langue des Césars faisait tout mon supplice ;
Hélas! je préférais celle de ma nourrice,
Et je me vis fessé pendant six ans et plus,
Graces à Cicéron, Tite et Cornélius,
Tous Romains enterrés depuis maintes années,

Dont je maudissais fort les œuvres surannées.
Je fis ma rhétorique, et n'appris que des mots
Qui chargeaient ma mémoire et troublaient mon repos:
Tous ces mots étaient grecs; c'était la *catachrèse*,
La *paronomasie* avec la *synérèse*,
L'*épenthèse*, la *crâse*, et tout ce qui s'ensuit.
Dans le monde savant je me vis introduit:
J'entendis des discours sur toutes les matières,
Jamais sans qu'on citât les Grecs et leurs confrères;
Et le moindre grimaud trouvait toujours moyen
De parler du *Scamandre* et du peuple troyen.

Ce fut bien pis encor quand je fus au théâtre:
Je n'entendis jamais que Phèdre, Cléopâtre,
Ariane, Didon; leurs amants, leurs époux,
Tous princes enragés hurlant comme des loups;
Rodogune, Jocaste, et puis les Pélopides,
Et tant d'autres héros noblement parricides...
Et toi, triste famille, à qui Dieu fasse paix,
Race d'Agamemnon, qui ne finis jamais,
Dont je voyais partout les querelles antiques
Et les assassinats mis en vers héroïques...

J'avais pris en horreur cette société,
Et demandais enfin grace à l'antiquité.
Je voulais observer des mœurs contemporaines,
Vivre avec des Français loin de Rome et d'Athènes...
Mais les anciens n'ont pu me laisser respirer;
Tout mon pays s'est mis à se régénérer:
Les Grecs et les Romains, mêlés dans nos querelles,
Sont venus présider à nos œuvres nouvelles;
Bientôt tous nos bandits, à Rome transportés,
Se sont crus des héros pour s'être révoltés;
Bientôt Paris n'a vu que des énergumènes,

De sales Cicérons, de vilains Démosthènes,
Mettant l'assassinat au nombre des vertus,
Égorgeant leurs parents pour faire les Brutus :
Le vol s'ennoblissait, et n'était plus un crime ;
Car à Lacédémone il était légitime :
Les biens étaient communs, tous les hommes égaux,
Et Lycurgue enseignait à brûler les châteaux.
Tout faisait une loi du partage des terres ;
Chacun dut en jouir, hors les propriétaires,
Qui virent tous leurs biens, entre leurs mains suspects,
En proie à des voleurs renouvelés des Grecs...
On sait que ces messieurs, à l'histoire fidèles,
Ont, dans tous leurs exploits, surpassé leurs modèles ;
Les modernes enfin ont dévasté nos biens,
Et nous ont égorgés en citant les anciens.

O vous qui gouvernez notre triste patrie,
Qu'il ne soit plus parlé des Grecs, je vous supplie ;
Ils ne peuvent prétendre à de plus longs succès :
Vous serait-il égal de nous parler français ?
Votre néologisme effarouche les dames ;
Elles n'entendent rien à vos myriagrammes ;
La langue que parlait Racine et Fénelon
Nous suffirait encor, si vous le trouviez bon.

En vain monsieur Collot*, pour nous plein de tendresse,
Ressuscite partout les fêtes de la Grèce,
Il veut absolument nous faire divertir
Quand il ne nous plaît pas de prendre du plaisir...
Laisse là, mon ami, tes farces olympiques,
Tes déesses de bois, tes guenilles civiques,
Qui ne plairont jamais à de tristes chrétiens
Privés de leurs parents, dépouillés de leurs biens...

* Collot d'Herbois.

Dis-moi, toi qui sais tout, et qui chéris tes frères,
Les Grecs me paîront-ils mes rentes viagères?...

II. La mort de Vatel

Condé, le grand Condé, que la France révère,
Recevait de son roi la visite bien chère,
Dans ce lieu fortuné, ce brillant Chantilli,
Long-temps de race en race à grands frais embelli.
Jamais plus de plaisirs et de magnificence
N'avaient d'un souverain signalé la présence.
Tout le soin des festins fut remis à Vatel,
Du vainqueur de Rocroi fameux maître d'hôtel.
Il mit à ses travaux une ardeur infinie;
Mais, avec des talents, il manqua de génie.
Accablé d'embarras, Vatel est averti
Que deux tables envain réclamaient leur rôti;
Il prend pour en trouver une peine inutile.
« Ah! dit-il, s'adressant à son ami Gourville,
« De larmes, de sanglots, de douleur suffoqué,
« Je suis perdu d'honneur, deux rôtis ont manqué!
« Un seul jour détruira toute ma renommée;
« Mes lauriers sont flétris, et la cour alarmée
« Ne peut plus désormais se reposer sur moi :
« J'ai trahi mon devoir, avili mon emploi...»
Le prince, prévenu de sa douleur extrême,
Accourt le consoler, le rassurer lui-même :
« Je suis content, Vatel; mon ami, calme-toi;
« Rien n'était plus brillant que le souper du roi :
« Va, tu n'as pas perdu ta gloire et mon estime;
« Deux rôtis oubliés ne sont pas un grand crime.
« — Prince, votre bonté me trouble et me confond:
« Puisse mon repentir effacer mon affront!»
    Mais un autre chagrin l'accable et le dévore :

Le matin, à midi, point de marée encore.
Ses nombreux pourvoyeurs, dans leur marche entravés,
A l'heure du dîner n'étaient point arrivés.
Sa force l'abandonne, et son esprit s'effraie
D'un festin sans turbot, sans barbue, et sans raie.
Il attend, s'inquiète, et, maudissant son sort,
Appelle en furieux la marée ou la mort.
La mort seule répond : l'infortuné s'y livre.
Déjà percé trois fois, il a cessé de vivre.
Ses jours étaient sauvés, ô regrets ! ô douleur !
S'il eût pu supporter un instant son malheur.
A peine est-il parti pour l'infernale rive,
Qu'on sait de toutes parts que la marée arrive ;
On le nomme, on le cherche, on le trouve.... Grands dieux !
La Parque pour toujours avait fermé ses yeux.

 Ainsi finit Vatel, victime déplorable
Dont parleront long-temps les fastes de la table.

 O vous qui, par état, présidez aux repas,
Donnez-lui des regrets, mais ne l'imitez pas !
La Gastronomie.

III. L'Ivresse du Pauvre.

Avez-vous quelquefois rencontré, vers le soir,
Un brave campagnard regagnant son manoir,
Après avoir à table employé sa journée ?
Sa tête est vacillante et sa jambe avinée ;
Il trébuche parfois, et toujours sans danger,
Car un dieu l'accompagne et le doit protéger.
Il s'avance incertain du chemin qu'il doit suivre,
Guidé par la liqueur qui l'échauffe et l'enivre :
La joie est dans ses yeux ; son cœur est délivré
Des ennuis dont la veille il était ulcéré.
Après mille détours il retrouve son chaume ;
Il se croit devenu souverain d'un royaume,

Ou plutôt l'univers, réclamant son appui,
Dépend de son domaine et relève de lui.
Il lègue à ses enfants des trésors, des provinces,
Sa femme est une reine, et ses fils sont des princes;
Il triomphe au milieu de cet enchantement,
Demande encore à boire et s'endort en chantant.
Ibid.

IV. Le Dessert

Un service élégant, d'une ordonnance exacte,
Doit de votre repas marquer le dernier acte.
Au secours du dessert appelez tous les arts,
Sur-tout celui qui brille au quartier des Lombards.
Là, vous pourrez trouver, au gré de vos caprices,
Des sucres arrangés en galants édifices;
Des châteaux de bonbons, des palais de biscuits,
Le Louvre, Bagatelle et Versailles confits,
Les amours de Sapho, d'Abailard, de Tibulle,
Les noces de Gamache, et les travaux d'Hercule;
Et mille objets divers, que savent imiter
D'habiles confiseurs que je pourrais citer.

Ne démolissez point ces merveilles sucrées,
Pour le charme des yeux seulement préparées;
Ou du moins accordez, pour jouir plus long-temps,
Quelques jours d'existence à ces doux monuments :
Assez d'autres objets, dignes de votre hommage,
Avec moins d'appareil vous plairont davantage.
Ah! plutôt attaquez et savourez ces fruits
Qu'un art officieux en compote a réduits.
A la grace, à l'éclat sacrifiez encore;
Aux trésors de Pomone ajoutez ceux de Flore.
Que la rose, l'œillet, le lis et le jasmin,
Fassent de vos desserts un aimable jardin ;
Et que l'observateur de la belle nature

S'extasie en voyant des fleurs en confiture.
Vous avez satisfait à vos nombreux désirs ;
Mais Bacchus vous attend pour combler vos plaisirs.
Approche, bienfaiteur et conquérant de l'Inde,
Tu m'inspireras mieux que les Filles du Pinde ;
Verse-moi ton nectar dont les dieux sont jaloux,
Et mes vers vont couler plus faciles, plus doux.

De ces vases nombreux que l'aspect m'intéresse !
Quel luxe séducteur ! quelle aimable richesse !
Vos convives déjà, dans un juste embarras,
Vous adressent leurs vœux, et vous tendent les bras :
Venez à leur secours, offrez-leur à la ronde
La liqueur qui nous vient des bords de la Gironde,
Le vin de Malvoisie et celui de Palma,
Le champagne mousseux, le christi-lacryma,
Le chypre, l'albano, le clairet, le constance...
Choisissez-les toujours au lieu de leur naissance.
N'allez pas rechercher aux faubourgs de Paris
Du vin de Rivesalte ou de Côte-Perdrix ;
Et ne vous fiez pas à l'art des empiriques
Qui chargent vos boissons de mélanges chimiques :
Donnez-vous en buvant les airs de connaisseur ;
Dites que ce bordeaux aurait plus de saveur
S'il avait visité quelques plages lointaines ;
Et que ce malaga qui coule dans vos veines,
Usé par la vieillesse, a perdu sa vertu,
Qu'il serait sans égal s'il avait moins vécu.

Ibid.

V. Le Café *.

Le café vous présente une heureuse liqueur
Qui d'un vin trop fumeux chassera la vapeur ;
Vous obtiendrez par elle, en désertant la table,

---

* Delille a traité ce sujet dans *les Trois Règnes*, chant VI.   F.

Un esprit plus ouvert, un sang-froid plus aimable ;
Bientôt, mieux disposé par ses puissants effets,
Vous pourrez vous asseoir à de nouveaux banquets ;
Elle est du dieu des vers honorée et chérie.
On dit que du poète elle sert le génie ;
Que plus d'un froid rimeur, quelquefois réchauffé,
A dû de meilleurs vers au parfum du café :
Il peut du philosophe égayer les systèmes,
Rendre aimables, badins, les géomètres mêmes ;
Par lui l'homme d'état, dispos après dîner,
Forme l'heureux projet de nous mieux gouverner.
Il déride le front de ce savant austère,
Amoureux de la langue et du pays d'Homère,
Qui, fondant sur le grec sa gloire et ses succès,
Se dédommage ainsi d'être un sot en français.
Il peut, de l'astronome éclaircissant la vue,
L'aider à retrouver son étoile perdue.
Au nouvelliste enfin il révèle parfois
Les intrigues des cours et les secrets des rois,
L'aide à rêver la paix, l'armistice, la guerre,
Et lui fait, pour six sous, bouleverser la terre.

Ibid.

BERGERAC (SAVINIEN-CYRANO DE) naquit au château de Bergerac, en Périgord, vers l'an 1620. Son père, qui était un gentilhomme connu dans sa province, le mit d'abord chez un prêtre de la campagne qui instruisait plusieurs pensionnaires. Le peu de progrès que le jeune Cyrano fit à cette école engagea son père à l'envoyer à Paris pour achever ses études. Abandonné à lui-même, Cyrano de Bergerac entendit parler du mérite du célèbre Gassendi, qui était alors précepteur de Chapelle. Le philosophe se faisait un plaisir d'admettre aux leçons qu'il donnait à son disciple, Molière, Bernier, et d'autres jeunes gens auxquels il avait trouvé d'heureuses dispositions. Cyrano voulut aussi participer à ces leçons, et s'y prit de manière, par son esprit et son opiniâtreté, qu'il finit par être admis. Doué d'une grande avidité de savoir, il profita des leçons qu'il reçut, et s'appropria même, à ce qu'il paraît, beaucoup de choses qu'il entendit, et qu'il plaça ensuite dans ses ouvrages. Aussi Molière ne se fit-il pas scrupule de s'en servir plus tard, disant qu'il était permis de reprendre son bien partout où on le trouvait. En effet, on retrouve dans *les Fourberies de Scapin* plusieurs traits employés auparavant par Cyrano de Bergerac.

Parvenu à l'âge de dix-neuf ans, Cyrano entra en qualité de cadet dans le régiment des Gardes. Il ne tarda pas à se signaler dans ce corps par plusieurs duels qui lui méritèrent le surnom d'Intrépide. Il se battit plus souvent pour le compte des autres que pour le sien propre, et ces combats singuliers se renouvelaient au point qu'il se passait peu de jours sans qu'il eût quelque querelle. Enfin, des occasions plus honorables de signaler sa valeur se présentèrent. Au siège de Mouzon, il fut blessé d'un coup de feu au travers du corps; au siège d'Arras, il reçut un coup d'épée dans la gorge. Ces deux blessures l'ayant mis hors d'état de continuer à servir, il renonça au métier des armes, et se livra au goût qu'il avait pour les lettres. Son caractère indépendant l'éloigna d'abord des grands dont il refusa le patronage; mais il finit par s'attacher au duc d'Arpajon, auquel il dédia ses ouvrages en 1653. On ne trouve pas dans cette édition tout ce qui nous reste de Cyrano de Bergerac. Lebret, son ami, publia après la mort de l'auteur, *l'Histoire comique des états et empires de la Lune*, et *l'Histoire comique des états et empires du Soleil*; quelques *Lettres*, un *Fragment de physique*, et un *Recueil d'entretiens pointus*. On accusa Cyrano d'impiété, et on se fondait, à ce qu'il paraît, sur quelques passages de sa tragédie d'*Agrippine*. Il faudrait d'autres preuves que celle-là pour asseoir un jugement équitable. La comédie du *Pédant joué*, qui parut aussi du vivant de l'auteur, eut du succès. On voit, par le *Fragment de physique* qui nous reste de lui, qu'il possédait bien la philosophie de Descartes.

Doué d'une imagination ardente, il lui manqua du jugement pour devenir un homme très remarquable. Boileau ne le juge pas défavorablement, et ces deux vers présentent assez l'idée qu'on doit avoir de Cyrano. (*Art Poét* chant. IV):

J'aime mieux Bergerac et sa burlesque audace,
Que ces vers où Motin se morfond et nous glace.

Fontenelle, Voltaire, Swift se sont emparés de quelques idées de Cyrano; on les retrouve dans *les Mondes*, *Micromégas*, et *Gulliver*; mais tout cela n'empêche pas qu'en général ces *Histoires comiques de la Lune et du Soleil* ne soient un recueil d'extravagances.

Cyrano de Bergerac mourut à Paris en 1655; ses OEuvres ont été recueillies en 3 vol. in-12, 1741.

JUGEMENT.

Cet auteur, qui est échappé au souvenir de Voltaire dans la liste des écrivains du siècle de Louis XIV, peut être regardé comme un homme vraiment singulier, et qui se fût acquis une réputation distinguée, si une mort prématurée ne l'eût pas enlevé à l'âge de trente-cinq ans.

Outre sa comédie du *Pédant joué*, assez plaisante pour le temps, et meilleure que celle des *Visionnaires*, de Desmarets, qui eut une si grande réputation, il a fait une tragédie de la *Mort d'Agrippine*, où il a donné, dans le personnage de Séjan, le premier exemple de ces maximes anti-religieuses qui, depuis, ont été affectées jusqu'au ridicule dans plusieurs de nos tragédies modernes.

Palissot, *Mémoires sur la Littérature*.

BERGERIES. C'est le nom qu'on a donné à quelques pièces de poésie et de musique d'un goût champêtre.

Avant qu'on eût en France l'idée de la bonne comédie, on donnait au théâtre, sous le nom de *Pastorales*, des romans compliqués, insipides et froids; et pendant quarante ans, on ne fit que traduire sur la scène, en méchants vers, la fade prose de d'Urfé. Racan, à l'exemple de Hardi, composa un de ces drames, lequel d'abord eut pour titre *Arténice*, et qui depuis a été connu sous le nom des *Bergeries* de Racan. L'intrigue de ce poème, chargé d'incidents et dénué de vraisemblance, réunit tous les moyens de l'éloquence pathétique, et au-

nonce les situations de la tragédie la plus terrible ;
avec tout cela rien n'est plus froid. Ce sont les
mœurs des bergers que Racan a voulu y peindre ;
et on y voit des noirceurs dignes de la cour la plus
raffinée et la plus corrompue. Un amant qui, pour
rendre son rival odieux, se rend plus odieux lui-
même ; un devin fourbe et scélérat, pour le plaisir
de l'être ; un druide fanatique et impitoyable ; en
un mot, rien de plus tragique et de moins intéressant. Cependant, à la faveur d'un peu d'élégance,
mérite rare dans ce temps-là, et que Racan devait
aux leçons de Malherbe, ce poème eut le plus
grand succès, et fit la gloire de son auteur.

Les bergeries, ou pastorales, peuvent être inté-
ressantes ; mais par d'autres moyens. Ces moyens
sont dans la nature: partout où il y a des pères,
des mères, des enfants, des époux, exposés aux accidents de la vie, aux dangers, aux inquiétudes, aux
malheurs attachés à leur condition, leur sensibilité
peut être mise aux épreuves de la crainte et de la
douleur. Ainsi, le genre pastoral peut être touchant,
mais il sera faiblement comique, parce que le comique porte sur les ridicules et sur les travers de
la vanité, et que ce n'est pas chez les bergers que
la vanité domine. Leur ignorance même et leur
sottise n'a rien de bien risible, parce qu'elle est
naturelle et naïve, et qu'elle n'est point en contraste
avec de fausses prétentions. Il serait donc possible
absolument que, sans sortir du genre pastoral, on
fît des tragédies ; mais avec de simples bergers on
ne fera point des comédies ; et les *Bergeries* de Ra-

can, que l'on donne pour exemple de la comédie pastorale, ne sont rien moins, comme on vient de le voir. Le pastoral, qui n'est point pathétique, ne se peut soutenir qu'autant qu'il est gracieux et riant, ou d'une aménité touchante ; mais sa faiblesse alors ne comporte pas une longue action : l'*Aminte* et le *Pastor fido*, où toutes les graces de la poésie et son coloris le plus brillant sont employés, prouvent eux-mêmes que ce genre n'est pas assez théâtral pour occuper long-temps la scène : il manque de chaleur ; et la chaleur est l'âme de la poésie dramatique. Les Italiens, dans la pastorale, ont employé les chœurs à la manière des anciens, et c'est là qu'ils sont naturellement placés, par la raison que, dans les assemblées, dans les jeux, les fêtes des bergers, le chant fut toujours en usage, et qu'il y vient comme de lui-même. Le chœur du premier acte de l'*Aminte :*

O bella eta dell' oro !

est un modèle dans ce genre. (*Voyez* ÉGLOGUE.)

MARMONTEL, *Élements de Littérature.*

BERKLEY (GEORGE), théologien anglican, doyen de Derry et évêque de Cloyne, naquit en Irlande le 12 mars 1684. Il commença ses études dans la fameuse école de Kilkenny, et les termina au collège de la Trinité de l'université de Dublin, dont ses rapides progrès dans les sciences le firent nommer associé en 1707. Il publia alors un traité intitulé : *Arithmetica absque algebrá aut Euclide demons-*

trata, et répondit à l'attente du monde savant par sa *Théorie de la Vision*. Son plus grand titre à la gloire, ses *Principes des Connaissances humaines*, où il nie l'existence des corps, parurent en 1710, et trois ans après, il composa, à l'appui de son système, les *Dialogues d'Hylas et de Philonoüs*, traduits en français par l'abbé de Gua 1750, in-12. On remarque dans cet ouvrage ce sophisme captieux : « Un objet m'a paru avec la lunette quatre fois « plus gros qu'il ne l'était à mes yeux et quatre fois « plus petit avec un autre verre. Or l'objet ne peut « avoir à la fois 16, 4 et 1 pied; cette étendue « n'existe donc pas. » A la tête d'un de ses dialogues se trouve une vignette du traducteur, fort ingénieuse. Un enfant voit son image dans un miroir, court pour la saisir, croyant que c'est un être réel. Un philosophe, placé derrière lui, semble rire de sa méprise, et au bas de la vignette on lit ces mots : *Quid rides ? Fabula de te narratur.*

L'enthousiasme de Berkley pour ses erreurs n'influait en rien sur la douceur de son caractère ni sur la grace infinie de son esprit. Sa société fut recherchée par Pope, Steèle et Swift. Présenté par celui-ci au comte de Péterborough qui était nommé ambassadeur auprès du roi de Sicile et des autres états d'Italie, il l'accompagna en qualité de chapelain et de secrétaire. De retour en Angleterre, en 1714, il la quitta de nouveau pour suivre un jeune Anglais dans ses voyages, passa à Paris où il s'entretint avec Malebranche, visita ensuite la Pouille, la Calabre, et toute l'île de Sicile, recueillit dans ces contrées d'excellents matériaux d'histoire naturelle, mais les perdit dans sa traversée à Naples. Il envoya à l'Académie des sciences de Paris un traité intitulé *de Motu*, composé pendant son séjour à Lyon. Il fut imprimé en 1721 à Londres. Au sujet du *projet de la Mer du Sud*, il écrivit un *Essai sur les moyens de prévenir la ruine de la Grande-Bretagne*. Son érudition en architecture lui mérita l'amitié de lord Burlington, et cette liaison lui procura la protection du duc de Grafton, lieutenant d'Irlande, dont il devint le chapelain. Cette année 1721, l'université de Dublin lui donna le baccalauréat et le doctorat en théologie. Un évènement imprévu augmenta alors sa fortune. Swift lui avait fait connaître, en 1713, une Anglaise appelée Vanhomrigh (célèbre sous le nom de Vanessa). Cette femme, éperdument amoureuse de Swift, voulait l'instituer son héritier, lorsque, furieuse à la nouvelle de son mariage avec mistriss Johnson, elle partagea son bien entre un de ses parents et Berkley. En 1724, élevé à la dignité de doyen de Derry, il résolut d'exécuter un projet depuis long-temps conçu, celui de convertir au christianisme les sauvages américains, par la fondation d'un collège dans les îles Bermudes. Il écrivit en 1725 un opuscule à ce sujet; et après avoir fait les préparatifs nécessaires, passa à Rhod'Island, attendit vainement les fonds promis par le gouvernement, et, au bout de deux ans, reçut cette réponse de Robert Walpole à l'évêque de Londres Gibson : « Comme « ministre j'assure le paiement dès que les affaires « le permettront; comme ami, j'engage le doyen

« Berkley, s'il reste en Amérique dans l'espoir d'être
« payé, à revenir en Europe. »

Découragé du peu de succès d'une entreprise à laquelle il avait sacrifié sept ans de sa vie et une partie de sa fortune, il revint en Angleterre, où, en 1732, il fit paraître en deux volumes in-8° *l'Alciphron ou le petit Philosophe*, apologie de la religion chrétienne et réfutation des différents systèmes de l'athéisme, du fatalisme et du scepticisme, traduit en français par de Joncourt, 1734, 2 vol. in-12. Cet ouvrage lui valut le siège épiscopal de Cloyne. *L'Analepte* adressé au docteur Halley en 1735, une *Défense de l'Esprit en Mathématiques*, durent leur naissance à une controverse dans laquelle Berkley fut vaincu, et s'en consola en publiant, touchant les intérêts de sa patrie, *le Questionneur*, et en signalant la société impie, connue sous le nom de *Blasters*, dans un *Discours adressé aux Magistrats*. Sa piété et son patriotisme lui méritèrent l'estime du lord Chesterfield. L'évêché de Glogher lui fut offert : pour échapper aux traits de la calomnie et de l'envie il refusa ces propositions. Vers sa soixantième année, tourmenté par de fortes tranchées, il dut à l'usage de l'eau de goudron un soulagement très sensible. Par reconnaissance, il fit une *Série de réflexions philosophiques et de recherches sur les vertus de l'eau de goudron*, imprimé en anglais, 1747, traduit en français par Bouillier, 1748, in-12. Ce livre fut suivi des *Nouvelles réflexions sur l'eau de goudron*, dans lesquelles, cédant au sentiment de sa reconnaissance, il exagéra comme auparavant les vertus de cette eau, et lui en prêta qu'elle n'a jamais eues. Il mourut en 1753. Malgré la clarté, l'élégance de son style, le lecteur a besoin de réfléchir long-temps pour le comprendre, tant ses raisonnements sont captieux et ses opinions singulières. Outre les ouvrages précités, on a encore quelques *Essais* insérés dans le *Guardian* ; trois *Discours en faveur de l'obéissance passive et de la non-résistance*, 1712 ; des *Maximes touchant le patriotisme*, 1750 ; des *Lettres curieuses et instructives*, insérées dans les *OEuvres* de Pope ; quelques *Poésies anglaises* estimées. On lui attribue faussement *les Aventures de Gaudence de Lucques*.

JUGEMENT.

Les *Dialogues* de l'évêque Berkley sur l'existence de la matière ne sont pas remarquables par le dessin du caractère des interlocuteurs ; mais ils offrent un exemple du sujet le plus abstrait développé avec clarté et rendu intelligible au moyen d'une conversation habilement conduite*.

BLAIR, Cours de Rhétorique.

MORCEAU CHOISI.

Eruption du mont Vésuve

Dans l'année 1717, au milieu d'avril, je parvins avec beaucoup de peine au sommet du Vésuve, où j'aperçus une vaste ouverture pleine d'une épaisse fumée qui m'empêchait d'en voir la profondeur et la forme. J'entendis au dedans de ce gouffre horrible des sons extraordinaires qui semblaient partir

---

* Voyez l'article BERKELISME, dans l'*Encyclopédie méthodique*.

des entrailles de la montagne, et, par intervalle, un bruit comme celui du tonnerre ou du canon, avec un craquement pareil à celui des tuiles qui tombent du faîte des maisons dans les rues. Quelquefois, quand le vent changeait de direction, la fumée, devenant plus claire, laissait entrevoir une flamme violette, et la circonférence du cratère bordée de rouge et de plusieurs teintes jaunâtres. Après un intervalle d'une heure, la fumée étant poussée par le vent, nous aperçûmes de moment à autre une partie de cet immense abîme, au fond duquel je pouvais distinguer deux fournaises presque contiguës : celle à gauche semblait avoir environ neuf pieds de diamètre; elle brillait d'une flamme violette, et lançait avec un bruit affreux des pierres brûlantes, qui, en retombant, produisaient le craquement dont j'ai parlé plus haut. Le 8 mai au matin, je gravis une seconde fois le sommet du Vésuve, et je trouvai un spectacle différent. La fumée s'élevait verticalement, et permettait de voir en plein le cratère, qui, autant que je pouvais en juger, avait à peu près un mille de circonférence et cinquante toises de profondeur. Depuis ma dernière visite, une éminence, pareille à un cône, s'était formée au centre du gouffre. Elle était produite par les pierres qui jaillissaient du volcan, et retombaient ensuite dans le cratère. Je reconnus dans cette nouvelle pyramide les deux fournaises dont j'ai déjà fait mention. On voyait l'une lancer, avec un horrible fracas, par intervalle de trois ou quatre minutes, un nombre prodigieux de pierres embrasées, au moins trois cents pieds plus haut que ma tête; mais, comme il n'y avait aucun vent, elles retombaient perpendiculairement à l'endroit d'où elles étaient parties. L'autre était remplie d'une matière brûlante et liquide, telle qu'on en voit dans la fournaise d'une verrerie, avec une agitation et un mouvement continuels, comme les vagues de la mer, et avec des sons brusques et interrompus. Cette matière bouillonnait quelquefois, et coulait sur les flancs de l'éminence pyramidale : elle semblait d'abord d'un rouge foncé, mais elle changeait de couleur, à mesure qu'elle s'épaississait en se refroidissant. Si le vent avait soufflé vers nous, nous aurions été dans un grand péril de nous trouver étouffés par la vapeur sulfureuse, ou écrasés par les débris de minéraux embrasés qui s'élançaient du fond du volcan. Mais comme le vent était favorable, j'eus le loisir de contempler cet étonnant tableau pendant plus d'une heure et demie.

Le 5 juin, on vit à Naples, après un bruit affreux, la montagne vomir des flammes ; et environ trois jours après, ses détonnations se renouvelèrent avec tant de force, que non seulement les fenêtres de la ville, mais toutes les maisons furent ébranlées. depuis ce temps elle continua ses éruptions, et quelquefois dans la nuit elle envoyait des colonnes de feu qui s'élançaient de sa cime. Le 10, quand on croyait tout fini, le volcan inspira de nouvelles terreurs, et mugit avec plus de violence. On ne peut se former une idée plus juste de ce bruit dans ses plus furieux éclats, qu'en imaginant un son formé du mélange des sifflements de la tempête, des murmures de la mer agitée, et des explosions du tonnerre et de l'artillerie tout ensemble. Nous ne l'entendions que de la distance de douze milles, et cependant il était déjà terrible. Nous résolûmes de nous approcher davantage de la montagne; en conséquence, trois ou quatre de nous entrèrent dans un bateau, et débarquèrent à une petite ville située au pied du volcan. De là nous continuâmes de marcher trois ou quatre milles, avant d'arriver au torrent de feu qui descendait des flancs du Vésuve; et alors le mugissement devint épouvantable. J'observai dans le nuage qui s'élevait au-dessus du cratère un mélange de couleurs vertes, jaunes, rouges et bleues. Il y avait aussi une lueur d'un rouge pâle dans l'air, au-dessus du terrain où coulait cette lave brûlante. Toutes ces circonstances, dont l'effet était accru par l'horreur de la nuit, offraient le tableau le plus extraordinaire et le plus effrayant que j'aie jamais vu; mais il parut encore plus terrible quand nous approchâmes de la rivière enflammée. Un vaste torrent de feu liquide roulait du sommet sur les flancs de la montagne avec une furie irrésistible, emportait et consumait les vignes, les olives et les maisons; puis il se partageait en divers canaux, selon les inégalités du terrain. Le plus considérable de ces ruisseaux semblait large au moins d'un demi-mille et long de cinq milles. Je marchais sur la montagne en avant de mes compagnons, et si loin d'eux, en côtoyant cette rivière de feu, que je fus contraint de me retirer avec une grande précipitation, la vapeur sulfureuse m'ayant surpris et presque ôté la respiration. Durant notre retour, qui eut lieu vers trois heures du matin, nous entendîmes sans interruption les mugissements de la montagne, et nous observions qu'elle vomissait d'énormes masses de flammes et des pierres embrasées, qui, en tombant, ressemblaient à des fusées volantes. Je remarquai deux ou trois colonnes de feu distinctes, et quelquefois une seule assez large pour remplir tout le cratère. Ces colonnes ondoyantes et ces débris enflammés semblaient s'élancer à mille pieds perpendiculairement au-dessus de la cime du volcan. La montagne continua ainsi ses éruptions encore six ou huit jours le 18 du même mois, tout signe d'agitation disparut, et le Vésuve resta parfaitement tranquille, sans aucune fumée, ni aucune flamme visible.

BERNARD (Saint), abbé de Clairvaux, appelé le dernier des Pères de l'Église, naquit dans le village de Fontaine en Bourgogne, d'une famille noble, et qui avait rendu de grands services à l'état. Sa naissance et ses talents, lui assuraient dans le monde de brillants emplois; il préféra la profession monastique; et, à peine âgé de vingt-deux ans, il alla l'embrasser à Citeaux avec trente de ses compagnons. Parmi eux était son jeune frère, à qui il avait dit en partant : « Je vous laisse ma fortune terrestre, » et qui lui avait répondu : « Le partage est trop iné-
« gal; vous prenez le ciel, et me laissez la terre. »
Nommé bientôt abbé de Clairvaux, son nom se

répandit au loin, avec le bruit de ses vertus et l'éclat de ses lumières ; de toutes parts on s'adressait à lui, soit pour terminer des différends politiques, soit pour arrêter les schismes qui menaçaient l'Église.

De nombreux novateurs se montraient alors. Abailard, le plus fameux d'entre eux, et par ses talents et par ses malheurs, fut attaqué par saint Bernard, sur des écrits qu'il venait de publier. Le concile de Sens et la décision de Rome, condamnèrent d'une voix unanime le célèbre amant d'Héloïse ; Abailard, lui-même, se repentit, et l'Europe vit alors le plus touchant tableau dont elle ait gardé le souvenir : Bernard et Abailard, c'est-à-dire les deux plus grands hommes vivants de leur siècle, rapprochés, réunis par Pierre-le-Vénérable, et terminant leurs divisions par de tendres embrassements.

On ne finirait pas si l'on entreprenait de détailler tous les combats que Bernard livra à l'hérésie. Abailard, Arnauld de Bresse, Gilbert de La Porée et plusieurs autres, en ont perpétué le souvenir par leurs lettres et par leurs mémoires. Cette foule d'erreurs avaient pris naissance dans l'abus de la philosophie scolastique ; Abailard lui-même le reconnut après sa conversion, et le prouva par l'énumération des erreurs qui avaient cours de son temps.

Le nom de Bernard avait couvert de gloire le monastère de Clairvaux ; on y courait en foule pour demander d'y être admis ; des prélats, des princes, et même des rois, se firent un honneur d'y entrer ; et lorsque le pape Innocent II mourut, ce fut un religieux de Clairvaux, Bernard de Pise, qui fut choisi pour lui succéder.

Cette circonstance importante fit éclore sous la plume de saint Bernard un écrit plein de force, de logique et de chaleur, que les plus dignes papes ont estimé, et dont il ont constamment fait le sujet de leurs plus douces lectures. Cet ouvrage est le *Traité de la Considération*, divisé en cinq livres, lequel a pour objet de recommander au nouveau pape d'employer tous les jours quelques moments à s'examiner lui-même, à descendre dans son propre cœur, et à regarder cette pratique comme plus essentielle encore que l'application aux affaires.

Mais voici le moment du plus grand éclat de saint Bernard; le moment où, livré tout entier à l'ardeur bouillante de son zèle, il va concilier dans leurs rapports les plus intimes les intérêts du ciel et ceux de l'humanité. Noradin, l'un des plus rapides conquérants de l'Asie, étendait ses ravages jusqu'aux confins de la Palestine, et menaçait ouvertement d'envahir le pays qui recèle le trésor des chrétiens, le tombeau de Jésus-Christ. Déjà tous les échos de l'Europe répètent les cris, les plaintes des chrétiens de la Palestine; les périls, les combats, les vexations sans nombre auxquels leur culte les expose. Ils demandent des secours aux nations amies; les rois effrayés les entendent; et Bernard, s'élançant de sa simple cellule aux extrémités de la France, de l'Italie et de l'Allemagne, soulève, réunit par ses prédications vingt peuples étonnés de leur propre assemblage, et pousse ainsi contre l'Asie toute l'Europe amoncelée.

On connaît le résultat de cette expédition; on sait que, s'il fut affreux, ce fut moins la faute de Bernard que celle des croisés eux-mêmes. L'incendie, le pillage, la perfidie, tout ce que l'esprit le plus fécond en horreurs pourrait imaginer d'épouvantable, fut commis sans pudeur par ceux-mêmes qui marchaient au nom du Dieu de miséricorde. Ils soulevèrent contre eux les peuples qu'ils devaient s'attacher; et voulant, par de tels moyens, anéantir leurs ennemis, ils les servirent au lieu de les combattre. C'est ce que saint Bernard allégua, quand des voix perfides l'accusèrent de tous les malheurs de l'expédition.

Ici se termine la vie publique de saint Bernard, qui mourut à Clairvaux, le 20 avril 1153, après avoir fondé en Europe cent soixante maisons de son ordre. Vingt ans après sa mort il fut canonisé par le pape Alexandre III. L'Église célèbre sa fête le 20 août.

De toutes les éditions que nous avons des ouvrages de saint Bernard, la seule qui soit consultée par les savants, est celle de D. Mabillon, 1690, en 2 vol. in-fol., réimprimée en 1719. Cette seconde édition est moins estimée que la première. L'une et l'autre sont enrichies de préfaces et de notes. Le premier volume renferme tous les ouvrages qui appartiennent véritablement à saint Bernard. Il est divisé en quatre parties : la première, pour les lettres; la deuxième, pour les traités; la troisième, pour les sermons sur différentes matières; la quatrième, pour les sermons sur le *Cantique des Cantiques*. Les lettres de saint Bernard sont au nombre de plus de quatre cents; elles ont pour objet diverses questions de discipline, de dogme ou de morale, et les affaires de son temps. Parmi ses traités, on distingue celui de *la Considération*, adressé au pape Eugène, et dans lequel il enseigne aux papes l'importance et l'étendue de leurs devoirs. L'onction et la piété qui règnent dans ses sermons les feront toujours rechercher et lire avec intérêt. Le deuxième volume contient les ouvrages attribués à saint Bernard, et plusieurs pièces curieuses sur sa vie et ses miracles. Il y a une autre édition du Louvre, en 1642, six vol. in-fol. Dom. Ant. de Saint-Gabrielle, feuillant, a traduit tout saint Bernard en français, Paris, 1672—1782, 13 vol. in-8°. La vivacité, la noblesse, l'énergie et la douceur, caractérisent le style de saint Bernard. Il est plein de force, d'onction et d'agrément. Son imagination féconde lui fournissait sans effort les allégories et les antithèses dont ses ouvrages sont semés. Quoique né dans le siècle des scolastiques, il n'en prit ni la méthode ni la sécheresse. Érasme, bon juge en matière de style, admirait l'éloquence et les agréments de celui de saint Bernard, autant que sa vaste et modeste érudition. *Bernardus, et christianè doctus, et sanctè facundus, et piè festivus.* (Erasm. *in cap.* 1. *Rom.*) Très postérieur aux siècles des Pères, il est néanmoins considéré comme tenant une place parmi eux (*Voyez* le *Journal hist. et littér.*, 1er août 1786, p. 178.) Les protestants, quoique opposés à sa doctrine, lui ont rendu plus de justice que plusieurs des écrivains catholiques de notre siècle. Luther dit, par une espèce d'exagération, qu'il l'emporte sur tous les docteurs de l'Église; Bucer le nomme un homme de Dieu; Œcolampade le loue comme un théologien dont le jugement était plus exact que celui de tous les écrivains de son temps; Calvin l'appelle un pieux et saint écrivain, par la bouche duquel la vérité elle-même semble parler. « Au milieu des ténèbres, « dit Morton, Bernard brille tout à la fois par la lu- « mière de ses exemples et de sa science. — Plût à Dieu, « dit Carleton, parmi beaucoup d'invectives contre « le saint, que nous en vissions aujourd'hui plusieurs, « et même un tel qu'il est certain qu'a été Bernard. » Le beau et touchant cantique *Ave, maris Stella*, est de sa composition. Nous avons sa Vie par Le Maître, Paris, 1649, in-8°, et par Villeforce, 1704, in-4°. Celle-ci est la meilleure. On voit à la tête son portrait, gravé d'après un ancien tableau qui le représente, et qui fut fait un an avant sa mort. Villeforce a aussi traduit ses lettres, Paris, 1715, 2 gros vol-in-8°. (*Voyez Dictionnaire historique* de Feller.)

PORTRAITS DE SAINT BERNARD.

I.

Saint Bernard avait reçu de la nature ces avantages de l'esprit et du corps qui semblent destiner ceux qui en sont pourvus au ministère de la parole, mais qui, sans la grace et la vocation du ciel, ne forment jamais qu'un airain sonnant et une cymbale retentissante; un esprit vaste et nourri dans la lecture des livres saints ; un cœur tendre et avec qui étaient, ce semble, nées l'onction et la miséricorde; un extérieur doux et mortifié qui préparait les cœurs à la grace, et dont le seul spectacle versait d'abord dans l'âme je ne sais quel goût des dons célestes et des biens du ciel à venir.

Représentez-vous donc ce nouveau précurseur sorti du désert, vêtu pauvrement, la pénitence peinte sur le visage, cherchant dans ses discours, non pas à se rendre agréable au pécheur, mais à rendre le pécheur désagréable à lui-même; travaillant à préparer les voies du Seigneur, et non pas à sa propre gloire ; aplanissant non pas l'âpreté du sentier évangélique, mais celle des cœurs rebelles; et prêchant non pas certaines ablutions aisées et des cérémonies extérieures qui ne purifient que le dehors, mais mettant la cognée à la racine des passions, et annonçant un baptême de pénitence.

A l'ardeur de la charité Bernard joignit la force ; car ne vous figurez pas ici un de ces ministres timides qui, sous prétexte d'honorer les grands, croient qu'il faut respecter leurs vices ; qui, éblouis de l'éclat qui les environne, n'osant envisager leurs démarches, se mettent volontairement un voile devant les yeux, de peur de les apercevoir, et donnent à leur faiblesse les noms spécieux de modération et de prudence. Il est peu de savants qui osent dire à ceux qui règnent : « Prince, n'est-ce pas le Seigneur qui « vous a établi roi sur Israël? Pourquoi n'avez-vous « donc pas écouté sa voix? Il n'a que faire de vos « victimes et de l'orgueil de vos offrandes. Le sacri-

« fice le plus agréable à ses yeux, c'est l'obéissance. » Bernard laisse cet exemple à la postérité. Louis-le-Gros usurpe les droits de l'Église: des prélats généreux s'élèvent contre cette nouveauté; il les proscrit : on a recours à notre saint : « Prince, lui dit-
« il, l'Église élève sa voix contre vous devant son
« époux, et se plaint que celui qu'elle avait reçu
« pour son défenseur devient son persécuteur lui-
« même. Eh! pourquoi régnez-vous sur la terre,
« que pour y faire régner la justice? »

Tous les siècles admireront les instructions vives et touchantes qui régnent dans les livres *de la Considération*, au pape Eugene..... et celles des *Lettres* écrites pour le rétablissement de la discipline et de la piété. Nous voyons encore dans celles qui nous restent ce détail immense de soins où sa charité le faisait descendre. Quel style! quelles expressions! quels artifices puissants d'une éloquence toute divine! La France, l'Italie, l'Allemagne, le virent répandre partout le feu divin que Jésus-Christ est venu apporter sur la terre, et dont il avait embrasé son cœur : seul, il sait suffire aux besoins divers et infinis de l'Église; et, comme le serpent d'airain élevé dans le désert, il n'y eut point de plaie qui fût à l'épreuve de sa puissance.

Massillon, *Sermon pour le jour de saint Bernard.*

II

Nul homme n'a exercé sur son siècle un empire aussi extraordinaire : entraîné vers la vie solitaire et religieuse par un de ces sentiments impérieux qui n'en laissent pas d'autres dans l'âme, il alla prendre sur l'autel toute la puissance de la religion. Lorsque, sortant de son désert, il paraissait au milieu des peuples et des cours, les austérités de sa vie empreintes sur des traits où la nature avait répandu la grace et la beauté, remplissaient toutes les âmes d'amour et de respect. Éloquent dans un siècle où le pouvoir et le charme de la parole étaient absolument inconnus, il triomphait de toutes les hérésies dans les conciles; il faisait fondre en larmes les peuples au milieu des campagnes et des places publiques; son éloquence paraissait un des miracles de la religion qu'il prêchait. Enfin, l'Église, dont il était la lumière, semblait recevoir les volontés divines par son entremise. Les rois et leurs ministres, à qui il ne pardonnait jamais ni un vice, ni un malheur public, s'humiliaient sous ses réprimandes comme sous la main de Dieu même; et les peuples, dans leurs calamités, allaient se ranger autour de lui, comme ils vont se jeter au pied des autels.

Égaré par l'enthousiasme même de son zèle, il donna à ses erreurs l'autorité de ses vertus et de son caractère, et entraîna l'Europe dans de grands malheurs. Mais gardons-nous de croire qu'il ait jamais voulu tromper, ni qu'il ait eu d'autre ambition que celle d'agrandir l'empire de Dieu. C'est parce qu'il était trompé lui-même, qu'il était toujours si puissant; il eût perdu son ascendant avec sa bonne foi. L'Église, malgré les erreurs qu'elle lui a reconnues, l'a mis au rang des saints; le philosophe, malgré les reproches qu'il peut lui faire, doit l'élever au rang des grands hommes.

GARAT, *Éloge de Suger.*

JUGEMENTS.

I.

Celui qu'on appelait le dernier des Pères, avant que Bossuet eût paru, saint Bernard, joint à beaucoup d'esprit une grande doctrine. Il réussit surtout à peindre les mœurs, et il avait reçu quelque chose du génie de Théophraste et de La Bruyère.

CHATEAUBRIAND, *Génie du Christianisme.*

II.

On peut lire les ouvrages de saint Bernard avec fruit et même avec plaisir : le style en est clair, agréable, plein de douceur et souvent de vivacité. L'auteur sait donner des éloges sans flatterie, et dire des vérités sans offenser. Son imagination féconde lui fournissait sans effort des allégories et des antithèses fréquentes, mais qui ne sont pas toujours avouées par le goût. Quoique né dans le siècle des scolastiques, il n'en prit ni la méthode, ni la sécheresse. Ses sermons respirent l'éloquence du genre, cette éloquence qui pénètre le cœur et plaît à l'esprit. Les sentences morales qu'on a recueillies de ses lettres et de ses traités sont pleines de sens.

GALLAIS, *Biographie universelle.*

BERNARD (PIERRE-JOSEPH), fils d'un sculpteur, naquit à Grenoble en 1710. Après avoir fait de brillantes études à Lyon, au collége des jésuites. il vint à Paris se livrer à son goût pour la poésie et pour les plaisirs. Son *Épitre à Claudine*, et la chanson intitulée *la Rose*, commencèrent à le faire connaître. Qu'il ait été emmené ou non en Italie par le marquis de Pezay, c'est sur quoi les biographes ne sont pas d'accord; la *Biographie universelle* dit fort justement que Pezay, né en 1741, n'avait pu conduire en 1733 Bernard en Italie. La chose est d'un intérêt médiocre en elle-même; mais ce qui est bon à remarquer, c'est que Bernard alla effectivement en Italie, qui était alors le théâtre de la guerre, et que ce voyage fut l'origine de sa fortune. Le poète, qui avait de la bravoure, se comporta avec honneur en différentes rencontres. Présenté au maréchal de Coigny, il plut à ce général, qui le prit pour son secrétaire. Il fallut cependant, pour se maintenir dans ce poste, que Bernard se résignât aux bizarreries de son singulier Mécène, et renonçât au culte des Muses : c'était la condition qui lui était imposée. Le maréchal, en mourant, le recommanda à son fils; celui-ci s'acquitta noblement envers Bernard, et lui donna la place de *secrétaire général des dragons*, qui valait 20,000 livres de rente. Ce fut alors que Bernard se livra à ses goûts, et s'abandonna sans contrainte aux charmes de la société qui le recherchait avec empressement. Ses vers lui valurent des récompenses qui ajoutèrent encore à l'aisance et à la considération dont il jouissait. L'opéra de *Castor et Pollux*, le meilleur de ses ouvrages, obtint un succès prodigieux, et le méritait. Cependant, nommer Bernard, c'est rappeler aussitôt l'idée du poème de *l'Art d'aimer.* Il est assez digne de remarque que cet ouvrage, qui a le plus étendu le nom de son auteur, soit en même temps celui qui a diminué l'estime qu'on faisait de ses talents. Cela se concevra plus facilement, si l'on fait attention que tant que l'ouvrage fut manuscrit et lu dans la société, les louanges furent sans restriction, et qu'elles retentirent pendant trente ans, avant que le grand jour eût mis à même de soumettre le prétendu chef-d'œuvre à la critique. Voltaire d'ailleurs avait consacré ces éloges, en donnant le surnom de *Gentil-Bernard* au poète à la mode. Aujourd'hui la mode est de rabaisser le mérite du poème, et il faut convenir que, cette fois, la mode a raison. On considère *l'Art d'aimer* comme une composition spirituelle et élégante, mais froide, vice capital dans toute production, sur-tout dans une production de cette nature. En 1771, le talent du Gentil-Bernard s'éteignit tout-à-coup; et ce poète ne fit plus que végéter dans un état de démence pire que la mort. Il mourut le 1er novembre 1775. Il ne faut pas tout-à-fait s'en rapporter, sur l'auteur de *l'Art d'aimer*, au jugement de Marmontel, dans ses *Mémoires;* lorsqu'il connut Bernard, celui-ci était déjà dans un âge avancé, et il n'est pas étonnant qu'il lui fût devenu difficile de soutenir ce nom de *Gentil*, qui disposait à la sévérité à son égard.

On a publié, en 1803 et en 1810, une édition complète des œuvres de Bernard, 2 vol. in-8°. ou 4 vol. in-18. Le *Nouvel Almanach des Muses* de

1811 contient deux odes de Bernard, que l'on ne trouve pas dans ses œuvres.

JUGEMENTS.

I.

On a de lui quelques pièces fugitives pleines de légèreté, de délicatesse et de graces. On sait qu'il a fait un *Art d'aimer* d'après celui d'Ovide, fort applaudi dans les sociétés, et qui ne fut pas moins accueilli lorsque l'auteur le rendit public. Il a donné à l'Opéra les *Surprises de l'Amour*, et *Castor et Pollux*.

C'est au poète aimable dont nous parlons que fut adressée cette jolie invitation de Voltaire, au nom de madame la duchesse de La Vallière, l'une des plus belles femmes de Paris, et qui conserva le plus long-temps sa beauté :

> Au nom du Pinde et de Cythère,
> Gentil-Bernard est averti
> Que l'art d'aimer doit samedi
> Venir souper chez l'art de plaire.

Depuis les dernières éditions de ses *Mémoires*, il s'en est fait plusieurs du poème de *l'Art d'aimer*, et le succès s'en est toujours soutenu. Quoiqu'il ait, avec celui d'Ovide, le défaut d'être entièrement dénué de sentiment, l'auteur a été inspiré par les Graces, comme son modèle, et souvent il a des beautés qui ne sont qu'à lui; tel est, par exemple, le charmant épisode qui termine le premier chant, épisode où la décence, peut-être, n'est pas assez ménagée, mais que nous proposons à nos jeunes poëtes comme un modèle de cette retenue discrète avec laquelle un auteur qui se respecte doit toujours présenter de certaines images. C'est véritablement la ceinture des Graces appliquée où elle doit l'être.

Le génie de Bernard porte l'empreinte du siècle où il a vécu, c'est-à-dire d'un siècle d'agrément, de frivolité et de luxe. Sa philosophie est celle d'Épicure et d'Anacréon. Aucun de nos poètes ne s'est plus approché que lui de la manière d'Ovide; il en a les défauts et les beautés. Comme lui, il s'adresse toujours à l'imagination et à l'esprit, au lieu de parler au cœur, et souvent il ne sait pas s'arrêter; mais il en a la facilité, les graces brillantes (car il ne connaît pas les naïves), et, si nous l'osons dire, la fraîcheur : aussi tous les contemporains de Bernard se sont-ils accordés à lui donner le nom d'Ovide.

PALISSOT, *Mémoires sur la Littérature.*

II.

J'ai beaucoup vécu avec ce Gentil-Bernard, qui ne l'était ni de figure, ni de manières, ni même d'esprit; car il y a plus de grace, d'esprit et de goût dans ses vers que de gentillesse, qualité qui suppose de l'abandon, de l'enfance et de la gaieté, trois choses qui lui manquaient. Mais avec les trois que je viens de dire qu'il possédait, il pouvait s'en passer. Je ne l'aurais jamais remarqué sans ce nom de Gentil qui m'a toujours fait rire; il avait plutôt l'air dur, ainsi que son organe; et assurément il ne l'était pas. C'était un grand, assez gras, beau, brun, aimable, facile, complaisant, homme de bonne compagnie,

aimé de tout le monde, ne faisant ni esprit, ni
compliments, bien gourmand, et lisant à merveille
son *Art d'aimer*. Pourquoi en a-t-on dit tant de
bien il y a trente ans et tant de mal à présent?
C'est un joli petit poème qui doit plaire, et dont
les vers sont faits pour être retenus. Qui ne sait
pas ceux de son charmant début? Son portrait de
Clarice, et tous ses vers de société sont charmants
aussi.

Le Prince de Ligne, *Remarques sur le Lycée*.

III.

L'*Art d'Aimer* eut une grande réputation jusqu'au moment où il parut; il en a conservé fort
peu, et n'en méritait pas davantage; car il ne se
mêla aucune espèce d'humeur au jugement qu'on
en porta. Bernard n'avait jamais eu d'ennemis, et
l'on peut dire même que, quand son poème fut
publié, l'auteur n'était plus, puisqu'il avait déjà
perdu l'usage de sa raison. Il n'eut pas du moins
le chagrin de voir le froid accueil que l'on fit à ce
poème, attendu depuis trente ans, et qu'il était de
bon air de louer, parce que c'était une faveur d'être
admis à en entendre la lecture. L'auteur, d'ailleurs,
connu et caractérisé par la dénomination de *Gentil-
Bernard*, était un homme d'un esprit doux et dis-
cret, plus jaloux de la considération que de la gloire,
mais amoureux par-dessus tout du plaisir et de la
table. On sait qu'il était secrétaire des dragons,
bibliothécaire de Choisy, et jouissait d'environ
30,000 livres de rente. Ce ne fut point à son talent
qu'il dut cette fortune; au contraire, ce fut au sa-

crifice qu'il en fit. Il était attaché au maréchal de Coigny, homme d'une humeur un peu dure, et qui commença par lui défendre absolument de faire des vers, s'il voulait rester dans sa maison. Bernard en faisait toujours, et s'en cachait, se consolant d'ailleurs par les agréments que lui procuraient partout son âge et sa *gentillesse*, excepté chez le maréchal, qui le traita toujours sévèrement, et ne permettait pas même qu'il mangeât avec lui. Cependant, à sa mort, il se reprocha le peu d'égards qu'il avait eus pour un serviteur de ce mérite, et, touché de sa patience et de sa soumission, il le recommanda vivement à son fils, en le priant de réparer ses torts, devoir que celui-ci se fit un plaisir d'acquitter, et qu'il acquitta pleinement.

L'ouvrage de Bernard vaut mieux que celui d'Ovide, comme on l'a déjà dit à l'article du poète latin, et n'est pourtant qu'un fort médiocre poème. Le sujet n'y est nullement rempli ; ce serait bien plutôt l'art de jouir ; et le plus grand défaut d'un poème où l'amour devait jouer un si grand rôle, c'est qu'il y a de tout, hors de l'amour. Il paraît que l'auteur s'y est peint tout naturellement, et il était beaucoup plus voluptueux que sensible. Ses vers, pleins d'esprit, sont dénués de sentiment, et le caractère de son style y est même opposé. Il cherche partout l'élégance et la précision, mais avec un effort que l'on sent partout. Sa composition est tendue et pénible: rien n'y est fondu d'un jet ; rien ne coule de source. On voit qu'il a fait un vers avec soin, et puis un autre vers avec le même soin ; et en travaillant le vers, il ne fait pas la phrase. Sans l'aisance et la facilité il n'y a point de grace, aussi Bernard est-il joli plutôt que gracieux, et quoiqu'il ne soit pas sans goût, il n'est pas exempt d'affectation. Ses tableaux de volupté, quoique les mieux faits et ceux de tous qu'il entendait le mieux, pèchent par l'indécence, qui n'est jamais, il est vrai, dans l'expression, mais dans le fond des objets. S'il y a quelque feu, c'est celui qui pétille sans échauffer. En un mot, c'est un très froid ouvrage, qui ne vaut pas, à beaucoup près, ce qu'il a coûté, où il y a beaucoup de vers ingénieux, et pas un morceau où l'on trouve la verve du poète ni la sensibilité de l'homme.

Son début est remarquable par cette recherche de concision, qui est piquante pour un moment, et qui fatigue bientôt par la continuité.

> J'ai vu Coigny, Bellone et la victoire,
> Ma faible voix n'a pu chanter la gloire.
> J'ai vu la cour, j'ai passé mon printemps,
> Muet aux pieds des idoles du temps.
> J'ai vu Bacchus sans chanter son délire :
> Du dieu d'Issé j'ai dédaigné l'empire :
> J'ai vu Plutus, j'ai déserté sa cour;
> J'ai vu Chloé; je vais chanter l'amour.

Je ne m'arrêterai pas davantage sur ce poème, dont on a retenu très peu de vers, quoique l'auteur ait l'air de les avoir faits tous pour être retenus. C'est une leçon pour ceux qui donneraient dans le même travers, et une preuve de plus en faveur de ceux dont on sait les vers par cœur, et qui s'étaient bien gardés de les faire de cette façon......

Ce fut en 1737 que parut *Castor et Pollux*, regardé jusqu'à ce dernier temps comme le chef-d'œuvre du théâtre lyrique. C'était du moins celui de Rameau, dont la musique commençait à l'emporter sur celle de Lulli, et a depuis fait place elle-même à celle que les Italiens nous ont apportée. *Castor* dut aussi cette prééminence dont il a longtemps joui au plus parfait ensemble de tous les accessoires qui font le charme de ce spectacle. C'était tout ce qu'il y avait de plus brillant et de plus varié dans la partie pittoresque : l'Enfer, l'Elysée, l'Olympe, la pompe des jeux, celle des funérailles, l'appareil militaire, tout y était réuni sans être déplacé, et de la plus belle exécution, et relevé encore par la musique des chœurs et celle des ballets, dans laquelle Rameau, au jugement de l'Europe entière, n'a point été surpassé. Enfin le poème lui-même était d'un mérite très distingué, et, sans égaler ceux de Quinault, plaçait sans contredit l'auteur parmi les poëtes qui ont le mieux traité ce genre de drame. On a déjà vu que personne n'avait su mieux encadrer tous les embellissements et tous les différents effets qu'il comporte; mais de plus, il sut les attacher à un fond dramatique, et donner à sa pièce une sorte d'intérêt assez nouveau sur ce théâtre, mais en même temps assez fort pour se passer de la mollesse séduisante qui fait presque toujours celui de l'opéra. Ici l'amour est héroïque, et veut sans cesse se sacrifier à l'amitié, sans pourtant devenir froid ; et cela seul était déjà d'une espèce de talent qu'on n'aurait pas attendu de l'auteur de *l'Art d'aimer*. Rien n'est doucereux dans cet opéra : tout y est noble à la fois et intéressant. La réciprocité des sentiments et des sacrifices entre les deux frères rivaux est balancée et soutenue de manière que l'un n'est jamais trop petit devant l'autre, et que l'amitié n'efface pas l'amour, quoique toujours prête à en triompher. C'est là un mérite pour les connaisseurs, qui seuls peuvent l'apprécier ; et c'est aussi ce qu'ils estiment le plus dans ce bel opéra, dont la conception et la coupe ne sont guère susceptibles que d'éloges, excepté peut-être le rôle de Phœbé, si peu nécessaire à la pièce, qu'elle finit sans qu'on sache même ce que cette Phœbé est devenue. Il n'était pas besoin de donner à Télaïre cette rivale dont l'amour et la haine ne produisent rien. Il était très inutile qu'elle disposât des fureurs de Lyncée : il n'en résulte qu'un mauvais vers ; il valait mieux en faire trois ou quatre, pour nous apprendre au moins quel est ce Lyncée, et d'où viennent ses fureurs ; et pour amener la mort de Castor, tué dès le premier acte, il suffisait que Lyncée fût annoncé comme son rival. Amoureux de Télaïre, il n'a nul besoin que Phœbé dispose de lui, et c'est assez de son amour pour armer sa vengeance. Phœbé n'est pas moins inutile dans ses enchantements très gratuits pour tirer Castor des enfers, puisque Mercure vient aussi les interrompre, et lui apprendre que cette gloire est réservée à Pollux. Il y a d'ailleurs assez de spectacle dans la pièce pour qu'on n'y regrettât pas cette ébauche de magie. Il est vrai que la proposition que Phœbé fait à sa sœur de retirer Castor des enfers, pourvu que Télaïre renonce à lui, donne occasion à celle-ci d'immoler son amour pour faire revivre ce qu'elle aime. Mais je répondrai encore que la pièce présente assez de ces dévouements, qui même en sont le fond, pour n'y pas ajouter celui-là, que l'on trouve dans tant d'autres opéra précédents, et beaucoup mieux placé, qui n'est ici qu'instantané et n'a aucun résultat dans l'action (ce qui est toujours un défaut), et qui enfin n'est qu'une ressemblance peu avantageuse, dans un ouvrage d'ailleurs neuf et original dans tous ses moyens. C'est même ce mérite rare qui peut justifier une critique que je trouverais moi-même trop sévère pour un genre qui l'est beaucoup moins que la tragédie, si le plan de *Castor*, excellent dans tout le reste, ne provoquait la sévérité à force d'estime ; et c'est dire assez que cette censure rigoureuse ne se rapporte qu'à la théorie de l'art, sans que cette faute, très peu sensible au théâtre, et comme perdue dans la foule des beautés, entraîne aucune conséquence contre l'ouvrage ni contre l'auteur.

Ces mêmes connaisseurs qui font tant de cas du plan de *Castor* trouvent le style susceptible de reproches un peu plus graves, mais en reconnaissant d'abord qu'en général il a les caractères du talent, et qu'il y a beaucoup à louer dans la noblesse et l'élégance des pensées et des vers:

Le cri de la vengeance est le chant des enfers....
. . . .

Je ne veux plus d'un bien que Castor a perdu.
. . . .
Jupiter dans les cieux est le dieu du tonnerre,
Et Pollux sur la terre
Sera le dieu de l'amitié.
. . . .

POLLUX.

Ah! laisse-moi percer jusques aux sombres bords;
J'ouvrirai sous mes pas les antres de la terre,
J'irai braver Pluton, j'irai chercher les morts
A la lueur de ton tonnerre.
J'enchaînerai Cerbère; et, plus digne des cieux,
Je reverrai Castor, et mon père, et les dieux.
. . . .

CASTOR.

J'irai sauver les jours d'une amante fidèle;
Je renaîtrai pour elle.
Mais puisqu'enfin je touche au rang des immortels *.
Je jure par le Styx qu'une seconde aurore
Ne me trouvera pas au séjour des mortels.
Je ne veux que la voir et l'adorer encore,
Et je te rends le jour, ton trône et tes autels.
. . . .
Séjour de l'éternelle paix,
Ne calmerez-vous point mon âme impatiente?
L'amour jusqu'en ces lieux me poursuit de ses traits;
Castor n'y voit que son amante,
Et vous perdez tous vos attraits.

* *Mortels* et *immortels* ne peuvent rimer dans le style soutenu, et cette faute ne devait pas se trouver dans une versification soignée comme celle de Bernard. Il était facile de l'éviter en mettant à la place :

Mais puisqu'enfin je touche aux honneurs éternels.

Que ce murmure est doux! que cet ombrage est frais!
De ces accords touchants la volupté m'enchante.
  Tout rit, tout prévient mon attente,
  Et je forme encor des regrets.
. . . .
Mon frère et mes serments m'attendent chez les ombres.
. . . .
Je descends aux enfers pour oublier mes peines,
Et Castor renaîtra pour goûter vos plaisirs, etc.

Tout cela est bien écrit, quoiqu'en laissant quelquefois l'idée prochaine du mieux. Le dialogue est vif, ingénieux, animé, comme la marche de la pièce est rapide; mais on aperçoit de temps en temps des traces assez marquées de cette contrainte dans la phrase, et de cette recherche dans les idées et les expressions, que l'on retrouve dans les autres poésies de l'auteur; et de plus, le travail, trop ressenti dans ses vers, ne les sauve pas toujours de négligences qui ressemblent à la faiblesse.

 Elle aura ses regrets; *je n'aurai que la peine*
  D'espérer encor vainement;

peine est ici pris pour tourment, et le mot en lui-même ne serait pas impropre; mais la phrase l'est, parce que *je n'aurai que la peine de...* est une phrase faite, qui signifie *il ne m'en coûtera rien, si ce n'est...* et c'est ici un contre-sens. *Je n'aurai que la peine d'espérer* ne signifiera jamais en français *je n'aurai que le chagrin d'espérer :* ce sera toujours le contraire, et cette faute n'est pas excusable. Celle qui se rencontre quatre vers après l'est beaucoup plus;

ce n'est qu'une petite disconvenance dans le style lyrique; mais c'en est une :

Tu vois ce que je crains; *voici ce que j'espère.*

Ce tour de phrase ne doit pas entrer dans la poésie chantée; il est trop familier. Il était si aisé de mettre *apprends ce que j'espère!* C'est une faute de goût, et jamais celui de Bernard n'a été bien sûr.

Le chant de mademoiselle Arnould, celle des actrices de ce théâtre qui a eu le plus de grace et d'expression, a contribué de nos jours à rendre fameux le monologue :

Tristes apprêts, pâles flambeaux;

Et la musique aussi contribua sans doute à déguiser un défaut très sensible dans ce morceau, qui d'ailleurs fait honneur au poète comme au compositeur : c'est ce vers :

Astre lugubre des tombeaux.

L'expression est belle et poétique : partout où le poète parlera, ce sera un beau vers; mais dans la bouche de Télaïre, d'une amante désespérée, il m'a toujours paru intolérable; c'est un vrai contre-sens dans la situation; une de ces figures brillantes et froides, étrangères à la douleur, qui n'en a jamais de cette espèce; une de ces fautes que Quinault n'aurait jamais commises. Je ne l'ai pourtant pas entendu relever, et je suis persuadé que c'est un effet de l'art du musicien, qui, en chargeant ce vers de demi-tons très expressifs, a remis dans le chant le sentiment qui n'était plus dans les paroles.

Mais voyons cet autre monologue, ou plutôt cet hymne à l'Amitié, où le poëte a été plus personnellement loué :

> Présent des dieux, doux charme des humains,
> O divine amitié! viens pénétrer nos âmes.
> Les cœurs éclairés de tes flammes
> Avec des plaisirs purs n'ont que des jours sereins.
> C'est dans tes nœuds charmants que tout est jouissance;
> Le temps ajoute encore un lustre à ta beauté ;
> L'amour te laisse la constance,
> Et tu serais la volupté,
> Si l'homme avait son innocence.

Les trois vers du milieu, *c'est dans tes nœuds charmants*, etc. et sur-tout le dernier,

> L'amour te laisse la constance,

sont ici ce qu'il y a de mieux, et l'on ne peut qu'y applaudir; mais tout le commencement me paraît faible; et le trait de la fin, qu'on a toujours préconisé, me paraît une énigme. Passons sur les *flammes* de l'amitié, que je voudrais réserver pour l'amour; car, sans cela, comment le distinguerez-vous de l'amitié? Voltaire s'est servi du même mot, mais en le modifiant fort à propos:

> Henri de l'amitié sentit les nobles flammes.

L'épithète sépare tout de suite ces *flammes*-là de celles de l'amour, et dès lors il n'y a rien à dire. Ailleurs il dit de l'amitié, en l'opposant à l'amour:

> Touché de sa beauté nouvelle,
> Et de sa lumière éclairé.

24.

L'expression est juste, et beaucoup meilleure qu'*éclairé de ses flammes*. Mais j'ai dit *passons*, parce qu'on peut opposer à cette critique un usage du mot de *flammes*, appliqué en poésie, quoiqu'un peu légèrement, à beaucoup de choses morales; ce qui fait une sorte de prescription. Je blâmerais beaucoup davantage ce vers :

Avec des plaisirs purs n'ont que des jours screins.

La phrase ne rend pas bien la pensée, précisément parce qu'elle dit ce qui est trop vrai : il est trop sûr qu'*avec des plaisirs purs, on n'a que des jours sereins*: il fallait tourner cela autrement. Mais que veut dire :

Et tu serais la volupté,
Si l'homme avait son innocence.

J'avoue que je l'ai cherché sans pouvoir le deviner. Je conçois bien qu'on a cru l'entendre, en y voyant confusément un air de moralité et une *volupté* épurée; mais au fond l'auteur n'a rien dit qui puisse s'expliquer raisonnablement. Dans toute hypothèse quelconque, dans tous les cas possibles, la volupté proprement dite, et dans le sens absolu qu'elle a dans cette phrase, où rien ne la modifie, la volupté ne peut être essentiellement que dans l'union des deux sexes; et c'est (pour le dire en passant) une admirable disposition d'une Providence bienfaitrice, d'avoir attaché le plus grand des plaisirs au dessein le plus important, celui de la reproduction de l'espèce. Or, dans quelque état d'*innocence* que fût resté l'homme, à coup sûr jamais l'*amitié* n'aurait été et ne pouvait être cette volupté, puisque le sentiment le plus pur, joint à l'attrait du sexe, sera toujours tout autre chose que l'amitié, et l'on peut dire même quelque chose encore de plus sacré que l'amitié, puisqu'il n'y a point d'ami à qui l'homme doive autant qu'à son épouse, à la mère de ses enfants, point d'amitié qui donne le même bonheur. Il n'y a donc dans ces vers qu'une fausse exaltation, une idée vide de sens. Il est assez singulier que cette discussion philosophique vienne à propos d'un opéra; mais il est clair que c'est la faute des vers, où l'auteur a mis fort mal à propos une fort mauvaise philosophie. Au reste, ces vers sont tournés élégamment, la musique en est gracieuse, la pensée a un grand air de morale, et c'est plus qu'il n'en faut pour applaudir volontiers ce qu'on n'est pas trop sûr de comprendre.

La Harpe, *Cours de Littérature*.

MORCEAUX CHOISIS.

I A Claudine

Doit-on rougir de chanter ce qu'on aime?
Faut-il des noms et des titres divers?
Que fait un nom quand l'amour est extrême?
Claudine est belle, et suffit à mes vers.
C'est une fleur qu'un hasard fit éclore.
Pour être née en de stériles champs,
Est-elle moins la fille de l'Aurore?
Son humble état la rend plus chère encore.
Laissons tout autre honorer de ses chants
L'orgueil jaloux des parterres de Flore;
La fleur des prés est celle que j'adore.

C'est là, Claudine, au plus beau de mes jours,
Que je te vis : j'y vis tous les Amours.
Simple et sans art, belle sans imposture,
Ton teint naïf brillait de ses couleurs;
Tes seuls appas composaient ta parure;
Et tes cheveux, bouclés à l'aventure,
Flottaient aux vents sous un chapeau de fleurs.
Je démêlai ce feu dont la nature
Fait pétiller, dans tes yeux séduisants,
Tous les désirs d'un instinct de seize ans;
Cette candeur, cette vérité pure,
Et ce regard innocent et malin,
Lorsque tu vois l'albâtre de ton sein
S'élever, croître ou décroître à mesure,
Et s'arrondir sous un corset de lin.

. . . .

II. La Rose. (Imitation d'Anacréon.)

Tendre fruit des pleurs de l'Aurore,
Objet des baisers du Zéphir,
Reine de l'empire de Flore,
Hâte-toi de t'épanouir.

Que dis-je? hélas! diffère encore,
Diffère un moment de t'ouvrir :
L'instant qui doit te faire éclore
Est celui qui doit te flétrir.

Thémire est une fleur nouvelle
Qui doit subir la même loi.
Rose, tu dois briller comme elle;
Elle doit passer comme toi.

Descends de ta tige épineuse,
Viens la parer de tes couleurs :
Tu dois être la plus heureuse
Comme la plus belle des fleurs.

Va, meurs sur le sein de Thémire ;
Qu'il soit ton trône et ton tombeau :
Jaloux de ton sort, je n'aspire
Qu'au bonheur d'un trépas si beau.

Tu verras quelque jour peut-être
L'asile où tu dois pénétrer ;
Un soupir t'y fera renaître,
Si Thémire peut soupirer.

L'Amour aura soin de t'instruire
Du côté que tu dois pencher :
Éclate à ses yeux sans leur nuire ;
Pare son sein sans le cacher.

Si quelque main a l'imprudence
D'y venir troubler ton repos,
Emporte avec toi ma vengeance ;
Garde une épine à mes rivaux.

I. Le Printemps.

Sur l'herbage tendre,
Le ciel vient d'étendre
Un tapis de fleurs,
Et l'aurore arrose,
De ses tendres pleurs,
De la jeune rose
Les vives couleurs.

Déjà Philomèle
Ranime ses chants,
Et l'onde se mêle
A ses sons touchants.
Sur un lit de mousse,
Les amours au frais,
Aiguisent des traits
Qu'avec peine emousse

La froide raison
Qui croit qu'elle règne,
Quand elle dédaigne
La belle saison.
Nos berceaux se couvrent
Du souple jasmin,
Nos yeux y découvrent
Le riant chemin
Par où le mystère,
Servant nos désirs,
Nous mène à Cythère
Chercher les plaisirs.

Oui, de la nature
La vive peinture
N'est pas sans dessein.
Tant de fleurs nouvelles
Qui de tant de belles
Vont orner le sein,
Le tendre ramage
Des jeunes oiseaux,
Le doux bruit des eaux,
Tout offre l'image
D'un aimable dieu,
Tout lui rend hommage
Dans un si beau lieu,
Tout y peint son feu :
Hélas ! quel dommage
Qu'il dure si peu !
Il pénètre l'âme,
Ce feu trop subtil.....
Mais pourquoi faut-il
Que de cette flamme
Qui peint le Printemps,

BERNARD.

Tout, en même temps,
Trace à notre vue
La légèreté
Souvent imprévue
Chez la volupté?

L'onde fugitive,
A l'âme attentive,
Peint, à petit bruit,
L'ardeur passagère
Dont l'éclat séduit
Plus d'une bergère
Que l'amour conduit.

L'haleine légère
Du Zéphir badin,
Qui, dans ce jardin,
Vole autour de Flore;
Du vif incarnat
Qu'elle fait éclore
Le frivole éclat;
De l'oiseau volage
Les accords légers,
Peignent du bel âge
Les feux passagers.

Tout ce qui respire
Nous dit en ce temps :
L'amoureux empire
Est un vrai Printemps:
Il plaît, il enchante;
On l'aime, on le chante;
Soins trop superflus !
Vaut-il ce qu'il coûte?
A peine on le goûte,
Qu'il n'est déjà plus.

IV. L'Été.

Rien n'est si beau
Que mon hameau.
Oh! quelle image!
Quel paysage
Fait pour Vateau!
Mon hermitage
Est un berceau
Dont le treillage
Couvre un caveau.
Au voisinage,
C'est un ormeau
Dont le feuillage
Prête un ombrage
A mon troupeau;
C'est un ruisseau
Dont l'onde pure
Peint sa bordure
D'un verd nouveau.
Mais c'est Sylvie
Qui rend ces lieux
Dignes d'envie,
Dignes des dieux!
Là, chaque place
Donne à choisir
Quelque plaisir
Qu'un autre efface.
C'est a l'entour
De ce domaine
Que je promène,
Au point du jour,
Ma souveraine.

BERNARD.

Si l'aube en pleurs
A fait éclore
Moisson de fleurs,
Ma jeune Flore
A des couleurs
Qui, près des leurs,
Brillent encore.
. . . .
. . . .

V. L'Automne

Suivons les ménades;
Dans leurs promenades
Ami, rendons-nous.
Bientôt les pleiades,
L'aquilon jaloux,
Fondant des montagnes,
Viendront tour-à-tour
Faire à nos campagnes
Sentir leur retour.

Au sein de nos plaines,
De vives chaleurs
Ont séché nos fleurs,
Tari nos fontaines.
L'aurore est sans pleurs,
Zéphir sans haleines,
Flore sans couleurs.

La seule Pomone,
Sous ce frais berceau,
Rit et se couronne
D'un pampre nouveau.
Du vin qui s'écoule,
Versé par ses mains,

S'abreuve une foule
De jeunes sylvains,
Qui, dans ces jardins
Du pesant Silène
Soutiennent à peine
Les pas incertains.

Suspends ton étude;
Viens, loin des neuf sœurs,
Goûter les douceurs
De ma solitude.
Esclave avec moi,
Du vainqueur de l'Inde,
Que le dieu du Pinde
Subisse la loi!

Si tu ne peux vivre
Sans un Apollon,
C'est Anacréon,
Ami, qu'il faut suivre.
Apprends à monter
Ta galante lyre:
Si tu veux chanter,
Que Bacchus t'inspire
Le tendre délire
Qui, cher à Thémire,
S'en fait écouter.

Parmi nos convives
Invitons l'amour:
Qu'il vienne à son tour
Revoir sur ces rives
Cythère et sa cour.
Couché sous la treille,
Si quelqu'un sommeille,

BERNARD.

Par un tendre effort
L'amour le réveille,
Quand Bacchus l'endort.

   Ami d'Épicure,
J'en suis les leçons;
Comme lui j'épure
Les utiles dons
Que fait la nature
A ses nourrissons.

   D'une ardeur extrême
Le temps nous poursuit:
Détruit par lui-même,
Par lui reproduit,
Plus léger qu'Éole,
Le moment s'envole,
Renaît et s'enfuit.
Qu'un prompt sacrifice
Fixe le caprice
Du vieillard jaloux:
Qu'au milieu de nous,
Ce dieu taciturne
Perde son courroux;
Du vin de cette urne
Enivrons Saturne.
Désormais plus lent,
Ce dieu turbulent,
Pour reprendre haleine,
Suivra de Silène
Le pas nonchalant.

   Sous l'ombre propice
De ce bois sacré,
Pour le sacrifice

L'autel est paré.
Ce lieu solitaire
Est le sanctuaire
Où, libre d'ennui,
Je dois aujourd'hui
Immoler les craintes,
Les soins, les contraintes,
Et les vains désirs
Tyrans des plaisirs.

Déjà sous la tonne,
La coupe à la main,
Hébé me couronne
D'un lierre divin,
Et Comus ordonne
L'apprêt du festin.
Les nymphes accourent,
Les faunes m'entourent,
Le vin va couler;
L'encens va brûler;
La victime est prête,
On va l'immoler;
Ami, qui t'arrête?
Thémire avec moi,
Pour ouvrir la fête,
N'attend plus que toi.

VI. L'Hiver.

De l'urne céleste
Le signe funeste
Domine sur nous,
Et sous lui commence
L'humide influence
De l'Ourse en courroux.

BERNARD.

L'onde suspendue
Sur les monts voisins,
Est dans nos bassins
En vain attendue.
Ces bois, ces ruisseaux
N'ont rien qui m'amuse;
La froide Aréthuse
Fuit dans les roseaux :
C'est en vain qu'Alphée
Mêle avec ses eaux
Son onde échauffée.

Telle est des saisons
La marche éternelle,
Des fleurs, des moissons,
Des fruits, des glaçons.
Ce tribut fidèle
Qui se renouvelle
Avec nos désirs,
En changeant nos plaines,
Fait tantôt nos peines,
Tantôt nos plaisirs.

Cédant nos campagnes
Au tyran des airs,
Flore et ses compagnes
Ont fui ces déserts.
Si quelqu'une y reste,
Son sein outragé
Gémit, ombragé
D'un voile funeste.
La nymphe modeste
Versera des pleurs
Jusqu'au temps des fleurs.

BERNARD.

 Quand d'un vol agile,
L'amour et les jeux
Passent dans la ville,
J'y passe avec eux.
Sur la double scène
Suivant Melpomène
Et ses jeux nouveaux,
Je vais voir la guerre
Des auteurs nouveaux
Qu'on juge au parterre.

 Là, sans affecter
Les dédains critiques,
Je laisse avorter
Les brigues publiques.
Du beau seul épris,
Envie ou mépris
Jamais ne m'enflamme :
Seulement dans l'âme
J'approuve ou je blâme,
Je bâille où je ris.
Dans nos folles veilles,
Je vais de mes airs
Frapper tes oreilles.
Après nos concerts,
L'ivresse en délire
Pourra succéder.
Sous un double empire,
Je fais accorder
Le thyrse et la lyre :
J'y crois voir Thémire,
Le verre à la main,
Chanter son refrain,
Folâtrer et rire.

Quel sort plus heureux!
Buveur, amoureux,
Sans soin, sans attente,
Je n'ai qu'à saisir
Un riant loisir;
Pour l'heure présente,
Toujours un plaisir,
Pour l'heure suivante,
Toujours un désir.

Coulez, mes journées,
Par un nœud si beau
Toujours enchaînées,
Toujours couronnées
D'un plaisir nouveau.
Qu'à son gré la Parque
Hâte mes instants,
Les compte et les marque
Aux fastes du Temps:
Je l'attends sans crainte;
Par sa rude atteinte
Je serai vaincu:
Mais j'aurai vécu.

Sans date ni titre,
Dormant à demi,
Ici ton ami
Finit son épître.
En rimant pour toi
Le dernier chapitre,
La table où je boi
Me sert de pupitre.
De tes vins divers
Je serai l'arbitre:
Sois-le de mes vers,

Je te les adresse.
S'ils sont sans justesse,
Sans délicatesse,
Sans ordre et sans choix,
En de folles rimes
On lit quelquefois
De sages maximes.

BERNARDIN DE SAINT-PIERRE (Jacques-Henri) naquit au Hâvre, le 19 janvier 1737. Son père se prétendait descendant du fameux Eustache de Saint-Pierre, maire de Calais, sans pouvoir appuyer cette prétention sur des preuves bien évidentes. Le jeune de Saint-Pierre annonça de bonne heure le caractère rêveur et passionné qui fit le tourment et la gloire de sa vie. Dès ses jeunes années, le spectacle des beautés de la nature, qu'il était appelé à reproduire un jour avec tant de charme, le transportait d'admiration : sa naissante intelligence s'élevait jusqu'à l'auteur de tant de merveilles; il cherchait déjà à pénétrer le mystère de sa Providence, et ces spéculations d'un enfant ne furent peut-être pas sans influence sur la direction que prirent dans la suite ses idées et son talent. Il fit, dans une école de sa ville natale, et chez un curé de Caen, ses premières études, qui n'eurent point, à ce qu'il paraît, beaucoup d'attrait à ses yeux. Il leur préférait la culture d'un petit jardin où il s'exerçait à l'observation des phénomènes naturels; la conversation de sa marraine, dame d'un nom et d'une famille illustre, Bernardine de Bayard, qui avait vu les dernières années du règne de Louis XIV, et qui se plaisait à en rappeler les souvenirs; quelques courses faites aux environs avec un capucin ami de sa famille, qui l'emmena dans plusieurs de ses tournées; la lecture de la Vie des Saints et de Robinson, à la suite de laquelle il voulut se faire solitaire, voyageur, fondateur et législateur d'une colonie, tout cela à douze ans. Déjà fermentaient dans cette jeune tête, livrée aux imaginations romanesques, quelques-unes des idées qui devaient produire un jour *l'Arcadie, l'Amazone, Paul et Virginie, la Chaumière indienne*, ces tableaux ravissants d'une nature idéale dont il poursuivit toujours l'image. Un voyage qu'il fit en Amérique avec un de ses oncles, capitaine de vaisseau, et qui n'eut rien de fort amusant pour le jeune aventurier, dissipa quelques-unes de ses illusions; mais il les retrouva toutes dans la lecture des voyages et des travaux apostoliques des missionnaires que faisaient lire à leurs élèves les jésuites de Caen, dans le collège desquels on l'avait envoyé continuer ses études. Il lui prit une si forte envie de se faire jésuite, pour devenir aussi voyageur et martyr, que sa famille, effrayée de cette résolution, le mit au collège de Rouen, où il obtint beaucoup de succès. Un prix de mathématiques, qui lui fut décerné en 1757, semblait indiquer sa vocation; il entra à l'école des Ponts-et-Chaussées, mais il n'y passa qu'une année, au bout de laquelle l'école fut supprimée par mesure d'économie. Alors il sollicita du service dans le génie militaire, et parvint à se faire admettre dans un corps de jeunes ingénieurs que formait le ministre de la guerre.

En 1760, il fit la campagne de Hesse sous le comte de Saint-Germain et son successeur le chevalier Du Muy. Desservi auprès de ses chefs, suspendu de ses fonctions, renvoyé à Paris, il s'y trouva bientôt sans emploi, sans ressources, et à peu près abandonné de sa famille. Dans cette conjoncture embarrassante, il fut envoyé avec quelques ingénieurs au secours de l'ordre de Malte, menacé par les Turcs. Il partit avec la promesse d'une commission de lieutenant et d'un brevet d'ingénieur géographe; mais ne les ayant point reçus, il eut à souffrir de la part des ingénieurs ses collègues et des chefs militaires beaucoup de désagréments, pendant le court séjour qu'il fit à Malte. Le siège auquel on s'attendait n'eut pas lieu; il repassa en France, après avoir essuyé dans sa traversée une violente tempête. Le dénuement, l'abandon, dont il n'était sorti que pour quelques jours, l'y attendaient. L'esprit rempli de projets ambitieux et de plans chimériques, il conçut, au sein de sa détresse, le projet d'aller fonder en Russie une colonie à laquelle il donnerait des lois. Il partit, plein de confiance dans l'avenir, avec une faible somme d'argent, rassemblée difficilement, et qui se trouva épuisée à son arrivée à Pétersbourg. La Providence lui avait présenté sur sa route quelques occasions de fortune qu'il dédaigna; elle lui avait offert aussi quelques amis qu'il n'eut garde de refuser de même, et pour lesquels il conserva toute sa vie les plus tendres sentiments. Au milieu des embarras nombreux dans lesquels il se trouvait jeté, il montra toujours beaucoup de résignation, de courage, de dignité, de délicatesse. Une rencontre fortuite le fit connaître du maréchal de Munich, gouverneur de Pétersbourg, qui, après avoir éprouvé ses talents comme ingénieur, l'envoya à Moscou, où se trouvait la cour, avec des lettres de recommandation.

La protection de deux Français, du général Du Bosquet, et de M. de Villebois, grand maître de l'artillerie, le placèrent enfin dans une situation meilleure. Il obtint le grade de sous-lieutenant dans le génie, et l'impératrice Catherine, à laquelle il fut présenté, l'accueillit avec bonté. Dès lors, il se vit l'objet de beaucoup de prévenances et d'offres de services. Au milieu de cette prospérité naissante, il était tourmenté du regret de voir s'évanouir ces plans d'une politique chimérique qui avaient séduit son imagination, et qu'il avait espéré réaliser en Russie. Le général Du Bosquet fit quelque diversion à son chagrin en l'emmenant dans la Finlande, qu'il devait parcourir pour en examiner les positions militaires et y établir un système de défense. Après une absence de quatre mois, M. de Saint-Pierre trouva l'état de la cour changé et la fortune de ses protecteurs évanouie. Indigné de leur disgrace, et poussé par le désir de combattre pour l'indépendance de la Pologne, que menaçaient déjà les désirs ambitieux de Catherine, il quitta le service de la Russie, renonçant aux espérances d'avancement et de fortune qu'on lui avait fait entrevoir, et aux offres généreuses du général Du Bosquet qui, voulant le retenir, lui offrait de l'adopter pour son fils et de lui donner la main de sa nièce. Arrivé en Pologne, il courut de grands dangers, en cherchant à rejoindre l'armée du prince Radziwil, et ayant eu le malheur de tomber entre les mains d'un seigneur polonais partisan des Russes, il n'obtint sa liberté qu'à condition qu'il s'engagerait à ne point porter les armes pendant l'interrègne. Vers ce même temps une passion violente pour la princesse Marie M..., parente du prince de Radziwil, s'empara de son cœur qu'elle remplit tout entier pendant de longues années. Nous ne raconterons pas les diverses vicissitudes de cette passion, qui le forcèrent bientôt de quitter la Pologne, et l'y ramenèrent presque aussitôt, après un court séjour à Vienne, et d'inutiles démarches pour s'y procurer du service. Enfin il abandonna pour toujours la Pologne; et, après avoir erré quelque temps en Allemagne, après avoir séjourné à Dresde et à Berlin, où sa fortune aventureuse trouva des amis qui ne purent l'arrêter, il prit le parti de revenir en France. Son père était mort, sa sœur s'était retirée dans un couvent, ses frères étaient aux Indes; il ne trouva pour le recevoir dans sa ville natale qu'une vieille domestique qui avait pris soin de son enfance. De retour à Paris, où il venait chercher fortune, il s'établit dans un village des environs, pour y mettre en ordre et y rédiger ses notes et ses mémoires sur le Nord. Il en attendait des récompenses du gouvernement ; mais il se trouva encore une fois trompé dans ses calculs ; et après beaucoup de sollicitations superflues, il obtint, par la protection de M. de Breteuil, une place d'ingénieur à l'Ile de France. Ce qui l'avait déterminé à accepter cette place, c'était l'espoir qu'on avait eu soin d'offrir à son imagination, de concourir à une expédition dont le but apparent était de civiliser l'île de Madagascar, et de la gagner ainsi à la France; mais où l'on ne se proposait autre chose, comme M. de Saint-Pierre s'en convainquit trop tard, que l'établissement d'un commerce d'esclaves. On pense bien qu'après une telle découverte, il renonça à l'expédition sur laquelle il avait fondé de si beaux projets. Il prit le parti de rester à l'Ile de France, où il arriva, après avoir échappé à tous les désastres d'une traversée malheureuse. Les exemples et les conseils du célèbre M. Poivre, intendant de la colonie, le ramenèrent à l'étude de la nature, dont l'avaient détourné long-temps les passions de sa jeunesse, l'ambition et l'amour. Il perdit aussi dans ses sages entretiens quelque chose de cette ardeur indiscrète qui l'avait entraîné si long-temps à la recherche de biens chimériques. Il se résigna à n'être législateur que sur le papier, et à ne civiliser qu'un peuple imaginaire; c'est ce qu'il exécuta dans la suite, en traçant dans ses ouvrages tant de séduisantes utopies. M. de Saint-Pierre passa à l'Ile de France trois années pendant lesquelles il fit quelques excursions au Cap de Bonne-Espérance. De retour dans sa patrie, il publia la relation de son voyage.

Le tableau qu'il y traçait de l'état malheureux des noirs lui valut l'inimitié des colons et même de l'administration, dont il semblait accuser l'humanité ou révéler la faiblesse; mais le livre obtint du succès et le fit connaître. Il se trouva tout-à-coup jeté dans le grand monde; il y apportait des maximes de sévérité qui n'étaient pas faites pour y réussir, et qui l'en éloignèrent bientôt.

C'est à cette époque que se rapporte sa liaison avec J.-J. Rousseau vers qui dut l'attirer une grande conformité de goûts et de caractère, et avec lequel il offre, par l'agitation inquiète de sa vie, par le tour habituel de ses idées, par la nature même de son talent, des traits frappants de ressemblance. De grands malheurs domestiques lui firent chercher une consolation dans la culture des lettres. Il composa ses *Études de la Nature*. Il y rassembla ce qu'avaient pu lui apprendre ses voyages, ses lectures, ses réflexions; il y *ramassa*, comme il l'a dit lui-même, ses descriptions, ses souvenirs, ses aperçus, ses conjectures, jusqu'à ses doutes et à ses ignorances; embrassant dans ses spéculations tous les objets qui peuvent intéresser la raison humaine, la religion, la philosophie, la morale, les sciences naturelles, l'agriculture, l'administration, la politique; rattachant tant de pensées diverses à la démonstration et au développement de quelques principes généraux; offrant sans cesse à ses lecteurs le dogme consolant de la Providence, les doux attraits de la vertu, les plaisirs de la solitude, le charme des biens naturels et des affections domestiques. Cet ouvrage, dont nous ne pouvons donner ici qu'une idée succincte, et que nous ferons mieux connaître en rapportant les jugements des critiques, parut en 1784, et obtint le succès le plus éclatant et le plus général. Il lui valut de la part du gouvernement une pension de 1000 francs, qu'il partagea généreusement avec sa sœur et la vieille domestique dont nous avons parlé. Il n'est pas inutile de rappeler qu'il avait eu beaucoup de peine à vaincre, pour publier ses *Études*, l'opposition des censeurs et l'indifférence des libraires. Quatre ans après, en 1788, il publia *Paul et Virginie*. Cette ravissante composition, soumise d'abord, comme nous l'apprend l'éditeur et le biographe de Bernardin de Saint-Pierre, M. Aimé Martin, au jugement d'un cercle de littérateurs et de beaux-esprits qui le dédaignèrent, mais dans lequel le peintre Vernet, ami de l'auteur, avait seul aperçu un tableau plein de grace et d'originalité, eut un succès digne de son mérite. En moins d'un an on en fit plus de cinquante contrefaçons, et les éditions moins nombreuses qu'avoua l'auteur lui donnèrent une aisance qu'il avait jusqu'alors peu connue. Il acheta dans un faubourg de Paris une petite maison avec un jardin, retraite agréable et profonde, où, dans les premiers jours de la révolution, il traça aussi ses plans de réforme et de perfectionnement, sous le titre de *Vœux d'un Solitaire*. Sa voix ne fut point écoutée au milieu du tumulte des passions qui s'agitaient alors. Ses idées, en général peu praticables, étaient trop pures et trop élevées pour l'époque où il les produisait. Une suite des *Vœux d'un Solitaire*, donnée en 1791, offrait le même caractère et eut le même sort. Il donna encore dans cette année *la Chaumière Indienne*, fiction charmante qui joignait aux peintures et aux sentiments déjà tracés par l'auteur dans ses autres ouvrages avec tant de bonheur, l'attrait nouveau d'une satire piquante. Les succès et le talent de M. de Saint-Pierre le désignèrent en 1792 au choix de Louis XVI, qui le nomma intendant du Jardin des plantes et du Cabinet d'histoire naturelle. On doit conserver les paroles que lui adressa le vertueux monarque : « J'ai lu vos ouvrages; ils sont d'un honnête homme, « et j'ai cru nommer en vous un digne successeur « de Buffon. » L'administration de M. de Saint-Pierre valut à l'établissement dont la direction lui était confiée d'importantes améliorations. En 1793 l'intendance fut supprimée; il en sortit pauvre, et se retira à Essone, dans une île délicieuse, où il s'était fait construire de ses économies une petite habitation. Il avait épousé quelque temps auparavant mademoiselle Didot, qui n'avait pu voir avec indifférence l'auteur de tant de beaux ouvrages. Cette union, qui promettait à M. de Saint-Pierre du repos et du bonheur, fut troublée par quelques chagrins domestiques. Cependant l'auteur des *Études de la Nature* cherchait en s'abandonnant à ses spéculations favorites, à se distraire des malheurs qui affligeaient à cette époque notre patrie. Il s'occupait dès lors de préparer le dernier de ses ouvrages, ses *Harmonies*. Graces à ses paisibles occupations, il eut le bonheur de se soustraire long-temps aux persécutions et aux faveurs de ceux qui gouvernaient dans ces jours de douloureuse mémoire; il ne put toutefois se faire entièrement oublier, et fut forcé d'accepter en 1794, la place de professeur de morale à l'École-Normale qui venait d'être créée. Malgré la difficulté des temps, M. de Saint-Pierre ne démentit point ses principes; il les déclara hautement. Il ne fit au reste qu'un petit nombre de leçons, l'École-Normale n'ayant eu, comme toutes les institutions d'alors, qu'une courte existence. L'année suivante il fut appelé à faire partie de la classe des sciences morales et politiques de l'institut. Depuis, lorsque cette classe fut supprimée, il entra dans celle qui est aujourd'hui l'Académie française. Ayant eu le malheur de perdre sa femme à la fleur de l'âge, il épousa en secondes noces mademoiselle de Pelleport, se félicitant de rendre une mère aux deux enfants que lui avait laissés sa première épouse. Cette union fit le charme de sa vieillesse, et le consola des chagrins et des disgraces dont elle ne fut point exempte, et parmi lesquelles on doit compter quelques persécutions littéraires auxquelles sa sensibilité ombrageuse ne put se résigner, et sur-tout une banqueroute qui lui enleva presque tous les fruits de ses travaux. La munificence du gouvernement répara dans la suite ses pertes, et le plaça dans une situation prospère. Une des dernières jouissances que lui ménagea la Providence fut l'amitié de Ducis, son confrère à l'Institut, et qui occupait ainsi que lui un logement au Louvre. Rien de plus touchant que le tableau de ces deux vieillards, réunis par le talent, par la vertu, par le caractère, et dont les traits nobles et doux inspiraient à la fois l'amour et le respect. Les charmes de la retraite, de l'amitié, de la vie domestique embellirent les derniers jours d'une vie si long-temps agitée par l'inconstance du sort, et par les passions d'une âme ardente et irritable. Il mourut à la campagne, au milieu des embrassements de sa femme et de sa fille, le 21 janvier 1814, à l'âge de soixante-dix-sept ans.

A ceux de ses ouvrages que nous avons rappelés, on doit ajouter le roman de *l'Arcadie*, resté imparfait, mais qu'on peut placer auprès des plus ravissantes fictions du *Télémaque*; le *Voyage en Silésie*, et *le Café de Surate*, qui rappellent souvent la touche piquante et spirituelle de Voltaire; le drame de *la Mort de Socrate*; un *Essai sur J.-J. Rousseau*; *L'Eloge de mon ami*; des notes sur ses voyages, et un assez grand nombre d'opuscules que nous ne pouvons citer ici.

Les Harmonies de la Nature furent publiées en 1814, par M. Aimé Martin, qui donna plus tard deux éditions des *Œuvres complètes de Bernardin de Saint-Pierre*, Paris, 1818, - 1820, 12 vol. in-8°, et 1823, 18 vol. in-18; il les fit précéder d'un morceau fort étendu, où la vie de M. de Saint-Pierre est racontée avec beaucoup d'intérêt, et dans un style qui rappelle souvent le grand écrivain auquel il est consacré. Nous n'avons pu mieux faire que d'en présenter ici une espèce d'abrégé. En 1815, l'Académie des sciences, belles-lettres et arts de Rouen mit au concours l'éloge de Bernardin de Saint-Pierre, et l'auteur de cette notice a été assez heureux pour obtenir ses suffrages, par un discours qu'elle a bien voulu couronner en 1816.

H. PATIN.

JUGEMENTS.

I.

Il est certain que le charme de *Paul et Virginie* consiste en une certaine morale mélancolique qui brille dans l'ouvrage, et qu'on pourrait comparer à cet éclat uniforme que la lune répand sur une solitude parée de fleurs. Or, quiconque a médité l'Évangile doit convenir que ses préceptes divins ont précisément ce caractère triste et tendre. M. Bernardin de Saint-Pierre, qui, dans ses *Études de la Nature*, cherche à justifier les voies de Dieu et à prouver la beauté de la religion, a dû nourrir son génie de la lecture des livres saints. Son églogue n'est si touchante que parce qu'elle représente deux familles chrétiennes exilées, vivant sous les yeux du Seigneur, entre sa parole dans la Bible et ses ouvrages dans le désert.........

Enfin cette pastorale ne ressemble ni aux idylles de Théocrite, ni aux églogues de Virgile, ni tout-à-fait aux grandes scènes rustiques d'Hésiode, d'Homère et de la Bible; mais elle rappelle quelque chose d'ineffable, comme la parabole du *Bon Pasteur*, et l'on sent qu'il n'y a qu'un chrétien qui ait pu soupirer les évangéliques amours de Paul et Virginie.

CHATEAUBRIAND, *Génie du Christianisme*

II.

Si, comme l'a dit un de nos plus illustres écrivains, tout l'art d'écrire consiste à bien penser, bien sentir et bien rendre, il est incontestable que M. de Saint-Pierre a possédé, dans un degré très éminent, deux parties de ce grand art. Sa logique ne satisfait pas toujours le lecteur; ses idées paraissent quelquefois un peu bizarres, lors même qu'il ne cherche pas trop à multiplier les preuves de ses conceptions systématiques. Ses raisonnements sont en général peu concluants, et l'on doit remarquer, au surplus, que jamais il n'affecte les formes de la didactique, et ne saisit les armes de l'argumentation ; il paraissait sentir lui-même que sa force n'était point là : elle était en effet tout entière dans la plus délicate et la plus exquise sensibilité, dans l'imagination la plus heureuse, dans ce don si rare d'une organisation qui égale la fidélité du style à la vivacité des impressions, et qui reproduit au dehors, avec la plus exacte vérité, tous les traits, tous les contours, et, pour ainsi dire, tous les éléments des images qui sont venues la frapper. J'ai toujours considéré les *Études de la Nature*, dont les *Harmonies* forment la suite, plutôt comme une poétique, comme un traité de goût, que comme un livre de science et de philosophie. L'auteur excelle à peindre les effets du tableau du monde ; mais quand il veut remonter aux causes secrètes de ces effets extérieurs, quand il s'étudie à les approfondir, il semble toujours s'égarer. Il a toujours raison quand il peint; il a presque toujours tort quand il raisonne. Jamais ses sensations ne le trompent; mais souvent il est la dupe de ses pensées. elles servent pourtant de fil pour le suivre dans le dédale enchanteur de ses brillantes contemplations; on s'y attache volontiers, et l'abondance des vérités de sentiment que l'on rencontre dans le chemin, dédommage des erreurs d'idées où l'on peut être conduit. Telle est, je crois, généralement l'impression que les *Études de la Nature* ont faite. On ne justifie par des poèmes, ou par des romans qui sont des poèmes, qu'un système romanesque, ou une théorie relative aux beaux arts. *Paul et Virginie* et *la Chaumière Indienne*, où M. de Saint-Pierre a si bien exprimé les contrastes de la nature et de la société, de l'amour et de la pudeur, de la mélancolie solitaire et rêveuse avec le tumulte bruyant des cités, sont sans doute des productions charmantes; mais ce que prouvent le mieux ces délicieux ouvrages, ce n'est pas que l'auteur eût pénétré le secret de la nature, mais qu'il avait deviné celui de la peindre de ses vraies couleurs, et d'en rendre fidèlement tous les charmes, toutes les graces et toutes les beautés.

DUSSAULT, *Annales littéraires*.

III.

On vit, au milieu d'un siècle si éloigné de la simplicité des sentiments et de la peinture naive de la nature, apparaître, comme par phénomène, un écrit revêtu de ces couleurs dont l'usage paraissait perdu. La postérité aura peine à croire que *Paul et*

Virginie ait été composé à la fin du XVIIIe siècle : sans doute, elle devinera qu'un esprit amoureux de la solitude et de la méditation, inspiré par le spectacle d'une nature encore sauvage et presque vierge, pouvait seul tracer un tel tableau.

DE BARANTE., *De la Littérature française pendant le XVIIIe siècle.*

IV Parallèle de J.-J. Rousseau et de Bernardin de Saint-Pierre.

Tous deux, loin de la société et du commerce de leurs semblables, cherchèrent des consolations contre les persécutions dont ils furent, ou dont ils se crurent l'objet; mais le premier, doué d'un esprit réfléchi, d'une âme passionnée, énergique et cependant timide, dès qu'il se sentit froissé au dehors, rentra et vécut en lui-même, et dans cet asyle, sans communication avec les objets extérieurs, sans être jamais distrait de celui qui l'occupait uniquement, il amassa au fond de son cœur ce poids d'humeur chagrine et d'indignation contre le vice en général, et en particulier contre les mœurs de son temps, que l'on a pris et qu'il a peut-être pris lui-même plus d'une fois pour de la haine contre le genre humain. Le second, pourvu d'une imagination vive et mobile, riche et variée, se répandit hors de lui-même, vécut au milieu des animaux, des fleurs et des plantes, et étendit sur les objets de la nature ces affections douces qu'il trouvait au fond de son âme, et qu'il avait senti repoussées par ses semblables. De cette première différence naît celle qu'on remarque dans leurs écrits. L'un et l'autre s'efforcent de remettre sous les yeux des hommes les lois éternelles de cette morale qu'on violait si indignement à leur égard. Dieu, la vertu, l'immatérialité et l'immortalité de l'âme, la dignité de l'homme et la sublimité de ses destinées, ce sont là les sujets qui ont le plus exercé leur plume. Mais, dans l'auteur d'*Émile*, c'est l'éloquence qui sert d'ornement ou plutôt d'arme à la philosophie; dans celui des *Études*, l'imagination la pare, et, s'il faut le dire, trop souvent la déguise. L'un, nourri intérieurement de ses réflexions, et consumé au dedans par l'ardeur d'une sensibilité qu'il renfermait tout entière en lui-même, a le discours vigoureux et entraînant, plein de mouvement et de raison; il marche sans cesse et avec rapidité vers son but, épuise les choses et jamais les ornements; l'autre, accoutumé aux impressions étrangères, se plaît à répéter, comme un fidèle miroir, toutes les images que lui ont offertes l'étude et la contemplation de la nature. Il s'écarte, il se détourne, il oublie son sujet; le raisonnement s'efface et disparaît, ou du moins, il ne sert plus que de cadre à des tableaux et à des descriptions. Le premier fait souvenir de Platon enseignant la morale dans les jardins d'Académus : je comparerais volontiers le second à un jeune disciple du philosophe grec, plus touché du charme des lieux que de la sagesse de la doctrine, et qui, après un moment d'attention donné de distance en distance aux leçons du maître, finit toujours par revenir aux papillons et aux fleurs.

C. LOYSON.

V.

Bernardin de Saint-Pierre oppose partout les lois naturelles aux lois sociales qui les contrarient, et ce contraste, qui se reproduit sans cesse sous sa plume, offre à son imagination les plus séduisants tableaux. Il aime à se former l'idée de quelque retraite champêtre, où il puisse, du moins en songe, échapper à une société qui l'attriste. C'est à bien peu de frais qu'il sait se rendre heureux. Un jardin, une chaumière, une source qui murmure, peut-être aussi quelque coin de bois pour y rêver, voilà le comble de ses vœux; et, comme le poète latin, il n'en désire point davantage. Il se fixerait volontiers sur les rives de la Seine, et sous *les pommiers de son pays*; mais si le sort l'en éloignait, il saurait encore être heureux dans son exil; et pourvu qu'il vît la nature, il se croirait dans sa patrie. Quelles riantes solitudes il se bâtit au milieu même du tumulte de nos faubourgs! quel plaisir il prend à s'y composer un voisinage à son gré! et quelles douces jouissances il se promet de goûter dans l'exercice de son ingénieuse bienfaisance! Mais jamais son talent ne se produit avec plus de grace et plus d'éclat que lorsqu'il nous trace le tableau de quelque petite société, réunie pour l'ordinaire par des besoins et des malheurs communs, et vivant en paix sous la discipline de la nature. Il se complaît dans ces illusions de bonheur; il les embellit des images charmantes que lui fournissent ses souvenirs; son imagination fait le tour du globe pour les asseoir dignement; elle les promène par toute la terre; elle les place tour à tour au milieu des vastes forêts de la Gaule, dans les riants vallons de la Grèce, sur les rivages du Gange, sous le beau ciel des tropiques. Il semble vouloir nous faire entendre que le bonheur est de tous les lieux comme de tous les temps.

Tantôt détournant ses regards de la corruption de l'Égypte et de la barbarie de l'Europe, il s'arrête à la cour champêtre du roi Bardus, de cet Orphée de la Gaule, qui renouvelle sur les bords de la Seine les prodiges de l'antique harmonie; qui police ses peuples par des chansons, s'unit à eux par les plus doux bienfaits, et célèbre, dans sa hutte royale, des pompes rustiques dignes du palais d'Évandre *.

Tantôt il s'assied à la table hospitalière du bon Tyrtée, de ce pasteur de l'Arcadie, qui vit caché dans un vallon du mont Lycée, sans se soucier du reste du monde; qui ne sait point où est Argos, et qui n'a jamais ouï parler du siège de Troie, ni de la gloire d'Agamemnon **.

Une autre fois, il nous montrera au pied de la riche pagode de Jagrenat, dans le séjour même de l'orgueil et de la superstition des brames, la cabane d'un pauvre paria. L'infortuné était dès sa naissance repoussé par la société, il s'est réfugié dans la nature : il ne pouvait être Indien, il s'est fait homme, et il a su trouver, au sein même de sa misère, des biens inconnus à ses tyrans, et à l'abri de leurs atteintes. Quelle leçon touchante nous offre l'histoire de cet homme de la nature, qui s'est élevé à force de

---

* *L'Arcadie.*
** *Ibid.*

malheur à la plus sublime philosophie! Qui ne serait attendri, lorsque banni, de la société des hommes, il tressaille de désir à la vue de leur demeure où il n'ose pénétrer; lorsqu'il s'y glisse furtivement la nuit, et qu'effrayé des calamités de toute espèce rassemblées dans l'opulente Delhi, il s'écrie douloureusement:« J'ai donc vu une ville; » et que, tombant à genoux, il remercie le ciel, *qui, pour lui apprendre à supporter ses maux, lui en a montré de plus intolérables!* Mais qui pourrait retenir ses larmes lorsque le sort lui fait rencontrer, parmi des tombeaux, cette jeune bramine destinée à périr sur le bûcher de son époux; lorsqu'il pleure sur cette femme du sang de ses tyrans, plus malheureuse encore que lui; et que ces deux infortunés, unissant leurs douleurs, s'exilent à jamais de la société, pour aller demander à la nature une patrie et des biens qu'elle ne leur refusera pas, et que rien ne pourra leur ravir*!

Telle est la conclusion à laquelle arrive toujours Bernardin de Saint-Pierre; il veut encore nous y conduire, lorsque, dans le plus parfait de ses ouvrages, il nous offre le tableau touchant de deux malheureuses femmes, victimes des préjugés cruels de l'Europe, qui ont retrouvé le bonheur sur une autre terre, dans la pratique des vertus les plus simples, dans les jouissances les plus innocentes, dans l'amour de la plus aimable famille. Mais cette paix si profonde doit être bientôt troublée; c'est de la société qu'elles ont quittée que leur viendra une

* *La Chaumière Indienne.*

seconde fois le malheur; et les chagrins pénètreront dans leurs cabanes si paisibles et si riantes, avec cet or de l'Europe qu'y apportera le gouverneur *......

Bernardin de Saint-Pierre peignait la nature en traits libres et hardis, sans jamais la dégrader par de frivoles ornements, ni par une vaine recherche. Quoiqu'il possédât au plus haut degré l'heureux talent de décrire, il n'en abusa jamais, et il sut constamment se défendre des défauts inséparables de ce qu'on appela de son temps le *genre descriptif.* Il comprit qu'une suite de descriptions, quelque belles qu'elles soient d'ailleurs, quelque habilement liées qu'on les suppose, ne saurait intéresser; que pour attacher fortement l'homme, il faut l'entretenir de lui-même, et que la nature ne peut lui plaire à moins qu'il ne s'y voie. « Il n'est point, « disait-il avec sa grace accoutumée, il n'est point « de prairie qu'une danse de bergères ne rende plus « riante; ni de tempête que le naufrage d'une bar- « que ne rende plus terrible. » Aussi anime-t-il toutes ses peintures par la présence de l'homme, et le place-t-il sans cesse au centre de ses tableaux. Il se plaît sur-tout à nous le montrer au milieu des scènes nouvelles d'une nature étrangère. Assez longtemps nos poètes ont reposé leurs amants sur le bord des ruisseaux, dans les prairies et sous le feuillage des hêtres; il veut en asseoir sur le rivage de la mer, au pied des rochers, à l'ombre des bananiers, des cocotiers et des citronniers en fleurs. « Il ne manque, ajoute-t-il, à l'autre partie du monde

* *Paul et Virginie.*

« que des Théocrite et des Virgile. » Ah! pourquoi ces belles contrées envieraient-elles aux nôtres cet avantage? n'ont-elles pas eu aussi leur peintre, et, reproduites à leur tour dans les descriptions enchantées de Bernardin de Saint-Pierre, n'ont-elles pas ravi notre imagination par la magnificence et la nouveauté des spectacles offerts à nos regards? Les cieux qui les éclairent, les végétaux qui les couvrent, les sites qui les décorent, ont rajeuni les tableaux de notre littérature, et leurs beautés étrangères, transplantées en quelque sorte par une main habile, semblent être devenues des productions de notre sol. Au milieu de tant de richesses, la muse pastorale n'a point regretté les champs fortunés de la Sicile et de l'Italie; et en prenant possession de ses nouveaux domaines, elle y a trouvé, avec surprise et avec joie, d'aussi riantes prairies que celles de Mantoue et de Syracuse, d'aussi majestueux ombrages que ceux de l'Aréthuse et du Mincio; elle y a célébré des noms qui nous sont devenus plus chers que ceux de Daphnis et de Galatée.

Eh! quels noms pourraient nous plaire autant que les noms de Paul et de Virginie? En est-il qui réveillent dans l'âme d'aussi doux, d'aussi touchants souvenirs? Qui ne se retrace avec charme les jeux et les amours de ces aimables enfants? qui ne se rappelle avec douleur l'histoire de leur cruelle séparation et de leur fin déplorable? Ah! sans doute l'impression que laisse dans les cœurs cette attendrissante pastorale doit décourager le panégyriste, et lui ôter l'espérance de pouvoir ajouter quelque chose à l'éloquence d'un pareil éloge.

D'où vient donc ce charme secret qui nous pénètre à la lecture de *Paul et Virginie ?* Ce n'est sans doute ni du rang des personnages, ni de l'éclat de leur vie, ni de la singularité de leurs aventures. Deux pauvres femmes exilées, qui n'ont plus d'autre bien que leurs enfants; deux jeunes gens simples et ignorants; deux vieux serviteurs; un ami dans le voisinage, voilà tous les membres de cette petite société. C'est dans une île presque déserte, dans une gorge de montagnes, au milieu des rochers, qu'ils se sont retirés tous pour y cacher leur infortune. Ils y habitent des chaumières élevées par leurs mains, décorées pour tout ornement des instruments de leurs travaux, et qu'entourent quelques faibles cultures qui soutiennent leur existence. Voilà la solitude où ils coulent des jours remplis tout entiers par le travail de leurs mains, et ignorés du reste de la terre. Leur réputation ne s'étend pas plus loin que l'enceinte de leur demeure; et si parfois on vient à demander qui ils sont, on répond sans les connaître : « Ce sont de bonnes gens. »

Mais ces bonnes gens, du sein même de leur misère et de leur obscurité, se sont élevés sans effort aux plus hautes vertus; c'est dans ces cœurs si simples que se sont produits et développés tous les sentiments d'une religion pure et éclairée; un amour et un respect profonds pour la Divinité; une confiance sans bornes dans sa providence, une résignation parfaite à sa volonté, une piété de tous les instants, une bienveillance qui s'étend à tous les hommes, une volonté perpétuelle de leur faire du bien. Ce n'est pas qu'ils raisonnent beaucoup sur la religion et sur la vertu, ils se contentent d'en pratiquer les devoirs; et, pour me servir de l'expression de l'auteur, « leur morale est toute en action comme « celle de l'Évangile. » Elle ennoblit les détails les plus familiers d'une vie qu'embellissent encore la jouissance tranquille des biens de la nature et le charme des affections domestiques. Une paix que rien n'altère, une abondance rustique, des plaisirs purs et toujours renaissants, voilà ce que leur offrent ces cabanes si pauvres, lorsqu'ils viennent s'y délasser de leurs occupations champêtres. On n'y connaît que les tendres épanchements d'un amour vertueux, que les tendresses de l'amitié maternelle et de l'amitié filiale. Heureuses familles, qui se suffisent à elles-mêmes, qui n'ont rien à chercher au dehors, et qui peuvent se passer même de la considération publique! Trop heureuses, si une grande infortune ne venait bientôt les tirer de cette douce obscurité, et exposer aux regards et à l'admiration des hommes cette vertu modeste qui s'ignore elle-même, et qui met son bonheur à se laisser ignorer!

Jamais, j'ose le dire, des images plus ravissantes de bonheur et de vertu ne s'étaient trouvées réunies dans un même ouvrage, à une peinture plus vraie de la vie commune et vulgaire; c'est l'expression fidèle de ces mœurs simples et rustiques, qui nous rend si vraisemblable la perfection presque idéale de cette morale évangélique. C'est cette vérité de mœurs, qui fait à mon sens le premier mérite de *Paul et Virginie*, et je trouve l'éloge le plus complet de l'ouvrage dans cette exclamation naïve du gouverneur, lorsqu'il s'écrie, charmé du spectacle de ces familles fortunées : « Il n'y a ici que des « meubles de bois ; mais on y trouve des visages se- « reins, et des cœurs d'or. »

Parlerai-je de cette puissance d'imagination, qui d'un fond si simple, sans évènements, sans épisodes, qui, du seul développement d'une vérité morale, a su tirer le sujet de tant de scènes touchantes? Parlerai-je de cette gradation de sentiments, par lesquels nous fait passer l'art de l'auteur, pour nous mener insensiblement aux derniers degrés du pathétique? Il ne nous intéresse si vivement aux premières années de Paul et Virginie, il ne captive si doucement notre cœur par le tableau de leur félicité, que pour le déchirer ensuite par celui de leur infortune. C'est, si j'ose emprunter ici une expression de Fénelon, *une espèce de trahison* qu'il nous fait. Aussi, voyez comme le lecteur semble la pressentir; comme il s'arrête tout-à-coup au milieu de cette histoire; comme il se reporte en arrière, afin de reposer encore son imagination sur des scènes de bonheur et de paix ! Mais, c'est en vain; il faut poursuivre cette déchirante lecture; il faut céder malgré nous à cet attrait cruel, qui nous y invite; il faut parcourir cette longue suite de tableaux douloureux, les adieux des deux amants, les tourments de l'absence, les plaintes de l'amour malheureux, les consolations de la sagesse et de l'amitié, qui n'obtiennent pour toute réponse que le nom de l'objet aimé, jusqu'à ce qu'on arrive enfin à ce moment d'une éternelle séparation; moment cruel, où une seule perte donne la mort à deux familles, et où, voyant disparaître tant d'illusions charmantes, frappé en quelque sorte de tant de pertes successives, le lecteur s'unit lui-même aux regrets du vieillard, et se croit avec lui resté seul sur la terre.

C'est alors que, revenant de ce profond attendrissement, il contemplera sans doute avec quelque émotion l'historien de ces touchantes aventures; et qu'à la vue de ce front couronné de cheveux blancs, de cet air vénérable qui annonce une si grande expérience, de ces traits nobles et simples où de longs chagrins ont laissé l'empreinte d'un peu de mélancolie; à ces discours remplis d'une théologie si douce, d'une morale si aimable, d'une si tendre misanthropie, il reconnaîtra avec surprise qu'en renfermant dans le plus parfait de ses ouvrages l'abrégé de toutes ses pensées, l'auteur y a exprimé, comme à son insu, les principaux traits de son caractère*.

H. Patin, *Éloge de Bernardin de Saint-Pierre,*
couronné à l'Académie de Rouen.

---

* M. Lémontey a publié en 1823 une brochure intitulée *Étude littéraire sur la partie historique de Paul et Virginie ;* il y montre que Bernardin de Saint-Pierre a emprunté habilement quelques-unes des circonstances de son roman au naufrage d'un vaisseau de la compagnie des Indes qui se perdit sur les atterages de l'Ile de France il y a près d'un siècle, et qui, comme le vaisseau de Virginie, s'appelait le *Saint-Géran.* Du nombreux équipage qui le montait neuf hommes seuls se sauvèrent, et firent, séparément, au tribunal de la colonie, le récit de leur naufrage ; le commandant de l'île Bourbon a récemment découvert cette procédure dans la poussière d'un greffe, et s'est empressé de la faire parvenir en Europe, où l'autorité lui a aussitôt donné place dans son journal des *Annales maritimes.* M. Lé-

MORCEAUX CHOISIS.

I. Le sentiment de la Divinité.

Avec le sentiment de la Divinité, tout est grand, noble, invincible dans la vie la plus étroite; sans lui, tout est faible, déplaisant et amer au sein même des grandeurs. Ce fut lui qui donna l'empire à Sparte et à Rome, en montrant à leurs habitants vertueux et pauvres les dieux pour protecteurs et pour concitoyens. Ce fut sa destruction qui les livra riches et vicieux à l'esclavage, lorsqu'ils ne virent plus d'autres dieux dans l'univers que l'or et les voluptés. L'homme a beau s'environner des biens de la fortune, dès que ce sentiment disparaît de son cœur, l'ennui s'en empare. Si son absence se prolonge, il tombe dans la tristesse, ensuite dans une noire mélancolie, et enfin dans le désespoir. Si cet état d'anxiété est constant, il se donne la mort. L'homme est le seul être sensible qui se détruise lui-même dans un état de liberté. La vie humaine, avec ses pompes et ses délices, cesse de lui paraître une vie quand elle cesse de lui paraître immortelle et divine.

---

montey, en rapportant les dépositions de ces matelots, a fait voir tout le parti qu'en avait tiré l'auteur de Paul et Virginie; il a, en même temps, jugé avec beaucoup de goût le talent de Bernardin de Saint-Pierre, dont il a comparé le chef-d'œuvre avec la pastorale de Longus. La même comparaison avait été faite l'année précédente par M. Villemain, dans son *Essai sur les Romans grecs*. (*Voyez* LONGUS.)

On peut encore consulter l'*Essai sur la vie et les ouvrages de Bernardin de Saint-Pierre*, par L. Aimé Martin; le *Discours* de M. Aignan, successeur de Bernardin de Saint-Pierre à l'Académie française, et la réponse de M. Parseval Grandmaison.   F.

Quel que soit le désordre de nos sociétés, cet instinct céleste se plaît toujours avec les enfants des hommes. Il inspire les hommes de génie en se montrant à eux sous les attributs éternels. Il présente au géomètre les progressions ineffables de l'infini; au musicien, des harmonies ravissantes; à l'historien, les ombres immortelles des hommes vertueux. Il élève un Parnasse au poète, et un Olympe aux héros. Il luit sur les jours infortunés du peuple. Il fait soupirer, au milieu du luxe de Paris, le pauvre habitant de la Savoie, après les saints couverts de neige de ses montagnes. Il erre sur les vastes mers, et rappelle des doux climats de l'Inde le matelot européen aux rivages orageux de l'Occident. Il donne une patrie à des malheureux, et des regrets à ceux qui n'ont rien perdu. Il couvre nos berceaux des charmes de l'innocence, et les tombeaux de nos pères des espérances de l'immortalité. Il repose au milieu des villes tumultueuses, sur les palais des grands rois, et sur les temples augustes de la religion. Souvent il se fixe dans des déserts, et attire sur des rochers les respects de l'univers. C'est ainsi qu'il vous a couvertes de majesté, ruines de la Grèce et de Rome, et vous aussi, mystérieuses pyramides de l'Égypte! C'est lui que nous cherchons sans cesse au milieu de nos occupations inquiètes; mais dès qu'il se montre à nous dans quelque acte inopiné de vertu, ou dans quelqu'un de ces évènements qu'on nomme des coups du ciel, ou dans quelques-unes de ces émotions sublimes, indéfinissables, qu'on appelle par excellence des traits de sentiment, son premier effet est de produire en nous un mouvement de joie très vif, et le second, de nous faire verser des larmes. Notre âme, frappée de cette lueur divine, se réjouit à la fois d'entrevoir la céleste patrie, et s'afflige d'en être exilée.

Études de la nature.

II. Plaisir des Tombeaux.

Un tombeau est un monument placé sur les limites des deux mondes *. Il nous présente d'abord la fin des vaines inquiétudes de la vie, et l'image d'un éternel repos ; ensuite il élève en nous le sentiment confus d'une immortalité heureuse, dont les probabilités augmentent à mesure que celui dont il nous rappelle la mémoire a été plus vertueux. C'est là où se fixe notre vénération ; et cela est si vrai, que quoiqu'il n'y ait aucune différence entre la cendre de Socrate et celle de Néron, personne ne voudrait avoir dans ses bosquets celle de l'empereur romain, quand même elle serait renfermée dans une urne d'argent, et qu'il n'y a personne qui ne mît celle du philosophe dans le lieu le plus honorable de son appartement, quand elle ne serait que dans un vase d'argile. C'est donc par cet instinct intellectuel pour la vertu, que les tombeaux des grands hommes nous inspirent une vénération si touchante. C'est par le même sentiment que ceux qui renferment des objets qui ont été aimables nous donnent tant de regrets.... Voilà pourquoi nous som-

---

* Les tombeaux sont placés aux confins des deux mondes.
DELILLE, *l'Imagination ;* chant VII.

mes émus à la vue du petit tertre qui couvre les cendres d'un enfant aimable, par le souvenir de son innocence; voilà encore pourquoi nous voyons avec tant d'attendrissement une tombe sous laquelle repose une jeune femme, l'amour et l'espérance de sa famille par ses vertus. Il ne faut pas, pour rendre recommandables ces monuments, des marbres, des bronzes, des dorures : plus ils sont simples, plus ils donnent d'énergie au sentiment de la mélancolie. Ils font plus d'effet pauvres que riches, antiques que modernes, avec des détails d'infortune qu'avec des titres d'honneur, avec les attributs de la vertu qu'avec ceux de la puissance.

C'est sur-tout à la campagne que leur impression se fait vivement sentir : une simple fosse y a fait souvent verser plus de larmes que les catafalques dans les cathédrales : c'est là que la douleur prend de la sublimité; elle s'élève avec les vieux ifs des cimetières, elle s'étend avec les plaines et les collines d'alentour; elle s'allie avec tous les effets de la nature, le lever de l'aurore, le murmure des vents, le coucher du soleil, et les ténèbres de la nuit. Les travaux les plus rudes et les destinées les plus humiliantes n'en peuvent éteindre l'impression dans les cœurs des plus misérables.

Ibid.

III. Lutte impuissante de l'homme contre la nature.

Nous ne voyons l'ordre que là où nous voyons notre blé. L'habitude où nous sommes de resserrer dans des digues le canal de nos rivières, de sabler nos grands chemins, d'aligner les allées de nos jardins, de tracer nos bassins au cordeau, d'équarrir nos parterres et même nos arbres, nous accoutume à considérer tout ce qui s'écarte de notre équerre comme livré à la confusion. Mais c'est dans les lieux où nous avons mis la main que l'on voit souvent un véritable désordre. Nous faisons jaillir des jets-d'eau sur des montagnes; nous plantons des peupliers et des tilleuls sur des rochers; nous mettons des vignobles dans des vallées, et des prairies sur des collines. Pour peu que ces travaux soient négligés, tous ces petits nivellements sont bientôt confondus sous le niveau général des continents, et toutes ces cultures humaines disparaissent sous celles de la nature. Les pièces d'eau se changent en marais, les murs de charmille se hérissent, tous les berceaux s'obstruent, toutes les avenues se ferment, les végétaux naturels à chaque sol déclarent la guerre aux végétaux étrangers; les chardons étoilés et les vigoureux verbascums, étouffent sous leurs larges feuilles les gazons anglais; des foules épaisses de graminées et de trèfles se réunissent autour des arbres de Judée, les ronces du chien y grimpent avec leurs crochets, comme si elles y montaient à l'assaut; des touffes d'orties s'emparent de l'urne des Naïades, et des forêts de roseaux, des forges de Vulcain; des plaques verdâtres de minium rongent les visages de Vénus, sans respecter leur beauté. Les arbres même assiégent le château; les cerisiers sauvages, les ormes, les érables montent sur ses combles, enfoncent leurs longs pivots dans ses frontons élevés, et dominent enfin sur ces coupoles orgueilleuses. Les ruines d'un parc ne sont pas moins dignes des réflexions du sage que celles des empires : elles montrent également combien le pouvoir de l'homme est faible quand il lutte contre celui de la nature.

Ibid.

IV. Le Fraisier ou le monde d'insectes sur une plante.

Un jour d'été, pendant que je travaillais à mettre en ordre quelques observations sur les harmonies de ce globe, j'aperçus sur un fraisier, qui était venu par hasard sur ma fenêtre, de petites mouches si jolies, que l'envie me prit de les décrire. Le lendemain j'y en vis d'une autre sorte, que je décrivis encore. J'en observai, pendant trois semaines, trente-sept espèces toutes différentes; mais il en vint à la fin un si grand nombre, et d'une si grande variété, que je laissai là cette étude, quoique très amusante, parce que je manquais de loisir, et, pour dire la vérité, d'expression.

Les mouches que j'avais observées étaient toutes distinguées les unes des autres par leurs couleurs, leurs formes et leurs allures. Il y en avait de dorées, d'argentées, de bronzées, de tigrées, de rayées, de bleues, de vertes, de rembrunies, de chatoyantes. Les unes avaient la tête arrondie comme un turban; d'autres, allongée en pointe de clou. A quelques-unes, elle paraissait obscure comme un point de velours noir; elle étincelait à d'autres comme un rubis. Il n'y avait pas moins de variété dans leurs ailes : quelques-unes en avaient de longues et de brillantes, comme des lames de nacre; d'autres, de courtes et de larges, qui ressemblaient à des réseaux de la plus fine gaze. Chacune avait sa manière de les porter et de s'en servir. Les unes les portaient perpendiculairement, les autres horizontalement, et semblaient prendre plaisir à les étendre. Celles-ci volaient en tourbillonnant à la manière des papillons; celles-là s'élevaient en l'air, en se dirigeant contre le vent par un mécanisme à peu près semblable à celui des cerfs-volants de papier qui s'élèvent en formant avec l'axe du vent un angle, je crois, de vingt-deux degrés et demi. Les unes abordaient sur cette plante pour y déposer leurs œufs, d'autres simplement pour s'y mettre à l'abri du soleil; mais la plupart y venaient pour des raisons qui m'étaient tout-à-fait inconnues; car les unes allaient et venaient dans un mouvement perpétuel, tandis que d'autres ne remuaient que la partie postérieure de leurs corps. Il y en avait beaucoup qui étaient immobiles, et qui étaient peut-être occupées, comme moi, à observer. Je dédaignai, comme suffisamment connues, toutes les tribus des autres insectes qui étaient attirées sur mon fraisier, telles que les limaçons qui se nichaient sur ses feuilles, les papillons qui voltigeaient autour, les scarabées qui en labouraient les racines, les petits vers qui trouvaient le moyen de vivre dans le parenchyme, c'est-à-dire, dans la seule épaisseur d'une feuille : les guêpes et les mouches à miel qui bourdonnaient autour de ses fleurs, les pucerons qui en suçaient les tiges, les fourmis qui léchaient les pucerons; enfin, les araignées qui, pour attraper ces différentes proies, tendaient leurs filets dans le voisinage.

Quelque petits que fussent ces objets, ils étaient dignes de mon attention, puisqu'ils avaient mérité celle de la nature. Je n'eusse pu leur refuser une place dans son histoire générale, lorsqu'elle leur en avait donné une dans l'univers. A plus forte raison, si j'eusse écrit l'histoire de mon fraisier, il eût fallu en tenir compte. Les plantes sont les habitations des insectes, et on ne fait point l'histoire d'une ville sans parler de ses habitants. D'ailleurs mon fraisier n'était point dans son lieu naturel, en pleine campagne, sur la lisière d'un bois, ou sur le bord d'un ruisseau, où il eût été fréquenté par bien d'autres espèces d'animaux. Il était dans un pot de terre, au milieu des fumées de Paris. Je ne l'observais qu'à des moments perdus; je ne connaissais point les insectes qui le visitaient dans le cours de la journée, encore moins ceux qui n'y venaient que la nuit, attirés par de simples émanations, ou peut-être par des lumières phosphoriques qui nous échappent. J'ignorais quels étaient ceux qui le fréquentaient pendant les autres saisons de l'année, et le reste de ses relations avec les reptiles, les amphibies, les poissons, les oiseaux, les quadrupèdes, et les hommes sur-tout, qui comptent pour rien tout ce qui n'est pas à leur usage.

Mais il ne suffisait pas de l'observer, pour ainsi dire, du haut de ma grandeur; car, dans ce cas, ma science n'eût pas égalé celle d'une des mouches qui l'habitaient. Il n'y en avait pas une seule qui, le considérant avec ses petits yeux sphériques, n'y dût distinguer une infinité d'objets que je ne pouvais apercevoir qu'au microscope avec des recherches infinies. Leurs yeux même sont très supérieurs à cet instrument, qui ne nous montre que les objets qui sont à son foyer, c'est-à-dire à quelques lignes de distance, tandis qu'ils aperçoivent par un mécanisme qui nous est tout-à-fait inconnu, ceux qui sont auprès d'eux et au loin. Ce sont à la fois des microscopes et des télescopes. De plus, par leur disposition circulaire autour de la tête, ils voient en même temps toute la voûte du ciel, dont ceux d'un astronome n'embrassent tout au plus que la moitié. Ainsi, mes mouches devaient voir d'un coup d'œil, dans mon fraisier, une distribution et un ensemble de parties que je ne pouvais observer au microscope que séparées les unes des autres, et successivement.

En examinant les feuilles de ce végétal au moyen d'une lentille de verre qui grossissait médiocrement, je les ai trouvées divisées par compartiments hérissés de poils, séparés par des canaux et parsemés de glandes. Ces compartiments m'ont paru semblables à de grands tapis de verdure, leurs poils à des végétaux d'un ordre particulier, parmi lesquels il y en avait de droits, d'inclinés, de fourchus, de creusés en tuyaux, de l'extrémité desquels sortaient des gouttes de liqueur; et leurs canaux, ainsi que leurs glandes, me paraissaient remplis d'un fluide brillant. Sur d'autres espèces de plantes, ces poils et ces canaux se présentent avec des formes, des couleurs et des fluides différents. Il y a même des glandes qui ressemblent à des bassins ronds, carrés ou rayonnants. Or, la nature n'a rien fait en vain. Quand elle dispose un lieu propre à être habité, elle y met des animaux. Elle n'est pas bornée par la petitesse de l'espace. Elle en a mis avec des nageoires dans de simples gouttes d'eau, et en si grand nombre, que le physicien Leewenhoek y en a compté des milliers.... On peut donc croire par analogie, qu'il y a des animaux qui paissent sur les feuilles des plantes comme les bestiaux dans nos prairies; qui se couchent à l'ombre de leurs poils imperceptibles, et qui boivent dans leurs glandes, façonnées en soleils, des liqueurs d'or et d'argent. Chaque partie des fleurs doit leur offrir des spectacles dont nous n'avons point d'idées. Les anthères jaunes des fleurs, suspendues sur des filets blancs, leur présentent de doubles solives d'or en équilibre sur des colonnes plus belles que l'ivoire; les corolles, des voûtes de rubis et de topaze, d'une grandeur incommensurable; les nectaires, des fleuves de sucre; les autres parties de la floraison, des coupes, des urnes, des pavillons, des dômes, que l'architecture et l'orfévrerie des hommes n'ont pas encore imités.

Je ne dis point ceci par conjecture; car un jour, ayant examiné au microscope des fleurs de thym, j'y distinguai, avec la plus grande surprise, de superbes amphores à long col, d'une matière semblable à l'améthyste, du goulot desquelles semblaient sortir des lingots d'or fondu. Je n'ai jamais observé la simple corolle de la plus petite fleur, que je ne l'aie vue composée d'une matière admirable, demi-transparente, parsemée de brillants, et teinte des plus vives couleurs. Les êtres qui vivent sous leurs riches reflets, doivent avoir d'autres idées que nous de la lumière et des autres phénomènes de la nature. Une goutte de rosée qui filtre dans les tuyaux capillaires et diaphanes d'une plante leur présente des milliers de jets-d'eau; fixée en boule à l'extrémité d'un de ses poils, un océan sans rivages; évaporée dans l'air, une mer aérienne. Ils doivent donc voir les fluides monter, au lieu de descendre ; se mettre en rond, au lieu de se mettre de niveau, et s'élever en l'air, au lieu de tomber. Leur ignorance doit être aussi merveilleuse que leur science. Comme ils ne connaissent à fond que l'harmonie des plus petits objets, celle des grands doit leur échapper. Ils ignorent, sans doute, qu'il y a des hommes, et parmi les hommes, des savants qui connaissent tout, qui expliquent tout, qui, passagers comme eux, s'élancent dans un infini en grand où ils ne peuvent atteindre, tandis qu'eux, à la faveur de leur petitesse, en connaissent un autre dans les dernières divisions de la matière et du temps. Parmi ces êtres éphémères, se doivent voir des jeunesses d'un matin, et des décrépitudes d'un jour. S'ils ont des histoires, ils ont des mois, des années, des siècles, des époques proportionnées à la durée d'une fleur. Ils ont une autre chronologie que la nôtre, comme ils ont une autre hydraulique et une autre optique. Ainsi, à mesure que l'homme s'approche des éléments de la nature, les principes de sa science s'évanouissent.

Ibid.

V. *Symptômes et ravages d'un ouragan à l'Ile de France.*

Un de ces étés qui désolent de temps à autre les terres situées entre les tropiques vint étendre ici ses ravages. C'était vers la fin de décembre, lorsque le soleil au Capricorne échauffe, pendant trois semaines, l'Ile de France de ses feux verticaux. Le vent du sud-est, qui y règne presque toute l'année, n'y soufflait plus. De longs tourbillons de poussière s'élevaient sur les chemins et restaient suspendus en l'air. La terre se fendait de toutes parts; l'herbe était brûlée, des exhalaisons chaudes sortaient du flanc des montagnes, et la plupart de leurs ruisseaux étaient desséchés. Aucun nuage ne venait du côté de la mer. Seulement, pendant le jour, des vapeurs rousses s'élevaient de dessus ses plaines, et paraissaient, au coucher du soleil, comme les flammes d'un incendie. La nuit même n'apportait aucun rafraîchissement à l'atmosphère embrasée. L'orbe de la lune tout rouge se levait dans un horizon embrumé, d'une grandeur démesurée. Les troupeaux abattus sur les flancs des collines, le cou tendu vers le ciel, aspirant l'air, faisaient retentir les vallons de tristes mugissements : le Caffre même qui les conduisait se couchait sur la terre, pour y trouver de la fraîcheur; mais partout le sol était brûlant, et l'air étouffant retentissait du bourdonnement des insectes qui cherchaient à se désaltérer dans le sang des hommes et des animaux......

Cependant ces chaleurs excessives élevèrent de l'Océan des vapeurs qui couvrirent l'île comme un vaste parasol. Les sommets des montagnes les rassemblaient autour d'eux, et de longs sillons de feu sortaient de temps en temps de leurs pitons embrumés. Bientôt des tonnerres affreux firent retentir de leurs éclats les bois, les plaines et les vallons : des pluies épouvantables, semblables à des cataractes, tombèrent du ciel. Des torrents écumeux se précipitaient le long des flancs de cette montagne; le fond de ce bassin était devenu une mer; le plateau où sont assises les cabanes, une petite île; et l'entrée de ce vallon, une écluse par où sortaient pêle-mêle, avec les eaux mugissantes, les terres, les arbres et les rochers..... Sur le soir la pluie cessa, le vent alisé du sud-est reprit son cours ordinaire; les nuages orageux furent jetés vers le nord-ouest, et le soleil couchant parut à l'horizon.

Paul et Virginie.

VI Naufrage de Virginie.

Vers les neuf heures du matin, on entendit, du côté de la mer, des bruits épouvantables, comme si des torrents d'eau, mêlés à des tonnerres, eussent roulé du haut des montagnes. Tout le monde s'écria : « Voilà l'ouragan ! » et dans l'instant, un tourbillon affreux de vent enleva la brume qui couvrait l'île d'Ambre et son canal. Le Saint-Géran parut alors à découvert, avec son pont chargé de monde, ses vergues et ses mâts de hune amenés sur le tillac, son pavillon en berne, quatre câbles sur son avant, et un de retenue sur son arrière. Il était mouillé entre l'île d'Ambre et la terre, en-deçà de la ceinture de récifs qui entoure l'île de France, et qu'il avait franchie par un endroit où jamais vaisseau n'avait passé avant lui. Il présentait son avant aux flots qui venaient de la pleine mer; et, à chaque lame d'eau qui s'engageait dans le canal, sa proue se soulevait tout entière, de sorte qu'on en voyait la carène en l'air; mais, dans ce mouvement, sa poupe, venant à plonger, disparaissait à la vue jusqu'au couronnement, comme si elle eût été submergée. Dans cette position, où le vent et la mer le jetaient à terre, il lui était également impossible de s'en aller par où il était venu; ou, en coupant ses câbles, d'échouer sur le rivage, dont il était séparé par de hauts fonds semés de récifs. Chaque lame qui venait briser sur la côte, s'avançait en mugissant jusqu'au fond des anses, et y jetait des galets à plus de cinquante pieds dans les terres; puis, venant à se retirer, elle découvrait une grande partie du lit du rivage, dont elle roulait les cailloux avec un bruit rauque et affreux. La mer, soulevée par le vent, grossissait à chaque instant, et tout le canal compris entre cette île et l'île d'Ambre, n'était qu'une vaste nappe d'écumes blanches, creusée de vagues noires et profondes. Ces écumes s'amassaient dans le fond des anses, à plus de six pieds de hauteur; et le vent, qui en balayait la surface, les portait par-dessus l'escarpement du rivage, à plus d'une demi-lieue dans les terres. A leurs flocons blancs et innombrables, qui étaient chassés horizontalement jusqu'au pied des montagnes, on eût dit d'une neige qui sortait de la mer. L'horizon offrait tous les signes d'une longue tempête; la mer y paraissait confondue avec le ciel. Il s'en détachait sans cesse des nuages d'une forme horrible, qui traversaient le zénith avec la vitesse des oiseaux, tandis que d'autres y paraissaient immobiles comme de grands rochers. On n'apercevait aucune partie azurée du firmament; une lueur olivâtre et blafarde éclairait seule tous les objets de la terre, de la mer et des cieux.

Dans les balancements du vaisseau, ce qu'on craignait arriva. Les câbles de son avant rompirent; et comme il n'était plus retenu que par une seule ansière, il fut jeté sur les rochers à une demi-encâblure du rivage. Ce ne fut qu'un cri de douleur parmi nous. Paul allait s'élancer à la mer, lorsque je le saisis par le bras. « Mon fils, lui dis-je, voulez-« vous périr? — Que j'aille à son secours, s'écria-t-il, « ou que je meure! » Comme le désespoir lui ôtait la raison, pour prévenir sa perte, Domingue et moi lui attachâmes à la ceinture une longue corde dont nous saisîmes l'une des extrémités. Paul alors s'avança vers le Saint-Géran, tantôt nageant, tantôt marchant sur les récifs. Quelquefois il avait l'espoir d'aborder; car la mer, dans ses mouvements irréguliers, laissait le vaisseau presque à sec, de manière qu'on en eût pu faire le tour à pied; mais bientôt après, revenant sur ses pas avec une nouvelle furie, elle le couvrait d'é-normes voûtes d'eau, qui soulevaient tout l'avant de sa carène, et rejetaient bien loin sur le rivage le malheureux Paul, les jambes en sang, la poitrine meurtrie, et à demi noyé. A peine ce jeune homme avait-il repris l'usage de ses sens, qu'il se relevait, et retournait avec une nouvelle ardeur vers le vaisseau, que la mer cependant entr'ouvrait par d'horribles secousses. Tout l'équipage, désespérant alors de son salut, se précipitait en foule à la mer, sur des vergues, des planches, des cages à poules, des tables et des tonneaux.

On vit alors un objet digne d'une éternelle pitié; une jeune demoiselle parut dans la galerie de la poupe du Saint-Géran, tendant les bras vers celui qui faisait tant d'efforts pour la joindre : c'était Virginie. Elle avait reconnu son amant à son intrépidité. La vue de cette aimable personne, exposée à un si terrible danger, nous remplit de douleur et de désespoir. Pour Virginie, d'un port noble et assuré, elle nous faisait signe de la main, comme nous disant un éternel adieu. Tous les matelots s'étaient jetés à la mer, il n'en restait plus qu'un sur le pont, qui était tout nu, et nerveux comme Hercule. Il s'approcha de Virginie avec respect. Nous le vîmes se jeter à ses genoux, et s'efforcer même de lui ôter ses habits; mais elle, le repoussant avec dignité, détourna de lui sa vue. On entendit aussitôt ces cris redoublés des spectateurs : « Sauvez-la! sauvez-la! « ne la quittez pas! » Mais, dans ce moment, une montagne d'eau d'une effroyable grandeur s'engouffra entre l'île d'Ambre et la côte, et s'avança en rugissant vers le vaisseau, qu'elle menaçait de ses flancs noirs et de ses sommets écumants. A cette terrible vue, le matelot s'élança seul à la mer, et

Virginie, voyant la mort inévitable, posa une main sur ses habits, l'autre sur son cœur, et levant en haut ses yeux sereins, parut un ange qui prend son vol vers les cieux.

Ibid.

VII. Le Lis et la Rose.

Pour me montrer le caractère d'une fleur, les botanistes me la font voir sèche, décolorée et étendue dans un herbier. Est-ce dans cet état où je reconnaîtrai un lis ? N'est-ce pas sur le bord d'un ruisseau, élevant au milieu des herbes sa tige auguste, et réfléchissant dans les eaux ses beaux calices plus blancs que l'ivoire, que j'admirerai le roi des vallées ? Sa blancheur incomparable n'est-elle pas encore plus éclatante quand elle est mouchetée, comme de gouttes de corail, par de petits scarabées, écarlates, hémisphériques, piquetés de noir, qui y cherchent presque toujours un asyle ? Qui est-ce qui peut reconnaître dans une rose sèche la reine des fleurs ? Pour qu'elle soit à la fois un objet de l'amour et de la philosophie, il faut la voir, lorsque, sortant des fentes d'un rocher humide, elle brille sur sa propre verdure, que le zéphir la balance sur sa tige hérissée d'épines, que l'aurore l'a couverte de pleurs, et qu'elle appelle par son éclat et par ses parfums la main des amants. Quelquefois une cantharide, nichée dans sa corolle, en relève le carmin par son vert d'émeraude : c'est alors que cette fleur semble nous dire que, symbole du plaisir par ses charmes et par sa rapidité, elle porte comme lui le danger autour d'elle, et le repentir dans son sein.

Etudes de la Nature.

VIII. La Rose et le Papillon.

La puissance animale est d'un ordre bien supérieur à la végétale. Le papillon est plus beau et mieux organisé que la rose. Voyez la reine des fleurs, formée de portions sphériques, teinte de la plus riche des couleurs, contrastée par un feuillage du plus beau vert, et balancée par le zéphyr; le papillon la surpasse en harmonie de couleurs, de formes et de mouvements. Considérez avec quel art sont composées les quatre ailes dont il vole, la régularité des écailles qui le recouvrent comme des plumes, la variété de leurs teintes brillantes, les six pattes armées de griffes avec lesquelles il résiste aux vents dans son repos, la trompe roulée dont il pompe sa nourriture au sein des fleurs, les antennes, organes exquis du toucher, qui couronnent sa tête, et le réseau admirable d'yeux dont elle est entourée, au nombre de plus de douze mille. Mais ce qui le rend bien supérieur à la rose, il a, outre la beauté des formes, les facultés de voir, d'ouïr, d'odorer, de savourer, de sentir, de se mouvoir, de vouloir, enfin une âme douée de passions et d'intelligence. C'est pour le nourrir que la rose entr'ouvre les glandes nectarées de son sein; c'est pour en protéger les œufs collés comme un bracelet autour de ses branches, qu'elle est entourée d'épines. La rose ne voit ni n'entend l'enfant qui accourt pour la cueillir; mais le papillon, posé sur elle, échappe à la main

BERNARDIN DE SAINT-PIERRE.

prête à le saisir, s'élève dans les airs, s'abaisse, s'éloigne, se rapproche; et, après s'être joué du chasseur, il prend sa volée, et va chercher sur d'autres fleurs une retraite plus tranquille *.

Harmonies de la Nature.

IX. Les Arbres et les Plantes funéraires.

La nature a planté dans tous les sites du globe des végétaux propres à changer en parfum le méphitisme de l'air, et à servir de décoration aux tombeaux par leurs formes mélancoliques et religieuses. Parmi les plantes, la mauve rampante, avec ses fleurs rayées de pourpre, et l'asphodèle, avec sa longue tige garnie de belles fleurs blanches ou jaunes, se plaisent à croître sur les tertres funèbres. C'est ce

---

* Voyez ce papillon échappé du tombeau,
Sa mort fut un sommeil, et sa tombe un berceau;
Il brise le fourreau qui l'enchaînait dans l'ombre;
Deux yeux paraient son front, et ses yeux sont sans nombre.
Il se traînait à peine, il part comme l'éclair;
Il rampait sur la terre, il voltige dans l'air;
Il languissait sans sexe, et ses ailes légères
Portent à cent beautés ses erreurs passagères;
Que dis-je? dès long-temps calomnié par nous,
Moins infidèle amant que malheureux époux,
Lui-même à son amour souvent se sacrifie,
Et son premier plaisir est payé de sa vie.
Ainsi son destin change, et passe tour à tour
De la vie au tombeau, de la tombe au grand jour.
Mais, de son sort nouveau faveur plus merveilleuse,
Sa tête, en rejetant sa dépouille écailleuse,
Dans le même cerveau garde mêmes désirs
Il chérissait les fleurs, les fleurs sont ses plaisirs;
Son instinct l'y ramène, et dans leur sein fidèle
Vient déposer l'espoir de sa race nouvelle.

DELILLE, *Les Trois Règnes.*

que prouve cette inscription gravée sur un tombeau antique : « Au dehors je suis entouré de mauve « et d'asphodèle, et au dedans je ne suis qu'un ca- « davre. » Les fleurs de l'asphodèle produisent des graines dont les anciens croyaient que les morts faisaient leur nourriture, et dont les vivants tirent quelquefois parti. Suivant Homère, après avoir passé le Styx, les ombres traversaient une longue plaine d'asphodèles.

Quant aux arbres funéraires, j'en trouve de deux genres, répandus dans les divers climats : tous deux ont des caractères opposés. Ceux du premier laissent pendre jusqu'à terre leurs branches longues et menues, et on les voit flotter au gré des vents. Ces arbres paraissent comme échevelés, et déplorant quelque infortune : tel est le cazarina des îles de la mer du Sud, que les naturels ont grand soin de planter auprès des tombeaux de leurs ancêtres. Nous avons chez nous le saule pleureur ou de Babylone : c'était à ses rameaux que les Hébreux captifs suspendaient leurs lyres. Notre saule commun, lorsqu'il n'est pas étêté, laisse pendre aussi l'extrémité de ses branches, et prend alors un caractère mélancolique. Shakspeare l'a fort bien senti et exprimé dans la *Chanson du Saule*, qu'il met dans la bouche de Desdémona, prête à terminer ses malheureux jours. Il y a aussi, dans plusieurs autres genres d'arbres, des espèces à longue chevelure : tels sont certains frênes, un figuier de l'Ile de France, dont les fruits traînent jusqu'à terre, et les bouleaux du Nord.

Le second genre des arbres funèbres renferme ceux qui s'élèvent en obélisque ou en pyramide. Si les arbres à chevelure semblent porter nos regrets vers la terre, ceux-ci semblent diriger avec leurs rameaux nos espérances vers le ciel : tels sont, entr'autres, les cyprès des montagnes, le peuplier d'Italie, les sapins du Nord. Le cyprès, avec son feuillage flottant et tourné en spirale, ne ressemble pas mal à une longue quenouille chargée de laine, telle que les poètes en imaginaient entre les mains des Parques qui filaient nos destinées. Les peupliers d'Italie ne sont autre chose, suivant l'ingénieux Ovide, que les sœurs de Phaéton qui déplorent le sort de leur frère, en élevant leurs bras vers les cieux. Quant au sapin, je n'en connais point de plus propre à décorer les tombeaux : c'est un usage auquel l'emploient fréquemment les Chinois et les Japonais. Ils le regardent comme un symbole de l'immortalité. En effet, son odeur aromatique, sa verdure sombre et perpétuelle, sa forme pyramidale, qui semble fuir jusque dans les nues, et ce je ne sais quoi de gémissant que ses rameaux font entendre quand les vents les agitent, semblent faits pour accompagner magnifiquement un mausolée, et pour entretenir en nous le sentiment de notre immortalité.

Plantons donc ces arbres pleins d'expressions mélancoliques sur les sépultures de nos amis*. Les

---

* Loin d'un monde léger, venez donc à vos pleurs,
Venez associer les bois, les eaux, les fleurs.
Tout devient un ami pour les ames sensibles :

végétaux sont les caractères du livre de la nature, et un cimetière doit être une école de morale. C'est là qu'à la vue des puissants, des riches et des méchants réduits en poudre, disparaissent toutes les passions humaines, l'orgueil, la cupidité, l'avarice, l'envie; c'est là que se réveillent les sentiments les plus doux de l'humanité, au souvenir des enfants, des époux, des pères, des amis; c'est sur leurs tombeaux que les peuples les plus sauvages viennent apporter des mets, et que les peuples de l'Orient distribuent des vivres aux malheureux. Plantons-y au moins des végétaux qui nous en conservent la mémoire. Quelquefois nous nous élevons des urnes, des statues; mais le temps détruit bientôt les monuments des arts, tandis qu'il fortifie chaque année ceux de la nature. Les vieux ifs de nos cimetières ont plus d'une fois survécu aux églises qu'ils y ont vu bâtir. Ombrageons ceux de la patrie des végétaux qui caractérisent les diverses tribus des citoyens qui y reposent; qu'on voie croître sur les fosses de leurs familles ceux qui les ont fait vivre pendant leur vie, l'osier des vanniers, le chêne des charpentiers, le cep des vignerons; mettons-y sur-tout des

> Déjà, pour l'embrasser de leurs ombres paisibles,
> Se penchent sur la tombe, objet de vos regrets,
> L'if, le sombre sapin, et toi, triste cyprès,
> Fidèle ami des morts, protecteur de leur cendre;
> Ta tige, chère au cœur mélancolique et tendre,
> Laisse la joie au myrte et la gloire au laurier :
> Tu n'es point l'arbre heureux de l'amant, du guerrier,
> Je le sais; mais ton deuil compatit à nos peines.
>
> DELILLE, *Les Jardins*, chant V.

végétaux toujours verts, qui rappelle des vertus immortelles, plus utiles encore à la patrie que des métiers et des talents; que les pâles violettes et les douces primevères fleurissent chaque printemps sur les tertres des enfants qui ont aimé leurs pères; que la pervenche de Jean-Jacques, plus chère aux amants que le myrte amoureux, étale ses fleurs azurées sur le tombeau de la beauté toujours fidèle; que le lierre embrasse le cyprès sur celui des époux unis jusqu'à la mort; que le laurier y caractérise les vertus des guerriers; l'olivier celles des négociateurs; enfin, que les pierres, gravées d'inscriptions à la louange de tous ceux qui ont bien mérité des hommes, y soient ombragées de troënes, de tuyas, de buis, de genièvres, de buissons ardents, de houx aux graines sombres, de chevrefeuilles odorants, de majestueux sapins. Puissé-je me promener un jour dans cet élysée, éclairé des rayons de l'aurore, ou des feux du soleil couchant, ou des pâles clartés de la lune, et consacré en tout temps par les cendres d'hommes vertueux! Puissé-je moi-même être digne d'y avoir un jour mon tertre entouré de ceux de mes enfants, surmonté d'une tuile couverte de mousse! C'est par ces décorations végétales que des nations entières ont rendu les tombeaux de leurs ancêtres si respectables à leur postérité. Dans ce jardin de la mort et de la vie, du temps et de l'éternité, se formeront un jour des philosophes sensibles et sublimes, des Confucius, des Fénelon, des Addison, des Young. Là s'évanouiront les vaines illusions du monde, par le spectacle de tant d'hommes que la mort a renversés; là renaîtront les espérances d'une meilleure vie, par le souvenir de leurs vertus.

Ibid.

X. Les Forêts agitées par les vents.

Qui pourrait décrire les mouvements que l'air communique aux végétaux? Combien de fois, loin des villes, dans le fond d'un vallon solitaire couronné d'une forêt, assis sur le bord d'une prairie agitée des vents, je me suis plu à voir les mélilots dorés, les trèfles empourprés, et les vertes graminées, former des ondulations semblables à des flots, et présenter à mes yeux une mer agitée de fleurs et de verdure! Cependant les vents balançaient sur ma tête les cimes majestueuses des arbres. Le retroussis de leur feuillage faisait paraître chaque espèce de deux verts différents. Chacun a son mouvement. Le chêne au tronc roide ne courbe que ses branches, l'élastique sapin balance sa haute pyramide, le peuplier robuste agite son feuillage mobile, et le bouleau laisse flotter le sien dans les airs comme une longue chevelure. Ils semblent animés de passions : l'un s'incline profondément auprès de son voisin comme devant un supérieur; l'autre semble vouloir l'embrasser comme un ami; un autre s'agite en tous sens comme auprès d'un ennemi. Le respect, l'amitié, la colère, semblent passer tour à tour de l'un à l'autre comme dans le cœur des hommes, et ces passions versatiles ne sont au fond que les jeux des vents. Quelquefois un vieux chêne élève au milieu d'eux ses longs bras dépouillés de feuilles et immobiles. Comme un vieillard, il ne prend plus

de part aux agitations qui l'environnent; il a vécu dans un autre siècle. Cependant ces grands corps insensibles font entendre des bruits profonds et mélancoliques. Ce ne sont point des accents distincts; ce sont des murmures confus comme ceux d'un peuple qui célèbre au loin une fête par des acclamations. Il n'y a point de voix dominantes : ce sont des sons monotones, parmi lesquels se font entendre des bruits sourds et profonds, qui nous jettent dans une tristesse pleine de douleur. Ainsi les murmures d'une forêt accompagnent les accents du rossignol, qui de son nid adresse des vœux reconnaissants aux amours. C'est un fond de concert qui fait ressortir les chants éclatants des oiseaux, comme la douce verdure est un fond de couleurs sur lequel se détache l'éclat des fleurs et des fruits.

Ce bruissement des prairies, ces gazouillements des bois, ont des charmes que je préfère aux plus brillants accords; mon âme s'y abandonne, elle se berce avec les feuillages ondoyants des arbres, elle s'élève avec leur cime vers les cieux, elle se transporte dans les temps qui les ont vus naître et dans ceux qui les verront mourir; ils étendent dans l'infini mon existence circonscrite et fugitive. Il me semble qu'ils me parlent, comme ceux de Dodone, un langage mystérieux; ils me plongent dans d'ineffables rêveries, qui souvent ont fait tomber de mes mains les livres des philosophes. Majestueuses forêts, paisible solitude, qui plus d'une fois avez calmé mes passions, puissent les cris de la guerre ne troubler jamais vos résonnantes clairières! n'accompagnez de vos religieux murmures que les chants des oiseaux, ou les doux entretiens des amis et des amants qui veulent se reposer sous vos ombrages.

Ibid.

BERNIS (François-Joachim de PIERRES, comte de Lyon et cardinal de), naquit à Saint-Marcel de l'Ardèche, le 22 mai 1715, et mourut à Rome le 2 novembre 1794, à l'âge de soixante-dix-neuf ans et six mois. Ses poésies légères commencèrent sa réputation, et lui ouvrirent les portes de l'Académie française. Ses *OEuvres complètes* ont été publiées par Didot aîné, Paris, 1797, in-8°, et par Lottin, en 3 vol. in-4°. Elles contiennent ses *Épîtres Morales*, quelques *Pièces badines*, une *Épître à la Paresse*, son poème des *Quatre Saisons*, et celui de *La Religion vengée*.

L'abbé de Bernis a été cité dans ce siècle comme un de ces exemples rares d'une fortune rapide et d'une élévation extraordinaire, qui frappe d'autant plus qu'elle a moins de proportion avec le mérite et les moyens. Il vint à Paris fort jeune, n'y apportant que 1500 livres de rente, le titre de comte de Lyon, une figure et un esprit agréables. Rien de tout cela n'était en recommandation auprès du vieux ministre de la feuille des bénéfices, l'évêque de Mirepoix, ni même du cardinal de Fleury; et ce fut ce dernier qui dit fort crûment à cet abbé : « Soyez sûr, Monsieur, que vous n'aurez rien tant « que je vivrai; » et l'abbé répondit fort plaisamment : «Monseigneur j'attendrai. » Cet homme, qui se serait cru heureux alors d'obtenir une petite abbaye, était, quelques années après, archevêque, cardinal, ministre d'état, commandeur de l'ordre du Saint-Esprit, et signa le traité d'alliance entre la France et l'Autriche, qui renversa l'édifice de la politique de Richelieu. On l'a beaucoup reproché à l'abbé de Bernis : il paraît cependant qu'il n'en fut pas l'auteur; que ce traité, qu'il ne fit que signer, fut l'ouvrage de madame de Pompadour et du comte de Staremberg, et que les cajoleries de l'impératrice, prodiguées à la favorite, l'habileté de l'ambassadeur Staremberg à profiter de l'humeur qu'on avait contre le roi de Prusse, le souvenir des infidélités de ce prince dans la guerre de 1741, et le mépris qu'il laissait voir pour Versailles, pour Louis XV et sa maîtresse, furent les vraies causes de cette révolution politique, alors généralement blâmée, et dont les suites, qui, à la vérité, ne pouvaient pas être toutes prévues, ont été funestes aux deux maisons qui s'unissaient. De petites vanités flattées ou blessées furent cette fois l'origine très réelle de grandes calamités publiques. Cependant la révolution française, qui doit nécessairement amener des changements dans la politique de l'Europe, peut donner ainsi une face toute nouvelle aux rapports éventuels et prochains entre la France et l'Autriche : c'est un article pour l'histoire. Mais ceux qui ne méprisent pas les anecdotes, quand elles font connaître les hommes et les cours, ne seront pas fâchés de savoir ce que l'abbé de Bernis, lorsqu'il eut 400,000 livres de rentes en bénéfices, aimait à raconter lui-même du premier argent qu'il avait reçu du roi. Il avait obtenu un petit logement au Louvre par le crédit de la marquise de Pompadour, qui goûtait beaucoup son esprit et ses chansons, sur-tout celles qu'il faisait pour elle ; elle venait même de lui donner une toile de Perse pour meubler son nouvel appartement. L'abbé l'emportait sous son bras par un escalier dérobé, quand il rencontra le roi qui montait. Louis XV, toujours curieux des petites choses, voulut savoir d'où il venait et ce qu'il portait. L'abbé, quoiqu'un peu embarrassé, le lui dit naïvement. « Tenez, dit Louis, en tirant de sa poche « un rouleau de cinquante louis, elle vous a donné la « tapisserie, voilà pour les clous. Madame de Pompa- « dour m'a dit beaucoup de bien de vous : J'aurai soin « de vous. » Quelque temps après il eut l'ambassade de Venise ; ce fut le commencement de sa fortune, qui n'aurait rien eu de fort singulier, s'il en fût resté là ; car il était homme de qualité et de mérite.

Au reste, sa faveur ne fut pas longue. Il fut bien tôt disgracié pour avoir voulu restreindre les clauses du traité de Versailles, extrêmement onéreuses pour la France ; ce qui est une nouvelle preuve qu'il n'y avait pas eu une influence principale. Il fit place au duc de Choiseul, qui, revenant alors de Vienne, acheva de soumettre entièrement le cabinet de Versailles au ministère autrichien, en gouvernant l'un et influant sur l'autre. La favorite, qui n'avait pu souffrir de se voir contredire par un homme qui était sa créature, reprocha durement au ministre

dépossédé *qu'elle l'avait tiré de la boue*. « Madame,
« lui dit-il, je n'ai pas oublié vos bienfaits; mais je
« dois encore moins oublier ceux de mon maître et
« les intérêts de l'état. Au reste, vous me permet-
« trez de vous observer qu'un comte de Lyon ne
« peut pas être tiré de la boue. » Cela était vrai, et
la réponse était aussi noble que modérée. La disgrace du cardinal de Bernis, aux yeux des justes ap-
préciateurs, lui fit plus d'honneur que sa fortune :
elle prouve qu'il était honnête homme, ce qui déjà
commençait à n'être pas commun. Envoyé alors
ambassadeur à Rome, il y passa les trente dernières
années de sa vie avec un grand état, une grande
considération, et, ce qui vaut mieux que tout le
reste, une conduite sage, édifiante et ecclésiastique.
Il n'aimait pas qu'on lui parlât des productions de
sa jeunesse, et cela paraissait étrange à des Français
qui avaient l'indiscrétion de le complimenter sur ce
qu'il désirait qu'on oubliât. Mais l'étourderie française voulait absolument qu'un vieux prélat fût
flatté d'être au niveau de Dorat, et ne voulait pas
permettre qu'après être sorti de l'esprit de son état
à trente ans, on y rentrât à soixante[*].

La Harpe, *Cours de Littérature.*

[*] Lorsque, pour le flatter, on lui parlait de ses premiers ouvrages, il dé-
tournait la conversation, en disant : « Ne parlons point des erreurs de ma
« jeunesse : *delicta juventutis meæ ne memineris*. Voulez-vous connaître
« mon secret entier, écrivait-il à Voltaire; j'ai renoncé à la poésie quand
« j'ai vu que je ne pouvais être supérieur dans un genre qui exclut la
« médiocrité. » Le roi de Prusse, Frédéric II, qui était meilleur guerrier
que poète, a bien caractérisé la manière de Bernis, dans ce vers très
heureux :

Évitez de Bernis la stérile abondance.

JUGEMENTS.

I.

Nous avons vu paraître récemment* un poème de *la Religion*, ouvrage posthume du cardinal de Bernis; il est en dix chants : le sujet y est encore bien moins rempli que dans celui de Racine le fils, et l'exécution en est bien inférieure. C'est toujours une réfutation des athées et des déistes, et ce n'est là qu'une partie du sujet. Le style n'est pas sans noblesse ni sans quelques beaux vers, sur-tout de pensée; mais il est pauvre de poésie, monotone, négligé; nulle connaissance de la phrase poétique; des vers faits un à un, ou deux à deux; et le raisonnement porté jusqu'à l'argumentation métaphysique. Ce poème eût fait peu d'impression il y a trente ans; qu'on juge de celle qu'il a pu faire de nos jours! il ne peut qu'édifier les amis de la religion, et c'est toujours un bien; mais il n'alarmera jamais ses ennemis.

Je dirai ici de suite un mot sur les autres poésies du même auteur, publiées il y a quarante ans, et qui sont peu de chose. Elles consistent dans quelques épîtres, moitié sérieuses, moitié badines, mêlées d'affectation, de négligences et de quelques jolis vers. Il n'y en a qu'une qui soit de bon goût; elle est fort courte, et n'est pas très analogue à l'état de l'auteur; c'est celle qui commence par ces vers :

Censeur de ma chère paresse,
Pourquoi viens-tu me réveiller

* Au commencement de 1797.

> Au sein de l'aimable mollesse
> Où j'aime tant à sommeiller?
> Laisse-moi, censeur trop austère,
> Goûter voluptueusement
> Le doux plaisir de ne rien faire,
> Et de penser tranquillement ; etc.

C'est le ton de Chaulieu, plus soutenu; mais c'est la seule pièce de ce ton. On vanta beaucoup autrefois, je ne sais pourquoi, l'*Épitre aux dieux pénates* : elle est aussi incorrecte qu'inégale et remplie de mauvais vers. La versification est un peu meilleure dans *les Quatre Parties du Jour*, qu'il ne fallait pas appeler un poème : ce sont quatre petits morceaux qui n'ont entre eux aucune liaison, et qui offrent des tableaux plus ou moins agréables pour le fond, mais plutôt enluminés que coloriés. C'est là qu'il voulut prendre une fois le ton sublime, qui n'était nullement le sien, mais qui en effet n'eût pas été déplacé. Il s'agit du soleil dans son midi :

> Ce grand astre, dont la lumière
> Enflamme la voûte des cieux,
> Semble, au milieu de sa carrière,
> Suspendre son cours glorieux.
> Fier d'être le flambeau du monde,
> Il contemple du haut des airs
> L'olympe, la terre et les mers
> Remplis de sa clarté féconde;
> Et jusques au fond des enfers
> Il fait rentrer la nuit profonde,
> Qui lui disputait l'univers.

J'ai vu des jeunes gens admirer ces vers, qui sont

absolument dans le goût de Claudien ; ce n'est autre chose que de l'emphase et du faux*. Il convenait peu de représenter le soleil comme *suspendu*, quand il paraît dévorer l'horizon ; encore moins de faire *rentrer la nuit dans les enfers* à midi, quand elle doit y être depuis la naissance du jour. De plus, dans le système mythologique, que l'on suit ici, le soleil ne peut pas *contempler du haut des airs l'Olympe*, qui est le séjour des dieux, qui n'est point éclairé par le soleil, et qui est fort au-dessus de lui, puisque c'est du haut de l'Olympe que Jupiter foudroie Phaéton qui conduit le char du soleil. On peut prendre en général l'Olympe pour les cieux ; mais ce n'était pas ici le cas, à cause de ces mots, *du haut des airs*, qui remettent les choses à leur place, et par conséquent font un contre-sens. Ces vers sont retentissants à l'oreille ; c'est tout leur mérite, et il est loin de suffire pour les connaisseurs. Ce n'est pas ainsi qu'on pouvait joûter contre Rousseau, quand il traduit l'Écriture dans ces superbes strophes :

> Dans une éclatante voûte
> Il a placé de ses mains
> Ce soleil qui dans sa route
> Éclaire tous les humains.
> Environné de lumière,

---

* J'en demande pardon à la critique de l'auteur du *Lycée*, je trouve *le Soleil* du cardinal de Bernis magnifique. Il parle de son mérite poétique trop mal, et de son mérite politique trop bien.

Le Prince de Ligne, *Remarques sur le Lycée*.

Cet astre ouvre sa carrière
Comme un époux glorieux
Qui, dès l'aube matinale,
De sa couche nuptiale
Sort brillant et radieux.

 L'univers en sa présence,
Semble sortir du néant.
Il prend sa course, il s'avance
Comme un superbe géant :
Bientôt sa marche féconde
Embrasse le tour du monde
Dans ce cercle qu'il décrit;
Et par sa chaleur puissante
La nature languissante
Se ranime et se nourrit.
    (*Odes*, liv. I.)

Voilà du vrai sublime; aussi est-il puisé à la source.

Un autre petit poème du même auteur, *les Quatre Saisons*, est encore une suite de lieux communs de poésie descriptive, qui ne sont pas sans quelque mérite d'expression ; mais il y a dans les images plus d'abondance que de choix, et plus de luxe que de richesse. Il prodigue trop les fleurs, et ne les varie pas assez : c'est pour cela que Voltaire l'appelait *Babet la Bouquetière*. Au reste, un véritable poème sur le même sujet, *les Saisons*, de M. de Saint-Lambert, a fait oublier cette esquisse, fort médiocre, comme l'est en général tout ce qu'a fait cet écrivain....

Bernis a fait une ode qui a pour titre : *les Poètes lyriques*, parmi lesquels il comprend les faiseurs d'opéra, quoiqu'il y ait une très grande différence entre une ode et un drame lyrique, et si grande que le style de l'un ne doit nullement ressembler à celui de l'autre. Il procède par une froide énumération, depuis Pindare et Horace, jusqu'à Danchet et La Motte, qui n'avaient rien de commun avec eux.

Il prétend que

> Souvent la charmante Dione *
> Répète Thétis, Hésione,
> Tancrède, Issé, les Éléments;
> Et le dieu de la poésie
> Chante l'hymne de Marthésie
> Et les amours des Ottomans.

Tout cela pouvait se *chanter* avec succès à l'opéra de Paris, à l'aide d'une musique qu'alors on trouvait bonne; et je crois même que Vénus comme Apollon peuvent (poétiquement parlant) chanter des morceaux d'*Issé* et des *Éléments*; mais pour *Thétis, Hésione, Tancrède* et *Marthésie*, je ne pense pas qu'on les *chante* jamais ailleurs qu'à l'Opéra, en supposant encore qu'on les remette en musique.

Il dit de La Motte:

> Plus philosophe que poète,
> Il touche une lyre muette:
> La raison lui parle, il écrit.

C'est la vérité, et la vérité bien dite; mais il ajoute:

> On trouve en ses odes sensées
> Moins d'images que de pensées,
> Et moins de talent que d'esprit.

Cela est encore vrai; mais c'est parler de La Motte

* Il fallait *Dionée*, l'un des noms de Vénus dans la Fable.

en style de La Motte; il en est de même lorsqu'il dit de nous autres Français :

> Amoureux de la bagatelle,
> Nous quittons la lyre immortelle,
> Pour le tambourin d'Érato.

La bagatelle, fort bonne en chanson, ne l'est pas dans une ode où l'on a débuté sur un ton pindarique. Ensuite l'auteur passe à la maladie de Louis XV à Metz, qui fait la seconde moitié de la pièce, sans qu'on puisse comprendre en quoi elle tient à la première, ni aux *poètes lyriques*, qui sont le titre et le sujet de l'ode; ce qui n'empêche pas l'auteur de nous dire le plus tranquillement du monde :

> Je vais rappeler la mémoire
> De ce fameux évènement.....

Transition qui est lyrique comme tout le reste de l'ode, quoiqu'on y passe de *la bagatelle* au *temple de la Mort*. Ce ne sont pas là des écarts heureux, et ce *désordre* n'est pas du tout *un effet de l'art*.
Le Même, ibid.

II.

Son poème *des Saisons* est plein de grace, de fraîcheur, et de cette harmonie qu'on ne retrouve presque plus dans les poètes français.
Delille, Discours prélim. de la
Traduc. des Géorgiques.

III.

Il a fait dans ses poésies un usage trop fréquent

de l'ancienne mythologie, lorsque, à force d'avoir été prodiguée, elle commençait à perdre beaucoup de son prix. Il semblait n'avoir observé la nature qu'à travers le prisme de la fable. Son coloris, comme celui de Boucher le peintre, qui voyait tout couleur de rose, au lieu de se rapprocher de la belle nature, ressemble un peu trop à un coloris d'éventail : aussi Voltaire, pour caractériser cette surabondance de fleurs qui remplace trop souvent, dans les poésies de l'abbé de Bernis, le sentiment et les images, lui donnait-il quelquefois en plaisantant le nom de *Babet la Bouquetière*.

Cependant on ne peut nier que, du moins dans quelques-unes de ses pièces, l'abbé de Bernis n'ait eu le mérite de peindre à grands traits, et même en maître. On peut en juger par ces beaux vers où il nous paraît avoir décrit avec magnificence le soleil au milieu de sa course :

> Ce grand astre, dont la lumière
> Enflamme la voûte des cieux, etc.

Plusieurs épîtres de cet auteur, celle à ses dieux pénates, et celles qu'il a adressées au duc de Nivernais, à Duclos, au baron de Montmorency, lui assignent, à quelque distance de Gresset, un rang fort honorable encore parmi les poètes qui ont eu plus d'esprit que de génie.

Le poème de *la Religion*, imprimé depuis sa mort, nous paraît trop inférieur à celui de Racine le fils, pour ajouter beaucoup d'éclat à sa réputation : cependant il en serait digne, si l'auteur eût toujours surmonté aussi heureusement les difficultés de son sujet, qu'il l'a fait dans ces vers où la doctrine de Spinosa est exposée avec une fidélité dont la poésie ne paraissait pas susceptible. (*Voyez* p. 452.)

PALISSOT, *Mémoires sur la Littérature.*

IV.

Je regarde M. de Bernis comme un esprit plus distingué qu'il ne paraît dans ses ouvrages. Quelques-unes de ses premières pièces, et en particulier son épître *sur les Mœurs*, à M. de Montmorency, respirent au moins une certaine noblesse de cœur. On y remarque un tour d'esprit sérieux, qui contraste avec ce style mignard et fardé qu'il a pris pour célébrer les Graces, les Amours, les *Iris* de son temps, et toute cette petite ritournelle de galanterie qu'un homme de vrai talent doit laisser aux agréables de société. Mais, en sa qualité d'homme du monde et d'homme de cour, M. de Bernis s'est accommodé au goût et aux mœurs de son siècle. Il est bien rare qu'un écrivain qui est fort répandu, quoique dans la meilleure compagnie, ne perde pas, en originalité et en naturel, tout ce qu'il peut gagner du côté du goût et de l'esprit. Le génie se fortifie dans l'étude et dans la retraite du cabinet. M. de Bernis, qui n'aimait ni la solitude ni le travail, n'a guère fait que de ces jolies bagatelles qui ont tant de prix pour l'amour-propre, et qui en ont si peu pour la postérité. Il appartient au siècle du bel-esprit, qui fit succéder les poésies fugitives aux poèmes immortels de l'âge précédent.

M. de Bernis manquait tout à la fois et de naturel

et de gaieté. Quoiqu'il parle souvent du *luth badin des Amours*, il n'y a rien de moins badin que ses productions, et quoiqu'il soutienne que ses vers coulent de source, quoiqu'il leur dise, dans son épître *sur le Goût* :

Coulez, mes vers, enfants de la nature,

Ce sont des enfants qui ne ressemblent point à leur mère. C'est avec un style très affecté qu'il s'élève, dans cette épître, contre l'affectation ; et il vante la simplicité, sans pouvoir jamais être simple. On peut lui appliquer ce qu'il dit lui-même à M. le duc de Nivernais :

En aiguisant, en limant de trop près,
L'art affaiblit la pointe de ses traits.
Trop de recherche avilit la peinture,
Et d'un tableau fait une miniature.

En effet, le défaut principal de M. de Bernis est d'être trop brillant, et de vouloir l'être toujours. Rien ne ressort dans ses peintures. Tous les objets se confondent sous ce vernis précieux qui les couvre. Mais il a un mérite d'élégance et de correction, et une richesse de rime assez rares de son temps. On voit qu'il s'étudiait à prendre la manière forte et soutenue de J. B. Rousseau, qu'il préférait avec raison à la versification négligée et un peu prosaïque de M. de Voltaire. Il a loué le premier très noblement dans des vers qui méritent d'être cités, parce qu'ils font encore plus d'honneur à son caractère qu'à son esprit:

Que la renommée et l'histoire

Gravent à jamais sur l'airain
Cet hymne digne de mémoire
Où Rousseau, la flamme à la main,
Chasse du temple de la gloire
Les destructeurs du genre humain,
Et sous les yeux de la victoire
Ébranle leur trône incertain !

. . . .

En vain, de sa gloire ennemie,
La haine répand en tout lieu
Que sa muse enfin avilie
N'est plus cette muse chérie
De d'Ussé, la Fare, et Chaulieu :
Malgré les arrêts de l'envie,
S'il revenait dans sa patrie,
Il en serait encor le dieu.

Il y avait du courage à prendre si hautement le parti d'un grand homme persécuté, calomnié, et injurié par un philosophe. On pourrait citer un assez grand nombre de vers bien faits qui prouvent que M. de Bernis aurait pu se distinguer dans la poésie noble. On ne rapportera que la strophe suivante, qui est vraiment lyrique pour le ton et l'harmonie.

Ce grand astre dont la lumière
Enflamme la voûte des cieux,
Semble, au milieu de sa carrière,
Suspendre son cours glorieux.
Fier d'être le flambeau du monde,
Il contemple du haut des airs
L'Olympe, la terre et les mers,
Remplis de sa clarté féconde;

> Et jusques au fond des enfers,
> Il fait rentrer la nuit profonde
> Qui lui disputait l'univers.

M. de Bernis s'est avisé un peu tard d'entreprendre un grand ouvrage qui demandait toute la force d'un talent supérieur : c'est son poème de *la Religion vengée*. Le plan en est extrêmement vaste. L'auteur a très bien conçu qu'il devait embrasser tous les temps dans son sujet, puisque la religion est née avec l'univers, et qu'elle est mêlée dans tout le cours de son histoire. Il prend même son vol de plus haut, et s'empare des événements qui ont précédé la création. Pour peindre d'une manière plus poétique l'origine de l'impiété, il remonte jusqu'à la querelle du prince des enfers, en sorte que le poème de Milton se trouve compris dans le sien; et depuis la première scène du *Paradis perdu*, jusqu'au moment où la philosophie du dix-huitième siècle vint ébranler les autels et bouleverser le plus florissant empire de l'univers, il suit, dans leurs progrès, toutes les vues de cet ancien ennemi, de cet esprit de ténèbres, qui travaille à corrompre le genre humain, tantôt par l'orgueil de l'esprit, tantôt par la volupté des sens. Il y a de la grandeur et de la hardiesse dans ce dessein; mais l'exécution est fort loin de répondre à l'idée. On sent que l'auteur ploie à chaque pas, et succombe sous le poids d'une telle entreprise. Il ne soutient pas le ton qu'il a pris au commencement de son poème. Il affaiblit les grands traits de Milton. Il narre, il disserte, il s'épuise en discours et ne sait rien mettre en action.

Tout le monde connaît, dans le *Paradis perdu*, la peinture de Satan, lorsque, étendu sur une mer de feu, cet archange élève la tête au-dessus des vagues, et lorsque, apercevant ses légions couchées sur cette mer ardente, il les appelle d'une voix qui fait tressaillir les enfers :

.... Co vering the flood
Under amazement of their hideous change,
He call'd so loud, that all the hollow deep
Of hell resounded, etc.

M. de Bernis rend ainsi ce morceau :

Tel l'orgueil, appuyé sur son sceptre fatal,
Comptait les noirs détours de l'empire infernal,
Et découvrait au loin les célestes puissances
Errantes sur les flots d'une mer de souffrances.
Content de son ouvrage, il élève la voix.
Tous les antres du Styx répondent à la fois ;
Les milices du ciel dans les ondes noyées,
Lèvent en frémissant leurs têtes foudroyées,
Et se traînant sans ordre autour d'un large écueil,
Reprennent leur audace, en revoyant l'Orgueil.

C'est ainsi qu'il éteint tout ce que la vive imagination de Milton a mis en feu. Il n'a pas été plus heureux dans la partie didactique. Il pouvait exposer plus rapidement la suite des erreurs d'où s'est répandue, par degrés, l'idolâtrie, l'athéisme, et enfin la philosophie moderne, qui a mené avec elle le débordement de tous les vices. Cette partie pouvait recevoir de plus grands embellissements de l'histoire, car c'est sur-tout dans les évènements qui ont changé la face du monde, que la poésie doit puiser les grandes leçons qui peuvent la rendre instructive, sans lui rien ôter de sa force et de son éloquence. Mais on sent assez, sans que je m'étudie à en fournir la preuve, ce que peut être une longue réfutation en vers des systèmes d'Épicure, de Spinosa, de Bayle, et des autres philosophes. Dans un sujet de cette nature, le poète est toujours placé entre deux écueils inévitables; car il manque nécessairement d'imagination ou de vérité. Mais si cet ouvrage a fait tort à la réputation poétique de M. de Bernis, il peut lui faire honneur sous un point de vue plus important : il prouve au moins que les productions légères de sa jeunesse ne l'avaient pas détourné d'une étude plus grave et plus profonde.

DELALOT, *Mercure de France.*

MORCEAUX CHOISIS.

1. Système de Spinosa.

Plongé dans le silence et dans l'obscurité,
Le jour me fut rendu par un coup de tonnerre:
Je vis sortir alors des débris de la terre
Un énorme géant; que dis-je? un monde entier,
Un colosse infini, mais pourtant régulier.
Sa tête est à mes yeux une montagne horrible,
Ses cheveux des forêts, son œil sombre et terrible
Une fournaise ardente, un abîme enflammé :
Je crois voir l'univers en un corps transformé.
Dans ses moindres vaisseaux serpentent les fontaines;
Le profond océan bouillonne dans ses veines;
La robe qui le couvre est le voile des airs;
Sa tête touche aux cieux, et ses pieds aux enfers.
Il paraît : la frayeur de mon âme s'empare;
Mais dans le trouble affreux où mon esprit s'égare,

Plus tremblant que soumis, plus soumis qu'agité,
Je cherche en lui les traits de la Divinité,
Lorsqu'abaissant vers moi sa paupière effrayante,
Il m'adresse ces mots d'une voix foudroyante :
« Cesse de méditer dans ce sauvage lieu,
« Homme, plante, animaux, esprit, corps, tout est Dieu.
« Spinosa le premier connut mon existence ;
« Je suis l'être complet, et l'unique substance ;
« La matière et l'esprit en sont les attributs :
« Si je n'embrassais tout, je n'existerais plus.
« Principe universel, je comprends tous les êtres :
« Je suis le souverain de tous les autres maîtres.
« Les membres différents de ce vaste univers
« Ne composent qu'un tout, dont les modes divers,
« Dans les airs, dans les cieux, sur la terre et sur l'onde,
« Embellissent entre eux le théâtre du monde. »

La Religion vengée.

II Le Déluge

Un vent impétueux, entouré de brouillards,
S'élève, et du soleil obscurcit les regards.
Le jour pâlit, expire, et la lune sanglante
Laisse à peine entrevoir une lueur tremblante ;
Le tonnerre effrayant gronde au milieu des airs,
Il ébranle la terre, il fait rugir les mers ;
Et les volcans cachés sous l'abîme de l'onde
Découvrent, en s'ouvrant, les fondements du monde ;
L'océan déchaîné s'élève à gros bouillons,
Franchit ses bords, s'élance, inonde les sillons,
Et, rassemblant ses flots sur la terre noyée,
Surmonte du Liban la tête foudroyée.
L'univers est en proie aux fureurs du verseau ;
Le ciel lui-même cède à l'empire de l'eau ;
L'onde couvre, dévore, engloutit les campagnes ;

Les poissons étonnés nagent sur les montagnes ;
Et, portés sur le dos de ce gouffre écumant,
Les cèdres de leur front touchent au firmament.
Dieu, l'auteur des bienfaits, prend le glaive du juge,
Condamne son ouvrage, et le livre au déluge :
Tout périt dans ce lac profond, universel,
Et l'homme si superbe apprend qu'il est mortel.
  Sur son axe affaissé le globe qui chancelle,
Du dernier des humains voit la faible nacelle
Lutter contre les vents, fendre les flots amers,
Et porter dans son sein l'espoir de l'univers.
Image de l'antique et nouvelle alliance,
L'arche vers Ararath vogue avec confiance :
La colombe y rapporte un rameau d'olivier,
Présage de la paix rendue au monde entier.
La vertu d'un seul homme a sauvé la nature.
Le nord souffle, l'air s'ouvre, et l'olympe s'épure ;
Le soleil reparaît sur un char plus ardent ;
L'océan dans son lit se replie en grondant ;
Il laisse au sein des monts ces brillants coquillages,
Des vengeances du ciel éternels témoignages.
Dieu fait grace aux mortels, et son arc radieux
Se courbe sur la terre, et la rejoint aux cieux.
Ibid.

III. La Mode.

La mode est un tyran des mortels respecté,
Digne enfant du dégoût et de la nouveauté,
Qui, de l'état français, dont elle a les suffrages,
Au-delà des deux mers disperse ses ouvrages,
Augmente avec succès leur immense cherté,
Selon leur peu d'usage ou leur fragilité.
Son trône est un miroir dont la glace infidèle
Donne aux mêmes objets une forme nouvelle.
Les Français inconstants admirent dans ses mains

Des trésors méprisés du reste des humains.
Assise à ses côtés, la brillante parure
Essaie, à force d'art, de changer la nature.
La beauté la consulte, et notre or le plus pur
N'achète point trop cher son rouge et son azur.
La mode assujettit le sage à sa formule ;
La suivre est un devoir, la fuir un ridicule.
Depuis nos ornements jusques à nos écrits,
Elle attache à son gré l'estime ou le mépris ;
Et, réglant tour à tour tous les rangs où nous sommes,
Elle place les sots, et nomme les grands hommes.

Poésies diverses.

IV. Le Matin.

Le feu des étoiles
Commence à pâlir ;
La nuit dans ses voiles
Court s'ensevelir ;
L'ombre diminue,
Et comme une nue
S'élève et s'enfuit :
Le jour la poursuit,
Et par sa présence
Chasse le silence,
Enfant de la nuit.
L'amoureux satyre,
Au malin sourire,
Déjà dans les bois
Conte son martyre ;
Mais, sourde à sa voix,
La nymphe timide
Fuit d'un pas rapide.
Sur le front brûlé
De ce dieu hâlé
Règne la licence,

L'ardeur, les désirs,
Et l'intempérance,
Fille des plaisirs.
Mais déjà l'Aurore
Du feu de ses yeux
Embellit et dore
Les portes des cieux :
Son teint brille encore
Des vives couleurs
Qu'on voit sur les fleurs
Qu'elle fait éclore.
Le dieu du repos,
Couvert de pavots,
Remonte avec peine
Sur son char d'ébène.
Dans les airs portés,
Les aimables songes,
Suivis des mensonges,
Sont à ses côtés :
Près de lui voltige
L'Amour, qui s'afflige
De voir la clarté.
Le grand jour rend sage :
Sans obscurité,
Plus de badinage,
Plus de liberté.
Sur un lit de roses
Fraîchement écloses
Flore du grand jour
Attend le retour.
Le jeune Zéphire
A ses pieds soupire ;
Et le dieu badin,

BERNIS.

Volant autour d'elle,
Du bout de son aile
Découvre son sein.
L'abeille agissante,
Fidèle au travail,
De la fleur naissante
Enlève l'émail;
Tandis que, moins sage,
Le papillon vain
Parcourt en volage
La rose et le thym.
Tant que la fleurette,
Habile coquette,
Se cache à ses yeux,
Amant langoureux,
Près d'elle il s'arrête,
Et dans sa conquête
Voit mille plaisirs :
Mais si l'infidèle
La rend moins cruelle,
Adieu les soupirs;
Plus de complaisance;
Dans la jouissance
Il perd ses désirs
Avec sa constance.
Tandis qu'à pas lents
Le bouvier rustique
Traîne dans les champs
Sa charrue antique,
Au bord des ruisseaux
Où naît la fougère
La jeune bergère
Conduit ses troupeaux.

Une clarté pure
Eclaire ces lieux,
Et dans sa parure
La simple nature
Vient frapper nos yeux.
Philomèle éveille
Par ses doux concerts
Écho qui sommeille
Au fond des déserts.
En prenant sa route
Au plus haut des cieux,
Phébus glorieux
Pousse sous leur voûte
Son char radieux.

Ibid.

V Épître sur les Mœurs, à M. le baron de Montmorency.

Si tes aïeux les connétables,
Si les Coucis, les Châtillons,
Et tant de héros respectables
Dont Plutus usurpe les noms,
Du fond de leurs tombeaux funèbres,
Où la mort les tient enchaînés,
S'offraient, vainqueurs de leurs ténèbres,
Aux yeux des Français étonnés;
Quelle tristesse pour des hommes
Si fiers, si simples, et si grands,
De voir, dans le siècle où nous sommes,
Le luxe confondre les rangs;
De voir tant de flatteurs commodes
Encenser nos folles erreurs,
Et sur l'inconstance des modes
Régler les principes des mœurs;
Aux traits de la plaisanterie

De voir le zèle assujetti,
L'amour sacré de la patrie
En paradoxe converti,
La religion en problême,
Le sophisme en raisonnement,
L'affreux pyrrhonisme en système,
Et la débauche en sentiment;
De voir la beauté dissolue
Proscrire par des ris moqueurs
La flamme tendre et retenue
Qui brûlait jadis dans les cœurs,
Et, toujours faible sans tendresse,
Toujours vive sans passion,
Immoler à l'illusion
L'honneur, la gloire, et la sagesse;
De voir enfin la volupté,
Esclave de l'hypocrisie,
Sacrifier par vanité
Les plaisirs permis de la vie,
Pour servir dans l'obscurité
L'intempérance, la folie,
Et les vices que multiplie
L'espoir de leur impunité!
« Quels jours, diraient ces fières ombres,
« Ont suivi nos âges heureux!
« Quels voiles, quels nuages sombres
« Couvrent le front de nos neveux!
« C'est la vertu, non la naissance,
« Qui rend les héros immortels;
« Et leurs monuments, qu'on encense,
« Sont devenus par sa puissance
« Moins des tombeaux que des autels.
« Eh! pourquoi les noms que vos pères

« Ont illustrés dans les combats
« Deviendraient-ils héréditaires,
« Si leurs vertus ne le sont pas?
« Vos mœurs n'ont plus que la surface
« Du vrai, de l'honnête et du beau;
« Votre amour est une grimace,
« Votre zèle un piège nouveau.
« L'esprit mêlé dans tous vos vices
« Leur donne un ton de dignité
« Qui dérobe à des yeux novices
« L'horreur de leur difformité.
« La Haine conduit sur vos traces
« Le fantôme de l'Amitié :
« La Noirceur, par la main des Graces
« Étouffe, en riant, la Pitié.
« Quelle différence d'usages !
« Et quels contrastes dans les cœurs !
« Le temps avec de nouveaux âges
« Amène de nouvelles mœurs.
« Notre probité plus chrétienne
« Joignait, sans art et sans éclat,
« La fermeté stoïcienne
« A la franchise du soldat.
« Moins fastueux dans nos promesses,
« Moins simulés dans nos refus,
« Nous ignorions l'indigne abus
« De colorer par des souplesses
« Une amitié qu'on ne sent plus ;
« De fasciner par des finesses
« Les yeux pénétrants des Burrhus ;
« Sous les dehors des Régulus
« De cacher les armes traîtresses
« Et les noirceurs des Manlius ;

« De conserver dans les bassesses
« L'air indépendant des Brutus,
« Et le langage des Lucrèces
« Dans le culte impur de Vénus.

«Le peuple voyait sans murmure
« Le pouvoir des grands et des lois.
« Assujettie à ses emplois,
« Jadis l'opulente roture
« N'osait aspirer à nos droits :
« L'or n'illustrait pas autrefois ;
« Et la noblesse, alors plus pure,
« Naissait dans le sein des exploits.
« Quels jours oisifs pour les critiques !
« Mars anoblissait les vainqueurs ;
« Point de contrats problématiques ;
« Plus clairs, plus vrais, plus authentiques,
« Les titres étaient dans les cœurs.
« Alors nos chars, dans la carrière
«Conduits par le faste et le bruit,
« N'écrasaient pas sur la poussière
« Ce peuple avide qui vous suit.
« Mais la fierté mâle et guerrière,
« Le zèle ardent, l'amour des lois,
« Du Louvre entr'ouvraient la barrière,
« Et nous annonçaient à nos rois. »

Ami, ce portrait véridique,
Si digne de nos bons aïeux,
N'est pas le travail fantastique
D'un cerveau faible ou vaporeux :
On n'y suit point du premier âge
Le roman tant de fois cité,
Ni le pédantesque étalage
Des beaux jours de l'antiquité.

C'est un tableau que les Joinvilles
Et les Comines ont tracé,
Qui par le faste de nos villes
Est terni, sans être effacé.
Ces âges, traités de gothiques,
Étaient les âges des Bayards :
Siècle de la gloire et de Mars,
Où les vertus, moins politiques,
Régnaient à la place des arts.
Les Français, nourris dans les armes,
Invitaient Bellone à leurs jeux :
Les ris s'unissaient aux alarmes :
L'Amour, devenu belliqueux,
Sous l'acier dérobait ses charmes
Et les trésors de ses cheveux.
Alors la tranquille innocence
Était compagne des plaisirs,
Et l'on voulait que la décence
Fût l'interprète des désirs :
Mais cette vertu fabriquée,
Qu'affichent encor les mortels,
N'est plus qu'une idole tronquée
Qui déshonore les autels.
La politesse est une écorce
Qui couvre un cœur fourbe ou léger :
Le ton du monde est une amorce
Qui nous en cache le danger ;
Le savoir, un vain étalage
De mémoire et de vanité ;
Notre raison, un badinage
Où succombe la vérité.
Mais comme l'esprit assaisonne
Et nos vices et nos erreurs,

Avec succès on déraisonne,
Avec grace on flétrit les mœurs.
Oh! j'aime mieux la *courtoisie*
De nos antiques chevaliers,
Que le fiel mêlé d'ambroisie
De nos voluptueux guerriers.
L'encens que brûlaient pour leurs *dames*
Ces amis de la vérité
Faisait l'éloge de leurs flammes
Et du pouvoir de la beauté;
Mais cette gloire diffamante
Qu'on cherche dans le changement
Est, à la honte de l'amante,
Un vice applaudi dans l'amant.

Illustre ami, que de folie,
Que de néant dans les esprits!
Tous les excès qu'on multiplie
Sont prévenus par tes mépris :
D'un œil philosophe et tranquille
Tu vois les intrigues des cours :
Que ton exemple, un jour utile,
En arrête à jamais le cours!
Une divinité volage
Nous anime et nous conduit tous;
C'est elle qui dans le même âge
Renouvelle cent fois nos goûts :
Ainsi, pour peindre l'origine
De nos caprices renaissants,
Regarde une troupe enfantine,
Qui, par des tuyaux différents,
Dans l'onde où le savon domine
Forme des globes transparents :
Un souffle à ces boules légères

Porte l'éclat brillant des fleurs;
De leurs nuances passagères
Un souffle nourrit les couleurs;
L'air, qui les enfle et les colore,
En voltigeant sous nos lambris,
Leur donne ou la fraîcheur de Flore,
Ou le teint ambré de l'Aurore:
Ou le vert inconstant d'Iris:
Mais ce vain chef-d'œuvre d'Éole,
Qu'un souffle léger a produit,
Dans l'instant qu'il brille et qu'il vole,
Par un souffle s'évanouit.

 Français, connaissez votre image:
Des modes vous êtes l'ouvrage,
Leur souffle incertain vous conduit:
Vous séduisez; l'on rend hommage
A l'illusion qui vous suit;
Mais ce triomphe de passage,
Effet rapide de l'usage,
Par un autre usage est détruit.

VI. Épître sur la Paresse.

Censeur de ma chère paresse,
Pourquoi viens-tu me réveiller
Au sein de l'aimable mollesse
Où j'aime tant à sommeiller?
Laisse-moi, philosophe austère,
Goûter voluptueusement
Le doux plaisir de ne rien faire,
Et de penser tranquillement.
Sur l'Hélicon tu me rappelles;
Mais ta muse en vain me promet
Le secours constant de ses ailes

Pour m'élever à son sommet ;
Mon esprit, amoureux des chaînes
Que lui présente le repos,
Frémit des veilles et des peines
Qui suivent le dieu de Délos.
Veux-tu qu'héritier de la plume
Des Malherbes, des Despréaux,
Dans mes vers pompeux je rallume
Le feu qui sort de leurs pinceaux ?
Ce n'est point à l'humble colombe
A suivre l'aigle dans les cieux.
Sous les grands travaux je succombe :
Les jeux et les ris sont mes dieux.
Peut-être d'une voix légère,
Entre l'amour et les buveurs,
J'aurais pu vanter à Glycère
Et mes larcins et ses faveurs ;
Mais La Suze, La Sablière,
Ont cueilli les plus belles fleurs,
Et n'ont laissé dans leur carrière
Que des narcisses sans couleurs.
Pour éterniser sa mémoire
On perd les moments les plus doux :
Pourquoi chercher si loin la gloire ?
Le plaisir est si près de nous !
Dites-moi, mânes des Corneilles,
Vous qui, par des vers immortels,
Des dieux égalez les merveilles,
Et leur disputez les autels ;
Cette couronne toujours verte
Qui pare vos fronts triomphants
Vous venge-t-elle de la perte
De vos amours, de vos beaux ans ?

Non, vos chants, triste Melpomène,
Ne troubleront point mes loisirs :
La gloire vaut-elle la peine
Que j'abandonne les plaisirs ?
Ce n'est pas que, froid quiétiste,
Mes yeux fermés par le repos,
Languissent dans une nuit triste
Qui n'a pour fleurs que des pavots :
Occupé de riants mensonges,
L'amour interrompt mon sommeil ;
Je passe de songes en songes ;
Du repos je vole au réveil.
Quelquefois pour Éléonore,
Oubliant son oisiveté,
Ma jeune muse touche encore
Un luth que l'amour a monté ;
Mais elle abandonne la lyre
Dès qu'elle est prête à se lasser.
Car enfin que sert-il d'écrire ?
N'est-ce point assez de penser ?

BERQUIN (ARNAUD), né à Bordeaux vers 1749, débuta en 1774 dans la carrière des lettres par des *Idylles* qui furent accueillies avec un intérêt marqué. Ceux qui aiment les sentiments tendres et l'expression naïve du cœur, se plairont toujours à relire l'*Idylle du Pêcheur*, une autre imitée de l'*orgoglioso Fiumicello* (le Fleuve Orgueilleux) de Métastase, et plusieurs de celles que Berquin a si heureusement dérobées à Gessner. Ces petits poèmes peuvent passer, avec les *Idylles* de Léonard et d'André Chénier, pour ce que notre littérature a de mieux dans le genre bucolique. L'année suivante, Berquin publia, mais non avec le même succès, un *Choix de tableaux tirés de diverses galeries anglaises*; puis il mit au jour un recueil de *Romances*, parmi lesquelles on remarque celle qui commence ainsi: *Dors, mon enfant, clos ta paupière* (*Voyez* ci-après, page 474): cette romance est un chef-d'œuvre du genre; il y règne la plus attendrissante mélancolie. Berquin fit paraître successivement *l'Ami des Enfants* (imitation de l'allemand de Weiss), *l'Ami des Adolescents*, *l'Introduction à la Connaissance de la Nature* (traduction libre de l'anglais de Miss Trimmer), *Sandfort et Merton*, *le Petit Grandisson*, *le Livre de Famille*, et *la Bibliothèque des Villages*, ouvrages élémentaires et petits romans moraux, où un précepteur aimable, redescendant au niveau du jeune âge, lui donne, sous le voile de contes ingénieux, des leçons d'une morale candide. Celui qui rétrograde ainsi volontairement vers l'enfance, qui lui sacrifie de la sorte une gloire plus brillante, qui fait, pour ainsi dire, abnégation de lui-même, celui-là, dis-je, a bien mérité de vivre dans la mémoire des hommes: l'Académie française le sentit, lorsqu'elle décerna, en 1784, à l'auteur de *l'Ami des Enfants* le prix qu'elle consacre à l'ouvrage le plus utile, et l'on a droit de s'étonner que La Harpe ait dédaigné d'accorder dans son *Lycée* une petite place, un léger souvenir, sinon au précepteur un peu subalterne de l'enfance, du moins au troubadour qui chanta si agréablement les amours pastorales.

Berquin dirigea quelque temps le *Moniteur*, et

travailla avec Grouvelle et Ginguené à la *Feuille villageoise;* il rédigeait le *Mercure de France,* conjointement avec Marmontel, La Harpe et Chamfort, quand il mourut le 21 décembre 1791, en février 1792 suivant la *Biographie de Feller.* La meilleure édition des *OEuvres* de Berquin est celle que M. Renouard a donnée en 1803, en 20 vol. in-18, et 17 vol. in-12: il est assez bizarre que les *Tableaux anglais,* dont nous avons parlé plus haut, ne se trouvent dans aucune édition.

H. Lemonnier.

JUGEMENTS.

I.

On a justement distingué *l'Ami des Enfants,* ouvrage de M. Berquin, qui contient de petits contes et de petits dialogues à la portée de cet âge, composés de manière à leur tracer leurs devoirs et leur inspirer le goût de la vertu et l'horreur du vice, dont les tableaux passent successivement sous leurs yeux. Ce plan est, en général, bien suivi: il y a de l'intérêt dans le choix des sujets, de la douceur et de la naïveté dans le style.

La Harpe, *Correspondance littéraire*.

II.

Les esprits, quand Berquin donna ses *Églogues* et ses chansons, étaient livrés aux spéculations les plus profondes de la philosophie, et s'égaraient tristement dans les âpres régions de la métaphysique. Il parut au milieu de ces ronces et de ces épines comme un berger favorisé des muses qui se présenterait tout-à-coup dans une contrée sauvage et sombre: il fit

retentir les doux sons de sa flûte harmonieuse, et
les plus graves méditations n'empêchèrent point
qu'on ne prêtât l'oreille à ses accents; il méritait
d'être écouté : ses Idylles sont remarquables par la
plus élégante simplicité, par une naïveté pleine de
délicatesse, par une versification à la fois noble et
modeste..... On n'est cependant point accoutumé a
ranger Berquin parmi nos meilleurs poètes : son
nom rappelle encore plus *l'Ami des enfants*, que
l'auteur des *Idylles* et des *Romances*; quelque chose
du peu d'importance littéraire qu'on attache aux
petits ouvrages qu'il a composés pour l'enfance se
mêle à sa réputation : elle est faible et douce comme
l'être auquel il a consacré la plus grande partie de
ses écrits. On a pour lui, en quelque sorte, plus
de reconnaissance qu'on ne lui accorde de gloire ;
on couronne volontiers ses images de quelques
fleurs ; mais les lauriers paraissent trop brillants
pour elles. Les générations elles-mêmes qu'il a
charmées et instruites, qui ont reçu les prémices
de ses affections et de ses leçons, sourient à la mémoire de Berquin, comme au souvenir de l'âge où
ses petits livres leur présentaient l'instruction sous
la forme d'un jeu, et venaient se confondre parmi
les hochets de l'enfance; mais elles consentent difficilement à voir un écrivain de marque, un poète
distingué, dans leur ancien *ami;* et l'on dirait que,
plus il a conservé de droits à leur intérêt, moins
il doit prétendre à leur admiration : elles croiraient
redescendre vers les premières époques de la vie,
et, en quelque manière, vers leur berceau si elles

estimaient aujourd'hui Berquin autant qu'elles le chérissaient autrefois.

Il est vrai qu'on retrouve dans ses *Idylles* et dans ses *Romances* la même simplicité presque enfantine qui fait le mérite de *l'Ami des Enfants*, et que l'on reconnaît le précepteur de l'enfance dans le poète pastoral et dans le troubadour moderne; mais c'est précisément parce que Berquin était très propre à la première de ces fonctions, qu'il avait si bien réussi dans les deux genres de poésie qui peut-être exigent le plus de naturel dans les sentiments, et de candeur dans l'expression.

Berquin et Léonard ont puisé quelques-unes de leurs inspirations dans les *Idylles* de Gessner, dont la traduction élégante avait triomphé de notre indifférence pour un genre que semblaient proscrire les raffinements de notre civilisation et l'orgueil de notre luxe; mais Léonard laisse quelquefois trop apercevoir l'imitation, et Berquin, en imitant, demeure toujours plus semblable à lui-même : il est possible que Léonard fût plus véritablement poète que Berquin; mais très certainement il n'était pas au même degré poète *bucolique*.

Dussault, Annales littéraires.

MORCEAUX CHOISIS.

1. L'Amant prévoyant.

Doux Zéphirs, quittez ces feuillages;
Cessez vos jeux, petits oiseaux;
Vous, sans bruit, loin de ces rivages,
Bergers, emmenez vos troupeaux.
Feux dévorants du jour, mourez dans ces ombrages;

Au fond de vos rochers, dormez, bruyants échos ;
 Seul et de loin, caché sous la verdure,
Chantre amoureux des bois, gazouille ta chanson ;
  Et toi qui baignes ce gazon,
  Frais ruisseau, suspends ton murmure ;
  Que tout repose en la nature :
  Philis repose en ce vallon.

II. Le Pêcheur

  Près des bords fleuris où le Tage,
  Avec orgueil, roule ses flots,
Indifférent encore, un pêcheur, en ces mots
Insultait à l'Amour sur sa flûte sauvage :
  Dieu méchant ne crois pas, un jour,
  M'asservir à ta loi cruelle ;
  Tout mon trésor c'est ma nacelle ;
  Mes filets sont tout mon amour.

  Lorsque de la plaine liquide
  J'ai surpris un jeune habitant,
Ainsi, dis-je, l'amour aux piéges qu'il me tend
Voudrait faire tomber ma jeunesse timide.
  Non, méchant, ne crois pas, un jour,
  M'asservir à ta loi cruelle ;
  Tout mon trésor c'est ma nacelle ;
  Mes filets sont tout mon amour.

  J'ai vu l'amant de Glycerie,
  Hélas ! le pauvre infortuné !
J'ai cru voir un navire aux vents abandonné,
Déplorable jouet des ondes en furie.
  Ah ! méchant, ne crois pas, un jour,
  M'asservir à ta loi cruelle ;
  Tout mon trésor c'est ma nacelle ;
  Mes filets sont tout mon amour.

Nœris alors, sur le rivage,
Promenait sa tendre langueur ;
Elle approche, elle entend l'insensible pêcheur
Chanter avec fierté sur sa flûte sauvage :
Dieu méchant, ne crois pas, un jour,
M'asservir à ta loi cruelle ;
Tout mon trésor c'est ma nacelle ;
Mes filets sont tout mon amour.

D'un œil où se peint la tendresse,
Elle l'appelle ; il suit ses pas ;
Il la suit : ébloui de ses jeunes appas,
L'imprudent de ces bords croit suivre la déesse.
L'imprudent ! hélas ! dès ce jour
Il va subir la loi cruelle :
Adieu filets, adieu nacelle,
Le pêcheur est pris par l'Amour.

III. L'Orage *

Jà vieillissait l'automne. Au long d'un frais bocage
Silvanire et Blanchette allaient parlant d'amour :
Voici de loin s'épandre un sombre et lourd nuage
Sur la vive face du jour.
L'air d'abord un petit sommeille en paix profonde,
Si que ne tremblottait feuille d'aucuns roseaux !
Puis brillent longs éclairs, bruyant tonnerre gronde,
Prolongé d'échos en échos.
Où fuir, tant s'obscurcit l'ombre tempêtueuse ?
Là-près est vieille roche : ils s'en courent dedans ;
Et leur sort ne plaignez ; roche, tant soit affreuse,
Est doux Olympe à vrais amants.
Or, la nue à torrents roule aux flancs des montagnes,
La grêle sautillante encombre creux sillons ;

---

* L'auteur a voulu imiter le style marotique dans cette idylle ; il y a parfaitement réussi.

Diriez foudres et vents, par les vastes campagnes,
  Guerroyer en noirs tourbillons.
A sa Blanchette envain, par doux mots et caresses,
Bien veut l'ami berger cacher telles horreurs;
Bien lui veut-elle aussi rendre douces tendresses;
  Et ne lui viennent que des pleurs.
« Voyez, dit-elle, ami, voici venir froidure;
« Ne vont plus oiselets s'aimer jusqu'aux beaux jours.
« Or, s'aimaient comme nous : comme eux si d'aventure
  « Allions nous trouver sans amours ! »
L'ami d'un doux baiser fait loin fuir ses alarmes;
L'orage, à ne mentir, loin fuyait-il aussi.
« Tournons au pré, dit-elle en étanchant ses larmes,
  « Là n'aurai tant cruel souci.
« Et rameaux fracassés, et verdure flétrie,
« D'un trop affreux semblant ici tout peint l'hiver :
« De plus joyeux pensers aurons par la prairie,
  « Voyant encore son beau vert. »
Au pré s'en vont tous deux. Oh ! que de fois Blanchette
Au ruissel qui l'arrose a conté son bonheur !
Mais sur ses bords à peine advient la bergerette,
  Oh ! quel trait aigu poind son cœur !
Plus n'est-il ce ruissel où l'été fraîches ondes
Doucettement baignaient ses membres délicats :
Plus n'est qu'un noir torrent qui ses eaux vagabondes
  Fait bouillonner en grand fracas.
Un baiser à ce coup n'en charme point sa peine,
Hélas ! ni cent. « O dieux ! à travers longs sanglots,
« Dit-elle, quel torrent ! comme inondant la plaine,
  « Il va déjoindre nos hameaux !
« Un chacun sur un bord, las ! aurons beau nous rendre;
« Tant bruira sourdement, tant vomira brouillards,
« Que ne pourront nos voix l'un à l'autre s'entendre,
  « Ni se rencontrer nos regards. »

A temps se tut Blanchette. Or passait là son père,
De l'orage inquiet, cherchant sa fille aux bois,
Puis aux champs, puis partout. Quelle surprise amère
    Lorsque la voit pâle et sans voix !
« Qu'avez, ma chère enfant? » En bref par Silvanire
Instruit tout dès l'abord de leurs soucis cruels :
« N'est que cela ? » dit-il ; et se prend à sourire,
    Et tous deux les mène aux autels.
Hymen les y fêta. Vint Amour en cachette,
Qui de plus vif encore enflamme leurs désirs.
Et ce cruel hiver que tant craignait Blanchette,
    La saison fut de ses plaisirs.

IV. Plaintes d'une femme abandonnée par son amant

    Dors, mon enfant, clos ta paupière ;
    Tes cris me déchirent le cœur :
    Dors, mon enfant ; ta pauvre mère
    A bien assez de sa douleur.

    Lorsque par de douces tendresses
    Ton père sut gagner ma foi,
    Il me semblait, dans ses caresses,
    Naïf, innocent comme toi ;
    Je le crus : où sont ses promesses ?
    Il oublie et son fils et moi !

    Dors, mon enfant, clos ta paupière, etc.

    Qu'à ton réveil un doux sourire
    Me soulage dans mon tourment :
    De ton père, pour me séduire,
    Tel fut l'aimable enchantement.
    Qu'il connaissait bien son empire,
    Et qu'il en use méchamment !

    Dors, mon enfant, clos ta paupière, etc.

Le cruel ! hélas ! il me quitte !
Il me laisse sans nul appui !
Je l'aimai tant avant sa fuite !
Oh ! je l'aime encore aujourd'hui !
Dans quelque séjour qu'il habite
Mon cœur est toujours avec lui.
   Dors, mon enfant, clos ta paupière, etc.

Oui, le voilà ; c'est son image
Que tu retraces à mes yeux !
Ta bouche aura son doux langage,
Ton front son air vif et joyeux :
Ne prends point son humeur volage,
Mais garde ses traits gracieux.
   Dors, mon enfant, clos ta paupière, etc.

Tu ne peux concevoir encore
Ce qui m'arrache ces sanglots :
Que le chagrin qui me dévore
N'attaque jamais ton repos :
Se plaindre de ceux qu'on adore
C'est le plus grand de tous les maux.
   Dors, mon enfant, clos ta paupière, etc.

Sur la terre il n'est plus personne
Qui se plaise à nous secourir ;
Lorsque ton père m'abandonne
A qui pourrais-je recourir ?
Ah ! tous les chagrins qu'il me donne
Toi seul tu peux les adoucir.
   Dors, mon enfant, clos ta paupière, etc.

Mêlons nos tristes destinées,
Et vivons ensemble toujours :
Deux victimes infortunées

Se doivent de tendres secours.
J'ai soin de tes jeunes années ;
Tu prendras soin de mes vieux jours.
Dors, mon enfant, clos ta paupière ;
Tes cris me déchirent le cœur :
Dors, mon enfant ; ta pauvre mère
A bien assez de sa douleur.

FIN DU TROISIÈME VOLUME.

Contraste insuffisant
NF Z 43-120-14

www.ingramcontent.com/pod-product-compliance
Lightning Source LLC
Chambersburg PA
CBHW050253230426
43664CB00012B/1936